I0061241

COMMANDANT DE BLAY DE GAÏX
Chef du Génie

HISTOIRE MILITAIRE

DE

BAYONNE

TOME Ier

DE L'ORIGINE DE BAYONNE A LA MORT D'HENRI IV

NUNQUAM POLLUT

BAYONNE
LAMAIGNÈRE, IMPRIMEUR-ÉDITEUR
9, Rue Jacques Laffitte, 9

1899

COMMANDANT DE BLAŸ DE GAIX

Chef du Génie

HISTOIRE MILITAIRE

DE

BAYONNE

TOME Ier

DE L'ORIGINE DE BAYONNE A LA MORT D'HENRI IV

NUNQUAM POLLUTA

BAYONNE

LAMAIGNÈRE, IMPRIMEUR-ÉDITEUR

9, Rue Jacques Laffitte, 9

1899

PRÉFACE

Deux érudits, que les questions d'archéologie ne laissent pas indifférents, se présentèrent au Château-Vieux de Bayonne, dans le cours de l'année 1897, afin de résoudre un différend qui avait surgi entr'eux. Introduits dans notre bureau, ils exposèrent l'objet du litige ; l'un d'eux, Bayonnais d'origine et de cœur, soutenait que le Château-Vieux était compris dans l'enceinte romaine de la ville, dont il formait comme le réduit ; son adversaire, habitant de Dax, prétendait que cet édifice militaire avait été construit au moyen âge et placé hors de cette enceinte.

L'exposé de ce différend nous causa une grande surprise, car nous ignorions alors l'existence d'une enceinte romaine à Bayonne et la forme de son tracé. Après avoir confessé notre ignorance, nous remerciâmes ces Messieurs d'avoir soulevé un coin du voile qui nous cachait l'ancien Bayonne et nous fîmes la promesse de leur fournir à bref délai une solution à la question qu'ils venaient de poser.

Cette visite fut le rayon de lumière qui vint éclairer le passé de la ville et nous donner le désir d'en retracer l'histoire.

Si une excursion dans les caves du Château-Vieux nous fit découvrir des fragments de mur romain et sembla confirmer l'opinion de l'érudit Bayonnais, une inspection générale du château vint nous faire hésiter sur son origine romaine, car sa disposition en plan et l'apparence de ses murs extérieurs démentaient une semblable hypothèse.

Pour éclairer nos doutes, nous continuâmes nos investigations en recherchant d'abord le tracé exact de l'enceinte romaine. Une enquête minutieuse nous fit découvrir des portions de remparts romains dans l'intérieur des maisons de la ville, sous le sol des rues et des boulevards. Nous constatâmes que les deux côtés extérieurs du Château-Vieux faisaient seuls partie de l'enceinte romaine ; ils avaient été recouverts, au moyen âge, d'une chemise en pierre de taille qui masquait à nos yeux la structure romaine. Tout le reste de l'édifice datait du moyen âge.

Ayant poussé nos recherches dans les archives municipales, nous fûmes frappé des richesses inestimables qu'elles présentaient pour l'histoire de la ville. Nos fouilles dans cette mine précieuse nous ont fourni les éléments de l'histoire militaire de Bayonne, dont nous présentons ici le premier volume ; il commence aux origines de Bayonne et prend fin à la mort d'Henri IV.

Cet ouvrage, déjà considérable, aurait pris des proportions exagérées si nous avions voulu fournir les preuves de tous les événements qui y sont relatés et même indiquer seulement, pour chacun d'eux, la source où nous les avons puisés. Nous nous bornons à citer les principaux ouvrages ou recueils de documents consultés par nous.

Ce sont, en suivant l'ordre chronologique :

1° *Le Livre d'or*, cartulaire de la cathédrale de Bayonne (archives départementales des Basses-Pyrénées, G., 54) (1) ;

2° Les archives municipales de la ville, où nous avons surtout consulté :

A) *Le Livre des Établissements de la ville*, de 1336 ;

B) *Les Registres des délibérations du Corps de ville* depuis 1470 (2) ;

3° *Le Manuscrit du chanoine Veillet* (à la Bibliothèque de la ville, 1706 ;

4° Diverses publications régionales, savoir :

A) *Chroniques de la ville de Bayonne*, par un Bayonnais (Baylac, 1827) ;

B) *Études historiques sur la ville de Bayonne*, par MM Balasque et Dulaurens (3 volumes, 1862-1875) ;

C) *Récits et Légendes relatifs à l'histoire de Bayonne*, par M. Henry Poydenot (2 volumes, 1875-1878) ;

---

(1) Il en existe à la Bibliothèque municipale de Bayonne une bonne copie de M. Dulaurens, archiviste de la ville.

(2) Le *Livre des Établissements* (AA., 1) et les *Registres des délibérations en gascon* (BB., 3 à 6, 1470-1530) ont déjà été publiés par une commission municipale, qui poursuit son travail par la publication des *Registres français* depuis 1565.

D) *Monographies des rues de Bayonne*, par M. E. Ducéré (6 volumes, 1887-1894).

Notre tâche a été grandement facilitée par l'extrême bienveillance avec laquelle M. Pouzac, maire de Bayonne, et M. Hiriart, bibliothécaire-archiviste, ont mis à notre disposition tous les documents que nous avons voulu consulter.

Nous devons aussi une mention spéciale de gratitude à MM. Henry Poydenot, Charles Bernadou, Arnaud Détroyat et Édouard Ducéré, bibliothécaire - archiviste adjoint, pour lesquels le vieux Bayonne n'a plus de secrets et qui ont toujours répondu à nos nombreuses questions avec une complaisance infatigable.

Les précieux encouragements que nous ont donné ces érudits nous font espérer que notre essai d'histoire locale sera goûté par tout Bayonnais amoureux de sa ville natale et curieux de connaître son histoire.

Les étrangers y trouveront l'exemple du développement progressif d'une ville qui, de camp romain, est devenue aujourd'hui un port important et dont les habitants ne se sont jamais lassés de travailler pour sa prospérité.

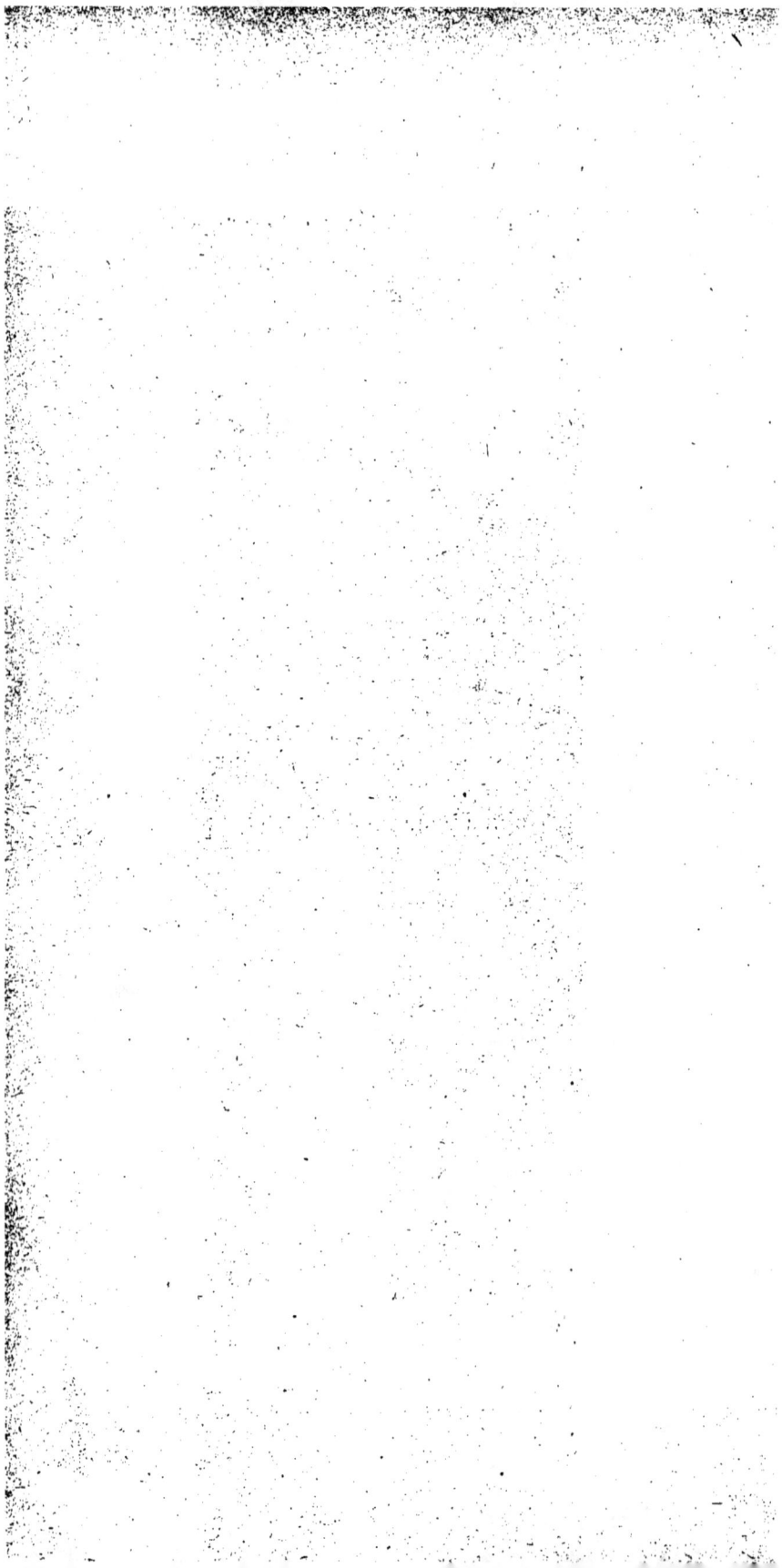

Vue de Bayonne en 1600

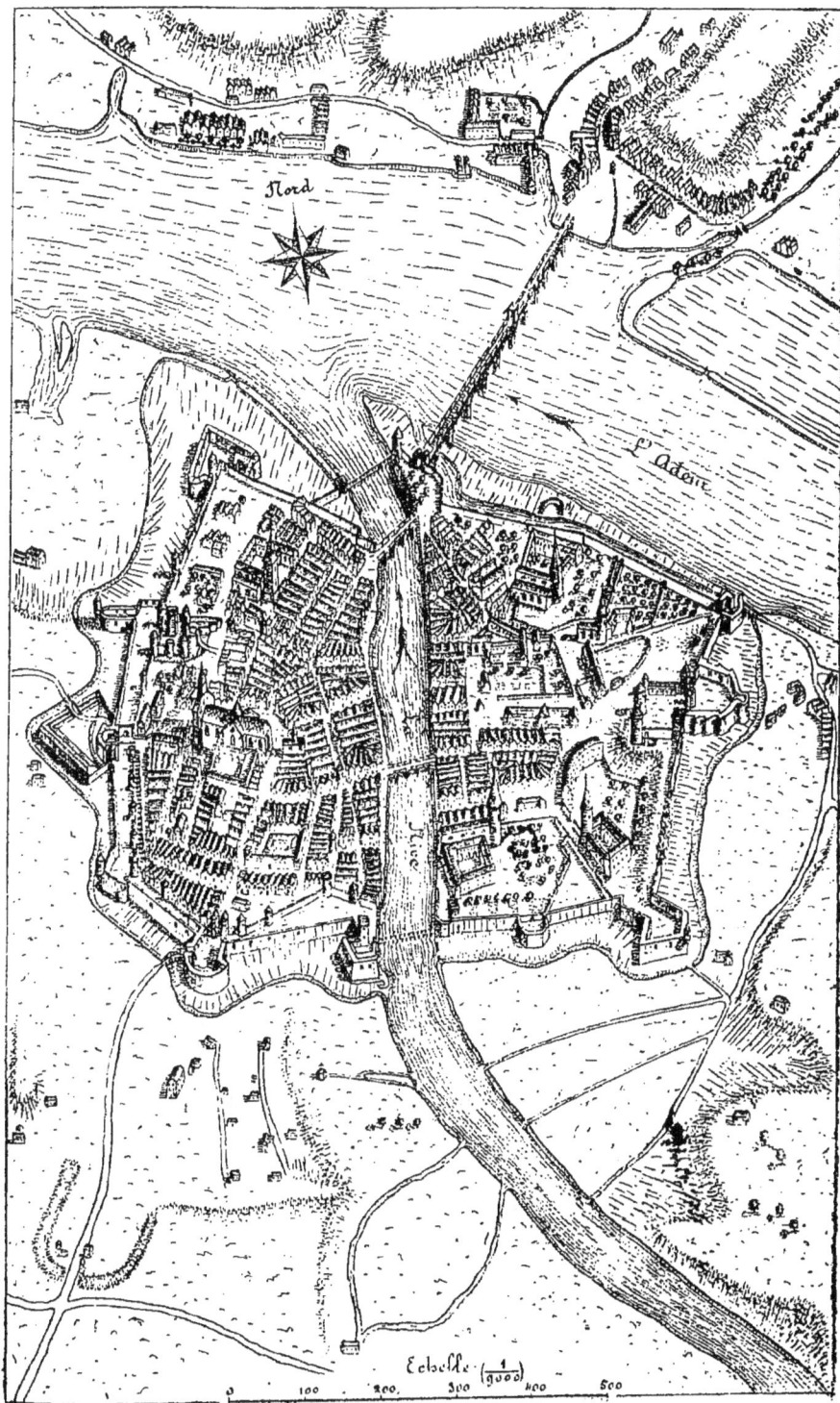

Nord

L'Adour

Echelle ($\frac{1}{9000}$)

0   100   200   300   400   500

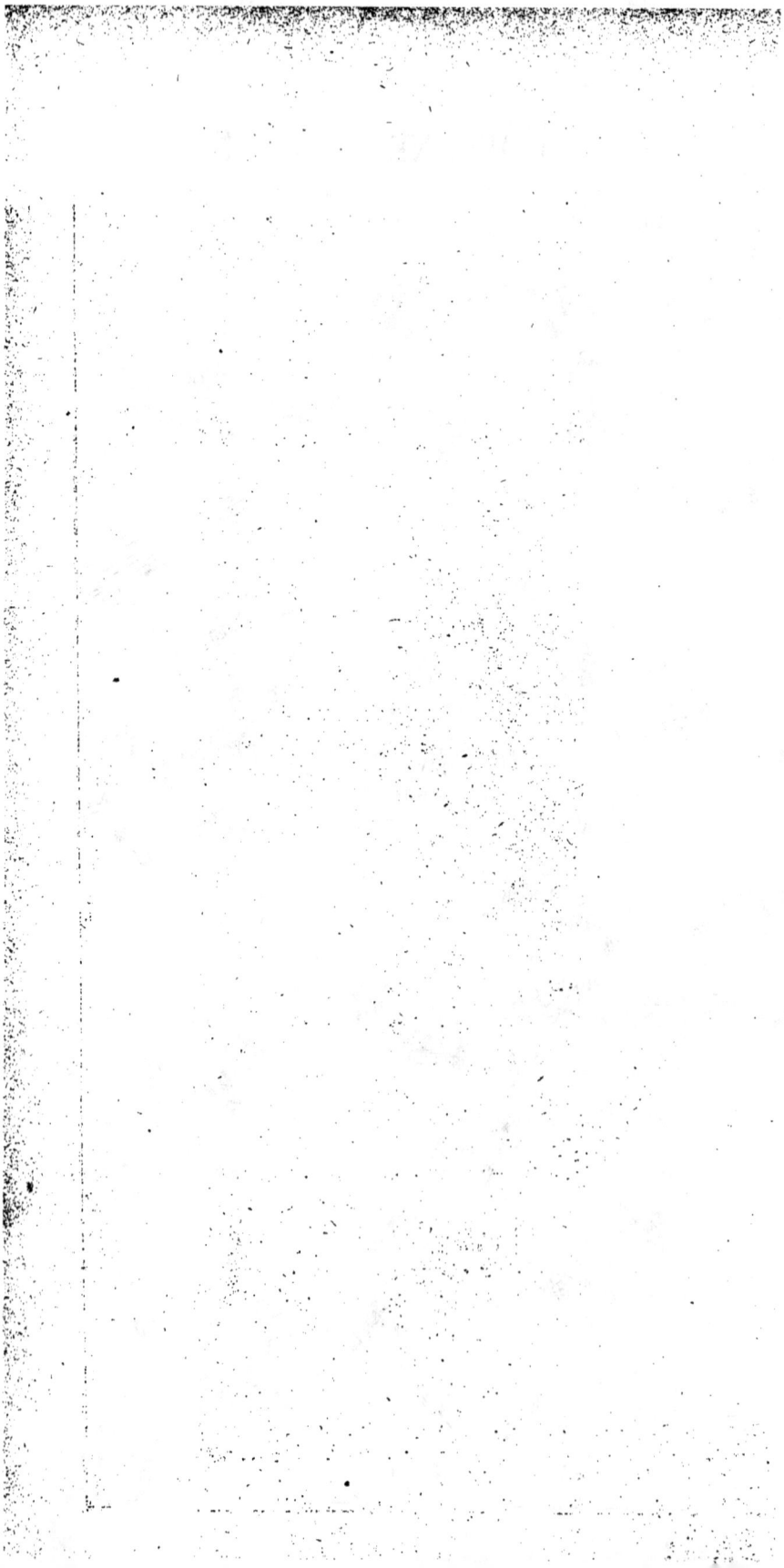

CHAPITRE 1er

ORIGINES DE BAYONNE

Ses deux noms. — Ses premiers habitants ibères-basques. — Venue des Romains.

La ville fortifiée de Bayonne est assise sur la rive gauche de l'Adour, à 5500 mètres de l'embouchure de ce fleuve. Elle est divisée en deux parties sensiblement égales par la rivière de la Nive qui se jette dans l'Adour aussitôt après avoir traversé la cité ; la ville haute, située sur la rive gauche de la Nive, occupe un terrain de vingt et un hectares de superficie, et la ville basse ou Bourgneuf, sur la rive droite, mesure une superficie de dix-neuf hectares.

Ces appellations, qui se sont conservées jusqu'à ce jour, ont depuis longtemps cessé d'être exactes, car le Bourgneuf commença à se former en 1130, sous l'évêque Raymond de Martres, et la ville haute, qui ne comprenait à son origine que les habitations du plateau supérieur renfermé dans l'enceinte romaine, s'est étendue, à partir de 1070, sur le rivage de la Nive, jusqu'aux quais actuels, en doublant son étendue.

Le faubourg de St-Esprit occupe la rive droite de l'Adour ; il n'est pas clos par une enceinte, mais il est défendu par une citadelle de création assez récente. Ce faubourg est séparé de la ville par l'Adour, large en cet endroit de 230 mètres et qui constitue un véritable bras de mer ; aussi, les premiers habitants de Bayonne le désignaient naïvement sous le nom de mer.

Nous avons dit que le plateau supérieur de la ville haute avait été fortifié par les Romains ; les parties encore conservées de l'enceinte qu'ils y construisirent en fournissent la preuve irrécusable. Mais avant de donner la description de cette fortification qui fera l'objet du second chapitre, il est utile de rechercher quels furent les premiers habitants de la contrée voisine de la ville et quels ont été les premiers fondateurs de Bayonne.

Les bords de l'Adour et de la Nive avoisinant la ville ont été habités, dans les temps préhistoriques, par une race humaine, comme le prouvent des instruments de silex éclaté et des ossements de rennes découverts, il y a peu d'années, par diverses personnes et en particulier par M. Détroyat. La commune de St-Pierre d'Irube contient un abri sous roche des bords de la

Premiers habitants ibères-basques.

Nive, en un lieu appelé *Bouheben*, et une station sur le plateau du village, qui sont de l'âge du renne. On peut encore citer la station du plateau d'Anglet (âge de la pierre taillée), et celle de Mouligna, territoire de Biarritz (âge de la pierre polie).

Cette contrée, ainsi que la plus grande partie de la Gaule, était occupée, à l'époque du renne, par les Ibères, qui appartenaient à la race préhistorique, dite de Cro-Magnon (1). Les caractères de cette race sont, d'après M. Cartaillac, les suivants : arcs sourciliers modérément saillants, front large montant obliquement, grande capacité du crâne, face large, orbites rectangulaires et agrandies, pommettes développées, nez saillant, long et mince, maxillaire projeté en avant à branches divergentes.

Le peuple Ibère fut coupé en deux parties, croit-on, à une époque très reculée (2), par l'invasion de la race indo-germanique des Galls ou Celtes, qui se répandit de l'Est vers l'Ouest, dans la partie centrale de l'Europe et qui laissa sur sa route les Cimbres dans le Jutland et d'autres peuplades en Illyrie, avant de s'établir en nombre dans les Gaules. Une partie des Ibères chassés se serait dirigée vers le Nord et aurait peuplé le Groenland et la Finlande ; l'autre aurait été refoulée vers le Midi de la Gaule, au Sud de la Garonne et en Espagne.

Cette fraction du peuple ibère, établie sur les bords de l'Océan, entre les Pyrénées et la Garonne, ne se conserva pas pure de tout mélange ; elle fusionna avec les Celtes envahisseurs et surtout dans la Gaule méridionale, à une époque postérieure, avec les Ligures. Cette fusion donna naissance aux peuples Aquitains, chez lesquels César constata une nature plus indépendante que celle des autres Gaulois ou Galls, d'origine celtique.

Toutefois, la race ibère, dite de Cro-Magnon, s'est conservée pure parmi les habitants des provinces basques, tant françaises qu'espagnoles, car on a constaté que les crânes des Basques actuels présentent les mêmes caractères que ceux trouvés dans les cavernes pyrénéennes.

On peut ajouter à ces peuples les Grecs, dits Massiliotes, qui vinrent fonder, à une époque reculée, plusieurs colonies sur les rives de la Méditerranée, et les Belges ou Bolgs, qui envahirent le Nord de la Gaule au IVe siècle avant Jésus-Christ et s'établirent entre la Seine et le Rhin.

---

(1) Nom de la caverne où furent découverts les premiers crânes de cette race.
(2) Au VIe siècle avant l'ère chrétienne, d'après certains auteurs.

Les Romains firent leur première apparition dans les Gaules 123 ans avant notre ère, et ils établirent leur domination sur la contrée méridionale, voisine des Alpes, dont ils firent une province romaine (d'où son nom de Provence). La conquête des Gaules par Jules César fut commencée l'an 59 avant Jésus-Christ, et Crassus, son lieutenant, soumit la plus grande partie de l'Aquitaine l'an 57 de cette ère. Seuls, ajoute César dans ses Commentaires, quelques petits peuples plus reculés dans les montagnes ne firent point leur soumission et n'envoyèrent point d'otages : c'étaient les Basques de la Soule et du Labourd. Venue
des Romains
en Gaule

Lorsque les Romains apparurent dans les Gaules, ce pays n'avait pas encore de nom général ni de division géographique reconnue. Il comptait 400 peuples, dont nous avons indiqué plus haut les origines, et 800 villes, répartis en confédérations dans lesquelles les peuples faibles se groupaient autour d'un peuple plus fort.

Néanmoins, ces nombreuses confédérations étaient assez peu unies entr'elles pour que César ait pu les opposer les unes aux autres pour les vaincre plus sûrement.

Au moment de la conquête, les Romains avaient appelé ce pays Gallia, à cause du nom de Gall ou Celtes applicable à une importante partie de ses habitants. Ils le divisaient en deux parties : la Gallia Bracata, qui leur était soumise et dont les habitants portaient sur les jambes un tablier de peau (braye), et la Gallia Comata, habitée par les hommes libres, qui laissaient pousser leur chevelure.

Le pays compris entre la Garonne, l'Océan et les Pyrénées, qui portait le nom d'Aquitaine, était classé dans la catégorie des pays libres ; on l'appela aussi Novempopulanie, parce qu'il était formé par la confédération des neuf peuples principaux : Tarbelliens, Boiens, Vasates, Ausciens, Elusates, Osquidates, Bigerrones (Bigorre), Convenæ (Comminges) et Consorrani (Couserans).

Ces peuples, d'origine ibérienne, mais infusés de sang celte et ligure, parlaient, selon Strabon, le langage ibérien plutôt que le celte, et offraient une grande analogie avec les habitants de l'Espagne.

Chacun d'eux avait une capitale : nous citerons Auch pour les Ausciens et Dax pour les Tarbelliens.

Cette dernière ville, placée sur le bord de l'Adour, a perdu son nom primitif et a gardé celui d'Aquæ Tarbellicæ (d'Aqs, Dax), qui lui fut donné par les Romains à cause de ses eaux thermales.

La langue ibère, usitée alors en Aquitaine, est encore aujourd'hui celle des Basques ; ceux-ci, grâce à l'escarpement des montagnes et à la difficulté des communications dans la région pyrénéenne où ils sont établis, ont évité le contact et le mélange des envahisseurs, tant barbares que romains, et ont ainsi pu conserver intacte l'ancienne langue ibère. Ils sont appelés improprement Basques, mot dérivé de Vasconie (pays des Vascons), et se nomment Eskualdun dans leur propre langue ; on ne doit pas les confondre avec les Gascons, qui sont des Aquitains romanisés, c'est-à-dire ayant cédé à l'influence de Rome.

Et, d'ailleurs, pourquoi aurait-on donné deux noms, Basques et Gascons, de même origine, mais de forme différente, à ces deux peuples issus de la race ibère, s'il n'avait pas existé entre eux des caractères de dissemblance tellement accusés que l'un ne puisse être considéré comme une fraction de l'autre.

La langue basque (ibère) donne l'étymologie de certains noms de lieu, dans le Midi de la Gaule et en Espagne, qui n'avait pu être trouvée dans les autres langues anciennes ; ainsi Collioure, petit port du Roussillon, qui tire son nom de *Choko-Illiberri* (1) ou indifféremment *Choko-Iriberri* (ville neuve du Golfe), et Elne, ville voisine, autrefois capitale du Roussillon, appelée anciennement *Illiberri* ou *Iriberri* (ville neuve). Ces origines indiquent bien que la contrée jadis occupée par la race ibère avait une grande étendue, puisque les localités citées sont en dehors des limites de l'Aquitaine.

La contrée qui s'étend des rives de la Bidassoa à celles de l'Adour faisait vraisemblablement partie de la confédération Tarbellienne, car Ptolémée donne à cette dernière pour limite Sud le faîte des Pyrénées ; elle se nommait *Laphurra* ou *Lapurra*, mot qui en *eskuara* (langue basque), signifie désert, et la tribu qui l'occupait s'appelait *Laphurtarrac*.

Etymologie du mot Bayonne — L'agglomération de Bayonne était située à la limite de cette contrée, sur le bord de l'Adour. Son nom a une origine basque ; il est formé des deux mots *ibaï ona*, qui signifient rivière bonne. Cette formation est analogue à celle de Baïgorry, nom d'une localité voisine de St-Jean-Pied-de-Port, au cœur du pays basque, et qui provient de *ibaï gorry*, signifiant rivière rouge ; tout le monde peut encore constater que les eaux de la Nive de Baïgorry ont une teinte ocre donnée par les minerais de fer et les débris de bancs de grès rouge. La chute de la lettre initiale *i* s'est produite d'une manière semblable dans la formation des

---

(1) *Choko*, coin, golfe, et *iri berri*, ville neuve : *choko-illiberri*; koilliberi, coillivre, coillioure, collioure.

deux noms. L'étymologie de Bayonne par *baya ona* (baie bonne),
souvent indiquée, doit être rejetée, car *baya* (baie), est un mot
espagnol qui n'est pas d'origine euskarienne.

Les Romains ont donné à cette ville le nom de Lapurdum
provenant, d'après Augustin Chaho, philologue basque, du mot
euskarien *Laphurdi*, qui se traduisait par ville aux pirates, ce
dernier mot devant être pris dans le sens de marins aventureux
et vaillants. Mais ce même nom de Lapurdum était aussi donné
par les Romains à la contrée des *Laphurtarrac*, et il s'est conservé
jusqu'à nos jours sous la forme Labourd, pour désigner le pays
compris entre l'Adour et la Bidassoa.

Dans les documents du viiie siècle, on voit apparaître le nom
de Bayonne concurremment avec celui de Lapurdo, mais on
peut affirmer que Bayonne représente le nom donné primitivement à la ville et conservé dans la population par la tradition
et par l'usage courant ; si les Romains et les Gallo-Romains l'ont
appelée Lapurdo, *civitas Lapurdensis*, ils entendaient par là
désigner la ville principale du pays de Labourd.

La conservation du nom ibère de la ville, au delà de l'époque
marquant la fin de la domination romaine, dénote la puissante
vitalité du peuple basque : nous avons vu d'autre part que les
Tarbelliens de Dax, moins indépendants, n'avaient pas su
conserver l'ancien nom de leur capitale et s'étaient laissé
imposer l'appellation des conquérants. La continuité du nom
basque à travers la période romaine ne s'est pas seulement produite pour Bayonne, mais on l'observe pour la plupart des localités situées dans la région de cette ville, sur la rive gauche de
l'Adour. Leurs noms, tels que : Biarritz, Guéthary, Bassussarry,
Irube, sont d'origine basque, tandis que les villages de la rive
droite de ce fleuve portent les noms de Boucau, Capbreton,
Tarnos, Biaudos, Ondres, Labenne, qui sont tous de formation
romane.

Nous sommes ainsi amenés à conclure que l'Adour marque
aujourd'hui la limite entre le pays de la langue d'oc ou romane
et celui de la langue basque, aux environs de Bayonne, et que
cette ligne de démarcation a dû s'établir au moment de l'occupation romaine.

Bayonne a donc subi, dans la première phase de son existence,
l'influence basque, quoiqu'elle fût située sur les confins du
territoire de ce peuple, et bien qu'elle ait été soumise pendant
plus de quatre siècles à la domination et à l'action civilisatrice
des maîtres du monde.

Nous avons suffisamment démontré que les Basques compris

dans la confédération Tarbellienne furent les premiers fondateurs de Bayonne; mais il serait difficile de préciser l'importance
de cette ville dans ses débuts.

Un archéologue dacquois a émis l'avis qu'elle devait être le
port militaire et commercial des Tarbelliens et en même temps
un lieu de marché (emporium) que ce peuple avait dû fortifier
par deux oppidums en terre du mode gaulois; l'un de ces ouvrages aurait été placé sur la butte de Mocoron, qui supporte le
Château-Neuf, et l'autre à la pointe Nord-Ouest de la ville haute,
occupée par le Château-Vieux.

Mais ce sont là de pures conjectures que rien ne vient confirmer; l'histoire ne mentionne pas la flotte militaire des
Tarbelliens; il semble d'autre part plus simple de charger les
marchandises à Dax sur les bateaux qui doivent les transporter
que de les conduire d'abord à Bayonne par voie de terre pour les
placer ensuite sur des bateaux. Enfin, les oppidums gaulois
étaient placés sur des hauteurs parfois très élevées et escarpées,
et une semblable fortification n'aurait pu être construite aux
emplacements indiqués, dont le niveau dépasse à peine de 10
mètres les terrains environnants. On aurait plutôt choisi le
plateau de St-Pierre d'Irube, et aucune découverte n'est venue
indiquer la présence d'un oppidum en cet endroit.

Aussi, nous nous bornons à penser que les débuts de Bayonne
furent plus modestes, une ou deux agglomérations de constructions dont les murs étaient en torchis et les toits en chaume,
occupant le Bourgneuf actuel et les pentes de la rive gauche de
la Nive.

Dans ces demeures primitives habitaient des marins de la
tribu euskarienne des *Laphurtarrac,* lesquels partageaient leur
temps entre le plaisir de la pêche et les courses aventureuses à
travers les mers connues et inconnues, à l'exemple des premiers
fondateurs qui avaient trouvé la rivière bonne en poissons.

Si l'on en croit la tradition rapportée par des historiens basques, ces marins audacieux auraient entretenu des relations
avec le Nouveau Monde, avant la découverte de ce pays par
Christophe Colomb, et l'un d'eux aurait même donné à ce navi-
gateur des indications précieuses sur la position de cette terre.

Enceinte romaine de Bayonne

Echelle $\left(\frac{1}{2.500}\right)$

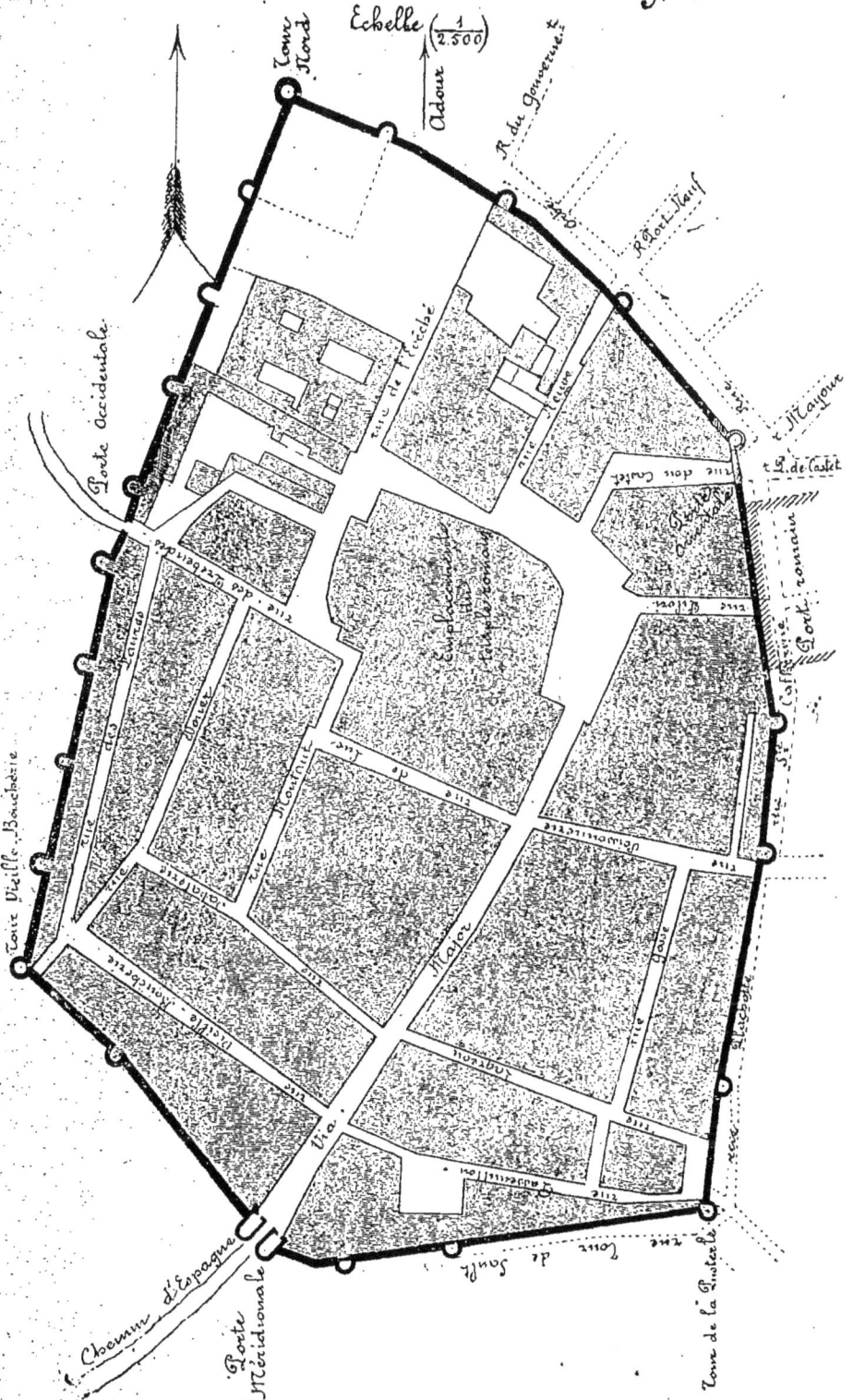

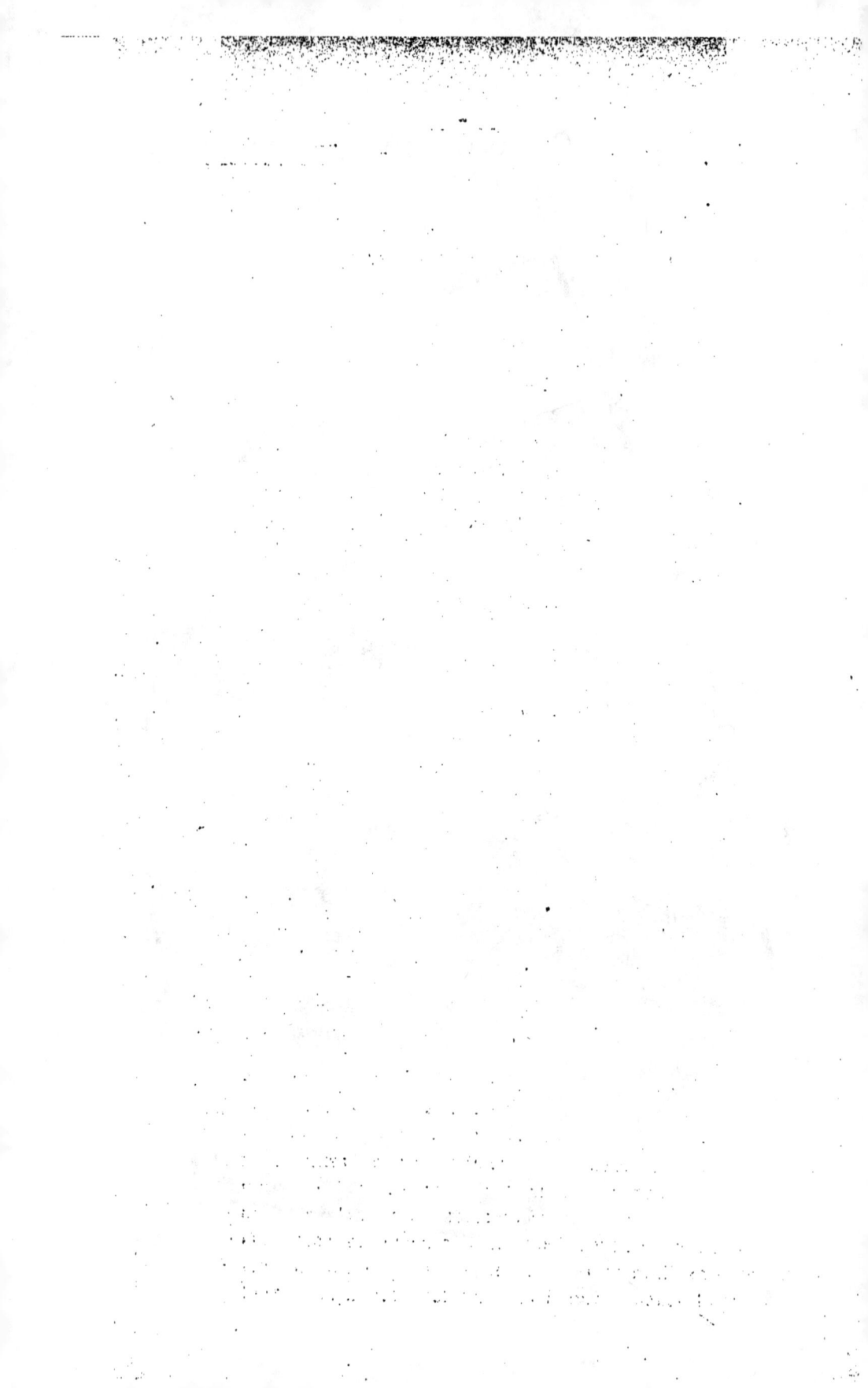

CHAPITRE II

ENCEINTE ROMAINE DE BAYONNE

Fortification des villes gallo-romaines. — Remparts romains de Bayonne. — Monnaies découvertes. — Voies. — Description de l'enceinte. — Courtines et tours. — Portes occidentale, méridionale et orientale. — Via Major.

L'édification des remparts de Lapurdum remonte aux premiers temps de l'Empire romain dans les Gaules. Il n'y a pas lieu de croire qu'ils furent exécutés aussitôt après la conquête définitive de ce pays par César, marquée par la prise et la destruction de Gergovie, l'an 52 avant Jésus-Christ, parce que les Romains portèrent d'abord tous leurs efforts vers l'administration de leur nouvelle colonie et la défense de la frontière du Rhin contre les Germains.

Ils durent se borner à établir alors, en ce point, un camp de stationnement dans lequel les troupes hivernaient pour reprendre la campagne au printemps suivant. L'enceinte de ces camps était formée par un retranchement en terre ou vallum, couronné d'une file de pieux et précédé d'un fossé à section triangulaire. Rien ne nous empêche d'admettre que ce camp a occupé l'emplacement actuel de la ville haute et que le tracé de son enceinte soit à peu près le même que celui de la fortification romaine, dont nous allons bientôt nous occuper, puisque la superficie de cette partie de la ville correspond à peu près à celle qui était nécessaire au campement d'une légion romaine.

Mais, lorsque les Cantabres, anciens alliés d'Annibal, qui occupaient, au Nord de l'Espagne, le pays compris entre l'Océan et les Pyrénées asturiques, c'est-à-dire le Guipuzcoa, la Biscaye et les Asturies, se furent soulevés contre Rome et que l'empereur Auguste fut obligé d'envoyer contre eux son général Agrippa, qui ne vint à bout de leur résistance qu'après une lutte de huit ans (de l'an 23 à l'an 16 avant Jésus-Christ), et la destruction presque totale de ce qui pouvait être en état de résister, ce monarque fit commencer la construction, sur les frontières de ce peuple, de nombreuses stations ou places de guerre, qui furent achevées sous ses successeurs. Les Cantabres, qui n'étaient autres que des Ibères, durent recevoir des secours des Montagnards Eskualdunais établis sur le versant Nord des Pyrénées ; l'attitude hostile de ces derniers, que César n'avait osé entamer, grâce à leurs montagnes inaccessibles, à leurs vallées profondes et à leurs forêts impénétrables qui couvraient alors tout le pays de Labourd, dut décider l'empereur Auguste à défendre la frontière Tarbellienne. Nous avons dit qu'au delà de l'Adour les populations gardèrent leur langue particulière et l'indépendance de caractère que n'ont pu conserver celles de mêmes races soumises au joug romain ; ce fleuve marquait dans cette contrée la limite des régions où finissait le pouvoir de Rome.

C'est le motif qui fit rechercher une position militaire sur les rives de l'Adour afin de contenir ces montagnards indomptables. Le plateau supérieur de la ville haute de Bayonne remplissait les conditions recherchées par les Romains pour l'installation d'une place forte ou d'un camp fortifié ; ces conditions sont les mêmes pour un camp passager et pour un camp permanent, et cette considération nous permet de supposer qu'au camp de César a dû succéder la fortification d'Auguste.

Fortification des villes gallo-romaines

Contrairement à l'usage établi en Gaule de placer les oppidums gaulois sur des lieux élevés, les camps et les villes gallo-romaines fortifiés sont situés dans des plaines ou dans des régions accidentées, près de terrains fertiles. Les auteurs latins recommandent de placer les camps sur les terrains en pente douce d'une colline, près d'une source ou d'une rivière, mais d'éviter les positions escarpées, qui sont nuisibles à l'offensive.

Le camp de stationnement d'une légion dans lequel les soldats sont logés sous des baraques faites en bois et en torchis doit mesurer, d'après Polybe, 600 mètres de long sur 400 mètres de large. Avant le IVe siècle, ils étaient de forme généralement régulière, rectangulaire ou carrée, à sommets arrondis, pour éviter les angles morts dans lesquels l'ennemi aurait pu se tenir à l'abri des traits lancés normalement à l'enceinte ; après cette époque, on donna aux camps des formes plus variées et, selon Vegèce, ils pouvaient présenter un tracé rond, oblong et même triangulaire. Ceux de la bonne époque avaient généralement quatre portes, une sur chaque face ; la prétorienne (face à l'ennemi), la décumane (à l'opposé), et sur les deux autres côtés une et quelquefois deux portes dites principales.

Les villes fortes gallo-romaines forment des polygones de quatre ou cinq côtés au plus et par suite ne présentent pas des angles saillants prononcés ; chacun de ces angles est pourvu d'une tour ronde pour en battre facilement les abords. D'autres tours demi-cylindriques sont disposées en saillie extérieure le long de la muraille et espacées à une distance fixée, selon

Vitruve, par la portée du trait, de manière à pouvoir battre du sommet de l'une des tours le pied des deux tours voisines ; on trouve cependant des enceintes, comme celle d'Aoste, dans laquelle l'espacement des tours atteint une longueur exagérée de 130 mètres et même de 170 mètres ; mais l'espacement usité est compris entre 35 et 45 mètres. Dans ces fortifications, on ne trouve ni enceintes multiples, ni ouvrages extérieurs, ni citadelle formant réduit de la défense : les auteurs latins n'ont jamais recommandé ces ouvrages et ne les ont même pas mentionnés.

Ils ne fixent pas la hauteur des murailles, et leur épaisseur devait être calculée afin de permettre à deux hommes armés de se croiser sur la plate-forme qui les couronne. Dans certaines villes, les remparts étaient formés par un terrassement compris entre deux murs, et leur plate-forme devait donner passage à une cohorte en ordre de bataille. Dans ce cas, le parapet était précédé de fossés très larges et très profonds, mais cette disposition était réservée aux villes en plaine.

La hauteur d'une muraille doit être fixée de manière à empêcher l'escalade ; on est d'accord que cette condition est réalisée par une hauteur de 10 mètres ; les murs de Dax ont 9 mètres de hauteur, ceux de Nîmes 9 mètres 50 et ceux d'Autun 12 mètres. La condition relative à l'épaisseur a fait donner au rempart une largeur de 2 mètres 50 à 3 mètres au sommet, y compris la place occupée par le petit mur crénelé qui couronne l'enceinte du côté extérieur ; parfois même il existait, du côté de la ville, un garde-fou maçonné. Des rampes d'accès ou des gradins conduisant à la plate-forme du rempart étaient disposés à l'intérieur.

Les tours d'angle et de courtine font parties intégrantes de l'enceinte, de sorte que la circulation au-dessus du rempart est établie sans discontinuité tout le tour de la ville ; afin d'intercepter cette circulation, la plate-forme en maçonnerie était interrompue au droit des tours et remplacée par des ponts volants en bois. Grâce à ce dispositif, l'ennemi qui était parvenu à s'emparer d'une portion de courtine comprise entre deux tours, ne pouvait se répandre au delà des tours dont les ponts étaient enlevés, et il se trouvait exposé aux coups des défenseurs postés dans ces ouvrages. Les tours avaient de 8 à 10 mètres de diamètre en général, et leur saillie vers l'extérieur était égale au rayon.

Les ouvertures de l'enceinte ou portes étaient des points faibles qui furent flanqués par deux tours. Au-dessus de la porte un arceau, reliant ces ouvrages, maintint la continuité de la galerie crénelée qui couronnait le rempart.

Les fondations de l'enceinte étaient établies un peu au-dessous du sol naturel, s'il n'y avait pas de fossé, ou au-dessous du fond du fossé. Les parements extérieur et intérieur du rempart étaient généralement faits par assises régulières de moellons, dont la face apparente était un carré de 0m 10 environ de côté. Le vide compris entre les deux parements était rempli d'un blocage irrégulier, constitué par des petits moellons bruts et du mortier de chaux, ou bien par du béton ; afin de relier les deux façades, le blocage ou béton était nivelé à hauteur de la 5e ou 6e assise des parements et recouvert de deux lits de briques posées à plat, de 4 centimètres d'épaisseur. Cet appareil était nommé par les Romains : *opus quadratum regulare ;* il était employé dans les constructions courantes, civiles ou militaires. Il ne demandait pas des ouvriers aussi habiles que les constructions en pierre de taille ; aussi on le rencontre dans presque toutes les enceintes.

Certains auteurs ont recommandé l'emploi de pierres de taille à la base des murs, pour que ceux-ci offrissent plus de résistance aux coups de béliers de l'assiégeant ; cette précaution a été appliquée dans quelques enceintes gallo-romaines, et parmi les matériaux de forte dimension employés à la base des remparts, on a trouvé des pierres de taille provenant de monuments romains ; cette circonstance particulière s'explique par la nécessité qui s'imposa aux habitants des Gaules d'élever précipitamment des fortifications au IVe siècle, lorsque les barbares, après avoir vaincu les dernières armées romaines, envahirent tout le territoire de ce pays.

Nous allons voir bientôt, en décrivant l'enceinte de Bayonne, qu'elle répond aux diverses règles que nous venons d'énumérer ; ces règles nous ont été fournies par divers auteurs latins et par une étude toute récente de M. de la Noë, colonel du génie, sur les enceintes gallo-romaines.

Monnaies romaines découvertes — Ainsi se trouvera démontrée l'origine gallo-romaine des premiers remparts de Bayonne, corroborée par la découverte de pièces de monnaie portant l'effigie de divers empereurs romains. Une monnaie de bronze de l'empereur Adrien, qui a régné de l'an 117 à l'an 138 de notre ère, a été trouvée, d'après Baïlac, dans la démolition d'un vieux mur romain à la porte des Cinq-Cantons. Lorsqu'on a découvert les tombeaux des premiers évêques de Bayonne, placés à l'intérieur de la Cathédrale, autour du chœur, on a mis à jour des monnaies de Gallien et de Salonine, sa femme, de Claude le Gothique, de Postume et quelques-unes de Tétricus. Tous ces empereurs ont régné entre les années 257 et 274 de notre ère. Gallien fut empereur de 260 à 268 ; pendant son règne, Postume, l'un des 30 tyrans qui revêtirent la pourpre, commandait déjà dans les Gaules en 257, s'y fit proclamer empereur en 261, et refoula les Germains au delà du Rhin. Claude le Gothique, successeur de Gallien, mourut en 270 ; il vainquit les Goths, en Servie, pendant que Tétricus, usurpant la pourpre en 268, à Bordeaux, dominait les Gaules pendant 6 ans.

Les mêmes monnaies ont été trouvées à 20 kilomètres de Bayonne, dans les landes de Hasparren ; on y a remarqué beaucoup de pièces à l'effigie de Gallien et de Constantin, et quelquefois de Marius (empereur tyran) ; on sait que Constantin, le pacificateur des Gaules, régna de 306 à 337 de notre ère.

L'inscription d'un autel votif découvert en 1662 sous la dalle du maître-autel de l'église de Hasparren, nous apprend qu'un certain Verus, gouverneur du pays, aurait été député vers Auguste, afin d'obtenir pour neuf peuples l'autorisation de se confédérer. A son retour, il consacra au génie du lieu un autel votif dont cette table de marbre est le reste. Si l'on admet l'authenticité de cette découverte très discutée par certains savants, le nom d'Auguste désignerait l'empereur Adrien, qui avait pris Verus en affection.

Enfin, la construction toute récente d'une maison dans la rue Jacques Laffitte a permis de recueillir, sous la dernière assise d'une fondation romaine, une monnaie de bronze du IVe siècle.

La présence de ces monnaies nous montre que les Romains étaient établis à Bayonne au moins depuis l'an 137 de notre ère. Mais nous avons indiqué les motifs qui nous font croire à leur présence en ce lieu sous l'empereur Auguste, quelques années après Jésus-Christ.

Nous allons maintenant décrire les remparts romains de la ville :

L'enceinte ancienne de Bayonne est un polygone de cinq côtés inégaux ; les sommets de ce contour sont : la tour Nord du Château-Vieux, la tour de la Vieille-Boucherie, la porte d'Espagne, l'escalier de la Pusterle et le carrefour des Cinq-Cantons. On peut, pour en faire le tour, partir du Château-Vieux, suivre la rue du rempart Lachepaillet qui passe à la porte d'Espagne, parcourir la rue Tour-de-Sault ou rue du Rempart, monter à gauche l'escalier de la Pusterle et suivre les rues des Augustins, de la Salie et Gambetta jusqu'à la place du Château-Vieux. *Remparts romains de Bayonne*

Conformément aux règles de la fortification romaine, la place forte de Bayonne était posée sur un plateau à pentes douces, au milieu d'une plaine, au confluent de l'Adour et de la Nive. Une partie de l'enceinte, parallèle au cours de la Nive, et comprise entre la tour de la Pusterle et le Château-Vieux, était placée en contre-bas du plateau, sur le terrain incliné dont le pied constituait la berge de la Nive.

Cet emplacement offrait l'avantage du voisinage de la mer et permettait d'assurer un port de refuge aux navires romains qui se dirigeaient vers la Grande-Bretagne en longeant la côte. Un port fut en effet construit par les Romains au pied des remparts bordant la Nive, comme l'atteste la tradition et la présence constatée, il y a quelques années, de gros anneaux d'amarrage qui avaient été scellés dans l'ancien mur romain constituant aujourd'hui le fond d'une cave de la rue Salie (1) ; mais il ne pouvait guère abriter que quelques galères romaines occupées à faire la chasse aux pirates sur l'Adour et sur la Nive, car il avait une faible superficie et ne dépassait pas les rues Port-de-Castets et Port-de-Suzée.

Un autre port, plus spacieux et naturel, aurait existé, selon certains auteurs, vers l'emplacement actuel de la rue Thiers et est devenu, au moyen âge, le port du Verger ; nous pensons toutefois que sa création a eu lieu lorsque le commerce maritime de Bayonne prit, au moyen âge, une extension considérable.

Tous les avantages de la position adoptée étaient en partie diminués par son éloignement des voies romaines principales.

Voies romaines Deux grandes artères, partant de Bordeaux, traversaient les Pyrénées-Occidentales : l'une se dirigeait sur Saragosse par le débouché de Sumport ; la seconde, plus rapprochée de la côte, conduisait à Pampelune par Dax *(Aquæ Tarbellicæ)*, Sordes où elle franchissait les deux gaves, Aïcirits (Hairis), près St-Palais, dans le pays de Soule, St-Jean-le-Vieux *(imo Pyreneo)*, Castel-Pinon et Roncevaux *(summo Pyreneo)*, et traversait les montagnes de la Navarre.

C'étaient les grandes voies suivies par les invasions, et si la grande distance qui les séparait de Bayonne était un inconvénient pour cette ville durant les périodes de paix, à cause de la difficulté des communications, elle dut lui épargner les désastres que laisse le passage des hordes barbares.

Bayonne était desservie par des voies secondaires. L'une d'elles, dont le tracé est incertain, devait relier cette ville à la grande artère de Bordeaux à Pampelune, qu'elle rencontrait au

(1) Maison n° 19, à 17 mètres 50 de l'angle de la rue de la Cathédrale.

point le plus voisin de son origine. On présume qu'elle sortait de l'enceinte à la porte Orientale ou du Port, passait la Nive sur un pont de bateaux, gagnait ensuite les hauteurs de Mouguerre, de Briscous, de Labastide Clairence, et qu'elle rencontrait enfin la voie romaine au passage de la Bidouze, en un point encore indéterminé. Un groupe de petits bronzes romains, qui ont été trouvés récemment près de Mouguerre où ils furent déposés, si l'on se guide d'après leurs effigies, sous le règne de Tétricus ou au commencement de celui d'Aurélien, atteste le passage en ce point de la voie secondaire.

Une voie analogue reliait, d'après M. Poydenot, Bayonne à Hasparren, et Hasparren avec la frontière par Baïgorry et les Aldudes. Cette opinion est appuyée par la découverte de l'autel votif de Verus dans l'église de Hasparren, en 1660, par celle d'une assez grande quantité de monnaies romaines, principalement de Gallien, Tétricus, Claude le Gothique, Marius, Postume, Victorin, etc., faite en 1856 dans les landes dites bois de Hasparren, et enfin par la trouvaille d'une monnaie d'or de Vitellius (1), que fit un paysan de St-Etienne-de-Baïgorry en labourant son champ pendant l'année 1891.

Pour terminer l'énumération des routes aboutissant à la ville, il faut citer deux voies qui existaient probablement à l'état de piste durant l'occupation romaine. L'une communiquait avec Dax en suivant la rive droite de l'Adour jusqu'à Lanne et la rive gauche du fleuve depuis ce point jusqu'à Dax ; elle traversait les territoires de Biaudos, Lanne, Orist et Tercis ; M. Dufourcet pense que cette route fut abandonnée sous la domination visigothe et qu'elle fut remplacée par la voie d'Alaric passant par St-Martin-de-Seignanx, St-André, Saubusse et St-Paul-lès-Dax, sans quitter la rive droite de l'Adour.

La seconde voie, dite du littoral, qui aurait existé vers la fin de l'occupation romaine sous le nom de *Camin Roumiou*, conduisait à Bordeaux en longeant les rives de l'Océan ; ce fut, d'après Baïlac, le chemin suivi par l'apôtre Saint Léon quand il arriva à Bayonne vers l'an 900. Il fut également suivi dans la suite par les pèlerins qui se rendaient à St-Jacques de Compostelle.

Le développement de l'enceinte romaine de Bayonne est de 1120 mètres environ ; deux des côtés du pentagone irrégulier que décrit son contour sont sensiblement parallèles et dirigés du Nord au Sud. L'un, qui fait face à la Nive, réunit la tour de

Description de l'enceinte romaine

(1) Empereur romain qui régna l'an 70 de notre ère.

la Pusterle au carrefour des Cinq-Cantons en suivant les rues des Augustins et de la Salie ; il est rectiligne, sauf une légère brisure vers le milieu de la rue Salie, et sa longueur est de 280 mètres.

L'autre, qui fait face à l'Est, part du Château-Vieux et aboutit à la tour de la Vieille-Boucherie ; il mesure 325 mètres de longueur et est sensiblement droit.

Les extrémités Nord de ces deux faces sont réunies par un côté légèrement convexe de 220 mètres de long, qui commence au carrefour des Cinq-Cantons et finit au Château-Vieux, en suivant la rue Orbe (1), dont le nom indique bien qu'elle longeait le pied des remparts.

Enfin, le vide compris entre la tour des Vieilles-Boucheries et celle de la Pusterle a été fermé par deux côtés rectilignes qui se rejoignaient en formant un sommet saillant dans lequel s'ouvrait la porte Méridionale ; ces deux faces, bien plus courtes que les autres, mesuraient respectivement 135 et 165 mètres.

L'enceinte de Bayonne peut donc être comparée à un bonnet de prêtre à sommet saillant, dont la base serait la rue Gambetta (autrefois Orbe) et dont la pointe coïnciderait avec la porte d'Espagne. Sa largeur dans la direction Est-Ouest est de 250 mètres et sa longueur moyenne est de 350 mètres dans le sens Nord-Sud ; ces dimensions sont un peu inférieures à celles de l'enceinte romaine de Dax, construite à la même époque et présentant la forme d'un quadrilatère de 420 mètres de long sur 300 mètres de large.

Les remparts de Bayonne comprennent des courtines et des tours.

Courtines Les parapets des courtines sont constitués par des murs en maçonnerie dont l'épaisseur varie entre 2 mètres 70 et 3 mètres ; on retrouve cette dimension dans les murs d'Autun (3 mètres) et de Nîmes (2 mètres 60 à 2 mètres 95) ; ces murs présentent un fruit peu accusé et variable. Ils sont couronnés du côté extérieur par un mur crénelé de faible épaisseur et d'une hauteur suffisante pour protéger les défenseurs placés sur la plate-forme ; cette hauteur n'a pu être mesurée parce que ces murettes, que le défaut d'entretien a laissé ruiner, ont été réédifiées postérieurement et surélevées.

Il est également difficile de fixer la hauteur des remparts, car une nouvelle enceinte a été construite avant le règne de François Ier, à quelques mètres en avant de l'ancienne, et le

(1) Orbis, cercle, contour, enceinte.

pied du mur romain a été caché sous la masse des terres qui ont été apportées entre les deux murs pour former le terre-plein du nouveau rempart.

On peut néanmoins apprécier cette hauteur en se basant d'après le niveau du passage des anciennes portes, qui n'a pas varié, et juger par les parties de courtine existant en ces points qu'elle était de 13 mètres à la porte d'Espagne et de 8 mètres 40 à la porte Lachepaillet ; on retrouve des hauteurs semblables dans les courtines d'Autun (12 mètres) et de Nîmes (9 mètres 50).

Il ne paraît pas que les remparts de Bayonne aient été précédés de fossés dans les parties d'enceinte qui ne regardaient pas la Nive, mais il semble à peu près certain qu'un grand fossé plein d'eau, formant port, se trouvait au pied du rempart entre les rues Port-de-Castets et Port-de-Suzée. Le nom de la première de ces rues semble indiquer, d'après certains auteurs, qu'elle était dirigée vers une construction fortifiée (castellum), placée au bord de la Nive pour protéger le port ; on ignore encore où pouvait se trouver cet ouvrage dont aucune trace n'a été retrouvée, et nous préférons croire que le mot de Castet s'est appliqué au Château-Vieux, édifié au moyen âge ; d'ailleurs, la rue Port-de-Castets faisait suite à la rue *dou Castet*, qui prenait sensiblement la direction du Château-Vieux.

Rien n'empêche d'admettre qu'un fossé plein d'eau a existé sur d'autres parties de la fortification parallèle à la Nive, car la tradition nous apprend que les remparts du Château-Vieux étaient baignés, au moyen âge, par les eaux du fleuve.

La bande de terrain comprise entre la Nive et le rempart n'était pas aussi élevée qu'aujourd'hui et devait être recouverte par les hautes marées, à l'exception des vergers qui occupaient les abords de la rue Victor Hugo.

Nous avons dit que la courtine était constituée par un mur maçonné et qu'aucun terrassement formant le terre-plein haut n'était appuyé contre son parement intérieur ; mais comme elle était tracée sur le bord du plateau ou sur les pentes descendant vers la Nive, on dut remblayer le sol le long de la face intérieure afin de le mettre au niveau des terrains situés un peu en arrière et constituer une rue du rempart. Cette disposition est très sensible dans la partie comprise entre la porte d'Espagne et la tour de la Pusterle, près de laquelle l'escalier de ce nom marque la différence de niveau entre la rue intérieure Passemillon et la rue Tour de Sault placée au pied extérieur du rempart ; on remarque aussi cette différence, mais à un degré moindre, entre la tour de la Pusterle et le Château-Vieux, en comparant les niveaux des rues situées à l'intérieur et à l'extérieur de l'enceinte romaine.

Tours. La fortification de Bayonne comprenait deux types de tours : celles qui occupaient les angles saillants étaient rondes ; les autres, placées contre les courtines, présentaient une section en demi-cercle prolongé par un rectangle. Toutes étaient construites en maçonnerie, et leurs murs avaient une épaisseur uniforme de 1 mètre 20 ; elles dépassaient le rempart afin de dominer les courtines.

Leur vide intérieur était garni de terre jusqu'au niveau de la rue du rempart. La gorge des tours demi-rondes placées en saillie extérieure des courtines était évidée sur toute l'épaisseur du rempart : on trouve cependant un grand nombre de ces tours qui sont fermées à la gorge par un mur affleurant le parement intérieur de la courtine. Mais ces murs étaient assez minces pour ne pas gêner la circulation le long de la plate-forme des courtines ; le chemin de ronde était continué, en arrière des tours, par des ponts volants en bois, jetés au-dessus de leur évidement intérieur ; quand le mur de gorge des tours s'élevait au niveau du mur crénelé des courtines, il restait toujours entre eux un espace égal à la largeur du pont. Cet espace était une espèce de baie ménagée dans les deux murs de queue de la tour, et on peut voir l'une de ces baies de communication dans la tour ronde de la Vieille-Boucherie, du côté de l'arceau percé à une date plus récente dans la courtine au pied de la tour. Lorsque l'ennemi était parvenu à s'emparer d'une courtine, les défenseurs l'isolaient en retirant les ponts volants des deux tours entre lesquelles elle était placée et l'empêchaient ainsi de se répandre dans la ville.

Les tours de courtine avaient 6 mètres 30 de diamètre extérieur ; le centre de leur courbure était généralement à $0^m 80$ du parement extérieur du rempart, mais cette distance atteint jusqu'à $1^m 50$ pour la tour voisine de celle des Vieilles-Boucheries. Les tours des saillants et celles placées aux angles rentrants avaient leur centre au point de rencontre des côtés qu'elles devaient flanquer.

L'intervalle entre deux tours consécutives est peu variable ; il est compris entre 35 et 45 mètres, mais ceux qui se reproduisent le plus souvent sont 37 mètres 50 et 40 mètres. Nous verrons, quand nous décrirons les portes, que les deux tours qui les encadrent sont à des distances moindres l'une de l'autre. Les tours de l'enceinte romaine de Dax ont le même espacement (39 à 41 mètres), mais elles diffèrent de celles de Bayonne par un plus grand diamètre extérieur (11 mètres) et par des murs plus épais (1m 85 au lieu de 1m 20).

Les deux parements des murs du rempart et des tours sont faits en moellons cubiques, dont le côté mesure 10 à 11 centimètres. Ces pierres sont en calcaire dur de Bidache, à veines de silex ; il a été facile de les amener à Bayonne en les chargeant sur des radeaux qui ont descendu le courant de la Bidouze et celui de l'Adour.

L'appareil adopté dans ces parements est l'*opus quadratum regulare*, le plus couramment employé par les Romains dans les ouvrages de fortification et les constructions ordinaires ; les moellons sont disposés par assises horizontales, hautes de 12 à 13 centimètres et posés pleins sur joints d'une assise à la suivante. La partie du mur comprise entre les deux parements est remplie par un béton de gravier ou de moellons de moyenne grosseur ; afin d'établir une liaison entre les deux parements, la maçonnerie a été arrasée par bandes dont la hauteur est tantôt de 1 mètre et tantôt de 1 mètre 50, et ces bandes ont été recouvertes de deux lits de grosses briques ou plus fréquemment de dalles d'égale épaisseur, reliées par du mortier. L'ensemble de ces deux lits correspond en hauteur à une assise de moellons. Ce mode de construction est très visible dans une coupure faite à travers le rempart, au fond d'une boutique de la rue Tour de Sault, et la quantité de travail dépensée pour exécuter cette démolition est une preuve de la solidité du rempart et de sa bonne exécution.

La plate-forme supérieure du mur était pavée en dalles de Bidache ; on rencontre quelques parties de ce dallage dans certaines maisons faisant corps avec l'ancienne enceinte.

Des escaliers en pierre, adossés au parement intérieur des courtines, facilitaient l'accès de la plate-forme supérieure ; il en existe encore contre la courtine de l'Évêché, à la gorge de la tour de la Vieille-Boucherie et de la tour de la rue des Augustins, au bas de la rue de la Monnaie.

Il n'y a pas lieu de penser que la base des murailles était faite en pierres de taille, car l'existence de ces matériaux n'a pas été révélée ; mais il nous a été donné de constater, dans une fouille pratiquée récemment, que les fondations du rempart étaient faites en gros moellons posés sans ordre au fond de la fouille et arrasés par une maçonnerie de mortier sur laquelle était placée la première assise des moellons cubiques.

Examinons en détail l'enceinte romaine de Bayonne et parcourons-la en partant de son sommet Nord ; c'est le point le plus saillant du tracé et les deux remparts qui s'y réunissent forment exactement un angle droit. A ce point, on rencontre une tour ronde de 5 mètres de diamètre intérieur, dont les murs avaient 1m 50 d'épaisseur ; elle a été plus tard épaissie et constitua un des saillants du Château-Vieux, construction élevée au moyen âge.

Poterne de la tour Nord. — Une porte basse, large de 1m 25, a été percée dans le côté Est de cette tour ; elle communique avec l'extérieur et devait être utilisée par les Romains comme poterne dissimulée. Mais elle ne communiquait pas de plein-pied avec le pied intérieur du rempart, et comme il n'existe aucune porte faisant communiquer la rue du Rempart avec l'étage inférieur de la tour, nous devons admettre que la communication se faisait par un escalier intérieur, disposition qui augmentait la sécurité de cette sortie secrète.

Les linteaux de la porte étaient en monolithes de grès coquillier jaunâtre, appelés communément à Bayonne pierre de sable, et pour les protéger contre les dangers de rupture, ils ont été recouverts d'un arc de décharge, en plein cintre, formés de voussoirs alternés de calcaire et de deux rangs de briques.

De cette tour d'angle à celle de même forme placée à l'angle des Boucheries, nous rencontrons sur le rempart Lachepaillet huit tours barlongues, dont la dernière seule existe aujourd'hui ; on trouve dans le sol les fondations des sept autres ; leur écartement successif est, en partant du sommet Nord : 37m 50 — 36m — 36m — 37m — 28m — 36m 50 — 34m 50 — 36m 50 — 37m 50. Le diamètre intérieur de la partie demi-circulaire varie peu ; il est de 4m. Il en est de même pour la saillie des tours de 4m 50 et l'épaisseur de 1m 25. La première de ces tours a été épaissie, dans la suite, et incorporée dans le Château-Vieux. La courtine est épaisse de 3 mètres et sa hauteur est de 8 mètres environ ; le fruit de son parement intérieur est bien plus prononcé que celui de l'extérieur.

Un escalier en pierre, appuyé à la courtine près de la deuxième tour barlongue, permettait d'accéder à la plate-forme supérieure du rempart. De tous les intervalles séparant deux tours voisines, un seul de 28 mètres a des dimensions plus restreintes, mais il correspondait à une porte, et nous avons dit plus haut que les Romains prenaient le soin de rapprocher les tours des portes pour en assurer la surveillance.

Porte Occidentale (Tarride, Lachepaillet). — La baie de la porte, percée exactement dans le milieu de la courtine, avait une ouverture de 3 mètres 20 qui, selon l'usage, devait être fermée par de simples vantaux, car il ne paraît pas qu'un autre dispositif de fermeture y ait été pratiqué. Il faut remarquer que cette porte se trouve placée en un point où l'enceinte change légèrement de direction, puisque les deux branches qui s'y rencontrent forment un angle de 172° ; toutefois, cet angle ne se fait pas sentir, car la courtine de la porte, au lieu d'être brisée, est rectiligne.

Le nom romain de cette porte ne nous est pas parvenu, mais elle dut se nommer *Porta Occidentalis*, en se basant sur ce que les noms donnés aux autres portes étaient tirés de leur orientation.

Elle est désignée, dans un acte de 1289, sous le nom de porte de l'Abesque, et elle touchait en effet aux bâtiments de l'Evêché. Au moyen âge, elle conduisait au faubourg de Tarride, dont elle portait le nom ; enfin, avant de disparaître, sous le règne de François Ier, elle s'appela porte Lachepaillet.

Parcourons maintenant les deux petits côtés Sud de l'enceinte, venant se rencontrer à la porte Méridionale *(Porta Meridiana)*. De la tour ronde de la Boucherie, qui occupe un saillant de 119° et est construite comme la tour Nord de l'enceinte, jusqu'à la porte, il n'existe qu'une tour barlongue, placée à une brisure rentrante (angle de 170°). Le centre de son demi-cercle est, en raison de cette situation particulière, dans le parement de l'escarpe, tandis que, pour les tours adossées à des alignements droits, nous avons vu que ce centre est à 0m 75 en avant de ce parement. Les intervalles entre les tours sont respectivement de 49 mètres 50 et 79 mètres ; ce dernier chiffre s'explique par la proximité de la porte dont la tour voisine fait une saillie prononcée en avant du rempart ; notons enfin, dans la tour de la Boucherie, l'existence d'une porte sur le chemin de ronde supérieur du parapet.

La porte Méridionale *(Meridiana)* est citée au Livre d'or sous ce nom dans un acte de 1106 et sous celui de Saint-Léon dans un autre de 1059, ce qui prouve qu'à ces dates le nouveau nom de Saint-Léon tendait à se substituer à l'ancien ; elle l'a gardé jusqu'au siècle dernier, où elle s'est appelée porte d'Espagne. C'était l'entrée principale de la cité ; placée à l'extrémité de la Via Major, elle se composait d'un passage voûté en plein cintre, large de 3 mètres 20 et placé dans l'alignement du mur de gorge de deux tours barlongues, qui accostaient la porte. Ces tours, longues de 11 et 12 mètres étaient, au point de vue du diamètre et de l'épaisseur des murs, semblables aux autres tours de l'enceinte.

Leur hauteur, qui était de 13 mètres au moins, donnait aux

Porte Méridionale (St-Léon d'Espagne).

défenseurs de ces tours la facilité de battre le terrain en avant de la porte, et lorsque les ennemis, essayant d'enfoncer la porte, s'étaient rassemblés dans l'étroit couloir compris entre les deux tours, ils étaient écrasés par les pierres et autres corps lourds jetés sur eux du haut des tours. La grande profondeur de ces ouvrages avait permis d'installer, à leur gorge, des escaliers accédant au chemin de ronde ; celui-ci traversait d'ailleurs les deux tours et le vide correspondant à la porte.

De cette ouverture principale à la tour ronde de la Pusterle s'étend une courtine rectiligne, à l'exception d'une partie brisée de 15 mètres, voisine de la porte. Deux tours barlongues, existantes, sont situées entre ces deux points extrêmes ; leurs intervalles sont de 31 mètres 50 — 39 mètres 50 et 78 mètres. Nous pensons qu'une troisième tour, dont il n'a pas été possible de découvrir la trace, a partagé ce dernier intervalle.

Le côté Ouest de l'enceinte, que nous allons décrire, fait avec le côté précédent un angle saillant de 105° ; il suit, dans une direction presque rectiligne, le bord du plateau le long de la Nive et, avant d'atteindre la petite place des Cinq-Cantons, il croise les rues actuelles Passemillon, Poissonnerie et de la Cathédrale, pour le passage desquelles de larges brèches ont été pratiquées au moyen âge à travers cette partie de l'enceinte. Il y existe aujourd'hui une seule tour barlongue ; une autre se trahit par des fondations à l'angle des rues Poissonnerie et de la Salie, et nous ne doutons pas de l'existence d'une troisième tour au léger saillant (165°), au milieu de la grande partie de la rue de la Salie (jadis rue Ste-Catherine).

Les intervalles entre les tours seraient de 45 mètres — 82 mètres 50 — 47 mètres — 110 mètres. Mentionnons d'abord que le deuxième intervalle de 82 mètres 50 semble être double et qu'une tour, dont les indices nous ont échappé, a dû exister en son milieu. Le dernier intervalle de 110 mètres s'explique par la présence, au pied de son rempart, du port romain. Celui-ci est prouvé par la découverte d'anneaux d'amarrage dans le bas du rempart et par les noms de Port-de-Castets et Port-de-Suzée, donnés au moyen âge aux deux rues qui débouchent en avant de cette courtine. Ce côté de l'enceinte se terminait à la troisième porte de la cité.

Porte Orientale (Cinq-Cantons). Le nom de porte Orientale (*Orientalis*), qui lui fut donné par les Romains, s'est conservé dans un acte du Livre d'or de 1059 ; dans un autre acte du même recueil, daté de 1106, cette même porte est désignée ainsi : « Porte qui conduit au port ». Or, ces deux appellations s'appliquent à une seule et même porte, car, dans chacun des deux actes, il est question des biens de l'église Ste-Marie, constitués par la moitié de la ville, et la ligne divisoire limitant les deux moitiés était indiquée ainsi : « De la porte *Meridiana* à la porte qui conduit au port », dans l'acte de 1106 », et « de la porte Orientale jusqu'à la porte de St-Léon », dans celui de 1059. Les restes des constructions que nous avons retrouvées soit dans l'intérieur de la maison placée à l'angle des rues Orbe et Argenterie, soit sous le sol de la place des Cinq-Cantons, se présentant sans aucun ordre, ne permettent pas de reconstituer le tracé de la porte romaine et d'en déterminer la place exacte. Etait-elle dans l'axe de la rue Argenterie, que la fondation du rempart romain traverse presque normalement, ou bien sur l'emplacement de la maison précitée où se trouvent de vieux murs très épais, qui dépendaient assurément de la tour donnée en 1288 à Jean de Viele par Edouard Ier, roi d'Angleterre, et démolie plus tard. Il faut attendre la découverte de nouveaux indices pour arrêter définitivement la place de la porte Orientale.

Enfin, le cinquième côté de l'enceinte, qui fait face au Nord-Est, forme une ligne brisée de quatre parties faisant entr'elles des angles très obtus (174°, 168° et 170°). Sa forme convexe s'explique par la nécessité du tracé qui suivait le pied des pentes raccordant le plateau avec la rive de l'Adour au confluent de la Nive. Mais l'ingénieur romain qui a tracé l'enceinte a cru pouvoir se dispenser de placer les tours aux saillants des brisures, tant ils étaient peu accusés. Entre la porte Orientale et la tour Nord de l'enceinte, on rencontre trois tours barlongues, la première du côté Sud de l'entrée de la rue de la Monnaie (1), la deuxième à l'entrée de la rue Gambetta (Orbe), démolie récemment, et la dernière qui a été renforcée au moyen âge pour devenir la tour Est du Château-Vieux ; leurs intervalles sont, en suivant le même ordre, 63 mètres 50 — 55 mètres — 50 mètres et 39 mètres. Deux brèches ont été ouvertes postérieurement dans les parties de courtines voisines des première et deuxième tours pour le passage des rues de la Monnaie et Thiers. Les deux courtines attenantes à la tour Nord ont été surépaissies et ont formé deux faces de l'enceinte du Château-Vieux.

L'enceinte romaine de Bayonne comprenait, en conséquence, trois portes, une porte masquée au moins, trois tours rondes, 21 tours barlongues et 23 courtines.

(1) Fondations vues par M. Ducéré.

Les documents anciens font défaut pour donner la topographie de l'intérieur de la ville.

Via Major. Nous savons cependant que sa rue principale était la Via Major, qui faisait communiquer directement la porte Méridionale ou porte d'Espagne avec la porte Orientale qui conduisait au port ; elle suivait le tracé actuel de la rue d'Espagne, qui a porté jusqu'à nos jours le nom de rue Mayour (Major).

Elle aboutissait à la patte d'oie des Cinq-Cantons, où se trouvait la porte Orientale, soit en suivant la rue Argenterie, soit en se prolongeant en ligne droite jusqu'à cette sortie. Nous pensons même que ce dernier tracé est le véritable, pour deux raisons. La première réside dans la négligence apportée par les Romains à adoucir les pentes des voies par des déviations en lacets ; et le tracé par la rue Argenterie est une déviation adoucie de la rue d'Espagne : il ne peut dater de l'époque romaine et a répondu à des préoccupations plus récentes. La deuxième raison résulte de l'ancien nom de la rue Victor Hugo ; quoique cette rue n'ait été créée ou du moins bordée de maisons qu'au moyen âge, elle a porté le nom de rue Mayour, nom qui est resté au pont sur la Nive qui lui fait suite.

Il faut remarquer que cette rue et ce pont forment le prolongement direct de la rue d'Espagne, et que leur ensemble devait former la Via Major ; il aurait donc fallu que ce même nom soit porté par la rue Argenterie, si celle-ci en avait fait partie.

Or, nous savons qu'elle s'appelait rue du Castet au XIIe siècle, en même temps que son prolongement direct vers la Nive se nommait rue Port-de-Castets.

La Via Major passait à côté de l'emplacement occupé par la Cathédrale, qui est le point culminant de la ville. Un temple devait y être édifié selon les usages romains et être consacré à Jupiter, à Junon ou à Minerve. Cet édifice aurait été affecté par les Normands au culte d'Odin, dieu de la guerre, que la légende de saint Léon désigne sous le nom de Mars, puis il aurait été brûlé par les disciples de l'évêque, venu à Bayonne pour prêcher le christianisme vers 890 ; les prêtres païens, qui avaient voulu l'entraîner à sacrifier à leurs dieux, se convertirent à sa voix et contribuèrent à la destruction des idoles. Une basilique aurait succédé à ce monument et la Cathédrale se serait élevée, à la fin du XIIe siècle, à la place de cette église ; ces suppositions sont en partie confirmées par la découverte, que nous avons déjà mentionnée, de monnaies romaines sous les tombeaux des premiers évêques, disposés autour du chœur.

Une tradition populaire rapporte qu'un temple païen occupait l'emplacement de la maison forte du bourgeois Arribeyre, adossée au rempart romain, au bas de la rue Poissonnerie, vers le côté Ouest ; ce temple, s'il eût été voisin d'une porte de la ville, aurait été dédié à Mars, à Vénus ou à Vulcain ; mais aucune indication certaine n'est venue prouver l'existence d'une porte en ce point de l'enceinte, et nous devons, malgré l'intérêt de cette légende, la tenir pour erronée.

La place forte de Lapurdum possédait une garnison romaine, car la notice des dignités de l'Empire sous l'empereur Honorius, qui régna de 384 à 423, nous apprend que Lapurdum était le siège de la cohorte « La Novempopulanie ». Ce corps de troupe était fort de mille hommes, mais il faut penser, avec M. Dufourcet, qu'il comprenait plus souvent des auxiliaires que des soldats romains, car, si l'on en croit l'historien Joseph, il n'y avait en Gaule, sous Honorius, que douze cents soldats romains, et la notice de 390 mentionne la présence d'auxiliaires (letti) Sarmates dans divers postes, tels que Poitiers, Blaye et dans le poste extrême de Lapurdum.

Cette ville était-elle cité romaine ? La question est très controversée.

Les partisans de l'affirmative s'appuient sur l'érection de sièges épiscopaux dans toutes les cités impériales après la conversion de Constantin, en 313. Ils mentionnent une charte de l'abbaye de Duvielle, près de Dax, dont Compaigne, magistrat recommandable, a pris connaissance et qui a disparu ; ce document mentionne l'existence, en 384, d'Iscassicus, *episcopus Lapurdensis*. Enfin, ils ajoutent que, dès la chute de l'Empire romain, Bayonne figure comme cité dans le traité d'Andelot et qu'elle est comprise dans les chartes de Lescar et de Bigorre au nombre des cités de la Novempopulanie détruites par les Normands.

Ceux qui ne veulent pas reconnaître à Lapurdum le titre de cité romaine, allèguent qu'il n'y eut pas dans cette ville, sous Constantin, un siège d'évêché et qu'Iscassicus était un évêque apôtre, un missionnaire sans successeur régulier, et que, pour renouer la chaîne des évêques, il a fallu laisser passer quelques siècles. Si Bayonne eût été *civitas*, ce n'est point un simple tribun qui eût commandé la cohorte, mais un préfet *(prefectus ad arma)*. Enfin, cette ville n'a jamais eu de curie, ni de *senatus minor*, ni de cort, ni d'organisation municipale s'inspirant de traditions romaines avant que Jean sans Terre ait octroyé, en 1215, des libertés à Bayonne.

Dans l'état actuel de la question, nous ne croyons pas qu'il soit possible de faire un choix entre les deux opinions émises, et nous pensons qu'il faut attendre, avant de prendre un avis ferme, de nouveaux éléments d'appréciation.

Ne terminons pas le chapitre de la ville romaine sans mentionner qu'un des avantages que les habitants retiraient de son séjour était la bonté du poisson de ses rivières. Sidoine Apollinaire, qui écrivait vers 460, a vanté en particulier les langoustes de Lapurdum.

La domination romaine s'était implantée en Aquitaine l'an 57 avant Jésus-Christ, à la suite des conquêtes de Crassus, lieutenant de César ; Auguste avait augmenté cette province du territoire des Biturriges. Cette vaste contrée fut, vers 384, subdivisée en trois provinces : l'Aquitaine première, dont Bourges fut la capitale ; l'Aquitaine seconde, qui eut Bordeaux, et l'Aquitaine troisième ou Novempopulanie, dont la capitale fut d'abord St-Bertrand de Comminges et puis Auch.

Mais cette puissante organisation devait bientôt s'écrouler sous l'effort des barbares. Depuis plus de 150 ans, les généraux romains ne cessaient de refouler derrière la frontière du Rhin des hordes sans cesse renaissantes. Ce furent d'abord les tentatives infructueuses des Germains, en 235 ; des Francs, en 241 ; des Alamans, qui séjournèrent dans l'Est de la Gaule, de 253 à 268, et qui, après avoir ravagé ce pays, seraient allés, d'après Aurélien Victor, s'emparer de l'Espagne ; puis, nouveaux efforts des Germains, en 276 ; de pirates le long des côtes de l'Océan, en 286 ; des Alamans, qui atteignent Langres et sont refoulés, en 301 ; des Alamans et des Francs, de 355 à 360, qui assiègent en vain Autun, et des Francs repoussés en 388.

Les généraux romains se multiplient et l'un d'eux, Julien, plus tard empereur, qui parvint à repousser l'invasion des Francs et des Alamans du côté d'Autun, aurait passé, en l'an 357, à Lapurdum, selon Masein, en venant d'Espagne, et s'y serait arrêté assez longtemps : il dut sans doute employer ce séjour à améliorer les défenses de la ville.

C'est en vain que les villes de l'Est et du Centre des Gaules, effrayées, s'empressent de se fortifier ou plutôt de restaurer les fortifications déjà élevées dans les périodes menaçantes qui avaient précédé, et que les villes du Midi de la Gaule, Bordeaux, Narbonne, Périgueux imitent leur exemple, utilisant, pour hâter les travaux, les pierres de taille de leurs temples ; aucune d'elles ne résista au formidable débordement de Vandales, Sarmates, Alains, Herules, Alamans et Burgondes. Tous ces peuples barbares passent la frontière en 407, détruisent Mayence, dévastent

Strasbourg, puis Reims, désolent le territoire des Ambions et des Atrebates, le pays de Tournai, se jettent ensuite sur l'Aquitaine, la Novempopulanie, les provinces Lyonnaise et Narbonnaise, dont ils ravagent les cités. Avant de passer en Espagne, ces hordes, arrêtées au pied des Pyrénées par les légions romaines qui leur barraient le passage, séjournent pendant deux ou trois ans en Novempopulanie, où, selon saint Jérôme, elles exercèrent d'affreux ravages et une grande dépopulation.

Cette invasion marqua la fin de la domination romaine dans les Gaules ; en vain Aetius lutte contre les Francs entre la Somme et la Loire, en 446 ; un moment, il s'allie à eux devant un danger commun et arrête Attila à Châlons, en 451. Enfin, Siagrius est battu à Soissons, par Clovis, en 471, et entraîne vers la Gaule cisalpine les débris de son armée, abandonnant aux Francs les territoires qu'il avait gardés au centre de la Gaule.

CHAPITRE III

————

INVASION DES PEUPLES BARBARES

————

Occupation visigothe. — Domination franque. — Etablissement des Vascons chassés d'Espagne — Invasion sarrasine. — Gouvernement des ducs Mérovingiens. — Passage de Charlemagne à Roncevaux. — Ravages des Normands. — Bayonne un de leurs repaires — Venue de l'évêque Léon. — Son martyre. — Normands chassés par le duc Sanche.

Occupation visigothe.

Les Visigoths, à l'exemple des autres peuples barbares, s'étaient ébranlés et, sous la conduite de leur roi Alaric Ier, ils avaient quitté la Thrace, envahi l'Italie et saccagé Rome en l'an 410. Deux ans après, ils abandonnèrent ce pays et, en vertu d'un traité qu'ils avaient conclu avec l'empereur Honorius, ils passèrent les Alpes, sous le commandement du roi Ataulf et s'établirent dans le Midi de la Gaule, qui leur était concédé entre la Loire et les Pyrénées ; ils firent de Toulouse la capitale de leur nouvelle conquête. Mais bientôt, cette contrée ne suffisant pas à leur ambition, ils passent les Pyrénées et s'emparent, sous les ordres de leur roi Wallia, de la Marche d'Espagne. La conquête de ce pays se poursuivit sous le règne des successeurs de Wallia, à cause de la résistance qu'opposèrent les Vascons, peuple ibère établi en Navarre et dans une partie de la Biscaye, et elle ne fut terminée qu'en l'an 484 ; les Visigoths firent de Tolède leur capitale.

Evarix, deuxième successeur de Wallia, monta sur le trône en 446. Arien comme ses sujets, il s'acharna contre les véritables chrétiens, mettant à mort, emprisonnant ou exilant les prêtres. Il parvint ainsi à détruire cette religion dans la plupart des villes.

Alaric II fut le dernier des rois visigoths qui régna sur l'Aquitaine ; il fut tué à la bataille de Vouillé, en 507, par Clovis et ses Francs, qui mirent ses troupes en déroute. A la suite de ce combat, les Visigoths perdirent leurs possessions en Gaule, à l'exception de la Septimanie, mais ils continuèrent à posséder l'Espagne.

Ils ont laissé dans la contrée qui nous occupe peu de traces de leur séjour, qui dura cependant 95 ans. Préoccupés d'accroître leurs conquêtes, ils ne paraissent pas avoir travaillé à restaurer les remparts de Bayonne, car on n'y remarque pas, comme dans ceux de Carcassonne, le mode de construction particulier à la nation visigothe. Leurs soins se sont portés de préférence vers l'entretien et la création des routes ; nous avons cité une voie, dite d'Alaric, qui conduisait de Bayonne à Dax par St-Martin-de-Seignanx, St-André et Saubusse. Ces voies assuraient les communications entre l'Aquitaine et l'Espagne, et elles facilitaient le passage des troupes visigothes qui allaient conquérir ce dernier pays.

A partir de l'an 507, les rois Mérovingiens régnèrent sur l'Aquitaine ; la ville de Lapurdum, comprise dans ce pays, figure comme cité, en 587, dans le traité d'Andelot, par lequel Gontran, Childebert et Brunehaut assurent au roi d'Aquitaine la succession du roi de Bourgogne et en particulier les cités d'Aire, de Couserans, de Labourd et d'Albi avec toutes leurs appartenances. La terreur inspirée par le glaive franc maintint dans l'obéissance, durant de longues années, la population de cette contrée. Il n'en fut pas de même de l'autre côté des Pyrénées, où les Vascons, se révoltant contre les Visigoths, firent, de 582 à 597, la guerre de partisans dans les montagnes ; mais, refoulés, ils passent les Pyrénées et entrent en Novempopulanie, où ils déchaînent tous les maux et les ravages de la guerre. Thierry II, roi de Bourgogne, et Théodebert II, roi d'Austrasie, les réduisent en 602 et les incorporent dans le duché d'Aquitaine.

Domination franque. — Etablissement des Vascons chassés d'Espagne.

Le roi mérovingien Dagobert, ne pouvant probablement assurer la tranquillité de cette province si éloignée de sa résidence, la détacha en 628 du royaume franc et l'érigea en royaume d'Aquitaine en faveur de son frère Caribert II. Ce dernier s'empressa de traiter avec les Vascons dès cette même année et les autorisa à s'établir dans l'ancien pays des Ausci et aux environs.

Hilderic, frère de Caribert, lui avait succédé ; il mourut en 631. Le royaume d'Aquitaine fut changé en duché par le roi Dagobert et donné par lui à Boggis, deuxième fils de Caribert. Ce dernier conserva le duché jusqu'à sa mort, en 681 : il eut pour successeur son fils Eudes, qui dut beaucoup guerroyer pour défendre contre de nouveaux envahisseurs l'héritage de son père. Il eut à combattre les Vascons, incomplètement soumis et de nouveau soulevés ; avec l'aide successif de Pépin et de Charlemagne, le duc d'Aquitaine les replaça, en 714, sous sa domination.

Les Sarrasins, jaloux de répandre le joug de l'islam sur de nouvelles contrées, après avoir affermi leur puissance en Afrique, s'adjoignent les Berbères et passent ensemble le détroit de

Gibraltar. Ils envahissent l'Espagne en 710 et 711 et réalisent la conquête de ce pays en battant les Visigoths et leur roi Roderic, dont la tête fut envoyée à Damas pour servir de trophée ; ils auraient aussi, durant ces deux années, parcouru une partie du Languedoc.

En 718, ils font une nouvelle incursion dans ce pays jusqu'à Nîmes, sans rencontrer d'obstacles, et repassent les Pyrénées emmenant captifs un grand nombre de femmes et d'enfants. Enhardis par ces succès, les Sarrasins, commandés par El-Zamah, s'avancent en Languedoc, en 721, accompagnés de femmes et d'enfants, dans le but de s'y établir. Narbonne, assiégée par eux, est forcée d'ouvrir ses portes ; les hommes sont passés au fil de l'épée, tandis que femmes et enfants sont traînés en esclavage. Les envahisseurs se dirigent ensuite du côté de Toulouse et mettent le siège devant cette ville. Mais le duc Eudes, secouant sa torpeur, a rassemblé ses meilleures troupes et accourt défendre sa capitale ; la bataille a lieu entre Toulouse et Carcassonne. Les Musulmans subissent un échec ; El-Zamah périt avec un grand nombre d'illustres Sarrasins et Abdel-Rahman (Abderame), prenant le commandement de l'armée, la ramène en Espagne.

Cette défaite n'arrêta pas l'élan des sectateurs du prophète, dont les partisans arrivaient toujours plus nombreux en Espagne. De Narbonne qu'ils avaient conservée, ils poussent des incursions dans le Languedoc, mettant tout à feu et à sang, et détruisant les couvents.

En 724, la Septimanie est de nouveau envahie par une armée plus nombreuse, sous la conduite d'Ambiza. Carcassonne est prise et livrée au pillage, Nîmes tombe en leur pouvoir ; mais Eudes les combat de nouveau et remporte sur eux deux nouvelles victoires, l'une en 725, dans laquelle Ambiza perd la vie, et l'autre en 726.

Mais le flot musulman ne devient que plus impétueux, malgré les obstacles qu'il rencontre et, dès l'année suivante, il étend ses dévastations sur l'Albigeois, le Rouergue, le Gevaudan, le Velay, le Dauphiné, le Lyonnais et la Bourgogne.

Invasion sarrasine. Ces événements, qui se déroulaient à l'extrémité orientale des Pyrénées, avaient laissé en repos les habitants de Bayonne, mais l'orage, qui grondait au loin, allait bientôt se rapprocher et éclater sur cette ville. En 732, les Arabes d'Espagne, sous la conduite du général Abdel-Rahman (Abderame), s'avancèrent en nombre considérable vers les Pyrénées, à travers l'Aragon et la Castille. Après être passés à Pampelune, ils se dirigèrent par le col de Roncevaux sur l'Aquitaine, qu'ils envahirent, brûlant les églises, détruisant les couvents et rasant les villes. Tel fut le sort dés abbayes de St-Savin (près Tarbes), de St-Sever de Rustan à Bigorre, de Ste-Croix (près Bordeaux) et des villes d'Aire, de Bazas, d'Oloron et de Béarn. Castel et Nicolas Bertrand, historiens de Toulouse, affirment qu'ils se rendirent maîtres de Bayonne ; ils ne détruisirent pas la cité de fond en comble, mais y installèrent le culte de Mahomet.

Bordeaux leur opposa une faible résistance ; le duc Eudes tenta en vain de leur disputer le passage de la Dordogne ; il fut battu, perdant un bon nombre de braves soldats. Continuant sa course, l'armée sarrasine s'empare de Libourne, où elle brûle le monastère de St-Emilien, de Saintes : de Poitiers, dont l'église St-Hilaire devient la proie des flammes : elle atteint les faubourgs de Tours et les incendie. Heureusement Charles Martel a pu réunir ses troupes à celles du duc Eudes et, infligeant aux sectateurs de Mahomet un premier échec, il les refoule sur Poitiers et leur livre, près de cette ville, un dernier et victorieux combat dans lequel Abderame trouva la mort. Toutes les richesses, fruit du pillage des Sarrasins, tombèrent au pouvoir des Francs et des Aquitains ; les débris de l'armée musulmane se dirigèrent sur les Pyrénées, commettant de nombreuses déprédations. Pour assurer la protection de leurs demeures, les Basques pyrénéens se hâtent de prendre les armes et maintiennent leur indépendance.

Le duc Eudes mourut en 735, laissant l'Aquitaine à son fils Hunald, qui en rendit hommage la même année à Charles Martel. Le nouveau duc ne resta pas sans inquiétude, car les Sarrasins ravageaient la Provence depuis 734 et ne quittèrent cette contrée que quatre ans après ; aussi, las du pouvoir, il embrassait la vie monastique en 745, laissant le duché à son fils Waïfre. *Gouvernement des ducs Mérovingiens.*

Les Sarrasins avaient conservé la ville de Narbonne, en Septimanie ; Pépin, venant de Provence, met le siège devant cette ville en 759 et termine définitivement, par la prise de ce dernier boulevard, le règne des Musulmans en Aquitaine. Mais Pépin convoitait les Etats de Waïfre, qui avait pris le parti des Mérovingiens, ses parents, et il le fit assassiner en 768. A cette nouvelle, Hunald sort de son couvent pour venger son fils, mais il est battu par Charlemagne, fils de Pépin, et est forcé de se réfugier chez les Lombards.

Charlemagne prend aussitôt, en 768, possession de l'Aquitaine : il en forma un royaume dépendant de sa couronne et le donna à son fils, Louis le Débonnaire, en 781. *Passage de Charlemagne à Roncevaux.*

Le grand empereur ayant reçu, en 777, à Aix-la-Chapelle, la visite d'un émir de Saragosse qui lui fit hommage de cette ville, décida de passer en Espagne. A la tête d'une armée de Francs, d'Alamans et de Lombards, il se dirige sur Pampelune : mais il se heurte à la résistance des émirs Sarrasins, qui croyaient ne s'être prêtés qu'à un acte de courtoisie, et à celle des montagnards Basques, toujours prêts à défendre leur indépendance. Il met le siège devant Pampelune, dont il s'empare à la suite d'un combat victorieux, en 778 ; il assiège ensuite Saragosse, mais est bientôt rappelé en France par la révolte des Saxons. Son arrière-garde, commandée par Roland, fut attaquée en passant au col de Roncevaux et décimée par les Basques montagnards ; un ossuaire dans lequel on montre les ossements de ce chef et de ses compagnons est établi en ce point, près d'un couvent qui doit son origine à une chapelle construite par Charlemagne. D'après la tradition, le combat aurait eu lieu sur le terrain, planté de chênes séculaires, qui sert de promenade aux chanoines de l'abbaye, et on montre encore la masse d'armes de Roland et les sandales de l'archevêque Turpin ; nous n'oserions cependant garantir l'authenticité de ces précieux souvenirs.

Louis le Débonnaire eut une vive alerte causée par une nouvelle invasion sarrasine, qui atteignit Narbonne en 792, mais Guillaume, comte de Toulouse, auquel il avait confié la garde de la Septimanie, les arrêta à Villedaigne, et, quoique le résultat du combat eût été incertain, les Sarrasins rentrèrent en Espagne, emportant le fruit de leurs rapines. Un autre de ses lieutenants, Aznar, comte de Vasconie (Gascogne), descendant d'Hunald d'Aquitaine, fut chargé par lui, en 824, de réduire la Navarre ; ayant réussi dans l'accomplissement de sa tâche, il garda la conquête pour lui, se fixa dans ce pays et prit le titre de comte de Navarre, que ses descendants changèrent en celui de roi de Navarre.

Charlemagne, qui mourut en 814, avait vu les dernières années de sa vie attristées par la prévision des malheurs qui allaient fondre sur son empire.

Voyant, dès l'an 812, les barques des pirates Normands descendre le long des côtes de l'Océan, il avait fait fortifier l'entrée des rivières pour s'opposer à leurs incursions par les voies fluviales.

Ravages des Normands. Profitant de la faiblesse de Pépin II, son fils, ces barbares ne craignent pas de piller et de ruiner, l'an 836, le grand monastère de Noirmoutiers. Leurs bandes désolent les bords de la Garonne en 844, pénètrent dans la Seine et remontent jusqu'à

Paris, en 845, entrent la même année dans la Charente, battent et tuent le duc de Gascogne, Sigurin, qui commandait à Bordeaux, pillent la ville de Saintes, remontent la Charente jusqu'à Limoges, en 846.

Le royaume d'Aquitaine passe, en 848, des mains débiles de Pépin II dans celles de son frère, Charles le Chauve, objet de la préférence paternelle ; mais ce nouveau roi ne parvient pas à faire cesser les ravages. Les Normands mettent cette même année le siège devant Bordeaux, où ils entrent grâce à la trahison des juifs de la ville ; cette cité est pillée et livrée aux flammes, tandis que Guillem, duc de Gascogne, tombe au pouvoir des ennemis

En 849, les Normands de la Garonne atteignent Périgueux qu'ils pillent et brûlent ; de retour à Bordeaux, dont ils ont fait leur place d'armes, ces barbares, alliés à Pépin II, qui ne pardonne pas à son frère de l'avoir dépossédé, marchent sur Toulouse, pendant que Charles le Chauve est occupé à guerroyer contre les Bretons. Cette ville, ainsi livrée par le prétendu roi d'Aquitaine, fut prise et cruellement saccagée.

Les ravages des Normands s'étendirent dans toute la Marche toulousaine et la Gascogne ; une foule de villes, de monastères et de bourgades eurent le sort de Bordeaux et de Toulouse. Presque tous les cantons situés le long des côtes de l'Océan eurent leurs églises ruinées, leurs villes dépeuplées et leurs monastères abandonnés.

Ils détruisirent Beneharum (Béarn) (1) en l'an 864 et se ruèrent sur Bayonne, Oloron et Lescar ; Bayonne, livrée aux flammes, vit son ancienne église Ste-Marie, qui occupait la place de la cathédrale actuelle, ses monastères et ses maisons presque complètement détruits. Les Normands abolirent dans cette ville le culte de Jésus-Christ et lui substituèrent celui des idoles, particulièrement d'Odin ou Othin, dieu de la guerre, auquel on croit qu'ils élevèrent un temple.

Le cartulaire de Bigorre raconte que l'instinct destructeur de ces barbares ne les porta pas seulement à exterminer les hommes par le fer et la famine, à profaner les tombeaux des saints, à livrer aux flammes les basiliques et les chapelles, mais encore à démanteler les tours et les remparts des villes du pays basque.

Pépin II ne retira pas de son alliance avec ces pirates l'avantage qu'il en espérait, car ils ne le replacèrent pas sur le trône

(1) Localité qui serait aujourd'hui Bellocq, selon certains auteurs, ou Lescar, selon d'autres.

3

d'Aquitaine lorsqu'ils revinrent à Bordeaux, en 851. Redoutant la colère de Karl le Chauve, ce roi court se réfugier chez les Basques, qui le livrent sans pitié à son frère; il renonce dès lors à ses prétentions et rentre dans un couvent, en 852.

Bayonne un de leurs repaires. Les Normands, établis à Bayonne, font de cette ville un repaire d'où ils dirigent des expéditions contre toutes les parties de la Gascogne formant le bassin de l'Adour. Combien de temps dura cette occupation ? Probablement jusques vers l'an 912, qui marque la création du duché de Normandie en faveur de Rollon et de ses compagnons, sous condition de rendre hommage et de recevoir le baptème.

Le royaume d'Aquitaine passe, en 855, de Charles le Chauve à son fils Charles, bientôt remplacé par Louis le Bègue. Lorsque ce dernier monta sur le trône de France, en 877, il concéda, par le capitulaire de Kiersy-sur-Oise, l'hérédité des fiefs et érigea l'Aquitaine en duché héréditaire en faveur de Ranulfe Ier, fils de Bernard, comte de Poitiers. Ce duché prit alors le nom de Guyenne, que l'on croit être une corruption de son ancien nom.

Venûe de l'évêque Léon. — Son martyre. La conversion des Normands au christianisme coïncide avec la venue de l'évêque Léon à Bayonne, que l'on place vers 891. Il est appelé à Rome, avec ses deux frères Philippe et Gervais, par le Pape, consacré évêque et envoyé dans l'ancien diocèse de Labourd pour convertir les idolâtres. Il retourne à Rouen, où il résidait, se remet bientôt en route, passe à Bordeaux, puis à Labouheyre (Landes), où, selon la légende, il fit de nombreuses conversions ; il quitte à cet endroit la voie romaine qui l'aurait conduit à Dax et se dirige vers le bord de la mer, en suivant, depuis le Vieux Boucau, le cours que devait prendre l'Adour au XIVe siècle, par une voie appelée *Camin Roumiou* (romain), selon Baïlac.

Comme il se présenta un peu tard, il trouva les portes de la ville fermées pour éviter les surprises des pirates basques et alla se reposer dans une cabane de feuillages sur une colline voisine de la Nive. Le lendemain, étant entré en ville, il prêcha et convertit 718 personnes qui reçurent le baptème. C'est durant ce séjour que doit être placé l'épisode du temple de Mars que rapporte la légende.

Léon, ayant été conduit devant cette idole par les prêtres Normands, fut invité à lui faire un sacrifice ; mais l'apôtre, loin de céder aux menaces, reprocha aux assistants leur impiété et, soufflant sur la statue, il la fit tomber de son piédestal. Nous avons déjà vu que le temple d'Odin fut aussitôt détruit par les partisans de Léon, au premier rang desquels se trouvaient les prêtres de ce dieu et leurs parents. Sur le lieu même du temple, on construisit, selon le gré de Léon, une église en l'honneur de la Vierge Marie. C'est encore le vocable de la cathédrale, qui fut rebâtie vers 1210 sur l'emplacement de l'ancienne église.

L'évêque missionnaire poursuivit son apostolat et continua ses prédications dans le Labourd. Puis, de retour à Bayonne, il habita avec ses frères le faubourg situé au Midi et communiquant avec la ville par la porte Méridionale. Mais un groupe de pirates Normands, qui habitaient des grottes sur les bords de l'Océan, manifestèrent à leurs compatriotes leur mécontentement de l'ascendant que l'évêque Léon avait pris sur eux. N'ayant pu les convaincre de reprendre le culte d'Odin, ils sortent furieux de la ville et rencontrent l'évêque prêchant sur les bords de la Nive. Ils mettent aussitôt son frère Gervais à mort, puis ils tranchent la tête de Léon à l'endroit marqué par une fontaine qui porte son nom. La légende rapporte que le corps du saint, après être resté un instant debout, se serait mis en marche, portant la tête dans ses mains et se serait dirigé vers la porte Méridionale. Le lieu où il s'arrêta pour tomber définitivement est marqué aujourd'hui par une croix de pierre ; il est situé au sommet du glacis, près de la place d'armes rentrante du chemin couvert, vis-à-vis le bastion St-Léon ou de la porte d'Espagne. Une chapelle contenant les reliques du saint et plus tard une église plus spacieuse furent érigées à cette place, puis démolies sous Vauban pour dégager les abords de l'enceinte.

Le récit de cet événement nous montre que l'enceinte de Bayonne constituait à cette époque une clôture efficace et que ses portes étaient régulièrement fermées à l'entrée de la nuit. Le bon état relatif des remparts était plutôt imputable au soin que les Romains avaient apporté à les construire qu'aux travaux d'entretien dont ils pouvaient être l'objet de la part des habitants. Nous ne pensons pas non plus que les Normands, durant leurs divers séjours à Bayonne, aient eu le souci de les améliorer. Ils avaient dévasté, après les Arabes, la ville et ses environs et le moyen, presque le seul employé, fut l'incendie, car il était d'une exécution prompte et facile. Si les édifices urbains et les habitations particulières couvertes de chaume eurent beaucoup à souffrir, les remparts, qui ne pouvaient offrir d'aliment à la flamme, durent être épargnés.

Les invasions des Normands n'étaient pas cependant terminées. Selon le Père Baiole, ils débarquèrent à Capbreton, en 928, et se répandirent de là en Gascogne, renouvelant leurs déprédations. L'évêque de Dax, Odalric, prit la fuite, afin d'échapper au sort qui l'attendait.

Normands chassés par le duc Sanche. Ces hardis pirates renouvelèrent leurs incursions en l'an 963 et opérèrent encore une descente à Capbreton. Vingt ans après, à la suite d'une nouvelle invasion, les Gascons, lassés par de si longues souffrances, finissent par se ressaisir et leur duc, Guillaume Sanche, livre une bataille aux Normands dans les plaines de *Talleyras* (1), l'an 980, et les force à quitter le pays. En actions de grâces pour cette victoire, le duc Sanche reconstruit, en 982, le monastère de St-Sever.

Ainsi se termina cette période désastreuse caractérisée par les migrations des peuples barbares : Bayonne avait eu à subir leurs déprédations, dès l'année 268, marquée par le passage des Alamans se ruant à la conquête de l'Espagne ; puis vinrent, en 407, les Vandales, Sarmates, Alains, Herules, Alamans et Burgondes qui, avant de passer les Pyrénées, se jetèrent sur la Novempopulanie. La domination visigothe, qui dura de 412 à 507, ne s'établit pas dans le pays sans causer des ruines douloureuses : le passage des Vascons d'Espagne, en 628, la terrible invasion sarrasine de 732, suivie du retour de ces hordes mises en déroute à Poitiers, et les nombreuses incursions normandes commencées en 812 et qui ne prirent fin que par la victoire du duc Sanche, en 982, avaient semé la ruine dans tout le pays.

La religion chrétienne avait presque disparu, les évêques étaient en fuite, les églises et les monastères ruinés, la population privée d'habitations et réduite à la plus extrême misère.

Mais bientôt toutes ces ruines disparaîtront et le peuple de France, reprenant courage après un arrêt et même un recul de sept siècles, va de nouveau reprendre le cours de ses glorieuses destinées.

---

(1) *Tallerés*, d'après Monlezun, au pays de Tursan (environs d'Aire-sur-l'Adour).

CHAPITRE IV

GOUVERNEMENT DES VICOMTES DE LABOURD SOUS LA DOMINATION DES DUCS DE GUYENNE ET DES ROIS D'ANGLETERRE (1059 à 1193)

Libertés accordées aux habitants. — Résurrection et extension de la ville. — Prise de Bayonne par Don Alonzo. — Révolte du vicomte de Labourd. — Bayonne pris par Richard Cœur de Lion. — Tentative de Don Alonzo sur la ville. — Maire, échevins, milice institués.

Le vainqueur des Normands à Talleyras, le duc de Gascogne, Sanche Guillaume, avait eu quelque peine à soumettre ses vassaux au devoir féodal. Il avait profité de l'effroi causé par les Normands aux membres du clergé qui, à l'exemple des évêques de Dax, Aire, Lectoure et Bayonne, avaient abandonné leurs sièges, pour s'emparer des biens religieux ; ses vassaux, et parmi eux le vicomte de Labourd, avaient imité son exemple. Pour les faire rentrer dans le devoir, il sollicita l'appui de son parent, Sanche III le Grand, roi de Navarre, un des successeurs d'Aznar, mais, en échange de ce service, il dut lui céder la suzeraineté sur le Béarn et une partie des biens qu'il avait pris à l'évêché de Labourd. La mention de ces biens doit se trouver dans le dénombrement de ceux de l'église de Labourd (ecclesia Laburdensis), fait en 980 par l'évêque Arsius, sous le règne d'Hugues Capet, et Guillaume Sanche étant duc de Gascogne.

Cet acte figure en tête du Livre d'or des chartes de la cathédrale Ste-Marie de Bayonne, collection précieuse qui nous a déjà permis de fixer la position des portes de l'enceinte romaine. Le rédacteur de ce document a anticipé sur les événements en faisant remonter à 980 le règne d'Hugues Capet, qui ne commença réellement qu'en 987. Il est vrai, qu'à cette première date, ce duc de France exerçait de fait le pouvoir royal.

Mais bientôt, revenant à de meilleurs sentiments et participant au mouvement général de repentir qui se manifesta à l'approche de l'an mille, les seigneurs restituent les biens ravis par eux aux évêques et aux moines, remis dès lors en possession de leurs anciennes charges, et font à l'Eglise de nouvelles largesses.

Raymond le jeune, évêque de Labourd, obtient, en 1059, de Fortunius Sanche, vicomte de Labourd, la restitution de l'église cathédrale de Ste-Marie et de ses appartenances *(ipsam ecclesiam, cum appendicis)*.

En l'an 1083, G., duc d'Aquitaine (probablement Guillaume IX), donne à la même église un verger situé au pied du rempart, près de la porte qui mène au port. Le vicomte de Labourd, Fortuné Sanche, imitant l'exemple de son suzerain, donne à cette église la moitié de la cité, la dîme du port de Bayonne et de tous les péages.

La charge de vicomte de Labourd était devenue héréditaire et son titulaire paraît appartenir, en raison de la similitude des noms, à la famille des rois de Navarre et des ducs de Gascogne ; on peut même remarquer que ces noms ont une apparence vasco-espagnole et que, par suite, cette famille serait d'origine vasconne.

Les donations que nous avons énumérées, et celles dont la mention n'est pas parvenue jusqu'à nous, vont permettre à l'évêque de relever de ses ruines l'église Ste-Marie, d'assurer aux restes de saint Léon une sépulture digne de son renom, et de commencer la construction des hôpitaux. A l'exemple de leur pasteur, les habitants de Bayonne réparent leurs demeures ; un certain nombre d'entr'eux vont même s'établir dans le voisinage du tombeau du saint et des hôpitaux, et forment ainsi le premier groupement du faubourg de St-Léon, qui s'augmentera plus tard de celui des Tanneries, sur le bord de la Nive.

Libertés accordées aux habitants. Mais bientôt, l'évêque de Bayonne, Raymond de Martres, à qui la cité devra sa résurrection, impatient d'attirer dans ses murs un plus grand nombre d'habitants, ne ménage pas ses démarches. Il va trouver Guillaume X, comte de Poitiers et duc d'Aquitaine, dans l'abbaye de St-Sever, où il se reposait de la croisade contre les Maures, et obtient pour Bayonne, à force d'insistances, une charte de libertés communales.

Résurrection et extension de la ville. Attirés par les avantages qui viennent d'être accordés à la ville, de nouveaux habitants affluent vers Bayonne ; ne trouvant pas de place disponible dans l'intérieur de l'enceinte romaine, ils s'établissent au pied des remparts, sur la rive gauche de la Nive, entre la rue Mayour (Victor Hugo) et la tour extrême de la Pusterle ; ils bâtissent en même temps les premières maisons du Bourgneuf, sur la langue de terre comprise entre la Nive et l'Adour.

Grâce aux secours de leur vaillant évêque, les Bayonnais construisent sur la Nive le pont de Bertaco ou de Pannecau, dans le prolongement de la rue appelée plus tard Poissonnerie, et entreprennent de jeter un grand pont de bois sur l'Adour (*supra mare*), en l'an 1125, selon les indications d'une charte du Livre d'or.

Le pont Mayou aurait été fait à cette même époque et Veillet rapporte, dans son manuscrit, que l'église Ste-Marie, le pont Mayou et le moulin de Balichon ont été commencés la même année. Il ne saurait être question ici de la cathédrale actuelle de Ste-Marie dont l'architecture appartient au XIIIe siècle et dont la construction dut être commencée vers 1210, mais cette remarque vise l'église qui l'a précédée.

Selon toute apparence, l'évêque Raymond de Martres, qui avait été assez habile pour intéresser Guillaume X à la prospérité de Bayonne, dut, peu de temps avant sa mort survenue en 1125, décider ce prince à améliorer et à étendre les fortifications de cette ville.

Il importait, en effet, de ceindre de murailles les nouveaux quartiers extérieurs, afin d'assurer leur sécurité.

L'utilité de cette mesure ne tarda pas à être démontrée par les événements. Dès l'an 1130, le roi Alphonse Ier d'Aragon et de Navarre, appelé Don Alonzo le batailleur, vint, en compagnie des comtes de Béarn et de Bigorre, mettre le siège devant Bayonne, avec une armée et une flotte. Ce prince, treizième successeur d'Aznar, comte de Gascogne, sur le trône de Navarre, venait ainsi affirmer sa suprématie sur la Navarre gasconne, contrairement aux droits du comte de Poitiers : mais sa prétention n'était pas légitime, car les descendants de Charlemagne, voyant qu'Aznar s'était rendu indépendant en Navarre, s'étaient empressés de créer une nouvelle lignée de ducs de Gascogne, dont le titre était passé, en 1037, par un mariage, à la maison de Poitiers et d'Aquitaine.

Prise de Bayonne par Don Alonzo.

Malgré que l'historien Moret prétende que le siège de Bayonne dura deux ans, il est plus probable que la ville, peu désireuse de rester sous la domination de Guillaume X, et plutôt disposée à accorder sa sympathie au roi basque, ouvrit ses portes à ce dernier.

Alphonse Ier occupait le château de Bayonne le 26 octobre 1130, d'après une de ses chartes ; il y passa l'hiver, construisit sur l'Adour des navires de guerre et se prépara à combattre. Au printemps suivant, il parcourt la Gascogne sans résistance ; mais, rappelé en Navarre pour refouler les Maures, il est vaincu à Praga, en 1132, où il perd la vie avec la fine fleur de la noblesse navarraise.

Les travaux de fortifications, à peine interrompus par cet épisode, se poursuivent conformément aux intentions de Guil-

laume X, par les soins du vicomte de Labourd et de l'évêque.
Mais nous présumons qu'ils ne pouvaient être poussés avec
activité, car le comte de Poitiers avait besoin de toutes ses
ressources pour soutenir la guerre contre Louis le Gros et les
Normands sur d'autres parties de son vaste domaine.

Sa fille unique, Eléonore de Guyenne, hérita, dès l'année de
sa mort, survenue en 1137, de toutes les seigneuries de Guillaume X, et, en particulier, du duché d'Aquitaine ou de
Guyenne. Elle épousa, cette même année, Louis VII le jeune,
roi de France ; mais ce mariage n'était pas assorti et le concile
de Beaugency prononça, sur la demande des deux époux, leur
divorce, en 1152.

La duchesse de Guyenne, âgée de 32 ans, épousa alors Henri
Plantagenet, duc d'Anjou, âgé de 19 ans, qui devint, trois ans
plus tard, roi d'Angleterre. Il s'attacha les sujets d'Aliénor par
l'affranchissement des serfs et les franchises accordées aux
villes.

Le vicomte Bertrand, qui avait commencé à gouverner le
Labourd dès 1137, se mit au service de la politique anglaise.
Grâce à son caractère modéré, il sut faciliter l'exercice des
libertés nouvelles ; il ajouta de nouveaux dons à ceux que ses
prédécesseurs avaient concédés à Ste-Marie de Bayonne, sur les
sollicitations de l'évêque Fortaner. La ville marcha dès lors,
d'un pas rapide, vers la prospérité, et les bourgeois s'enrichirent,
tandis que les nobles du Labourd, appauvris par les croisades,
engagèrent leurs dîmes. Le vicomte Bertrand mourut en 1170,
et fut enterré au monastère de Lahonce qu'il avait restauré. Il
eut pour successeur, dans la vicomté de Labourd, son fils aîné,
Pierre, qui continua d'administrer sa terre, en gardant obéissance à son suzerain, le comte de Poitiers, devenu roi d'Angleterre sous le nom d'Henri II. Ce monarque se livra à de tels
débordements, que sa femme Aliénor, révoltée, quitta l'Angleterre et revint habiter Poitiers avec ses trois fils. Bientôt,
Henri II fait un partage de ses états entre ses enfants ; il donne
le comté de Poitiers à Richard, son fils aîné, la Gascogne à sa
fille, promise au roi de Castille. Le Béarn proteste et se donne
un chef suzerain, Gaillaume de Moncade ; à Bayonne, pas de
résistance ouverte, mais chacun craint de perdre les avantages
qu'il a pu obtenir. L'évêque Fortaner accourt, dès 1170, auprès
de la reine Aliénor, obtenir confirmation des siens et, en particulier, de la justice sur la moitié de la ville que les bourgeois
lui contestent. Pour les mettre d'accord, Richard vient à Bayonne en 1177, et confisque la justice à son profit ; il impose aux

habitants le service militaire dans certains cas, et, comme compensation honorifique, il prescrit que le sénéchal devra le serment aux habitants. Ces fonctionnaires, de nouvelle création, remplaceront bientôt les vicomtes de Labourd, dont la race va s'éteindre. Richard Cœur de Lion agissait en souverain, car, depuis qu'il avait fait la paix avec son père, en 1174, il était devenu duc d'Aquitaine.

Les seigneurs gascons, perdant tout espoir, avec un pareil maître, de s'affranchir de l'Angleterre, se révoltent ; le vicomte de Labourd, Arnaud Bertrand, chargé par Richard du commandement militaire de la ville de Bayonne, se prononce contre lui, appuyé par la noblesse du Labourd, et se déclare pour Alphonse IX, roi de Castille, époux de la fille d'Henri II, dont les droits sur le duché de Gascogne résultaient du premier partage fait par le roi d'Angleterre. *Révolte du vicomte de Labourd.*

Le vicomte de Labourd, quoique faiblement soutenu par les bourgeois, met Bayonne en état de défense, et organise solidement le Château (Vieux). Richard accourt, s'empare de Dax, met le siège devant Bayonne, durant l'hiver de 1177, prend cette ville après dix jours de siège, et pousse son armée jusqu'au port de Cize, sur la frontière espagnole. C'est en revenant de cette expédition qu'il passa à Bayonne pour trancher le différend intervenu entre l'évêque et les bourgeois. *Bayonne pris par Richard Cœur de Lion.*

Tout porte à croire que le vicomte Arnaud Bertrand mourut pendant ce siège ; mais il laissa une postérité, car nous voyons, en 1192, son héritier, Guillaume Raymond de Sault, reconnaître une donation faite à la cathédrale par son grand-père, le vicomte Bertrand. Il porta jusqu'à sa mort, vers la fin du xiie siècle, le titre de vicomte de Labourd ; c'est à lui que l'on attribue la construction de la Tour de Sault, en 1193, et celle du Château-Vieux, des tours des Menous, du Nard et de St-Esprit ; ce fut le dernier des vicomtes de Labourd. Sous l'administration de ces seigneurs, les hospitaliers vinrent s'établir, au commencement du xiie siècle, dans le faubourg appelé alors « bout du pont », au pied de la hauteur du fort, à l'entrée de la rue Maubec ; on retrouve facilement les bâtiments qui composaient leur établissement. Le Livre d'or cite une donation faite à cet ordre, en 1187.

Henri II était sur le point de partir pour la Terre Sainte, lorsqu'il meurt à Chinon, en 1189. Son fils, Richard Cœur de Lion, lui succède, part pour la croisade accompagné par des marins bayonnais et par leur évêque, Bernard de Lacarre, qui, ne craignant pas de mettre de côté le froc et de revêtir l'armure du chevalier, fut nommé connétable.

Dix ans après, ce vaillant monarque vint à mourir au siège de Chalus, en Limousin, et laissa la couronne à son frère Jean sans Terre.

A peine monté sur le trône, ce roi, convoitant les terres d'Arthur de Bretagne, le fait massacrer : Philippe Auguste, profitant de cet acte de félonie, le déclare déchu de ses terres de France et s'empare, en 1199, de la Normandie ; il pousse Don Alonzo, roi de Castille, à prendre l'Aquitaine. Ayant rassemblé une armée, celui-ci tente de mettre ce conseil à exécution. On le voit, au printemps de 1205, se présenter devant Bayonne ; mais le prévôt Sarrezin, qui commandait depuis la mort du dernier vicomte, tenait bien closes les portes de la ville confiées à sa garde et avait garni les remparts de bourgeois et d'ouvriers. Voyant qu'il n'était pas accueilli les bras ouverts, comme il l'espérait, Don Alonzo lève son camp, fait une semblable tentative sur La Réole, et puis rentre en Espagne par la Bidassoa. Jean sans Terre fut reconnaissant à Bayonne de sa fidélité et lui accorda, le 19 avril 1215, une charte de commune, en même temps qu'il accordait à la puissante corporation des faures (armuriers) le privilège d'occuper entièrement la rue qui, depuis, a porté leur nom ; mais aussi, il châtia l'évêque Lacarre, en l'exilant de la ville, parce qu'il était accusé de correspondre avec le prince espagnol.

Aux termes de la nouvelle charte, le maire et les échevins étaient choisis par le roi ; le commandement de la milice et la garde des clés de la ville étaient réservés au maire. Ce magistrat devait réunir les échevins deux fois par semaine pour délibérer sur les affaires de la ville. Cette charte établit régulièrement le guet et le contre-guet ; elle édicta des amendes contre ceux qui tenteraient de se soustraire à ce service de sécurité. La police des rues fut assurée, chaque délit était puni par un châtiment approprié, et il n'était pas permis à toute femme médisante et querelleuse de donner libre cours à sa mauvaise humeur, sous peine d'être immergée trois fois de suite dans les eaux de la Nive ; c'était un traitement hydrothérapique dont l'efficacité ne saurait être contestée.

Jean sans Terre mourut en 1216 et eut pour successeur son fils, Henri III. Mais, avant de décrire son règne, arrêtons-nous un instant à examiner les fortifications élevées par les vicomtes de Labourd.

Enceinte fortifiée de Bayonne en l'an 1070

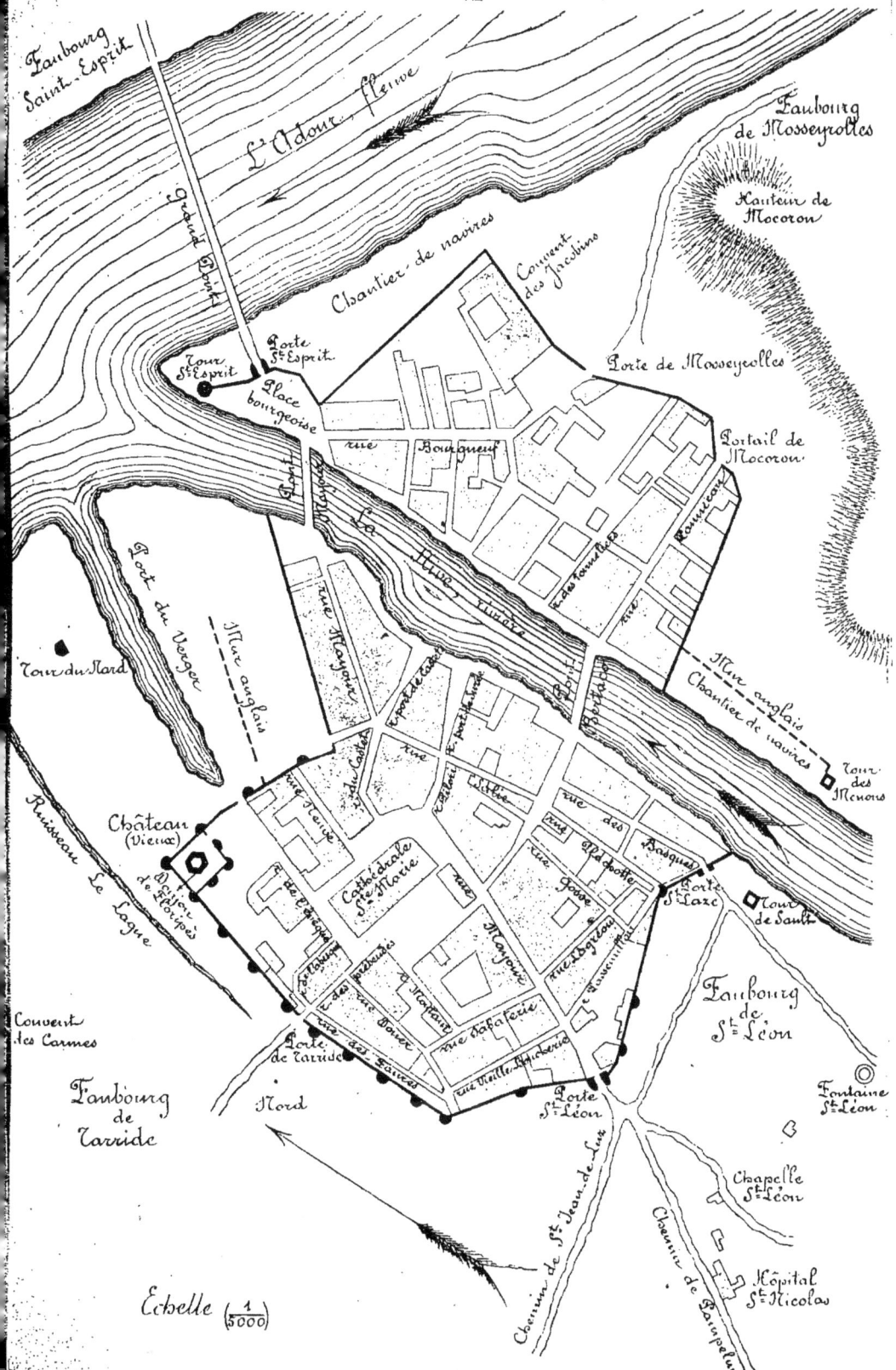

Faubourg Saint-Esprit

L'Adour fleuve

Faubourg de Mosseyrolles

Hauteur de Mocoron

Chantier de navires

Couvent des Jacobins

Grand Pont

Porte St Esprit

Tour St Esprit

Place bourgeoise

Porte de Mosseyrolles

Portail de Mocoron

rue Bourgneuf

La Nive fluvia

rue des Tonneliers

Rouneaux

Port du Verger

Mur anglais

rue Mayou

Tour du Nord

Mur anglais

Chantier de navires

Tour des Menous

Château (Vieux)

Ruisseau Le Lague

Couvent des Carmes

Cathédrale Ste Marie

rue des Basques

Porte St Lare

Tour de Sault

Faubourg de St Léon

Faubourg de Tarride

Nord

Porte de Tarride

Porte St Léon

Fontaine St Léon

Chapelle St Léon

Chemin de St Jean de Luz

Hôpital St Nicolas

Echelle ($\frac{1}{5000}$)

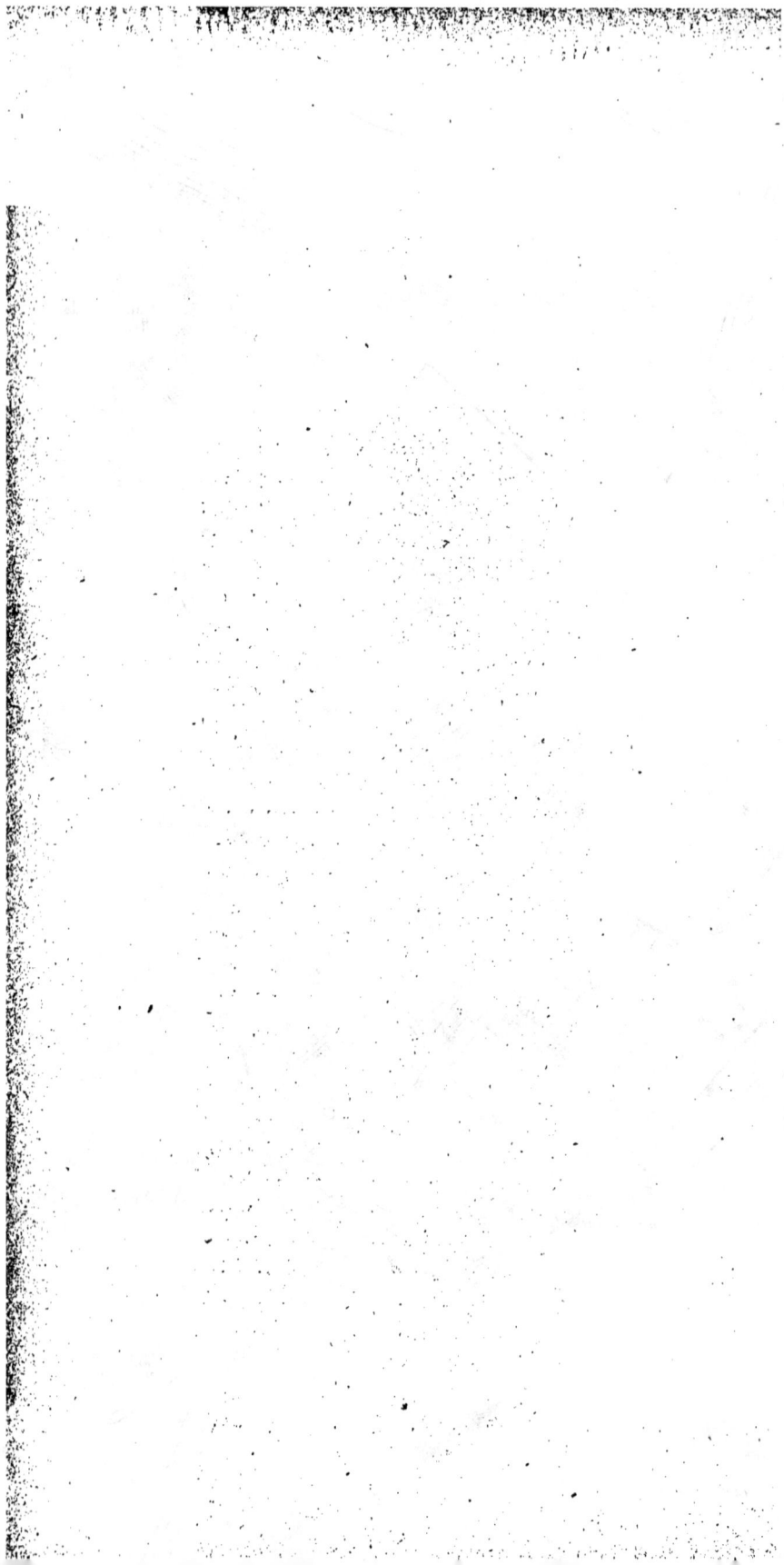

CHAPITRE V

CHATEAU-VIEUX ET ENCEINTES BASSES DE LA VILLE

Enceinte nouvelle de la ville basse. — Enceinte du Bourgneuf. — Clôtures des faubourgs. — Château-Vieux. — Donjon de Floripés. — Les quatre tours extérieures.

Les divers auteurs qui se sont occupés de l'histoire de Bayonne sont d'accord pour attribuer les enceintes des nouveaux quartiers à l'évêque Raymond de Martres et le Château (Vieux), les tours de Sault, des Menons, de St-Esprit et du Nard au vicomte de Labourd, Guillaume Raymond de Sault. Aucun document contemporain ne vient affirmer l'exactitude de ces indications, mais on peut les tenir pour exactes, car elles sont corroborées par l'examen de ces divers ouvrages.

Le quartier récemment fondé entre la Nive et le rempart voisin était déjà protégé par la Nive ; il suffisait, pour le clore complètement, de le fermer au Sud et au Nord. Le rempart Sud fut établi à deux mètres d'épaisseur ; il vint s'appuyer contre la tour romaine de la Pusterle et se diriger ensuite presque normalement vers la Nive. On le retrouve encore sur toute sa longueur de 50 mètres. Il ne fut percé d'abord que d'une porte ou arceau, placée contre la tour romaine, au sommet de l'escalier de la Pusterle, qui conduisait à un port de pêcheurs. La porte de St-Simon ou de St-Laze, flanquée de deux tours carrées et ouverte à l'extrémité de la rue des Basques, dans la partie du nouveau rempart voisine de la rivière, dut être édifiée en 1220, un peu après la muraille. A cette époque, qui marque l'apparition de la rue des Basques, au Livre d'or, les quartiers du faubourg St-Léon, placés sur le bord de la Nive, avaient pris assez d'importance pour qu'on se crût obligé d'établir entr'eux et la ville nouvelle une porte permettant le passage des chars. Mais la nature et la petite dimension des pierres employées à la construction de ces tours, indiquent que celles-ci furent construites après la période qui vit s'élever le Château et les tours St-Esprit, du Nard, des Menons et de Sault, car autrement elles seraient faites comme eux, en grosses pierres de taille, prises dans la carrière de grès jaunâtre de la Nive.

L'emplacement occupé par le mur d'enceinte Nord est moins certain ; nul vestige apparent n'en subsiste. D'après M. Ducéré,

Enceinte nouvelle de la ville basse.

cette enceinte se serait soudée aux remparts romains, près de la porte Orientale, à 45 mètres vers le Nord, et se serait dirigée en ligne droite vers la Nive, en suivant la ruelle Gardin, qui, dans ce cas, aurait constitué la rue du Rempart de cette partie de clôture ; selon le même auteur, on retrouvait au commencement du siècle, dans cette ruelle, des fragments de l'ancienne muraille. Mais on doit penser que celle-ci était d'assez faible épaisseur, puisqu'elle a si promptement disparu. Le rempart était percé d'une porte ou plutôt d'un arceau, à la traversée de la rue Orbe (Gambetta), à 9 mètres du point où il se soudait à l'enceinte romaine. Cet arceau, qui divisa plus tard la rue Orbe en deux parties, s'appuyait aux bâtiments de l'ancienne Monnaie ; il a subsisté jusqu'au siècle dernier. Aucune tour n'a été établie pour sa défense, car la protection du mur romain, placé perpendiculairement au nouveau rempart, suffisait pour en interdire l'accès.

On ne saurait affirmer que l'enceinte Nord du nouveau quartier ait été appuyée, au bord de la Nive, par la tour de Piémont, qui servit à renfermer le treuil à l'aide duquel on manœuvrait la chaîne barrant la Nive ; il est même prouvé, par les livres de compte de la ville, que cet ouvrage fut édifié à une époque postérieure. Afin de mettre le nouveau quartier en communication avec la ville romaine, des passages en forme d'arceaux furent ouverts dans l'ancien rempart au bas des rues Poissonnerie et du Pilori (de la Cathédrale) ; le premier de ces arceaux était appuyé, d'un côté, à la tour romaine qui occupait l'angle de la rue Salie, et de l'autre, à une vaste construction appelée, au moyen âge, château d'Arribeyre ; cette disposition a entraîné certains historiens de Bayonne à affirmer que la porte Poissonnerie était romaine et qu'elle était flanquée de deux grosses tours.

Le terrain de ce quartier présentait, au moment où il fut peuplé, l'aspect qu'avait le faubourg de Tarride, dans le voisinage du moulin de ce nom, vers l'an 1680, tel qu'un vieux plan nous le représente. C'était un vaste espace marécageux recouvert, à marée haute, d'une mince couche d'eau, et sur lequel s'entre-croisaient des levées de terre et des canaux dirigés vers la rivière ; les unes formaient le remblai des rues et les autres écoulaient vers la rivière l'eau des marées. Peu à peu, les levées de terre se sont élargies et multipliées, grâce à des apports successifs de remblais, et elles ont constitué un quadrillage de double barrages interdisant l'épandage de l'eau au dehors des canaux. Ceux-ci, approfondis et élargis, ont livré passage aux bateaux chargés de marchandises, et des maisons, fondées sur pilotis, se sont élevées sur leurs rives, pour servir d'entrepôt au chargement de ces bateaux.

L'enceinte du Bourgneuf ou faubourg qui se forma dans la langue de terre comprise entre l'Adour et la Nive, peut être indiquée avec précision. La tour de St-Esprit, élevée par le vicomte de Sault, à son extrémité Ouest, était un des points d'appui de cette fortification ; il n'est point douteux que le couvent des Jacobins ou Frères Prêcheurs soit compris dans l'intérieur de l'enceinte et que, dès lors, celle-ci devait suivre la rive gauche de l'Adour, en passant derrière ce couvent (hôpital militaire actuel). Cette partie d'enceinte, appelée dans la suite courtine des Jacobins, était percée en son milieu d'une petite porte qui terminait une rue Bouheben et faisait communiquer le Bourgneuf avec le rivage de l'Adour.

Enceinte du Bourgneuf.

L'enceinte devait ensuite se retourner à angle droit et se diriger vers la rue des Lisses qu'elle suivait sur toute sa longueur. Le nom porté par cette rue est celui que l'on donnait à des barrières ou palissades placées le long du pied extérieur du rempart, à quelques mètres de lui ; on ménageait ainsi un chemin de rondes extérieur, facile à parcourir, pour s'assurer que l'ennemi ne venait faire aucune entreprise contre le pied du rempart. M. Dufourcet pense, bien à tort, que le Château-Neuf était placé, dès l'origine du faubourg, à l'intérieur de son enceinte ; il essaie d'expliquer le nom de rue des Lisses par l'existence de barrières au pied du Château-Neuf, du côté du Bourgneuf. Or, la partie de ce château qui regarde la ville a été bâtie dans la seconde moitié du xve siècle, et les barrières n'auraient pu être placées de ce côté qu'à la fin de ce même siècle.

La rue des Lisses est citée antérieurement à cette époque : elle a donc pris son nom d'une enceinte plus ancienne, celle faite par Raymond de Martres. D'ailleurs, la situation dominante des tours rondes du Château-Neuf ne nécessitait pas l'établissement de lisses à leur pied vers la ville, et celles que l'on aurait placées au pied de la hauteur qui les supporte, à l'extrémité des glacis, n'auraient eu aucune raison d'exister ; il faut donc que les palissades de cette rue aient marqué l'enceinte de la ville du moyen âge, qui laissa en dehors d'elle l'emplacement du Château-Neuf. Cette dernière forteresse fut élevée par les rois de France sur la hauteur de Mocoron, vers 1460, et une charte d'Edouard III, de 1344, nous apprend que des voyageurs, allant de Bayonne en Navarre, suivaient la route qui allait du portail de Mocoron vers Garro (1). Le nom de cette porte est encore une preuve que Mocoron était un faubourg extérieur.

De la rue des Lisses, le tracé du rempart se dirigeait vers l'extrémité de la rue des Cordeliers, qu'il suivait jusqu'à la Nive ; la preuve alléguée par M. Ducéré pour justifier cette dernière partie de l'enceinte est le nom ancien donné à la petite rue Charcuterie qui débouche sur la rue des Cordeliers ; elle s'appelait rue du Barad, mot qui signifie fossé, et rappelle celui qui exista longtemps le long de la rue des Cordeliers. Nous ne faisons aucune objection à ce tracé qui nous paraît très probable, mais nous hésitons beaucoup à adopter la dernière partie, qui comporterait un mur remontant la rive droite de la Nive jusqu'à une tour qui fut appelée tour des Menons (Cordeliers), quoiqu'elle trouve sa justification dans la nécessité d'enclore un chantier de construction de navires qui aurait existé sur le bord de la Nive, car il faut observer que le chantier de l'Adour était hors de l'enceinte, et que celui de la Nive aurait été suffisamment protégé par la tour des Menons, détachée au dehors comme celles de Sault et du Nard. Le tracé que nous avons décrit offrait l'inconvénient de ne pas comprendre le couvent des Cordeliers, établi avant 1242 sur l'emplacement de l'arsenal actuel ; mais ce n'est pas un motif de le rejeter, car nous verrons d'autres ordres religieux fonder des établissements hors des remparts, dans les faubourgs St-Léon et Tarride.

Les deux rues principales de Bourgneuf étaient la rue de Bourgneuf et la rue Pannecau : elles aboutissaient à deux portes ouvertes dans l'enceinte, du côté de la rue des Lisses. La première de ces portes, qui porta le nom de porte de Mosseyrolles, parce qu'elle conduisait au faubourg de ce nom, fut placée primitivement au croisement des rues Bourgneuf et des Lisses ; elle sera bientôt démolie et reportée plus loin. Celle de Mocoron, au bout de la rue Pannecau, était un simple arceau qui fut démoli en 1695, et nous devons penser qu'il ne fut ouvert qu'après le déplacement de l'enceinte de ce faubourg.

Le sol de cette partie de la ville, formé par les alluvions, était bas et marécageux ; aussi, voyons-nous s'y reproduire les canaux et les rues à arceaux servant au débarquement des marchandises que nous avons remarquées dans le quartier nouveau de la rive gauche de la Nive ; telles sont les rues Marengo, Galuperie et des Tonneliers.

(1) Balasque. — *Etudes historiques.*

Les faubourgs extérieurs de St-Esprit (*Cap dou Pount*), de St-Léon et de Tarride, furent pourvus de quelques moyens de défense. En effet, l'état des censitaires de la cathédrale, conservé dans le Livre d'or, signale, en 1266, dans le faubourg St-Léon, un quartier appelé Tornepique, qui signifie, en anglais, barrière, lisse. Il faut conclure, par analogie, que les deux autres faubourgs furent, comme celui de St-Léon, entourés de fossés et de palissades, et peut-être de murailles en quelques points.

Clôtures des faubourgs.

Après avoir décrit les enceintes, dont la construction fut assurée principalement par les soins des bourgeois intéressés et de l'évêque Raymond de Martres, il nous reste à examiner les ouvrages érigés par les vicomtes de Labourd. Ce sont : le Château (Vieux) et les tours de St-Esprit, du Nard, des Menons et de Sault. Bien que ces ouvrages fortifiés soient attribués au dernier vicomte, Guillaume-Bertrand de Sault, nous ne doutons pas, à cause de leur importance, que ses prédécesseurs n'aient participé à leur construction.

Pour asseoir leur puissance féodale à Bayonne et la garantir contre les atteintes de la population, il importait à ces vicomtes de posséder dans cette ville une demeure fortifiée dans laquelle ils pourraient loger leur famille et leurs soldats. Aussi, à l'exemple des autres seigneurs de leur temps, les vicomtes de Labourd construisirent le donjon de Floripés, tout près de la tour Nord de l'enceinte romaine, et à l'intérieur de celle-ci. Ce donjon, fait en pierre de taille (grès coquillier jaunâtre), comme le démontre la partie conservée dans le sol, était une tour à six pans, dont la section était un hexagone presque régulier. Chacune des faces mesurait dix mètres de large ; les murs avaient 3 mètres 50 d'épaisseur. La largeur des salles intérieures était de 10 mètres et la distance entre les façades extérieures opposées, de 17 mètres. Cette construction, à plusieurs étages, était fort élevée ; on accédait à son premier étage par un escalier extérieur. Elle a été démolie en 1680, mais on peut juger de ses dimensions imposantes dans une vue de Bayonne dressée par Duviert, en 1612, et reproduite par M. Dufourcet dans sa notice historique sur Bayonne.

Château - Vieux. Donjon de Floripés.

Arrêtons-nous un instant sur le nom si poétique donné à cette demeure féodale. Floripés (au pied fleuri), semble dépeindre la situation de cette tour majestueuse, dont le pied est posé au milieu d'un paysage riant, de prairies verdoyantes et émaillées de fleurs. Nos pères faisaient souvent appel aux pensées poétiques pour exprimer plus vivement les sentiments d'affection et d'attachement qu'ils éprouvaient pour un lieu préféré. Vers l'époque où fut construit le donjon de Floripés, à l'autre extrémité des Pyrénées, dans le couvent de St-Michel de Cuxa, posé sur les flancs du Canigou, un jeune clerc se disposait à partir pour la croisade. Avant de quitter cette contrée bénie du Roussillon, où s'était écoulée son enfance et où il allait laisser une partie de son cœur, il exhala ses adieux et son regret dans une chanson naïve, en vers catalans, qui est encore chantée de nos jours. Elle a pour titre *Montagnas régaladas* (montagnes qui réjouissent la vue), et, lorsque le clerc vient à rappeler son cher Canigou, il le montre « couronné d'argent et chaussé de fleurs. »

Le donjon ne présentait pas à lui seul une sécurité suffisante à ses occupants, et il fut entouré d'une enceinte carrée dont les côtés mesuraient 34 et 35 mètres. Les murs de la fortification romaine fournirent deux de ces côtés et trois tours ; les deux nouveaux côtés, dirigés vers l'intérieur de la ville, furent accompagnés d'une tour ronde dont le diamètre extérieur est 5^{m}60. Des demi-tours rondes, de 4 mètres de large, furent appuyées contre le milieu de ces faces, et par suite elles étaient séparées des tours voisines par un intervalle de vingt mètres. Il ne faut pas s'étonner de cette faible distance, car on s'imaginait, à cette époque, qu'un château était d'autant plus résistant que les tours étaient multipliées le long de son enceinte. Le château Gaillard, construit en 1190, par Richard Cœur de Lion, roi d'Angleterre, près des Andelys, est entouré d'un véritable chapelet de tours, tellement voisines qu'il n'existe pas de courtines entr'elles, et Richard était si fier de son œuvre, qu'il la déclarait imprenable.

L'épaisseur des courtines nouvelles de l'enceinte carrée du château était 2^{m}20 et 2^{m}40. Les deux autres côtés romains avaient été épaissis jusqu'à 4 mètres, au moyen d'un revêtement de un mètre d'épaisseur. Ce mode de renforcement de la muraille fut appliqué aux murs de la tour d'angle Nord, dont l'épaisseur fut portée de 1^{m}50 à 2^{m}80 ; les deux tours de courtine voisines reçurent une chemise analogue. Les murs d'enceinte et les tours furent élevés à 9^{m}60 du sol, et terminés par une plate-forme avec mur crénelé qui régna ainsi d'une façon continue sur le pourtour de l'enceinte.

Une sortie extérieure pratiquée dans le côté Nord-Est, près de la tour Nord, fut accompagnée de deux demi-tours, saillantes à l'extérieur, du haut desquelles on manœuvrait la herse. Le porche et le tableau de cette porte sont recouverts d'une voûte en ogive. Cette sortie rendait la garnison du château indépendante de la ville ; une autre porte avait été ménagée dans le côté Sud-

Est pour communiquer avec la cité ; elle était placée près de la tour mediane, et était également couverte d'un porche ogival. Les portes extérieure et intérieure avaient respectivement une largeur de 3 mètres et 2^m40 ; chacune de ces ouvertures était accompagnée d'une loge pratiquée dans l'épaisseur du mur et dans laquelle s'abritait le soldat ou portier chargé de la garde ; la loge de la porte regardant la ville était munie d'un créneau d'observation.

Toutes ces constructions sont en grosses pierres de taille, de grès coquillier jaunâtre, tiré probablement des carrières situées sur la rive droite de la Nive et d'où provenaient celles qui servaient à l'édification de la cathédrale.

L'ensemble de ces constructions a porté, dès leur origine, le nom de Castet (château en langue romane). Les basses fosses du donjon ont longtemps servi de prison communale, et on les voit affectées à cet usage, en 1288 ; la rue du Castet est citée pour la première fois en 1279. Mais cette demeure féodale ne prendra le nom de Château-Vieux (*Castet Bilh*) qu'après la construction du Château-Neuf, sur la hauteur de Mocoron ; cette épithète n'apparaît qu'en 1470 et 1483, et, à cette date, la prison de ville se trouvait dans les fosses des tours de la porte St-Léon, celles du Châteaux-Vieux étant réservées pour les criminels.

La tour du Nord fut construite par le vicomte de Sault, au Nord-Est du Château-Vieux, et à 180 mètres environ de son saillant extérieur. Son emplacement, au milieu des marais, lui a donné son nom (*nardus, marais*) ; il se trouve aujourd'hui au débouché de la rue Vainsot, sur la place d'Armes, côté Ouest. Cette tour, qui fut démolie en même temps que le bastion à orillons dans lequel elle avait été enfermée, avait la forme demi-circulaire ; son diamètre mesurait 12 à 13 mètres et sa convexité était tournée vers la mer. Elle fut établie en ce point pour protéger les abords de la nouvelle enceinte basse, ainsi que les ports de Tarride et du Verger, qui devaient exister à cette époque.

Les quatre tours extérieures.

Une autre tour, de forme semblable, fut établie, en face d'elle, sur l'autre rive de la Nive, à l'extrémité de la langue de terre comprise entre cette rivière et l'Adour ; elle s'appela tour de St-Esprit. Sa forme est presque ronde, mais elle se termine par un mur plan du côté de l'Est ; son diamètre extérieur est de 8 mètres. Quatre créneaux sont ouverts au rez-de-chaussée et au premier étage, à travers la partie arrondie des murs. Cette construction, en pierre de grès jaunâtre, est assez bien conservée dans ses étages inférieurs, grâce aux murs de 1^m70 d'épaisseur qui la maintiennent ; un escalier à vis, logé dans l'épaisseur de l'angle Sud-Ouest, permettait d'accéder aux étages et se terminait par une tourelle plus élevée que la masse de la tour. Au sommet de la tourelle était, d'après M. Ducéré, un phare servant de guide aux vaisseaux arrivant par l'Adour. Les créneaux des divers étages dirigés vers le point de jonction des deux rivières indiquent que cet ouvrage devait défendre l'entrée de la Nive.

Nous ne croyons pas devoir attribuer aux vicomtes de Labourd l'édification de la porte primitive de St-Esprit, qui fermait le débouché du grand pont, du côté de Bourgneuf. Mais cet ouvrage, fortifié d'après le modèle de la porte romaine de St-Léon, ne dut pas tarder à être élevé par les prudhommes de Bayonne. Nous en donnerons donc la description un peu plus loin.

La tour des Menons et la tour de Sault, toutes les deux de forme carrée et d'égales dimensions, furent construites, en face l'une de l'autre, à l'entrée de la ville, sur les deux rives de la Nive. Elles étaient larges de 11m30 et leurs murs avaient 2 mètres d'épaisseur. Le rez-de-chaussée et le deuxième étage étaient recouverts d'une voûte en arc de cloître ; au-dessus de la tour de Sault était une terrasse garnie de machicoulis, entourée d'un parapet crénelé et couverte d'un comble ; ces constructions ont été faites principalement en grès. La tour des Menons fut emportée par une crue de la Nive en 1677 ; la tour de Sault existe encore, mais cachée au milieu du bastion de Sault. Cette dernière tour avait, comme sa voisine, mission de défendre l'entrée de la ville par la Nive supérieure ; mais elle avait pour objectif spécial de renforcer la porte de St-Laze (plus tard de St-Simon), ouverte dans la nouvelle enceinte reliant à la Nive la tour de la Pusterle. Elle était à 40 mètres environ en avant de cette porte et devait la protéger plus efficacement que les petites tours carrées qui l'accostaient.

La tour des Menons, également détachée de l'enceinte de Bourgneuf aboutissant à la Nive en suivant la rue des Cordeliers, était placée à 150 mètres en avant de cette enceinte ; ce grand intervalle était occupé, sur les bords de la Nive, par un arsenal maritime ou chantier de construction de navires, d'après M. Ducéré, et aurait été, selon cet auteur, entouré d'une enceinte venant aboutir à la tour des Menons, qui aurait eu pour but de défendre cet arsenal. Cette enceinte particulière a dû être ajoutée, selon nous, à une époque postérieure, et la partie qui s'appuyait à la tour des Menons a seule été conservée et a constitué une partie de la seconde enceinte du Bourgneuf.

Rouen, qui avait avec Bayonne des rapports commerciaux très

fréquents, possédait un établissement semblable, et il n'y a aucune invraisemblance à admettre l'existence en ce point du chantier des navires ; mais il s'en créa bientôt un autre plus important sur la rive gauche de l'Adour, derrière la courtine des Jacobins. Il existait à cette place en 1317, et il n'a disparu qu'en 1854 ; la rue qui séparait les Jacobins de l'oratoire St-André conduisait à ce chantier.

CHAPITRE VI

GOUVERNEMENT DES SÉNÉCHAUX ANGLAIS
(1193-1451)

Secours fournis à l'Angleterre contre la France. — Révolte de Gramont et des nobles gascons contre les Anglais. — Tentative des révoltés sur Bayonne. — Accroissement de la ville. — Dispute de deux marins entraînant un conflit général. — Bayonne possédée peu de temps par les Français. — La ville reprise par les Anglais. — Dissensions intestines. — Marine bayonnaise au siège de Calais. — Du Guesclin emprisonné au Château-Vieux. — Bayonne assiégé par le roi de Castille. — Prise et démolition du château de Hastingues. — Une armée castillane menace Bayonne.

Les sénéchaux nommés par les rois d'Angleterre devaient, comme l'avait établi Richard II, prêter serment à la ville ; les registres municipaux n'omettent pas de mentionner l'accomplissement de cette formalité, en 1215, dans le cloître de Notre-Dame. Cet édifice, témoin des principaux actes de la vie communale, a fait place au cloître de style ogival accolé à la cathédrale et qui fait l'admiration des connaisseurs. L'architecte Boeswilwald assigne la date de 1210 aux premières assises de ces édifices ; c'est aussi celle de la donation d'une carrière de pierre (grès coquillier rougeâtre), faite en 1213 par un habitant nommé Faber, pour l'édification de l'église. La carrière est située sur la rive droite de la Nive, dans la dépression occupée par les bains Jacquemin, au débouché du tunnel de la voie ferrée d'Ossès. La pierre qu'elle fournit se trouve peu dans les remparts romains, mais elle a été très employée dans la fortification du moyen âge.

Le roi Henri III avait succédé, à l'âge de 10 ans, à son père Jean sans Terre sur le trône d'Angleterre. Il voulut reprendre possession des châteaux et des tours des villes de Gascogne, qui avaient été confiés aux prudhommes ; il ne paraît pas que son ordre ait été exécuté à Bayonne, car nous voyons que des revenus royaux sont concédés aux bourgeois, en 1220 et 1224, pour l'entretien des fortifications de la ville, en même temps que pour réparer les pertes causées par de grands incendies et des sinistres maritimes.

Ces faveurs démontrent que le jeune roi ne tenait pas rigueur à la ville de la mauvaise conduite des marins bayonnais ; ceux-ci, arrivés à La Rochelle en 1224 pour défendre cette place contre les Français, s'étaient enfuis au moment de la capitulation. Mais ils justifièrent leur fuite par la crainte d'être maltraités s'ils étaient tombés au pouvoir des Français, par le mécontentement d'avoir été placés au poste le plus périlleux et par le dépit de n'avoir pas été informés à l'avance de la capitulation ; d'ailleurs, ils avaient assez prouvé leur zèle en offrant de mettre au service d'Henri III toutes leurs nefs et galées.

La guerre reprit de nouveau entre la France et l'Angleterre, quand Saint Louis, qui portait la couronne depuis 1226, eut atteint l'âge de conduire les armées. Au printemps de l'an 1242, Henri III envoyait l'ordre aux Bayonnais de conduire leur flotte dans les eaux de La Rochelle, de nouveau menacée, et de diriger leur milice, que devaient commander le maire Guillaume et Jean Dardir, vers Royan, où toutes les troupes avaient reçu l'ordre de se trouver le 12 juin. L'armée anglaise marcha sur Taillebourg et elle essuya devant cette ville une défaite complète, le 19 juillet 1242. *Secours fournis à l'Angleterre contre la France.*

Le contingent des navires dus par Bayonne à l'Angleterre était de 20 vaisseaux et 10 galées ; mais ces chiffres furent dépassés, et le roi Henri III, pour récompenser la ville du service militaire qu'elle lui a rendu au delà de la limite obligatoire, lui abandonne mille marcs sur le produit des prises, à la condition d'en employer la moitié à ses fortifications ; durant son séjour à Bayonne, en 1243, le monarque anglais, voulant encore manifester ses bonnes dispositions envers elle, étendit la charte de la commune en instituant, le 24 mai, cent pairs ou bourgeois notables, parmi lesquels étaient compris le maire et vingt-quatre échevins, pour gérer les intérêts de la cité.

On doit supposer que ces intérêts n'étaient pas de minime importance, surtout au point de vue maritime, à en juger par le nombre de navires que la ville était tenue de fournir à son roi. Celui-ci n'était pas seul à avoir recours à ses ressources ; Thibaut de Champagne, roi de Navarre, voulant transporter en Terre Sainte une armée dont le gros était composé de Navarrais, se trouvait à Bayonne, le 30 avril 1238, pour réunir les navires qui lui étaient nécessaires.

Henri III profita de sa présence à Bayonne pour convoquer tous les seigneurs de la sénéchaussée des Lannes à une revue à St-Sever. Il savait qu'une grande partie de la noblesse gasconne répugnait au joug anglais et qu'elle comptait sur l'appui du roi de Navarre : le seigneur de Gramont refusa d'obéir, et Henri III, après avoir consulté à Bordeaux l'assemblée des Trois Ordres, le 25 juillet, envoie une armée et le sénéchal de Gascogne assiéger le château de Gramont, près de Bidache. Un traité avec la *Révolte de Gramont et des nobles gascons contre les Anglais.*

Navarre met fin aux hostilités et Henri regagne l'Angleterre. Mais après une trève de cinq ans, les seigneurs gascons, de nouveau révoltés, voient arriver à Bayonne, en juin 1248, le nouveau sénéchal de Guyenne, Simon de Montfort, comte de Leicester, qui réclame le serment obligé ; Gramont est arrêté et emprisonné à La Réole.

Cet exemple ne rendit pas le calme pour longtemps, car un corps de rebelles ou pastoureaux parut en 1251 aux portes de Bayonne. Montfort, à la tète de ses terribles compagnies Brabançonnes, le taille en pièces et fait dans le pays de Labourd de nombreux prisonniers qu'il retient quelque temps dans le château de Bayonne.

Les rebelles du parti franco-navarrais avaient de nombreux partisans parmi les bourgeois de la ville, qui haïssaient le roi Henri à cause des exactions dont souffrait leur commerce en Angleterre ; mais le parti populaire, ayant à sa tète Johan Dardir, lui était favorable, et Montfort, pour rétablir la paix dans la ville, suivait les conseils de ce dernier.

Tentative des révoltés sur Bayonne. — Cette tâche était cependant malaisée. En vain, le roi Henri III donne, en 1251, la Guyenne à son jeune fils Edouard pour laisser espérer à la noblesse gasconne une certaine indépendance ; en vain, il choisit un seigneur gascon, Bertrand de Podensac, en 1253, et le nomme maire, prévôt et gouverneur de Bayonne ; ces mesures n'amènent pas la soumission des gascons. Ceux-ci, réunis sous la conduite de Gaston de Moncade, vicomte de Béarn, se ménagent des intelligences parmi les bourgeois de Bayonne et tentent, en 1254, de s'emparer de la ville par un coup de main hardi, en y introduisant quelques-uns d'entr'eux. Mais les conjurés avaient compté sans le peuple qui se saisit des conspirateurs et les punit suivant la part qu'ils avaient prise à cette tentative. Le but poursuivi par le vicomte de Béarn était de faciliter le passage de l'armée du roi de Castille qui voulait s'emparer de la Gascogne. Aussi, pour ôter tout appui aux rebelles, Henri III conclut avec Alphonse, roi de Castille, une paix scellée par le mariage d'Edouard III, fils du roi d'Angleterre, avec la sœur d'Alphonse. Le jeune prince, passant à Bayonne pour aller célébrer cette union, réconcilia les bourgeois et le peuple et se fit apprécier des gascons par ses bons procédés.

Nous venons d'assister, durant la première moitié du xiiie siècle, à l'établissement et au développement du pouvoir municipal, concentré d'abord dans les mains d'un petit nombre de bourgeois, puis étendu à cent d'entr'eux, et aux compétitions du populaire qui revendique sa part dans la gestion des affaires de la cité. C'est aussi durant cette période que l'on voit s'établir à Bayonne les ordres monastiques.

Les Frères Prêcheurs (plus tard Dominicains, Jacobins), s'établissent, dès 1215, près de la place Bourgeoise, occupée aujourd'hui par le Réduit ; mais le défaut de place s'opposant à l'extension de leur couvent, ils se transportent, en 1265, à l'emplacement de l'hôpital militaire actuel, dans le Bourgneuf.

Les Frères Mineurs ou Cordeliers se trouvaient installés, en 1242, sur la rive droite de la Nive, dans le Bourgneuf, car, à cette date, ils obtiennent, de l'évêque Raymond de Donzag et du chapitre, la concession d'un oratoire qu'ils avaient construit sur les bords de la Nive ; l'arsenal d'artillerie a englobé ce couvent. Accroissement de la ville.

L'ordre hospitalier de St-Esprit dut être établi à Bayonne en 1217, dans le quartier du bout du pont (faubourg de St-Esprit), à l'emplacement des bureaux de l'inscription maritime ; il était connu durant l'ancien régime sous le nom d'Hôpital des Pauvres. Il ne faut pas confondre cet hôpital avec son riche voisin, l'hôpital des Hospitaliers de St-Jean, qui recevait les pèlerins de St-Jacques de Compostelle, à l'entrée de la rue Maubec.

Les Carmes, venus en France en 1234, fondèrent un couvent à Bayonne vers 1264, sous l'épiscopat de l'évêque Donzag. Ils s'établirent, en dehors de l'enceinte, à la sortie de la porte de Tarride ; leur terrain a été incorporé aux glacis des allées Paulmy.

Vers la même époque, les Augustins se placèrent dans le faubourg St-Léon, près l'hôpital St-Nicolas, et les Clarisses sur l'emplacement de l'arsenal, à l'Est des Cordeliers.

Ces diverses fondations sont une preuve de l'essor que prenait la ville de Bayonne durant ce demi-siècle, par l'effet des libertés accordées à la commune et de la tranquillité relative qu'elles assuraient. Un développement analogue se produisit dans les constructions civiles, qui s'accrurent considérablement. Nous n'en voulons pour preuve que l'apparition des nouvelles rues qu'elles bordent : la rue des Faures est citée en 1205, la rue des Basques et le petit Port des Pêcheurs, appelé le Pusterle, sont mentionnés au Livre d'or en 1236. Le même recueil cite, en 1266, les rues Orbe, du Pont-Mayor, Port-de-Castet, dans la ville haute ; la rue de Gahuzac, la place de St-Léon, la rue St-Nicholau, neuf groupes de maisons appelés quartiers, le moulin de Podelis, près de la Nive, dans le faubourg St-Léon. Remarquons ici que le mot Castet est employé au singulier, il s'applique à un château unique, celui qui sera plus tard appelé Château-Vieux ; cette indication se répètera jusqu'en 1449, mais en 1470 elle sera remplacée par celle de Castet Bilh (Vieux), par opposition au Castet Nau (Château-Neuf), édifié par Charles VII et Louis XI.

Parmi les noms du quartier St-Léon se trouve Tornepique, signifiant en anglais une barrière devant une porte et fournissant la preuve que le faubourg était entouré par une enceinte. Dans le Bourgneuf ou ville basse, on voit citer, avec la rue Bourgneuf, le quartier de Mocoron et quelques autres. Divers ports ou emplacements servant à débarquer les marchandises sont aussi indiqués : du Verger, de Graouillat, de Bertaco, de Suzée, de Castet et Port-Neuf ; les trois derniers avaient leurs deux rives bordées de maisons à arcades.

Vers cette époque, le maire de Bayonne dirigea une petite expédition contre un seigneur voisin ; les motifs ne nous en sont pas parvenus, et une mention laconique, relevée sur le *Livre des Etablissements ou règlements communaux*, nous la fait seule connaître : « Le 12 juillet 1257, la ville de Bayonne envoya une armée contre le château de Guiche et, après une nuit passée, elle brûla ce château durant la matinée ». C'était apparemment une vengeance contre les déprédations d'un voisin (1) favorable au parti français.

L'agitation causée par l'animosité entre les deux partis n'allait pas tarder à renaître ; Gaston de Béarn, toujours insoumis, profite du départ d'Edouard pour la Palestine et fomente des troubles à Dax et en Gascogne ; ils eurent leur répercussion à Bordeaux et à Bayonne, où le sénéchal réussit cependant à mettre d'accord les deux partis. Edouard Ier, qui venait de succéder à son père, Henri III, revient de la Palestine et, de passage en Gascogne, il profite du calme provisoire qui y règne pour faire élaborer, en 1273, par les cent prudhommes de Bayonne, le texte des coutumes de cette ville. Il leur accorde un droit de cize pour l'entretien si onéreux des ponts ; en bon administrateur, le maire se procure à bon compte les bois nécessaires en achetant, en 1283, un droit de coupe dans la forêt d'Urcuit.

Le roi Edouard Ier favorise les entreprises de son beau-frère Alphonse contre les Sarrasins et permet à la ville de lui fournir des secours en 1278 ; il invita les Bayonnais à lui faire bon accueil durant le séjour que fit ce roi, en 1280, dans le but de traiter avec le roi de France, Philippe le Hardi, qui devait se rendre de son côté à Mont-de-Marsan. Edouard se montra aussi bon parent envers son cousin Charles d'Anjou, roi de Sicile,

(1) Probablement un Gramont.

qui venait d'être détrôné à la suite du massacre des Vêpres Siciliennes et emprisonné par ses sujets. Alphonse, roi d'Aragon, avait soutenu les rebelles et accepté la couronne. Des pourparlers, ouverts à Oloron et à Jaca, en 1288, entre ce roi et Edouard Ier, aboutirent à la mise en liberté du prisonnier. Plusieurs nobles et notables bourgeois de la Gascogne, parmi lesquels se trouvaient des Bayonnais, se donnèrent en otages jusqu'à l'exécution des clauses du traité. En récompense de cet acte de dévouement, le roi d'Angleterre fit don de droits féodaux à quelques-uns d'entr'eux ; il concéda à Jean de Viele, moyennant une minime redevance, la tour Ouest de la porte romaine des Cinq-Cantons.

Après ces divers arrangements, le roi Edouard retourna en Angleterre ; mais, peu confiant dans la fidélité des bourgeois de Bayonne, il nomma un maire étranger à la ville. Un arrêté de ce magistrat, daté du 16 juin 1291, prouve le soin qu'il portait à assurer la tranquillité de la cité ; il renouvelait la défense aux habitants de porter des armes et menaçait de l'amende ou de l'emprisonnement au Castet ceux qui contreviendraient à cet arrêté.

Cette précaution ne maintint pas la paix que vint troubler un incident insignifiant en apparence. Une dispute s'éleva, en 1292, près de la fontaine St-Léon, à Bayonne, entre deux marins bayonnais et normand ; ce dernier, frappé par le poignard du Bayonnais, tombe mort. Cette nouvelle se répand et l'incident, grossi par la jalousie que les marins des autres nations portent à ceux de Bayonne, met le feu aux poudres. Des représailles sont exercées dans le port de Royan, où quatre barques bayonnaises sont coulées à fond et leurs équipages massacrés. Tous les ports d'Europe prennent parti dans la querelle ; les uns se prononcent pour les marins anglo-gascons, les autres pour les franco-normands. En vain, le roi Edouard veut arrêter la guerre entre les deux marines, sa voix n'est pas écoutée. Le combat le plus important fut livré en face de l'embouchure de la Charente, où 240 vaisseaux normands furent capturés ; ce fait d'armes coûta la vie à d'illustres Bayonnais. Les Portugais avaient pris le parti des Normands, et le roi d'Angleterre dut intervenir pour mettre fin aux disputes et aux pillages entre leurs marins et ceux de Bayonne.

Dispute de deux marins entraînant un conflit général.

Le roi de France, Philippe le Bel, saisit cette occasion pour sommer Edouard de comparaître devant la cour des pairs ; celui-ci, agissant loyalement, consent, en compensation, à la remise de la Gascogne pendant 40 jours entre les mains du roi

Bayonne possédé peu de temps par les Français.

de France comme marque de vassalité. Le délai expiré, Philippe le Bel refuse de rendre cette terre ; il continue de la faire administrer par ses officiers : le chevalier Jean de Burlatz, sénéchal de Guyenne ; Gaston de Béarn, Girmond de Burlatz, Raymond Bernard de Durfort et son gendre, Jourdain de Lisle, gouverneurs et maires successifs de Bayonne. Durant leur gestion, les intérêts de la ville furent sauvegardés, car nous voyons Bernard de Durfort, commis par le sénéchal Jean de Burlatz, le 11 octobre 1294, pour trancher les différends existant entre les Bayonnais d'une part et les gens de Gosse et de Seignaux de l'autre ; l'un des points du litige était la prétention de Bayonne d'avoir dans sa juridiction le faubourg du bout du pont (St-Esprit).

Apprenant les agissements de Philippe le Bel, le roi Edouard Ier se prépare à la guerre, nomme en Guyenne de nouveaux officiers et convoque les seigneurs de ce pays pour le mois de juillet 1294. Les Français prennent des mesures de défense ; ils renforcent la garnison de Bayonne par une troupe de 200 hommes de pied envoyée par Hugues de Conflans, maréchal de Champagne. Le vicomte d'Orthe, seigneur d'Aspremont, prend le commandement du château, et la plupart des seigneurs basques, suivis d'une foule de routiers avides, s'établissent en ville. Les bourgeois du parti anglais, qui s'étaient compromis à la bataille navale de La Rochelle, s'étaient déjà enfuis en Angleterre ; mais des représailles furent exercées contre leurs amis, qui furent emprisonnés et dont les maisons furent détruites.

La ville reprise par les Anglais. Le roi Edouard Ier, que l'insurrection des Gallois retient en Angleterre, fait transporter des troupes en France, sur la flotte anglo-gasconne, commandée par Jean de Bretagne. Celui-ci se réserve de reprendre Bordeaux, qui résiste à ses efforts, grâce à son gouverneur français ; il envoie contre Bayonne Pascal de Viele et Hugues de Viré, à la tête des marins bayonnais et de quelques soldats d'infanterie. Leurs vaisseaux arrivent par Cap-Breton et se présentent pendant les fêtes de Noël de l'an 1294, le pavillon bayonnais au haut des mâts, à l'embouchure de la Nive.

Les faures et le menu peuple de la ville, sympathique aux Anglais, apprenant l'arrivée de leur chef préféré, accourent en armes sur le port et lui ouvrent les portes de la ville.

Le vicomte d'Orthe, retranché au château avec la garnison, est forcé par les bourgeois de capituler au bout de huit jours, tandis que les chevaliers Bernard de Durfort et Jourdain de Lisle avaient quitté la ville à l'arrivée des Anglais, emmenant quelques habitants compromis. Edouard Ier récompensa les faures en leur accordant certaines immunités pour protéger leur industrie, le 24 février 1295, et nomma Pascal de Viele maire et gouverneur du château ; il prit des mesures pour améliorer les fortifications de la ville et affecta à ces travaux les revenus de la mairie et de la châtellenie pendant cinq ans, ainsi qu'un secours de 500 livres sterling, recommandant de les pousser avec vigueur.

Les hostilités entre Français et Anglais se poursuivirent jusqu'en 1299 avec des progrès sensibles du côté des premiers. Charles de Valois, frère du roi Philippe le Bel, part de Toulouse au printemps de 1295, parcourt la Guyenne et prend St-Sever après un siège de trois mois ; il licencie ses troupes au milieu de l'été sans inquiéter Bayonne, dernier boulevard de la puissance anglaise, dans lequel Jehan de Bretagne avait conduit ses troupes.

Pour fortifier plus efficacement cette place, le maire Pascal de Viele obtient du roi Edouard Ier le droit d'appliquer à ses fortifications le produit des confiscations de biens ordonnées contre les habitants de Bayonne, partisans des Français, et profite de son crédit auprès du roi pour faire attribuer à la ville de nouvelles faveurs et la restitution de la mairie aux Bayonnais.

Au mois de janvier 1296, Edmond, duc de Lancastre, frère du roi, se rend à Bayonne avec la mission de reconquérir le duché de Guyenne avec l'aide de son parent le roi Henri de Castille ; mais il meurt, au mois de juin de la même année, dans le palais qui est aujourd'hui l'Hôtel de la division militaire à Bayonne, où il demeurait. A sa mort, Hugues de Lacy, seigneur anglais, prend le commandement des troupes anglaises à Bayonne ; il pousse sur Dax une tentative infructueuse et, sans attendre l'arrivée de Robert, comte d'Artois, qui arrivait au secours de cette ville avec 700 chevaliers et 5,000 hommes de pied, rassemblés à Toulouse, il va rejoindre Henri de Lincoln qui assiégeait le château de Bellegarde. Mais le comte d'Artois, après être passé à Dax, le 15 août 1296, les rejoint et leur inflige une défaite en leur tuant 300 soldats ; il laissa de côté Bayonne, dont il savait les fortifications en bon état.

Edouard Ier, qui allait porter la guerre en Flandre, rappelle une grande partie de ses troupes de Bayonne, gardée par le maire Jean de Viele ; il termina la campagne de Flandre par la paix de Montreuil, en juin 1299, qui replaçait la Guyenne dans le *statu quo ante bellum*.

Cette paix fut rendue plus stable par le mariage d'Edouard II, fils du roi Edouard Ier avec Isabelle, fille du roi de France, dès le décès de son père, survenu le 26 février 1307 ; en effet, la guerre ne se ralluma qu'en 1337, après une reprise de quelques mois en 1323.

Durant cette période de calme, les registres de la ville indiquent que diverses ordonnances de police furent prises :

1° Contre les faux témoins qui, la langue traversée par une broche, devaient parcourir le trajet compris entre la porte St-Léon et la chaîne du Pont-Mayou (1298 et 1315) ;

2° Au sujet du déchargement des grains, qui ne pouvait se faire qu'aux ports de Bertaco et de Suzée (1289, 1299 et 1306) ;

3° Fixant les lieux où l'on devait déposer les fûts (1326) et où il était interdit d'exposer des peaux fraîches (1315) ;

4° Pour interdire l'abordage des navires, de la tour neuve de Tarride au moulin de Podalis et de l'engin de Mosserolles au pont Traversant.

C'est à cette époque que, selon le chanoine Veillet, furent construites, vers 1302, la base du clocher et la partie attenante de la nef de la cathédrale. Deux des ordres religieux de la ville purent fonder de nouveaux établissements ou les accroître. Les Augustins, qui desservaient le petit oratoire de St-Léon, près de la porte de ce nom, obtiennent de l'évêque, en 1307, l'autorisation de lui substituer une église, accompagnée d'un cimetière et de quelques bâtiments d'habitation.

Les Frères Prêcheurs (Jacobins) convoitaient la chapelle de St-André, contiguë à leur couvent du Bourgneuf et que le chapitre se refusait à leur céder. Enfin, grâce au crédit d'un moine célèbre de leur ordre, le cardinal Godin, et à l'appui du pape Jean XXII, ils triomphèrent de cette résistance en 1317. Cette chapelle était séparée de leur couvent par une rue qui conduisait à un chantier de construction de navires (en avant de la fosse aux mâts).

Depuis que Pascal de Viele avait replacé Bayonne dans la main du roi d'Angleterre, en 1295, et avait été nommé maire, cette charge était restée dans sa famille. Mais en 1312, les Viele avaient perdu tout crédit auprès du peuple, dont Pes Sanz de Jatsu était devenu l'idole. Aussi ce dernier parvient à se faire élire maire, malgré l'opposition de l'évêque et des partisans des Viele ; à cette occasion, la cathédrale est le théâtre de troubles sanglants et le nouveau maire expulse l'évêque de la ville.

Les mêmes scènes se renouvellent en 1314, à la suite de nouvelles élections. Le sénéchal Amaury de Craon, obligé d'intervenir, s'appuyant sur les troupes qu'il commandait, met sous la main du roi l'office de maire et confie la mairie, avec la charge de bailli de Labourd, à Loup Bergonh de Bordeu. Celui-ci, qui devait être étranger à la ville, avait reçu, en 1311, la concession des châtellenie et prévôté de Bayonne, à charge d'exécuter au château les réparations urgentes. Il ramena la tranquillité dans la ville et renouvela, en 1315, les anciennes ordonnances contre les porteurs d'armes

Enfin, les Bayonnais, assagis, obtiennent d'Edouard, grâce à l'appui de Laurent de Viele, le retour aux anciennes coutumes, malgré la résistance du sénéchal favorable à Loup Bergonh. Trois candidats à la fonction de maire sont présentés au roi, en 1318, et Laurent de Viele est choisi.

L'accord entre les deux beaux-frères, Edouard II et Philippe le Bel, se rompt en 1323, et Charles de Valois, frère du roi de France, se met à la tête de l'ost du Languedoc au mois de juillet, s'empare de plusieurs places en Guyenne et est arrêté par une trève au printemps de 1324. Les Anglais se hâtent d'appeler Edouard II et de prendre des mesures défensives, s'attendant à être attaqués de nouveau à Bordeaux et dans toute la Gascogne. Ils munissent en particulier les diverses places d'armures qu'ils viennent de faire fabriquer à Bayonne et y accumulent des vivres que les marins de cette ville ont reçu la mission d'aller acheter en Portugal (7 mai 1325). Les seigneurs gascons étaient avisés de suivre le sénéchal et la guerre allait se rallumer quand Edouard II est assassiné, en octobre 1327, par des rebelles, à l'instigation de sa femme Isabelle, sœur du roi de France.

L'année suivante (janvier 1328), Charles IV le Bel mourait également, laissant son trône à son cousin Philippe VI de Valois, tandis qu'Edouard III succédait à son père. L'arrivée sur le trône de ces jeunes rois assura une paix de dix ans.

Loup Bergonh, qui s'était vu évincé de la charge de maire par Laurent de Viele, et qui était prévôt et bailli du Labourd, ne manquait pas, par mesure de vengeance, de susciter des embarras à la ville de Bayonne. Il soutint contre elle les prétentions des habitants de Cap-Breton au sujet de certains droits de pêche et, par son influence, le sénéchal donna raison à Cap-Breton. Ne voulant rester sous le coup de ce jugement qui lèse ses intérêts, Bayonne envoie, en 1329, contre cette localité, une troupe armée qui met en pièces des barques de pêcheurs. Le sénéchal riposte en destituant Laurent de Viele et il nomme maire, à sa place, Arnaud du Luc, son ennemi. La ville se soulève et le sénéchal accourt à Bayonne, en mars 1331, avec des forces et parvient à rétablir l'ordre.

Des discussions de même nature s'étaient produites entre

Dissensions intestines.

cette ville et St-Sébastien, et elles se terminent par un accord conclu en 1327 ; il en fut fait de même à l'égard d'un autre voisin plus immédiat, le duc de Gramont.

Malgré la bonne volonté apportée par Edouard III au maintien de la paix et la concession qu'il fit au roi de France de lui prêter serment pour la Guyenne, les craintes de guerre s'emparaient de nouveau des esprits. Guillaume-Arnaud de Viele, maire de la ville en 1331, prend soin des armes déposées dans l'arsenal établi dans la grosse tour (torrate) de Tarride ; il contenait surtout des arbalètes de rempart et leurs projectiles appelés carreaux. Ce magistrat fit rédiger le *Livre des Etablissements* de la ville en 1336 ; il eut la sage précaution d'y faire transcrire l'inventaire des armes renfermées dans l'arsenal ; les grosses machines de jet n'avaient pu être remisées à la tour de Tarride et étaient laissées dans les engins de Mocoron, de Moceirole et de Saint-Laze pour servir à la défense de ces ouvrages.

En 1337, le nouveau maire, Pés de Puyanne, capitaine de marine à Bayonne, était un homme d'action ; il avait été élu grâce à l'appui d'Olivier de Ingham, sénéchal de Guyenne, qui pressentait l'orage et voulait se ménager l'appui de la flotte bayonnaise, afin de maintenir ses communications avec l'Angleterre. Cette mesure prévoyante ne tarda pas à porter ses fruits. Dès 1337, la guerre renaît entre la France et l'Angleterre ; tandis que le maréchal de Brienne, parti de Toulouse, est arrêté à Aiguillon par la bonne contenance du sénéchal anglais de Guyenne, Pés de Puyanne et les marins bayonnais coulent quelques galées françaises et sont complimentés par Edouard III. Après divers sièges, on les voit participer à la grande bataille navale qui fut livrée en 1340 sur les côtes des Flandres, à l'embouchure de l'Escaut, et se termina par la défaite des Français. L'amiral Puyanne rentre à Bayonne où, malgré l'opposition des Viele, il est investi de nouveau des fonctions de maire, avec le titre de vicaire, et il se met d'accord avec le roi pour fixer le contingent de navires, dus par la ville, à 20 navires et 10 galées, pour lesquels Edouard s'engage à payer 300 livres sterling.

Il se prononça en faveur d'Arnaud de Durfort dans le différend survenu entre ce dernier et les gentilshommes du Labourd. Ce seigneur avait abandonné le parti français en 1334 et avait reçu d'Edouard III, pour prix de sa trahison, la vicomté de Labourd ; mais il ne pouvait obtenir des seigneurs Labourdins le paiement des droits dus au titre de cette vicomté. Pés de Puyanne et les **Bayonnais** avaient également des contestations avec eux pour avoir supprimé l'exemption des droits sur les denrées destinées à leur approvisionnement; ils prêtèrent main forte à Durfort pour arrêter et emprisonner les principaux meneurs du pays Labourdin, en 1342. Cet amiral, se comportant en véritable condottiere, commit à leur égard des excès blâmables, et la mort qu'il fit subir à quatre d'entr'eux, au pont de Proudines, sur la Nive, prouve qu'il ne reculait pas devant un acte de cruauté quand il voulait satisfaire sa haine. Ces malheureux, ayant prétendu que la juridiction de la ville laissait ce pont en dehors de ses limites, parce que la marée ne s'y faisait pas sentir, Puyanne profita d'une fête qui les avait réunis et, les ayant surpris sans défense, il les fit attacher à marée basse aux pilots du pont, en les maintenant au niveau de l'eau; lorsque la marée remonta, elle les recouvrit et les noya. La preuve était ainsi faite; mais le moyen employé était d'une barbarie atroce. Cet événement tragique est rapporté par Veillet trois siècles et demi après, sans indiquer la source où il a puisé le récit; aussi est-il permis, pour l'honneur de Bayonne, d'élever un doute sur l'exactitude de la relation de cet auteur.

Ce différend prit fin le 2 décembre 1345 par un arbitrage entre les seigneurs Labourdins et la communauté de Bayonne. La vicomté de Labourd fut retirée à Durfort par Edouard III, et Pés de Puyanne aurait été exproprié de ses biens si le roi ne fût intervenu en sa faveur auprès du sénéchal. Mais la sentence définitive sur cette affaire fut rendue, 12 ans après, par le Prince Noir, qui réduisit les peines pécuniaires.

La guerre de Cent Ans se poursuit sans grand résultat pour l'un ou l'autre des deux royaumes; des sièges se succèdent en Gascogne, dans lesquels étaient employées des machines semblables à celles que contenait l'arsenal de Bayonne. Cependant, une tentative est signalée au siège de Puy-Guillaume, en 1338, pour les remplacer par des canons; Hugues de Cardaillac, chevalier de Quercy, fut l'un des premiers cités pour avoir fait usage de ce nouvel engin; il se jeta dans Cambrai, l'année suivante, afin de défendre cette place contre les Anglais, et il y fit fabriquer des canons et de la poudre. Cette nouvelle arme était trop grossière pour produire des résultats sensibles, et il faudra attendre cent ans pour la voir généralisée dans la guerre de siège. L'arsenal de Bayonne va se garnir peu à peu de canons primitifs en fer (zirts), qui durent être fabriqués à St-Jean-Pied-de-Port, et de boulets en pierre ou en plomb (plomées, plomies).

En 1345, la campagne était conduite en Gascogne par Henri

de Lancastre, cómte de Derby ; ce prince, après être venu à Bayonne, où il concéda à l'évèque un jardin contigu à la maison épiscopale et au mur du rempart, et où il régla certains désaccords entre le maire et le prévòt, s'était emparé de Bergerac (24 août 1345), et était devenu maître de La Réole et de 17 autres places par la victoire d'Auberoche (21 octobre 1345). En même temps, Edouard III infligeait à Philippe VI le désastre de Crécy et mettait le siège devant Calais.

Marine bayonnaise au siège de Calais. La flotte de 737 navires qui bloqua cette place comptait 15 vaisseaux bayonnais montés par 439 matelots. Calais se rendit en 1347 et une trève de 10 mois suivit la perte de cette place.

Ces événements lointains ne portaient pas de troubles dans le Labourd. Mais Bayonne avait de fréquentes disputes à l'occasion de son commerce avec des marins castillans, et il fallut que les monarques des deux contrées y mettent bon ordre par un traité. Pour sceller cette alliance, Edouard III obtient pour son fils, le Prince Noir, la main de Jeanne, fille du roi de Castille Alphonse XI, en 1348.

Une peste noire, qui dura 3 ou 4 ans à Bayonne et y exerça des ravages considérables, fit mourir cette jeune princesse peu de mois après cette union et emporta son père Alphonse XI deux ans après. A ce dernier succède son fils Don Pèdre le Cruel, et celui ci exile son frère naturel, Henri de Transtamare, qui avait voulu le supplanter. Le nouveau roi de Castille, pour essayer ses forces, dirige sa flotte dans la Manche et livre à la flotte anglaise une bataille incertaine. Ce combat fut suivi de la conclusion d'une paix de vingt ans entre la Castille et l'Angleterre, et les marins bayonnais, qui avaient reçu d'Edouard III l'ordre de rompre la trève avec les Castillans et d'escorter sa flotte, purent retourner à Bayonne. Ils étendirent, en 1353, à la Biscaye et au Guipuscoa, par un traité de paix et d'alliance, les relations pacifiques que Don Pèdre venait de promettre à Edouard III.

En paix avec la Castille, le roi d'Angleterre put réserver toutes ses forces pour combattre les Français. Bayonne, place cependant éloignée du centre des opérations, voit son enceinte réparée avec les émoluments fournis par la fabrication de la monnaie, qui sont appliqués pendant dix ans à ce travail, dès 1351. Sur la demande des Gascons fidèles à l'Angleterre, Edouard III envoie son fils Edouard, appelé le Prince Noir, conduire la guerre en Guyenne.

A peine débarqué, ce prince va, en 1355, ravager l'Armagnac, prendre Carcassonne et Narbonne, et, n'ayant pu aborder l'armée française qui redoute de se mesurer avec ses troupes, il licencie ses soldats. L'été suivant, il les conduit à la bataille de Poitiers dans laquelle, nous dit le *Livre des Etablissements*, « le « roi Jean et son dernier fils furent pris par le redoutable « Edouard, premier fils du roi d'Angleterre. Et là, furent pris « et tués, le 19 septembre 1356, beaucoup de princes, comtes et « autres seigneurs de France ».

La paix de Brétigny (1360), qui démembra la France, donna au vainqueur le duché d'Aquitaine, rendu indépendant, avec ses annexes la Gascogne, etc. Edouard III donna cette province à son fils, le 19 juillet 1362, mais le Prince Noir n'en jouit pas longtemps, car il mourut le 5 octobre 1372 et le roi d'Angleterre reprit possession du duché. Cette paix douloureuse devait durer douze ans.

La compétition d'Henri de Transtamare au trône de Castille rallume la guerre entre les deux frères. Bertrand Du Guesclin et ses compagnies, devenus libres par la paix de Brétigny, se mettent au service de Transtamare et détrônent Don Pèdre, en 1366. Ce monarque, obligé de fuir, se réfugie à Bayonne et se loge au Château-Vieux, attendant que les Anglais viennent à son secours. Le Prince Noir arrive à Bayonne et se décide à envahir la Castille, en passant par Roncevaux, conformément à l'avis de Don Pèdre, du roi de Navarre, du comte d'Armagnac et du sire d'Albret, réunis en parlement dans cette ville.

Henri de Transtamare est défait à Navarette (1367) et Don Pèdre remonte sur le trône de Castille. Du Guesclin fut fait prisonnier et enfermé pendant quelques jours au Château-Vieux, à Bayonne. Le Prince Noir, revenu dans cette ville, y séjourna quelque temps pour rétablir sa santé. Il visita le chevalier breton et lui demanda comment il se trouvait dans sa prison : « Jamais, répondit Du Guesclin, je n'ai été plus content ; ma « prison m'est glorieuse, puisque vous ne m'y retenez que parce « que je vous parais redoutable ». Il disait vrai, et pour retarder sa mise en liberté, le Prince Noir fixa sa rançon à 30,000 écus d'or ; il fut transféré à Bordeaux, et les femmes de France mirent tant d'ardeur à filer pour rassembler la rançon du chevalier, que celui-ci pouvait bientôt conduire en Castille une deuxième expédition terminée par la mort de Don Pèdre et recevoir d'Henri de Transtamare la charge de connétable. Il était de retour à Bayonne en 1370, où des fêtes données en son honneur le retinrent quelque temps.

Le roi de Castille, rendu plus audacieux par la mort du Prince Noir (1372), veut prendre sa revanche contre les Anglais

Du Guesclin emprisonné au Château-Vieux.

et met le siège devant La Rochelle. Le maire de Bayonne, Jacmes de Lesbay, pressentant l'année suivante que la ville va être attaquée, arme la population et distribue les engins de défense à vingt capitaines bourgeois préposés à la défense des quartiers. Huit d'entr'eux reçoivent chacun un canon, seize boulets de plomb, deux sacs de poudre ; on remet à chacun des douze autres deux arcs à tour (arbalètes de rempart) et 100 carreaux (projectiles). On distribua en outre des meules en pierre pour moudre le blé en cas de siège ; elles étaient renfermées dans la tour (donjon) du Château-Vieux. Les détails de cette distribution sont consignés dans les registres de la ville, ainsi que les noms des vingt capitaines de quartier. Le maire de Lesbay ne s'était pas trompé, car la Castille venait de s'allier à la France pour combattre l'ennemi commun, et le bruit se répand en Gascogne que Bayonne va être assiégé par le roi de Castille et le duc d'Anjou, frère du roi de France. Mais ce général se contente de menacer St-Sever et s'éloigne du pays sans approcher de Bayonne. Henri de Transtamare paraît seul, sous les murs de la ville, le 11 juin 1374, avec son armée ; puis il repart sans avoir fait la moindre tentative et repasse les Pyrénées.

Bayonne assiégé par le roi de Castille.

Cette alerte, occasionnée par le roi de Castille, devait bientôt se renouveler. A la faveur d'une trève conclue en 1376 entre la France et l'Angleterre, le maire Saubat de Mente complète les moyens de défense de Bayonne et applique à l'entretien des fortifications le produit d'une coutume de quatre deniers par livre sur toutes les marchandises étrangères qu'Edouard III vient de concéder à la ville pour cet objet (20 janvier 1377). Mais ce roi meurt quelques mois après, laissant à son petit-fils Richard II la charge de tenir tête au roi de Castille ; celui-ci passait la Bidassoa, à la tête de 20,000 hommes, s'emparait de St-Jean-de-Luz et se dirigeait sur Bayonne, tandis que sa flotte, forte de 200 vaisseaux de guerre ou de transport, paraissait à l'embouchure de l'Adour.

Du côté de la ville, les mesures de défense étaient bien prises ; Mathieu de Gournay, sénéchal anglais, fit bonne contenance et rejeta toutes les sommations. D'après Baylac, des attaques furent faites avec vigueur et soutenues de même, mais le silence des autres auteurs nous fait croire qu'il n'y eut pas d'attaque en règle, mais seulement des tentatives d'escalade. Enfin, vers le milieu de l'hiver (1377-1378), l'armée castillane leva le siège, bien diminuée par suite des pluies continuelles et du manque de vivres.

Les Bayonnais voulurent cependant tirer profit de leurs préparatifs de guerre. Un certain [nombre de châteaux, qui com-
mandaient le cours de l'Adour, se trouvaient, depuis le passage
du duc d'Anjou, entre les mains de Français et de Bretons ; le
trajet de Dax à Bayonne ne pouvait plus se faire par eau, et le
roi de Navarre, qui avait été à Bordeaux solliciter des secours
contre la Castille, fut obligé de se rendre de cette ville à St-Jean-
Pied-de-Port, en suivant le bord de la mer. Afin de rétablir le
libre usage de cette voie fluviale, Trivet, neveu du sénéchal de
Guyenne, qui devait aller conduire en Navarre un corps de
1,000 hommes et chasser de ce pays Henri de **Transtamare**, fut
chargé de reprendre ces châteaux. Il accomplissait sa mission
et avait mis le siège devant le château de Tassequin (Hastingues),
situé à huit lieues de Bayonne, lorsqu'il voit arriver une troupe
de 500 Bayonnais, bien armés, traînant avec eux le plus gros
engin de la ville. Grâce à ce secours, le château se rendit après
15 jours de siège, et les Bayonnais, voulant détruire cet asile
des ennemis de leur commerce, l'achetèrent à **Trivet** pour 3,000
livres et le démolirent. Ils en transportèrent les pierres à
Bayonne, où elles furent utilisées pour la construction du pilori,
près de la cathédrale.

Le roi Richard II donna la Guyenne à son oncle, le duc de
Lancastre (1390), pour toute sa vie, mais il se réserva, comme
roi de France, le domaine supérieur de ce duché. Lancastre,
devenu l'époux d'une princesse de Castille, avait tenté, avec
l'appui de son neveu, de faire valoir contre le bâtard Transtamare les droits de sa femme à la couronne de Castille. Nous
avons vu que les troupes anglaises, dans leur incursion en
Navarre, après la levée du siège de Bayonne, avaient seulement
réussi à chasser Transtamare de la Navarre, mais ne l'avaient pas
suivi en Castille. Aussi le duc de Lancastre se retira à Bayonne
et servit d'arbitre, en 1385, dans un différend entre deux ordres
religieux, les Frères Mineurs (Cordeliers) et les Frères Prêcheurs
(Jacobins). La discussion, survenue au sujet de la possession de
la source de Coquainhe, s'était envenimée à tel point que les Mineurs se ruèrent sur les Prêcheurs à coups de lances et d'épées,
mirent à mort le prieur et blessèrent plusieurs de ses moines.

Pendant que les Anglais étaient aux prises avec les Castillans,
les Français, évitant de grandes batailles, firent des progrès
constants et, en 1380, à la mort du roi de France, Charles V, il
ne restait aux Anglais que les villes de Calais, Cherbourg, Brest,
Bordeaux et Bayonne. Mais la folie du jeune roi Charles VI
(1392) et les querelles intestines des partis Armagnac et Bour-

guignon vont bientôt détruire le résultat de cette situation prospère et conduire la France à deux doigts de sa perte.

Les Gascons protestèrent contre la donation de leur duché à Lancastre ; l'insoumission était générale. La ville de Bayonne adresse au roi une requête pour être relevée de son serment ; les maires sont élus, mais n'étant plus nommés par le roi, ils prennent le titre de vicaires. Le frein de l'autorité royale ne se faisant plus sentir, des discussions s'élèvent, en 1397, entre le maire Jean de Lobart et l'évêque, qui est chassé et banni au moment où il franchit la barbacane du portail de St-Léon ; les élections du maire se font l'année suivante, et deux maires sont élus par le parti favorable à l'évêque et par le parti contraire.

L'évêque et ses partisans sont emprisonnés par la faction opposée, et le duc de Lancastre, ne pouvant obtenir l'élargissement des prisonniers ordonné par le roi Richard II, se concerte avec les seigneurs basques et leur chef Auger de Lahet. Les gens de la faction dominante sont attirés hors la ville et faits prisonniers. Lahet est alors nommé bailli de Labourd en 1399.

L'autorité de Richard était aussi peu respectée en Angleterre qu'en Guyenne ; des seigneurs révoltés le font prisonnier et obtiennent du Parlement sa déposition (30 septembre 1399). Suivant la coutume établie par ses prédécesseurs, il avait accordé, cinq ans auparavant, des fonds pour l'entretien des fortifications de Bayonne pour les années 1394 et 1395. Henri IV de Lancastre, fils du duc de Lancastre, succède à Edouard II ; il traite de la paix avec la Castille, en 1410, par l'entremise de l'évêque de Bayonne et de quelques autres commissaires, puis il meurt après 13 ans de règne, à l'âge de 46 ans. Henri de Mommouth, son fils aîné, lui succède (1413), sous le nom d'Henri V.

En 1415, la guerre éclata de nouveau entre Français et Anglais. Le roi Henri V était devant Harfleur, dont il faisait le siège, lorsqu'il écrivit aux Bayonnais pour leur demander des munitions et des vivres ; il en reçut 200 pipes de vin, 2 barriques de salpêtre, 1 de soufre vif, qui furent transportées sur une nef bayonnaise ; la mention de cet envoi figure au *Livre des Etablissements* et est suivie d'une note donnant le prix du vin et du transport. Le monarque anglais gagna, le 25 octobre de la même année, la célèbre bataille d'Azincourt sur les Français commandés par le connétable d'Albret ; dans ce combat, il périt, du côté des Français, 8,000 chevaliers et écuyers, plus de 100 bannerets, 7 comtes, 3 ducs, 1 connétable et 1 amiral.

La lutte se poursuivit, néanmoins, par le siège des villes et châteaux ; l'emploi des canons y devenait de plus en plus fréquent, et la fabrication de ces engins devait être une source de revenus pour les armuriers de St-Jean-Pied-de-Port qui les fondaient et pour ceux de Bayonne qui les finissaient et les réparaient. Nous voyons, en effet, dans les comptes, que la ville envoya, le 26 juin 1417, 2 canons, 24 livres de poudre, 2 quintaux de cordes au seigneur de St-Cricq, pour défendre contre les Français la Bastide d'Armagnac, dont il venait de s'emparer avec sa troupe.

Un général castillan, Ferran Péritz de Ayala, entra en Labourd à la tête d'une compagnie de 8,000 hommes, le 12 août 1419 ; il brûla l'église de St-Jean-de-Luz et menaça la ville de Bayonne. En annonçant cette nouvelle au roi Henri V, le maire et les échevins lui font connaître qu'une flotte castillane de 40 voiles se dirige vers l'Ecosse, afin d'y prendre des troupes et de les conduire au dauphin de France ; ils terminent en lui demandant des secours. Le roi leur permit, par une lettre du 24 août, d'amener en ville mille carterons de froment, pour l'approvisionner en cas de siège. Mais Bayonne fut épargné et l'armée castillane se contenta de ravager le Labourd.

Une armée castillane menace Bayonne.

La même année 1422 vit mourir les rois de France et d'Angleterre. Le dauphin Charles VII succéda à son père Charles VI, à qui la reine Isabeau, abusant de sa folie, venait de faire signer (1420), le traité de Troyes, par lequel le dauphin était déshérité au profit du roi d'Angleterre Henri V. Mais ce dernier meurt à Vincennes (31 août), laissant sa couronne à son fils Henri VI, âgé de neuf mois. La régence fut partagée entre ses deux oncles : le duc de Bedfort eut la France et le duc de Glocester l'Angleterre.

Le régent de France remplit avec succès sa mission, en remportant de nouvelles victoires sur les Français découragés. Il confirme, en 1425, Charles de Beaumont dans la charge de bailli de Labourd ; il nomme un Anglais, Thomas Burton, maire de Bayonne pour dix ans (1427). Ce dernier étant mort en 1435, il le remplace par le chevalier Clifton. Il constitue de nouvelles ressources pour améliorer les défenses de la ville, en autorisant celle-ci à élever à ses frais, dans l'enceinte du château, des bâtiments pour la frappe de la monnaie et en lui concédant le bénéfice de cette opération.

Une nouvelle incursion castillane se produit en 1438 ; elle était faite par le célèbre routier, Rodrigues de Villeandro, qui, à la tête d'une troupe de 7,000 hommes, après avoir ravagé la Touraine et le Médoc, était venu s'abattre sur le Labourd.

La ville de Bayonne, pour se garder contre les atteintes de ces pillards, entretint 600 hommes armés jusqu'au moment où

Rodrigues partit pour la Castille (4 juin 1439). Pour dédommager cette ville de l'entretien des 600 soldats et des déprédations qu'elle avait subies, Bedfort lui accorde un droit de cize (11 juillet 1438).

La guerre sans trève qui régnait entre les Anglais et les Français occasionnait un désordre général et facilitait les entreprises des routiers. Profitant de cette situation, un Basque, Pierre de Haïtze, bailli de Cap-Breton, se ressouvenant des anciennes querelles entre Bayonne d'une part, Cap-Breton et le Labourd de l'autre, se met à la tête de nombreux partisans et s'approche de la ville. Il détruit ses moulins, pille et brûle les environs, blesse les hommes-liges du roi ; puis, il pénètre par escalade dans Bayonne et capture Jacmes de Lesbay, son ennemi. Or, l'autorité royale était alors représentée dans cette ville par deux seigneurs anglais, le prévôt et le châtelain, ce dernier chargé de garder et d'entretenir le château à l'aide de certains droits de coutume. L'agression de Haïtze dut être aussi subite qu'imprévue, pour qu'ils n'aient pu l'empêcher de se produire. Néanmoins, l'affaire fut portée devant le sénéchal qui, pour tout châtiment de ses méfaits, destitua Haïtze de la charge qu'il occupait (1447).

La faute méritait un châtiment exemplaire, mais la domination anglaise sur le Labourd touchait à sa fin, et il importait au sénéchal de ne pas indisposer les seigneurs basques de cette contrée. Jeanne d'Arc, l'humble bergère de Domrémy, était venue rendre à Charles VII et aux chevaliers de France le courage qui donne la victoire ; elle fit lever le siège d'Orléans, défit les Anglais à Patay et conduisit le roi à Reims pour le faire sacrer (1429). Les villes se rendaient à la première sommation de cette jeune fille, suivie de vaillants capitaines et d'une artillerie perfectionnée, que les frères Bureau devaient rendre si redoutable par l'invention, en 1440, des boulets en fer.

Charles VII ayant conclu la paix avec le duc de Bourgogne, put faire, en 1437, son entrée triomphale dans Paris. Pendant que le roi de France est occupé à soumettre la révolte de la Praguerie, son fils aîné a pénétré en Guyenne ; il menace Bordeaux et Bayonne. Le roi d'Angleterre jette un cri de détresse ; il demande à cette dernière ville de lui envoyer une flotte puissante (7 mars 1443), et par suite il prescrit de réunir le plus grand nombre possible de nefs, de barges, de baleinières. Bayonne dut faire ses efforts pour satisfaire son souverain, secondée par le prévôt anglais et par Laurent de Prat, sieur du Luc, qui était alors lieutenant du gouverneur.

CHAPITRE VII

SIÈGE DE BAYONNE PAR LES FRANÇAIS EN 1451

Le château de Guiche pris par les Français. — Prise du faubourg St-Léon. — Prise du faubourg de Tarride. — Capitulation de Bayonne. — Entrée des Français.

L'émotion du roi Henri VI ne devait pas être vaine. Pendant que les Anglais luttaient pied à pied en Normandie en 1449 et perdaient chaque jour du terrain, ils étaient harcelés en Gascogne par un corps de troupe important.

Le comte de Foix, accompagné des comtes de Comminges et d'Astarac, du vicomte de Lautrec, va mettre le siège, avec un corps de 500 ou 600 lances et de 10,000 arbalétriers, devant le château de Mauléon, dont la garnison anglaise est placée sous les ordres du connétable de Navarre, Louis de Beaumont. A l'appel de son allié, le roi de Navarre accourt avec 6,000 hommes, mais une entrevue avec le comte de Foix le décide à s'en retourner, et le château se rend. Le comte de Luxe, éclairé par cet événement sur la fragilité de la domination anglaise, fait défection avec 600 hommes et prend le parti de la France.

Bayonne se voit de jour en jour serrée de plus près ; son gouverneur, Georges Soliton, sentant la nécessité de garder contre toute défection les habitants de cette ville, leur fait prêter un serment individuel de fidélité à Henri VI, roi d'Angleterre et de France, duc de Guyenne (15 décembre 1449), sur l'hostie et sur le corps de saint Léon.

Les hostilités reprennent l'année suivante (1450) ; le château de Guiche, situé à 6 lieues de Bayonne, est assiégé par le bâtard de Foix et le vicomte de Lautrec. Un corps de 4,000 hommes part de Bayonne, et remontant en bateaux l'Adour et la Bidouze, arrive au secours de cette place. Il est dirigé par le connétable de Beaumont, qui commande à Bayonne, par le maire de cette ville et par quelques autres seigneurs. Le combat est aussitôt livré et les Bayonnais, mis en déroute, perdent 1,200 hommes, tant tués que blessés. Le château se rend aux gens du comte de Foix ; ceux-ci s'en retournent dans leur pays, après avoir pris quelques autres forteresses et s'être donné rendez-vous pour l'année suivante.

La chute de Bayonne était imminente. Pendant que les Français gagnaient, en 1450, la bataille de Formigny contre les

Anglais et les expulsaient de la Normandie, Jean de Beaumont, prieur de St-Jean de Jérusalem et frère du connétable, se préparait à résister en mettant en état les fortifications de Bayonne et en levant des troupes pour renforcer la garnison. N'osant pas démolir les faubourgs de St-Léon et de Tarride, dont la présence en avant des remparts constituait une gêne pour la défense de la ville, il les environna de fossés et de palissades ; il organisa défensivement le couvent des Carmes, placé à 230 mètres du Château-Vieux, entre les allées Paulmy et la propriété *Lavignotte*, avec l'espoir que les murs épais de cet établissement fourniraient à ses défenseurs une protection efficace contre les boulets français.

Au mois de mai de l'an 1451, le comte de Dunois va soumettre la Guyenne au roi de France et réduit successivement Montguyon, Blaye, Bourg, Fronsac. Les habitants de la ville de Bordeaux qui, durant le siège de Blaye, lui avaient promis de se soumettre, s'ils n'étaient pas secourus pour la St-Jean (12 juin), et de faire rendre en même temps toutes les places de la Guyenne possédées par les Anglais, lui ouvrent leurs portes le 19 juin. En exécution de cet engagement, Dax et le pays des Lannes se soumettent au comte de Foix (8 juillet).

Bayonne seule restait anglaise, parce que Jean de Beaumont, qui en avait pris le commandement, comptait sur des secours en hommes et en vivres, promis par l'Angleterre. Le siège de cette ville fut décidé à Cherbourg, et Charles VII désigna les comtes de Foix et de Dunois pour le diriger.

Trois corps de troupes se mettent en marche pour exécuter l'ordre du roi de France. Les deux premiers, commandés par Dunois et le comte de Foix, devaient attaquer la ville, sur la face Sud, de chaque côté de la Nive ; le troisième devait renforcer les deux autres, en venant des Landes. Le 6 août 1451, les Français paraissent devant Bayonne. Le comte de Foix, menant avec lui beaucoup de nobles seigneurs de sang royal, 700 lances et 2,000 arbalétriers, vient s'établir, dès le matin, près du faubourg de St-Léon, tandis que Dunois arrive, à midi, du côté de Mousserolles et prend position entre la Nive et l'Adour avec 600 lances et un gros corps d'archers et de guisarmiers.

Prise du faubourg St-Léon. Le comte de Foix veut mettre ses troupes à l'abri dans le faubourg St-Léon et se décide à l'attaquer sans attendre les troupes de renfort et la grosse artillerie (grosses bombardes). Ce faubourg, quoique barricadé et entouré de fossés par Beaumont, gouverneur de la ville, ne put être conservé par lui. L'attaque commença par le tir de l'artillerie légère que les Français avaient pu mener avec eux ; au bout de peu de temps, les projectiles lancés par les couleuvrines, serpentines et ribeaudequins, rendirent ce faubourg intenable. Jean de Beaumont se décide à l'évacuer, mais auparavant il y fait mettre le feu, afin que l'ennemi ne puisse s'y loger. Les Français s'élancent alors dans le faubourg et poursuivent si vivement les Bayonnais qui l'évacuent, qu'il s'en fallut bien peu qu'assiégés et assiégeants entrassent ensemble dans la place ; la barbacane couvrant la porte St-Léon arrêta l'élan des soldats du comte de Foix qui n'osèrent pas la franchir. Les Français s'empressèrent d'éteindre l'incendie du faubourg et s'y installèrent ; leur général se logea dans le couvent des Augustins, qui avait été sauvé des flammes ; cet édifice se trouvait à 100 mètres environ de la barbacane St-Léon et était placé dans le quartier le plus populeux du faubourg. Cette agglomération très importante, qui s'étendait jusqu'à la fontaine St-Léon et au milieu du champ de manœuvres actuel, fournit aux assiégeants des abris suffisants.

Le 12 août, le corps de renfort, commandé par le sire d'Albret et son fils, s'avance de Tartas par les Landes et arrive au faubourg de St-Esprit ; il comprenait 200 lances, 3,000 arbalétriers et un corps d'archers. Mais le gouverneur de la ville avait eu soin, en les voyant arriver, de faire rompre le pont de bois qui réunissait Bayonne à St-Esprit, de sorte qu'Albret, manquant de communications avec les comtes de Foix et de Dunois, ne put leur envoyer du secours et se borna à bloquer la ville du côté qu'il occupait. Peut-être Beaumont se contenta-t-il de supprimer la portière (comporte) de ce pont, que l'on ouvrait pour le passage des vaisseaux, car la brèche ainsi pratiquée était suffisante pour interdire le passage sur le pont.

Le lendemain, 13 août, les assiégés, s'étant aperçus que les soldats du comte de Foix battaient la campagne pour ramasser des vivres et des fourrages, firent une sortie par le boulevard du côté de la mer (selon Monstrelet). Les troupes de Bernard de Béarn accourent alors de St-Léon, où elles étaient logées, et forcent les assiégés à regagner leurs remparts, après une escarmouche très vive. La sortie était appuyée par l'artillerie des remparts, et Bernard, en s'en retournant à son cantonnement, fut blessé à la jambe par la plommée (boulet en plomb) d'une couleuvrine. L'action avait dû se passer bien près de la ville, car ce boulet avait eu assez de force pour traverser le bouclier de ce seigneur et pour aller se loger entre les deux os de sa jambe.

Grâce à la dextérité des chirurgiens de l'armée, le projectile fut rapidement extrait et Bernard de Béarn put continuer ses exploits au bout de très peu de jours.

Il était quelques mois auparavant au service des Anglais, puisque, le 14 avril 1451, il prenait possession de la charge de sénéchal des Lannes et prêtait à Bayonne le serment accoutumé ; mais, voyant la marche victorieuse des armées de Charles VII, Bernard n'avait guère tardé à tourner casaque et il démontra, par sa blessure, que son ralliement de fraîche date ne l'empêchait pas de mettre tout son zèle au service du roi de France.

Balasque pense que le boulevard par lequel sortirent les assiégés dans cette opération de guerre était celui de Lachepaillet ; il n'y avait pas de boulevard devant cette porte qui portait alors le nom de Tarride, et nous croyons plutôt que la sortie s'effectua par le boulevard de la porte St-Léon, car celle de Lachepaillet communiquait par un escalier avec le terrain extérieur et ne permettait pas à une troupe de sortir de la ville sans être vue et de se disposer rapidement en ordre d'attaque. C'est probablement sur la barbacane qu'était placée la couleuvrine (petit canon), d'où était parti le coup qui atteignit Bernard de Béarn ; les assiégés rentrèrent par la porte St-Léon et furent poursuivis par lui jusqu'à la barbacane. Il est ainsi très naturel de penser que Bernard fut atteint au pied de cet ouvrage extérieur par le coup d'une couleuvrine placée sur sa plate-forme.

Prise du faubourg de Tarride. L'investissement se poursuivit, le 14 au matin, du même côté de l'Adour, par une attaque des gens de Bernard de Béarn contre le faubourg de Tarride ; Beaumont l'avait fortifié par des fossés et des palissades et avait jeté des défenseurs dans l'église des Carmes, comprise dans ce faubourg. C'était le réduit de cette agglomération. Mais Monstrelet nous apprend qu'il tomba entre les mains des Français, qui s'en emparèrent « moitié d'emblée, moitié d'assaut ». Cette expression nous indique que la résistance n'y fut pas très énergique.

La ville se trouvait, dès ce jour, entièrement investie : du côté de St-Esprit, par le sire d'Albret ; de la fontaine St-Léon au moulin de Tarride (Allées Marines), par le comte de Foix et Roger de Béarn ; du côté de Mousserolles, par Dunois, qui avait poussé ses approches et commencé à tirer contre les murs, sans attendre les grosses bombardes du roi, qui devaient arriver le 17 ou le 18 août. Le tir de la petite artillerie ne pouvait produire d'autre résultat que de porter l'effroi chez les assiégeants, car les petits projectiles de plomb lancés par les couleuvrines devaient rester sans effet sur les remparts de la ville.

Mais le résultat devait être tout différent quand les bombardes seraient mises en batterie. Les gros boulets de fer, mis en usage dans l'artillerie française, dès 1440, par les frères Bureau, ouvraient en quelques jours une brèche dans les remparts des villes. Les assiégés ne l'ignoraient pas, et la nouvelle de l'arrivée des bombardes allait bientôt peser d'un grand poids dans la décision du gouverneur de la ville.

A cette considération vint s'ajouter l'impossibilité de se ravitailler par terre et par mer ; par terre, à cause de l'investissement complet de la ville, et par mer, la bouche de l'Adour étant gardée par 12 pinasses armées et une grande nef, que les Biscayens avaient envoyée à la prière de Charles VII. Ce dernier vaisseau s'était même approché jusqu'à une demi-lieue de la ville et interdisait à la garnison la possibilité de s'échapper.

Le 16 août, veille du jour où les bombardes devaient arriver, les assiégés demandent à parlementer et députent l'évêque de Bayonne, Lassègue, et quelques bourgeois pour discuter de la capitulation avec les quatre commissaires choisis par Dunois : Jacques de Chabannes, grand maître d'hôtel du roi ; Thicaude de Valespergue, chevalier, bailli de Lyon ; Jean le Boursier, chevalier ; Pierre de Beauvoir, chevalier, seigneur de la Bessière. Les pourparlers durèrent quatre jours, pendant lesquels les Bayonnais s'assemblèrent pour débattre les clauses de la capitulation.

Elles furent arrêtées et acceptées des deux côtés, le 20 août ; le même jour, apparaissait dans le ciel, durant une demi-heure, un météore, qui avait la forme d'une croix blanche et qui fut considéré par les Bayonnais comme l'approbation céleste de leur soumission au roi de France.

D'après le chroniqueur Mathieu de Coussy, voici les termes de la capitulation : « Jean de Beaumont, capitaine, gouverneur, se rendra prisonnier à merci du roi ; ceux de sa compagnie, gentilshommes ou non, prisonniers à merci des comtes de Dunois et de Clermont, lieutenants du roi Charles ; les Anglais étrangers qui se trouvent en ville seront livrés, mais non déclarés prisonniers, et leurs biens resteront à la discrétion des dits lieutenants ; les canonniers et couleuvriniers, également prisonniers à volonté ; les habitants de la ville, pour avoir refusé de se mettre à l'obéissance du roi, quand la sommation leur fut faite, et à cause de la grande dépense du siège que ce refus a occasionné, devront payer une contribution de quarante mille écus d'or en deux termes ».

Aussitôt la capitulation acceptée, le sieur de la Bessière entra

Capitulation de Bayonne.

pour prendre possession du château et de la ville. Il était accompagné des hérauts du roi de France qui, étant montés au sommet du donjon du Château-Vieux, abattirent les bannières anglaises et leur substituèrent celles de France, en criant : « Montjoie ».

Le samedi, 21 août, entrèrent les gens du roi en la ville de Bayonne. Le chroniqueur Duclerc nous décrit cette cérémonie qui se fit avec la plus grande pompe. Les troupes passèrent aux portes de St-Léon et de Mousserolles ; celles de St-Esprit ne purent venir en ville. Mais laissons narrer le chroniqueur :

Entrée des Français.

« Et premièrement (porte St-Léon), entra le comte de Foix, « avec lui le maître d'hôtel du roi (Chabannes), le seigneur de « Lautrec, frère du dit comte, le seigneur de Navailles, le sei- « gneur de la Bessière et plusieurs autres. Et avaient avec eux « mille archers que gouvernait Lespinasse. Après vinrent deux « hérauts du roi et autres portant leurs cottes d'armes. Et après, « messire Bertrand d'Espagne, sénéchal de Foix, armé tout en « blanc, qui portait la bannière du roi, monté sur un cheval « moult richement habillé ; et avait son cheval un chanfrein « garni d'or et de pierres précieuses, prisé à quinze mille écus « et grand nombre de gens avec lui ; et, sans intervalle, venaient « six cents lances à pied.

« Et de l'autre part (porte Mousserolles), entra le comte de « Dunois, qui avait devant lui douze cents archers et deux des « hérauts du roi et autres portant diverses armes. Après venait « messire Jennet de Saveuses, monté sur un coursier, et portant « l'une des bannières du roi. Et à cette entrée, le comte de « Dunois arma chevaliers le dit Jennet, le seigneur de Mont- « guyon, Jean de Montmorency et le seigneur de la Boussey (1). « Après la dite bannière entra le comte de Dunois, armé en « blanc, et son cheval couvert de velours cramoisié ; après le « seigneur de Loheac, maréchal de France, le seigneur d'Orval, « plusieurs autres grands seigneurs ; et derrière eux six cents « lances.

« Ainsi allèrent jusqu'à la grande porte de l'église, où était « l'évêque revêtu en pontifical, chanoines et autres gens d'Église « revêtus de leurs chappes, qui les attendaient avec les reliques. « Là, descendirent les seigneurs, allèrent faire leurs dévotions « dans l'église, puis se retirèrent dans leurs logis. Le comte de « Foix envoya la couverture de son cheval, qui était de drap

(1) Duclerc nous apprend que Dunois et le comte de Foix firent à Bayonne quinze chevaliers à l'occasion de la prise de la ville.

« d'or et prisée quatre cents écus d'or, devant Notre-Dame de
« Bayonne, pour faire des chappes.

« Le lendemain, les seigneurs allèrent entendre la messe à
« l'église et, après la messe, prirent les serments de ceux de la
« ville, en la présence du sieur d'Albret, venu le samedi
« d'avant ».

Dans cette entrée, on ne faisait pas figurer les couleuvrines,
qui avaient été d'un grand appui dans la prise des faubourgs.
Les grandes bombardes, arrêtées par de mauvais chemins,
n'arrivèrent que le 26 août.

Bien moins dithyrambique est la relation de ce siège dans le
Livre des Etablissements, et d'une brièveté telle, que son rédacteur devait regretter la domination anglaise. La voici, en trois
lignes :

« L'an 1451, le 6 août, mirent le siège à Baione, le comte de
« Foix, monseigneur de Dunois et monseigneur de Labrit
« (d'Albret) ; et ils prirent la dite cité, le 25 du même mois ».

Pas plus que ses concitoyens bayonnais, il n'avait guère lieu
de se réjouir d'un événement qui l'obligeait à de gros sacrifices
pour payer sa part dans la contribution de guerre.

Mais le roi Charles VII se montra bon prince, lorsqu'il reçut à
Taillebourg une députation des citoyens de Bayonne qui était
venue lui demander une réduction de moitié sur cette contribution, et il consentit à les décharger du second terme stipulé
dans la capitulation. Cette générosité lui fut dictée par le désir
de se concilier de nouveaux sujets et par la réalisation bientôt
complète du vœu si énergiquement formulé par Jeanne la
Pucelle « de voir les Anglais boutés hors de France ». En effet,
dès 1453, ils étaient battus à Castillon par le fameux Talbot, qui
perdit la vie dans cette bataille, et expulsés de France, où ils ne
possédèrent plus que la ville de Calais.

Le siège de Bayonne, commencé le 6 août et terminé le 20 du
même mois, n'avait duré que 14 jours ; il n'a donc pas eu une
grande importance comme action de guerre ; mais il est mémorable, parce qu'il marqua la fin de la domination anglaise dans
le Midi de la France.

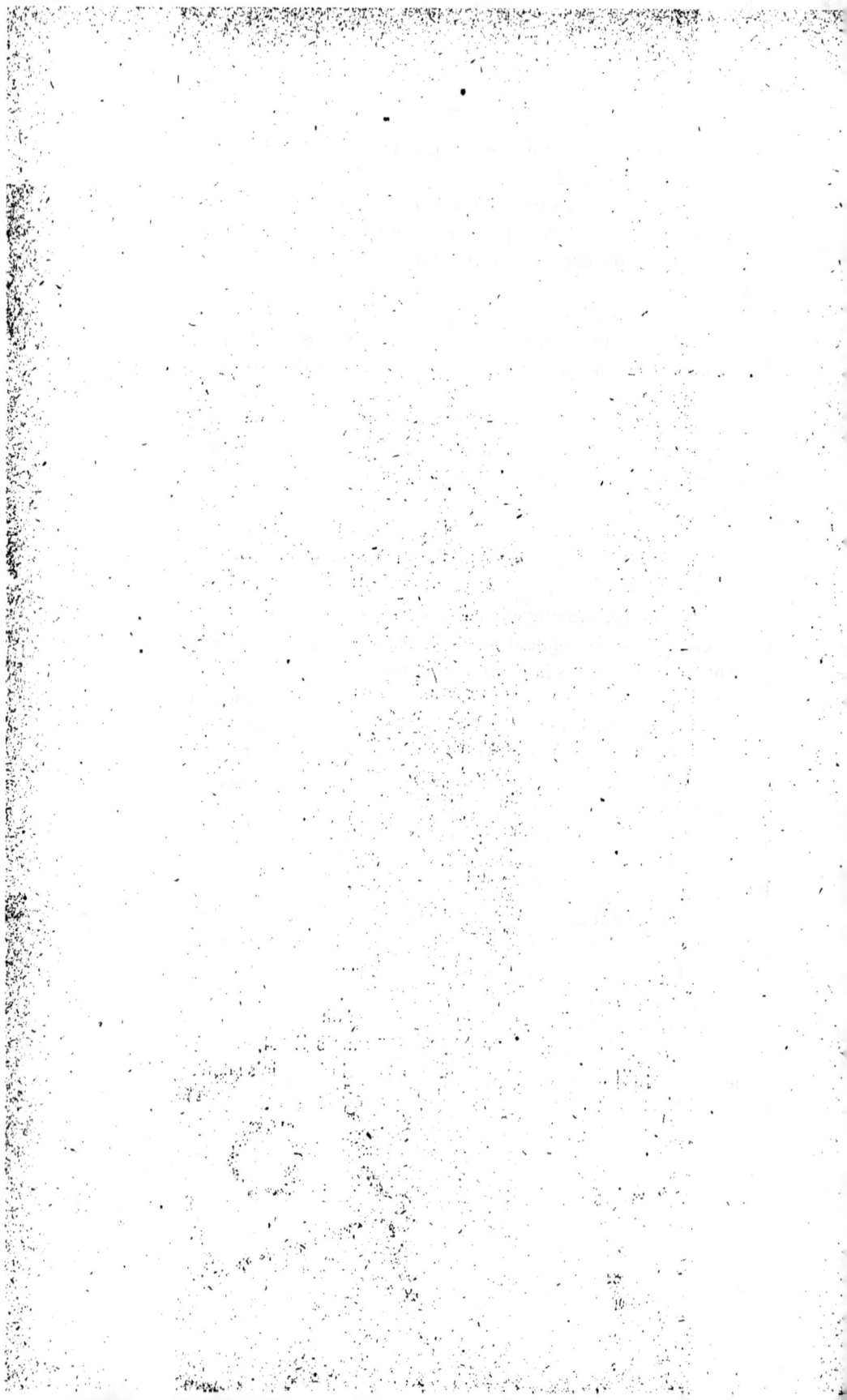

Bayonne en 1450

Echelle $(\frac{1}{9000})$

Faubourg
St Esprit

Adour fleuve

Grand Pont St Esprit

Tour du Nord

Porte St Esprit

Château

St André

Porte de Mosserrollas

Tour de Mosserrollas

Portail de Mocoron

Engin de Mocoron

Tour de Sault

Tour neuve

Tour des Menous

Tour St Jacques

Barbacane St Léon

Hôpital St Nicolas

Fontaine St Léon

Porte et Tourote de Tairide
Echelle $(\frac{1}{1000})$

Château (Vieux) et Donjon de Floripès
Echelle $(\frac{1}{1250})$

Nord

Tour Nord

Porte du dehors

Porte de la ville

Nord

6

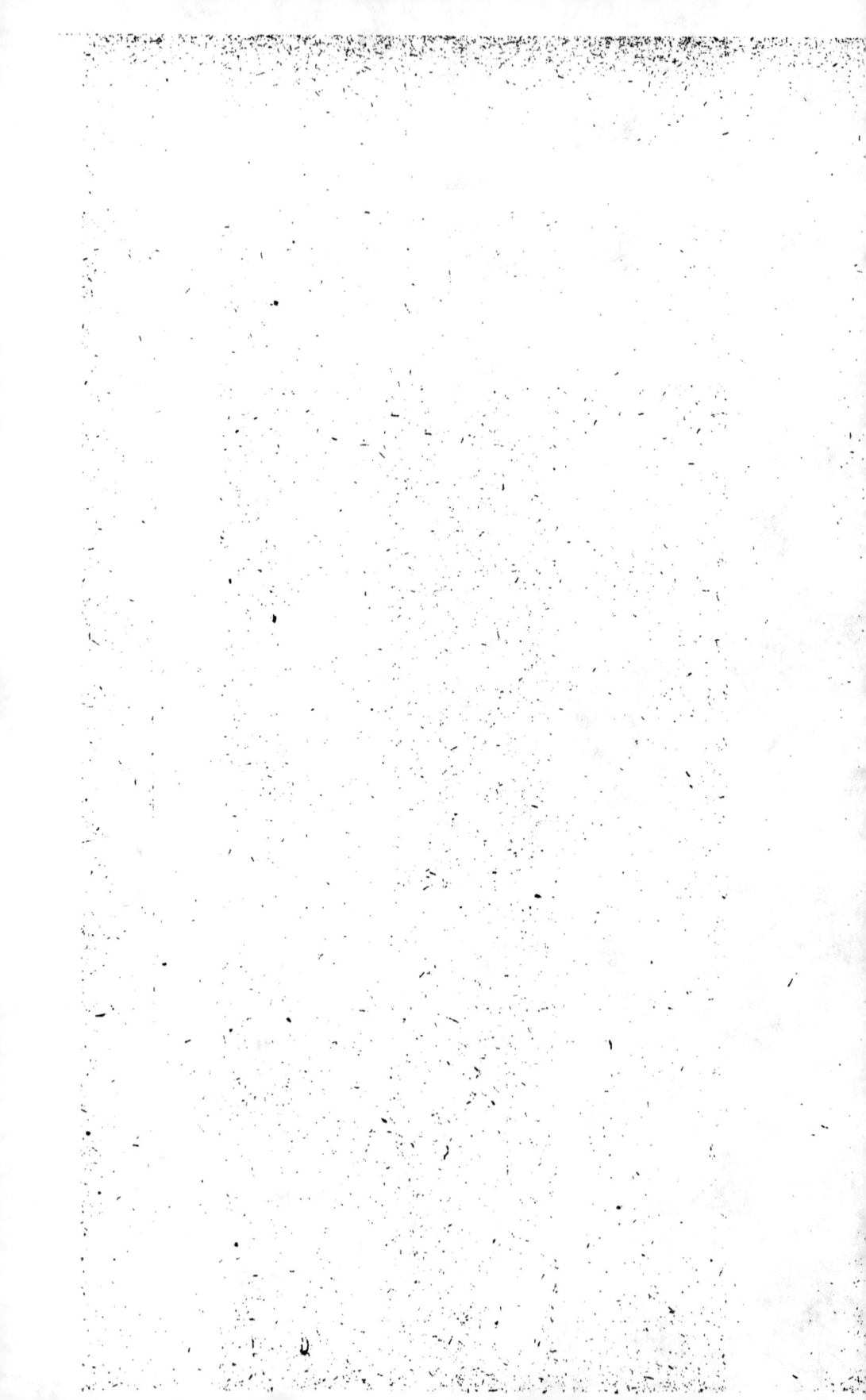

CHAPITRE VIII

SITUATION DE BAYONNE A LA FIN
DE LA DOMINATION ANGLAISE

Faubourgs de St-Léon et de Tarride. — Rempart des Graouillats. — Le Port-Neuf
englobé dans la ville. — Porte ou torrate de Tarride. — Porte et barbacane St-Léon. —
Portes de Mousserolles et de Mocoron. — Engin ou tour de Mousserolles. — Engin de
Mocoron. — Tour St-Jacques. — Porte St-Esprit. — Libéralités des rois anglais pour
les fortifications. — Arsenal du torrate.

Depuis le moment où les vicomtes de Labourd, dépossédés de
leur charge pour avoir tenté de se rendre indépendants des rois
d'Angleterre, avaient été remplacés à Bayonne par un prévôt
dépendant du sénéchal de Guyenne, la ville de Bayonne ne cessa
de progresser et de s'étendre.

L'espace manquant à l'intérieur de l'enceinte créée par l'évêque Faubourgs St-
Léon et Tarride.
Raymond de Martres, il fallut englober dans celle-ci de nou-
veaux emplacements en modifiant son tracé primitif et créer
des faubourgs. Ceux de St-Léon et de Tarride ne tardèrent pas
à se constituer et à se peupler ; lorsque le chroniqueur Froissart
vint à Bayonne, il les jugea aussi importants que la ville elle-
même (1). Le faubourg de St-Léon appelait particulièrement
l'attention par l'église de St Léon, le couvent des Augustins,
l'hôpital St-Nicolas, cité en 1383, et la léproserie des Agots ou
hôpital de Ste-Quiterie. Il était entouré de fossés et de palissades, qui existaient encore en 1510, puisque le trésorier Louis
de Poncher, ayant fait procéder à l'inspection des fortifications
de la ville, reconnut l'utilité de remplir les grands fossés nommés baraulx (barads), qui entouraient le faubourg, afin qu'ils
ne puissent servir de logis à l'ennemi.

La partie de l'enceinte longeant la rue Gardin, depuis les Rempart des
Graouillats.
murs romains jusqu'à la Nive, fut déplacée parallèlement à
elle-même et reportée au delà du Port-Neuf, à l'emplacement de
la rue des Graouillats, qui s'arrêtait à la Nive. Cette rue était un
port en forme de petit canal, que le Livre d'or cite en 1266. La
reconstruction, en 1523, du couvent des Carmes dans l'intérieur
de la ville, a absorbé sa partie médiane et n'a laissé subsister
que ses deux extrémités. Le rempart qui longeait ce canal n'a

(1) En comprenant probablement le Bourgneuf parmi les faubourgs.

pas laissé de vestiges ; il aurait été construit, d'après M. Ducéré, vers le milieu du xive siècle.

Deux portes furent vraisemblablement ouvertes dans ce mur ; l'une, précédée d'un pont et placée au droit de la rue Orbe (Gambetta), est citée par Louis de Poncher, près du Château-Vieux ; la seconde s'ouvrait à la traversée de la rue de la Goasque (Lormand), mentionnée dès 1372.

Le Port-Neuf englobé dans la ville.

Nous ne croyons pas que ce mur ait été terminé alors, du côté de la Nive, par une tour, car Louis de Poncher indique, en 1510, qu'il est nécessaire d'y construire un moineau pour loger le cabestan servant à manœuvrer la chaîne de barrage de la rivière. Le quartier du Port-Neuf fut ainsi englobé dans la ville, mais la poussée vers l'extérieur continuant encore à se produire, nous verrons plus tard le port du Verger se garnir à son tour de maisons sur ses deux bords et nécessiter un nouveau déplacement de l'enceinte. Le Port-Neuf était barré par une chaîne à son débouché sur la Nive ; son extrémité opposée se terminait par une cale à gradins, masquée par la terre qui a servi à combler ce canal et retrouvée de nos jours en construisant des égouts ; ses maisons furent fondées sur pilotis coiffés de grandes pièces de bois et accompagnées de quais couverts, bordant le canal, qui sont devenus les arceaux actuels de la rue du Port-Neuf.

Le reste de l'enceinte de la ville haute ne subit pas de profondes modifications. Le Château-Vieux fut conservé tel que l'avait érigé le vicomte de Sault ; toutefois, pour garantir contre les surprises la porte extérieure ouvrant vers le Nord, on plaça en avant d'elle un petit redan constitué par deux murs se rencontrant suivant un angle aigu. Les tours romaines de la partie de l'enceinte Sud furent entretenues et exhaussées ; peut-être même, vers la fin de l'occupation anglaise, commença-t-on à ouvrir des créneaux dans leur partie supérieure. Les tours des remparts romains englobés dans la ville nouvelle, ne servant plus à la défense, devinrent disponibles ; nous avons déjà vu que Jean de Viele avait reçu en don, d'Edouard Ier, en 1288, la tour romaine, située à l'entrée Ouest de la rue Argenterie, et ses dépendances. La ville laissa ces diverses tours entre les mains des habitants qui s'y étaient établis ou les donna en location perpétuelle, comme la tour et la petite maison attenante qui bouchaient l'entrée de la rue Salie du côté de la rue Poissonnerie (1433). Mais, quoique s'étant dessaisie de ces tours, elle était loin de s'en désintéresser et savait exiger de leurs détenteurs qu'ils en assurent l'entretien. Le sieur Pélegrin du Vilar, ancien fonctionnaire de la ville, avait commis un dégât à l'un de ces ouvrages en y apportant certains changements ; il fut condamné à payer le dommage (12 septembre 1392), de moitié avec l'ouvrier qu'il avait employé.

Afin d'éviter les contestations qui s'élevaient entre la ville et certains habitants, au sujet de la possession de ces immeubles, le maire fait rédiger (14 février 1414) un établissement sur la location des tours appartenant à la ville ; il prescrit qu'elles seront remises de fait entre les mains du maire si leurs détenteurs ne veulent déclarer les tenir de la ville et contient une semblable disposition à l'égard de ceux qui ne les entretiennent pas et les laissent dépérir. Des mesures tutélaires furent prises dans un but semblable de conservation à l'égard des maisons délaissées qui tombaient en ruine.

Les circonstances qui motivèrent l'intervention du corps de ville correspondent à deux temps d'arrêt dans la prospérité de la ville. La peste noire, qui dépeupla la ville en 1347, avait occasionné l'abandon d'un certain nombre de maisons et, pour assurer leur entretien et leur utilisation, on ordonna qu'elles fussent vendues (1365). Une autre cause de dépérissement fut la grande inondation de l'Adour, survenue en 1410, qui obstrua l'embouchure de ce fleuve et fit rejeter ses eaux vers Cap-Breton et le Vieux-Boucau. Le commerce de Bayonne en éprouva une grosse perte, car des vaisseaux jaugeant au plus 50 tonneaux purent seuls arriver dans ses ports, tandis qu'il en venait de 800 tonneaux avant l'accident. Aussi, pour empêcher le dépeuplement de la ville, le maire décida, le 11 août 1420, que tout propriétaire de maison en ruine devrait la relever, sinon le syndic sera chargé de la vendre.

L'enceinte du côté Sud, que sa position dominante mettait à l'abri du danger, n'avait pas été modifiée. Mais des améliorations importantes furent apportées à deux de ses portes, celles de Tarride et de St-Léon ; la troisième porte, de St-Laze ou de St-Simon, déjà protégée par la tour de Sault placée en avant d'elle, fut conservée sans modifications.

La porte romaine de l'Abesque (évèque), s'appelait porte de Tarride au moment du siège de 1451, car elle conduisait au faubourg de ce nom, bâti sur les allées Paulmy, entre le Château-Vieux et l'Adour ; Louis de Poncher, en 1510, l'appelle déjà porte de Lachepaillet. Elle était constituée par une simple baie de 2m60 de large et par un porche de 3m25, percés dans le mur romain ; à droite et à gauche étaient deux demi-tours, laissant entr'elles une courtine longue de 21 mètres, au milieu de laquelle la porte était placée. Le terrain, descendant en pente

Porte ou torrate de Tarride.

raide vers Tarride, offrait quelque difficulté à l'ascension de la porte; on jugea cependant nécessaire d'accroître l'obstacle en construisant en avant de l'entrée un grand tambour carré dont les murs atteignaient une épaisseur de 3m50; les fondations de cette construction se retrouvent dans le sol et sont indiquées sur quelques anciens plans. Une porte, dont la place ne nous a pas été révélée, devait faire communiquer ce tambour avec les dehors. L'épaisseur des murs de cet ouvrage nous montre qu'il était de construction assez ancienne; nous aurions même été disposés à admettre qu'il constituait la base d'une grosse tour, si ses dimensions intérieures (16m et 14m) ne nous eussent fait hésiter. En effet, l'adoption de cette hypothèse aurait entraîné l'existence à l'intérieur de la tour de planchers ou voûtes soutenus par des supports intermédiaires dont les traces ne se manifestent pas.

A une époque postérieure, durant le xiiie siècle, la face de ce tambour, opposée à la courtine romaine, fut abattue et remplacée par un portail en pierre de grès jaunâtre, reproduisant en miniature la porte romaine de St-Léon. Son porche ogival, large de 3m20, était compris entre deux tours barlongues qui avaient 8m de longueur, 5m et 4m50 de largeur; l'ensemble des deux tours et du porche formaient un massif plein, haut et large de 14m et épais de 6m. On accédait de plain pied à la plate-forme qui le terminait en parcourant le chemin de ronde de l'enceinte romaine, prolongé au-dessus des gros murs du tambour; nous pensons même qu'on pouvait utiliser cette plate-forme pour y placer des canons lorsque l'usage de ces engins vint à se répandre.

Le massif de cette nouvelle entrée ne comprenait que les évidements nécessaires au service de la porte; d'abord, au rez-de-chaussée, le porche ogival sur une hauteur de 3m50; une loge pour le gardien dans la tour Nord, de 1m50 sur 2m30, communiquant avec le porche et le tambour par deux couloirs, l'un droit et l'autre contre-coudé, et un créneau long de 3m50 dirigé de la loge vers les dehors; à l'étage, un évidement au-dessus de la porte pour manœuvrer la herse.

Nous savons, par l'état des stations du crieur public, relevé au *Livre des Etablissements* (29 novembre 1334), que la descente de cette porte vers Tarride se faisait par un escalier, car l'une des stations était au bout de la rue de Tarride, vers la ville, à l'escalier de Tarride.

L'ensemble des quatre tours de la double porte et des murs qui les réunissaient constituait une espèce de châtelet qui devait

apparaître au loin comme une masse imposante. On l'a appelé
le torrate neuf de Tarride (1307), ou simplement le torrate de
Tarride (1336). Il est cité, à la première date, dans une ordonnance municipale défendant aux barques (baschets) d'aborder
depuis ce torrate jusqu'au moulin de Podelis (ou de Tarride),
sur l'Adour ; il ne faut pas s'étonner de voir les barques arriver
alors jusqu'aux abords de la porte de Tarride, car le port de ce
nom se prolongeait sur l'emplacement des fossés du rempart
actuel par de petits canaux jusqu'à un petit lac (lague) ou
flaque d'eau, cité dans le registre gascon des délibérations du
corps de ville (1), en 1481, près de la porte Lachepaillet, hors la
ville. Le *Livre des Etablissements* nous apprend que ce torrate
servait d'arsenal de la ville en 1336 ; nous dirons plus loin les
armes qu'il contenait. Mais si le tambour ne formait pas la base
d'une tour à étage, il ne pouvait se trouver de magasin dans ce
châtelet que dans les deux tours romaines et dans la pièce de
l'étage élevé au-dessus de la courtine et occupant l'intervalle de
21ᵐ de long qui séparait les tours. Un escalier à vis fut même
construit, au moyen âge, contre la tour romaine Sud, à l'intérieur du tambour, pour accéder à cet étage. Aussi sommes-nous
tentés de croire que ce local servit longtemps de lieu de réunion
pour le Corps de ville, après que l'arsenal eût été transporté
ailleurs ; nous apprenons, en effet, par les registres municipaux
que la maison qui s'appelait en 1288 maison le *Vesiau* (2) était
située, durant la période comprise entre les années 1414 et 1453,
au bout de la rue de l'Abesque (aujourd'hui de l'Ouest), entre
deux murs. Or, cette rue aboutissait à la porte de Tarride, et le
local qui servit d'arsenal était compris entre le mur romain et
les murs du tambour ; il faut penser dans ce cas que l'ancien
torrate, en cessant de servir d'arsenal, avait perdu son nom
pour prendre celui de maison le *Vesiau*, c'est-à-dire maison
de ville.

Les murs latéraux du tambour furent percés de créneaux et
garnis de banquettes pour défenseurs. Enfin, lorsque, sous
François Iᵉʳ, on fit un deuxième rempart extérieur et que l'on
suréleva le sol entre les deux enceintes, des accès furent ména-
gés à la nouvelle plate-forme par la porte Lachepaillet (Tarride)
et les deux murs latéraux du tambour furent entamés pour le
passage des rampes. Ces dernières existent encore, ainsi que le

(1) Tome I, page 29.
(2) Maison des voisins, parce que les voisins de la ville faisaient partie de la communauté.

massif de la porte extérieure masqué dans une traverse du bastion voisin.

Porte et barba-
cane St-Léon.

La porte St-Léon fut munie d'un ouvrage protecteur vers la fin du xive siècle. La première mention en est faite, en 1397, dans la relation d'une dispute entre l'évêque et le maire Jean de Lobart, élu par le parti opposé ; ce magistrat profita du moment où l'évêque passait le portail St-Léon, autrement dit la *barbacane*, en se rendant à sa maison de campagne d'Arbonne, pour le faire arrêter par ses sergents et le bannir de la ville.

On a appelé barbacanes des ouvrages en terre, puis en maçonnerie, ronds ou demi-ronds, qui furent établis en avant des portes pour les protéger au moment où l'artillerie commençait à les canonner ; ils servaient en même temps d'abri à une troupe qui, du haut de leur parapet, appuyait les sorties des assiégés et protégeait leur retraite ; ces ouvrages pouvaient recevoir du canon.

Nous avons vu que, durant le siège, la barbacane St-Léon avait justifié sa création, car la porte de St-Léon ne put être enfoncée et la couleuvrine, dont le boulet blessa Bernard de Béarn, était placée dans cet ouvrage. Ce dernier contenait, en outre, des troupes qui rendirent aux assiégés un service signalé en protégeant leur rentrée au moment où ils évacuèrent le faubourg St-Léon après avoir exécuté leur sortie du 13 août, si vivement repoussée par Bernard.

Nous pensons que la barbacane occupait l'emplacement actuel du boulevard St-Léon (aujourd'hui bastion), car celui-ci a gardé longtemps la forme demi-circulaire. Le diamètre de la barbacane avait 52 mètres ; la pointe de sa courbure convexe était à 60 mètres de la porte St-Léon ; aucun indice ne nous permet d'affirmer si cet ouvrage était, à l'origine, en terre ou en maçonnerie.

L'enceinte du Bourgneuf ne paraît pas avoir reçu de modifications ; elle suivait encore le rivage de l'Adour, la rue des Lisses, la rue des Cordeliers et la Nive jusqu'à la tour des Menons ; elle avait conservé les trois anciennes portes de St-Esprit, de Mousserolles et de Mocoron ; cette dernière, placée au bout de la rue Pannecau, en face des quartiers extérieurs de Mocoron haut et bas, est citée, en 1344, dans une concession d'Edouard III en faveur de Pierre-Arnaud de Sault.

Portes
de Mousserolles
et de Mocoron.

Nous n'avons aucune donnée sur l'aspect et les défenses des anciennes portes de Mosseirolles et de Mocoron, et nous pensons qu'il ne s'y est produit aucun changement depuis leur construction, par le motif que l'enceinte établie par Raymond de Martres autour du Bourgneuf ne permettant pas l'expansion de ce faubourg, dut être abandonnée, et sa ligne de défense reportée sur la hauteur de Mocoron. Nous voyons, en effet, que la chapelle St-André, située en dehors de l'enceinte primitive et séparée des Jacobins (Frères Prêcheurs), par une rue conduisant au chantier des navires de l'Adour, a été incorporée à ce couvent en 1317 ; l'ancienne clôture placée entr'eux avait dès lors virtuellement disparu. On ne peut prétendre qu'elle fut déplacée d'une quantité suffisante pour englober la chapelle, car rien ne le prouve ; la liste des stations du crieur public, en 1334, indique les trois stations successives : le bout du Bourgneuf (contre l'antique enceinte), le carrefour près St-André et celui de la grand'rue de Mousserolles (dans le faubourg) ; elle ne contient aucune mention de l'emplacement de la nouvelle porte de Mousserolles et semble indiquer, par son silence à cet égard, que celle-ci n'était pas encore construite.

L'enceinte primitive du Bourgneuf avait été accompagnée ou plutôt précédée d'engins, venant augmenter ses moyens de défense. Le mot engin a été employé généralement au moyen âge pour désigner des machines servant à la défense ou à l'attaque des places fortes et aux diverses manœuvres du temps de paix. C'est dans ce dernier sens qu'il a été appliqué à Bayonne pour désigner les treuils ou cabestans servant à manœuvrer les chaînes de barrage de la Nive. Ces treuils furent placés, à l'origine, sur la rive, à hauteur des tours de St-Esprit et de Sault. Mais le mot engin a aussi été usité pour indiquer les ouvrages de fortification sur lesquels étaient disposées à demeure certaines grosses machines de défense.

Le *Livre des Etablissements* mentionne, le 29 juillet 1307, la défense d'aborder depuis l'engin de Mosseirolles jusqu'au pont Traversant ; il cite, en 1336, trois arbalètes de grande dimension (coruelhats), armés de crins et de toutes choses, qui sont placés, l'un à l'engin de Mocoron, le second à l'engin de Mosseirolles et le troisième à l'engin de St-Laze. Ce dernier n'est autre que la tour du Sault, en avant de la porte de St-Laze (appelée plus tard de St-Simon).

L'engin de Mosseirolles était placé assez près du rivage de l'Adour ; nous pensons qu'il se trouvait à l'emplacement du boulevard de la porte Mousserolles et qu'il fut successivement construit en terre et en maçonnerie ; il porte le nom de tour de Mosseirolles dans un arrêté concernant la voirie, en 1377. Louis de Poncher signale cette tour, en 1510, en disant qu'elle est placée au coin de la muraille de la ville, près du Château-Neuf,

Engin ou tour de Mousserolles.

et à l'extrémité de la muraille des Jacobins, opposée au portail St-Esprit.

Engin de Mocoron. L'engin de Mocoron devait être placé sur la hauteur de ce nom, au milieu des habitations assez clairsemées du quartier de Mocoron, car au pied de cette éminence son action aurait été nulle. Il devait occuper le point culminant du monticule qui servit plus tard d'assiette au Château-Neuf, ou bien la motte située derrière le couvent des Sœurs de Ste-Claire, emplacement utilisé pour la construction du bastion St-Jacques et occupé, au moment de l'inspection de Louis de Poncher, par une tour carrée. C'est une tour de même forme qui occupe le point culminant du Château-Neuf, et il ne serait pas étonnant qu'elle ait été construite, durant l'occupation anglaise, sur le modèle des tours de Sault et des Menons ; elle aurait été ensuite incorporée au Château-Neuf quand le roi Charles VII ordonna la construction de cette forteresse.

Tour St-Jacques La tour St-Jacques, citée pour la première fois en 1510, fut peut-être édifiée à la fin de la période anglaise ; elle aurait constitué, avec les tours de Mousserolles, de Mocoron et des Menons, une ligne d'ouvrages couronnant les hauteurs et gardant les bords des deux rivières, en avant de l'enceinte du Bourgneuf ; et, dans ce cas, cette ligne de tours aurait été complétée, soit par des parapets en terre, précédés de fossés, ou même par des murs dans les parties basses et les endroits facilement accessibles. Cette nouvelle ligne de défense aurait fait abandonner l'ancienne enceinte, dont une partie était déjà masquée par le couvent des Cordeliers et en avant de laquelle la chapelle St-André et quelques autres constructions auraient pu dès lors être édifiées.

La courtine placée le long de l'Adour, dont les eaux baignaient le pied, devait être faiblement établie ; elle était percée d'une petite porte à l'usage du couvent des Jacobins ; elle se terminait à la porte de St-Esprit.

Porte de St-Esprit. Cette dernière a été érigée sous la domination anglaise, d'après le modèle de la porte romaine de St-Léon. Sa construction dut être entreprise après l'achèvement du pont sur l'Adour, dans l'axe duquel elle est placée. Elle comprend deux tours barlongues, larges de 7 mètres, longues de 10 mètres, hautes de 14 mètres au moins ; l'épaisseur de leurs murs est de 2 mètres. Entre les tours se trouvait le porche, recouvert d'une voûte. Lorsque cette porte fut visitée, en 1510, on la trouva en si mauvais état, que sa reconstruction presque totale fut décidée et réalisée en 1517 ; cette porte n'était pas accompagnée d'un pont-levis. Elle était séparée de la tête du pont Mayou par une place bourgeoise, appelée aussi carrefour, qui se prolongeait jusqu'à la tour St-Esprit ; c'est là que se faisaient le rassemblement et les exercices de la milice. Le pont Mayou était barré, dès 1298, par une chaîne, du côté de la ville : il en était de même à l'entrée du Port-Neuf et très probablement des autres ports de la cité.

Le Corps de ville avait à pourvoir à l'entretien de l'enceinte de Bayonne et à la réparation des ponts qui assuraient les communications entre les quartiers. Après le pont sur l'Adour, qui nécessitait des frais considérables et à l'entretien duquel participaient les gens de Seignanx, on remarquait les ponts Mayou et Bertaco, jetés sur la Nive, et le pont Traversant, qui permettait de passer le Port-de-Castets en suivant le quai de la Nive. Les canaux formant ports étaient une gêne pour les communications, et nous pensons que des ponts mobiles durent être placés au-dessus d'eux jusqu'au moment où ils furent comblés.

Llibéralités des rois anglais pour l'entretien des fortifications

Pour l'exécution de ces divers travaux, on employait les ressources concédées à perpétuité par les rois d'Angleterre à la ville ; mais, dans les cas graves, le Conseil de ville faisait appel à la générosité du monarque anglais qui se laissait fléchir d'autant plus facilement que son intérêt commandait le bon entretien des ponts et de la fortification de sa bonne ville de Bayonne.

Henri III accueillit favorablement une demande de secours présentée par les Bayonnais, en 1224, et il concéda, pour quatre ans, à la ville, le revenu des terres de Gosse, situées sur la rive droite de l'Adour, pour être appliqué aux fortifications. Nouvelle libéralité de ce même roi en 1242, mais avec de l'argent français ; en récompense de l'aide que les Bayonnais lui ont donnée dans la bataille de Taillebourg, il les autorise à faire des prises sur les Français et à appliquer aux fortifications de la ville les premiers mille marcs produits par ces prises.

Le maire Jean de Viele insista, en 1283, auprès d'Edouard Ier pour que le droit de cize fût accordé à la ville afin d'accroître les ressources communales et parer à la réparation des ponts, constamment enlevés par des crues.

Lorsque Pascal de Viele, fils de l'ancien maire, eut replacé dans la main d'Edouard Ier, en 1295, grâce à l'appui des Faures, la ville de Bayonne un instant retenue par le roi de France, le roi Edouard écrivit à Viele pour le nommer de nouveau maire et gouverneur du château et lui envoyer un secours de 500 livres sterling ; il voulut que cette somme, ainsi que les revenus de la prévôté, de la mairie et de la châtellenie de Bayonne demeurassent affectés, pendant cinq ans, à l'œuvre des fortifications. Il lui recommanda de se conformer au plan des travaux qu'il lui envoyait et de les pousser avec vigueur, afin que la ville fût promptement mise en état de défense contre ses ennemis et ceux de l'Angleterre.

En 1351, Edouard III profita d'une trêve avec la France pour faire exécuter des travaux aux murs d'enceinte de Bayonne, et il abandonna pour les payer l'émolument de la monnaie pendant dix ans à la ville. Ces travaux avaient une grande importance à cause de la prochaine reprise des hostilités en Guyenne par le Prince Noir.

Pendant la trêve conclue en 1377, Edouard III accorde de nouveau à la ville, pendant cinq ans, une coutume de quatre deniers par livre sur toutes les entrées et sorties de marchandises étrangères, et il ordonne d'en appliquer le produit à l'entretien des fortifications. Baïlac attribue à ce monarque la construction de la barbacane St-Léon et l'amélioration des tours de l'enceinte.

Sous le gouvernement du duc de Lancastre, à qui la Guyenne refuse d'obéir, le roi Richard II accorde (1394), pour les mêmes travaux, quatre deniers par livre pendant deux ans sur les marchandises étrangères.

Enfin, une dernière concession très importante est faite à Bayonne par le duc de Bedfort, régent, au nom du roi Henri IV, en 1431 ; la ville pourra élever dans l'enceinte du château des bâtiments où elle fera la frappe des monnaies, et elle appliquera à la fortification et à la défense de la place le bénéfice qu'elle en retirera.

Cette énumération des fonds accordés à Bayonne pour l'entretien de ses remparts est certainement incomplète ; mais elle montre tout l'intérêt que les rois anglais attachaient à leur conservation et à leur amélioration.

Nous avons vu, d'autre part, quels sont les principaux ouvrages construits à l'aide de ces fonds ; aussi n'y reviendrons-nous pas, et nous terminerons ce chapitre par l'indication des armes dont disposait la ville.

Arsenal du torrate.

L'arsenal du torrate de Tarride contenait, en 1336, des armes de jet pour la défense des remparts. L'inventaire comprend : 24 arbalètes à tour, 22 arbalètes de deux pieds, 20 cornelhats (arbalètes de grande dimension), 15 tours d'arbalète, 4,000 carreaux (projectiles) d'arbalètes à tour, 11,000 carreaux d'arbalètes de deux pieds, 2,000 carreaux de cornelhats, 80 écheveaux

de crin préparés pour garnir les cornelhats et 85 paires de
meules à bras.

Deux ans après, on voit apparaître des canons en Gascogne,
au siège de Puy-Guillaume. Bayonne s'empressa d'adopter cette
arme puissante et, lorsque cette ville, menacée en 1373 par le
roi de Castille, prit des dispositions de défense et répartit ses
armes entre les capitaines choisis parmi les bourgeois notables
chargés chacun de la défense de l'un des vingt quartiers, elle
leur délivra simultanément des canons et des machines de jet,
savoir : 8 canons (zirts) approvisionnés chacun à 16 boulets de
plomb (plomies) et deux sacs de poudre, 26 arcs de tour pourvus
chacun de 100 carreaux. Les brides, grosses machines de jet,
que l'on détendait avec des barres de fer et les meules à bras
déposées dans la tour (donjon) du château restèrent en réserve.

CHAPITRE IX

CONSOLIDATION DE LA DOMINATION FRANÇAISE
RÈGNES DE CHARLES VII,
DE LOUIS XI ET DE CHARLES VIII (1451-1498)

Charles VII fait bon accueil aux députés de Bayonne. — Mathieu de Fortune commence le Château-Neuf. — Louis XI à Bayonne. — Il fonde la collégiale de St-Esprit. — Guyenne en apanage au duc de Berry. — Elle est reprise par le roi. — Démonstration en Biscaye par une armée réunie à Bayonne. — Charles VIII (1483). — Menaud Daguerre inspecte les fortifications. — La ville prête son artillerie au Béarn contre le vicomte de Narbonne. — Roger de Gramont gouverneur. — Alerte causée par les Espagnols et les Anglais. — Règlement du maréchal de Gié entre marchands et ouvriers. — Achèvement des deux tours rondes du Château-Neuf.

Charles VII fait bon accueil aux députés de Bayonne. Lorsque les députés de la ville de Bayonne allèrent trouver Charles VII à Taillebourg pour confirmer leurs serments d'hommage et de fidélité, le roi consentit à réduire de moitié la contribution de guerre due par les Bayonnais et à les maintenir dans la jouissance des privilèges, franchises et immunités que leur avaient concédés les rois anglais. Cependant, il voulut que le maire fût uniquement choisi et nommé par lui, que le nombre des membres composant le Corps de ville fût réduit de 100 à 24, y compris dix échevins et dix jurats.

Si le roi Charles VII s'était réservé le droit de nommer le maire en supprimant la liste de propositions que le Corps de ville était dans l'usage de présenter au monarque, et en portant ainsi une atteinte sensible aux droits séculaires de la ville, il avait été conduit à l'adoption de cette mesure par la nécessité de placer la fonction entre les mains d'une personne dont la fidélité ne puisse être mise hors de doute et de s'assurer ainsi la conservation de la ville. Cette condition avait déjà reçu satisfaction lorsque, le 14 juin 1455, l'écuyer Robin Petit Lolb, nommé sénéchal des Lannes par Charles VII, fit présenter par un procureur sa lettre de nomination à Don Martin Henriques de Castille, maire de Bayonne, et prêter le serment habituel dans le cloître de Notre-Dame. Le 26 avril 1459, la charge de maire passa aux mains du chevalier Theaude de Valpergue, nommé en même temps gouverneur et capitaine général de la ville.

Mais Charles VII voulut assurer d'une façon plus complète la possession de Bayonne en faisant construire des ouvrages de fortification qui donnassent asile à ses officiers en cas de révolte des habitants. La ville haute pouvait être maîtrisée par le château édifié jadis par les vicomtes de Labourd, mais le Bourgneuf n'avait aucune citadelle.

Le roi ordonna en conséquence de construire un château neuf sur la hauteur de Mocoron ; on dut, pour lui obéir, prendre diverses maisons, jardins et places vides, situés à Mocoron haut et bas, à St-André, à Mosseirolles et à la fontaine de Pannecau. Sans s'attarder à indemniser les détenteurs de ces immeubles, on se mit aussitôt à l'œuvre de la construction. Nous pensons que ce travail fut conduit par Mathieu de Fortune, qui figure comme expert dans l'évaluation des terrains pris pour bâtir le château, avec la qualité de maître des œuvres du Château-Neuf de la ville. *Mathieu de Fortune commence le Château-Neuf.*

La forteresse fut établie bien plus dans le but de maîtriser le Bourgneuf que d'exercer une action sur la campagne ; ses deux tours les plus grosses font face au faubourg et la tour ronde commande la rue et le pont Pannecau sur toute leur longueur.

Le roi avait laissé à la ville le soin de réparer ses remparts avec ses revenus annuels. Il lui avait donné en outre trois mille livres tournois pour faire une tour au bord de la rivière, à l'entrée de la cité (1), parce que cet endroit était le moins défendu et par suite le plus dangereux. Mais les bourgeois ne se pressèrent pas d'exécuter les travaux ; le procureur des Lannes croit devoir signaler cette situation au trésorier de France, le 9 novembre 1461, et l'avertit que les Bayonnais suffiquent l'argent qui leur a été donné. Il mentionne en particulier Jacques Derm, que les bourgeois ont envoyé vers le roi pour se justifier comme étant le plus coupable, car il a touché la moitié des trois mille livres et n'a fait exécuter aucun travail ni même approvisionner des matériaux pour les ouvrages ordonnés.

Charles VII mourut au commencement de l'année 1461 et eut pour successeur son fils Louis XI. Le nouveau roi écrivit, de Saint-Jean d'Angély, le 15 février de cette année, au sénéchal des Lannes, pour lui ordonner de faire procéder à l'estimation des terrains pris pour l'édification du Château-Neuf. Cette opération fut confiée à Johanicon Dargelas et à Johan de Haritsague, maîtres charpentiers, inspecteurs des travaux ; on leur adjoignit Mathieu de Fortune, maître ès-œuvres du Château- *Louis XI, fils de Charles VII, lui succède (1461).*

(1) Cette tour, qui ne fut pas exécutée, aurait été vraisemblablement placée sur la rive gauche de la Nive, en face de la tour St-Esprit, à l'extrémité des chaînes d'aval.

Neuf. Le résultat de cette expertise, qui s'élevait à 3,808 francs de roi, fut consigné dans un acte, dressé le 21 août 1462, en présence de Pierre de Saint-Martin, lieutenant du sénéchal de Guyenne et des Lannes ; une expédition de cet acte existe dans les archives de la ville.

Il vient à Bayonne accorder les rois de Castille et d'Aragon

Le roi Louis XI vint dans le pays de Labourd en avril 1463, afin de servir d'arbitre entre Henri IV, roi de Castille, et Juan II, roi d'Aragon (Navarre), et rétablir la paix troublée par les Castillans ; ces derniers, profitant des luttes engagées entre Juan II et son fils, Carlos de Viane, s'étaient emparés d'une partie de la Navarre méridionale. Le roi de France alla s'établir au château d'Urtubie pour faciliter ses entrevues avec le roi de Castille. De cette résidence, située dans le voisinage de St-Jean-de-Luz, il se rendait à la conférence qui se tenait à Hendaye, village placé sur la rive française de la Bidassoa, en face de Fontarabie. Louis XI prononça dans ce même village, le 4 mai 1464, une sentence arbitrale en vertu de laquelle la province d'Estella était enlevée à la Navarre et passait à la Castille. Déjà, au XIIᵉ siècle, ce dernier royaume avait conquis, sur la Navarre, le Guipuscoa et la Biscaye, lui interdisant ainsi l'accès de la mer.

Pendant le séjour qu'il fit à Bayonne, le roi accorda à la ville la moitié des 12 deniers de la grande coutume des ports de Bayonne, de St-Jean de-Luz et de Cap-Breton, et il exempta de ces droits les blés nécessaires à la ville, approuvant par cette mesure la décharge qui avait été concédée l'année précédente par le trésorier de France.

Fondation de la collégiale de St-Esprit.

Il signala par un acte de piété son passage à Bayonne en fondant un collège de chanoines dans l'hôpital de St-Esprit ; il lui fit don de 6 calices, 6 patènes, 2 burettes en or et 2 chandeliers en argent doré, qui devaient orner l'autel le jour de Pâques ; il lui attribua aussi un revenu de 4,000 livres tournois à prélever sur les recettes du port de Bordeaux. Les vases sacrés, n'étant pas en sécurité dans le faubourg, furent confiés à la garde du maire et du Corps de ville, qui devaient les transporter solennellement à St-Esprit le jour de la fête de Pâques ; finalement, le trésorier de la cathédrale fut chargé de les garder jusqu'au jour où Charles VIII, trouvant qu'ils étaient de trop grande valeur, décida, en 1484, de les faire vendre et d'en appliquer le produit à augmenter les rentes de la collégiale.

Le nouveau maire de Bayonne, Stevenot de Taularesse, nommé par Louis XI, était en même temps gouverneur, capitaine général de la ville et bailli de Labourd ; il avait prêté serment à la ville, le 25 novembre 1464. Il eut à combattre les prétentions du sire d'Albret, vicomte de Tartas et possesseur d'une grande partie des Lannes. Ce seigneur avait fait placer des bans de justice dans une vigne de St Esprit, voulant indiquer par là qu'elle était dans sa juridiction de Seignanx ; le maire fit néanmoins arracher ces bans pour s'opposer aux prétentions du sire d'Albret.

Louis XI, dont le règne avait eu un début paisible, eut à lutter contre la *Ligue du Bien public*, dans laquelle étaient entrés le duc de Berry son frère, le duc de Bourgogne et d'autres seigneurs révoltés. Pris au piège, dans l'entrevue de Péronne, par Charles le Téméraire, duc de Bourgogne, et fait prisonnier, il est obligé de promettre la Champagne à son frère. Mais bientôt il modifie ses dispositions et, pour éloigner son frère Charles du duc de Bourgogne et le brouiller avec les Anglais qui convoitent la Guyenne, il lui donne en apanage cette belle province avec le Quercy, l'Agenois, le Périgord, l'Aunis, la Saintonge et la ville de La Rochelle. Charles accepte, le 17 mai 1469, et se désiste de tout droit sur le Berry et la Normandie. Le roi Louis XI désigne Gaston du Lion et Estevenot de Toularesse pour remettre à son frère les villes, châteaux et forteresses, et il donne pouvoir à ces officiers de délier leurs habitants du serment de fidélité envers lui.

Aussitôt en possession de la Guyenne, le duc Charles nomme à divers emplois. Il donne, le 13 juillet 1469, au comte de Villars, son chambellan, en récompense de ses services, l'office de maire et capitaine de la ville de Bayonne ; il nomme, le 29 août suivant, l'écuyer Johanicot de Bern ; lieutenant général du maire, le comte de Villars. L'année suivante, les 5 juin et 13 juillet 1470, viennent prêter serment, à Bayonne, Jean, bâtard d'Armagnac, comte de Comminges, lieutenant perpétuel et gouverneur de Guyenne, et Colinet de Lacroix, sénéchal des Lannes.

Guyenne donnée en apanage au duc de Berry, frère du roi.

La place de capitaine des châteaux de Bayonne (Château-Vieux et St-Esprit) est donnée à Odet d'Aydie, seigneur de Lescuns, à la suite de sa soumission et de son traité avec le roi ; celle de maire est attribuée à Guillaume de Supplainville. A cette occasion, on voit apparaître, pour la première fois, dans les titres, le nom de Château-Vieux (Castet Bilh), donné à l'ancien château ; il faut donc croire qu'à cette même date (1470), la construction du nouveau château était assez avancée. Mais c'est toujours au Château-Vieux que résida le représentant du pouvoir royal ; les prisonniers pour crimes y sont enfermés dans les fosses du donjon, tandis que ceux condamnés par la Cour du maire sont mis dans la prison de ville, qui était la fosse des tours Mignon

7

ou tours de la porte St-Léon. La peine des arrêts, parfois infligée aux seigneurs et aux officiers royaux, était subie par eux au Château-Vieux ; nous voyons le lieutenant du sénéchal faire jurer à Guassarnaud, seigneur de St-Martin-de-Seignanx, sur les Saints Evangiles, le 18 août 1470, de se rendre aux arrêts au Château-Vieux royal de la ville de Bayonne, à la suite d'une dispute qu'il avait eue avec Guitard de Sureux.

L'assemblée des notables, réunie à Tours en 1470, annule le traité de Péronne que le roi, menacé de captivité, n'avait pu conclure librement, et le duc de Guyenne, frère du roi, s'unit de nouveau à la féodalité et à l'étranger pour former contre Louis XI une coalition bien autrement redoutable que celle du *Bien public.* Sur ces entrefaites, le frère du roi meurt subitement et si à propos pour Louis XI, que l'on crut à un empoisonnement.

La province reprise par le roi. Le roi envoie aussitôt aux habitants de Bayonne, le 18 mars 1472, pour leur annoncer cette mort, une lettre confiée à Johannot Danglade, son chambellan. Il les prie de se saisir incontinent de la ville et des châteaux, afin qu'ils ne tombent pas au pouvoir des ennemis. Pour les engager dans son parti, il leur fait de belles promesses, manifeste son déplaisir de voir que leurs privilèges n'ont pas été confirmés et qu'on les a grevés de charges nouvelles. Il se propose de recueillir les compagnons de guerre qui étaient au service de son frère, le duc de Guyenne, et de pardonner à ceux qui ont agi contre lui. Enfin, il leur annonce qu'il n'a pas changé ses officiers et qu'il rend à Stevenot la charge qu'il possédait. Nous pensons que le roi voulait indiquer Stevenot de Toularesse, qui était gouverneur et capitaine de la ville en 1464, et que le duc de Guyenne avait probablement congédié. Guillaume de Supplainville garda la charge de maire, mais Philibert de Groler remplaça Colinet de Lacroix comme sénéchal des Lannes et prêta serment à Bayonne, le 13 juillet 1472.

L'historien Mascin raconte, dans son *Essai historique sur Bayonne,* que, durant la querelle entre les ducs de Guyenne et de Bourgogne, cette ville fut prise un matin de l'an 1472 par les Anglais et les Normands ; elle fut reprise le même jour par les bourgeois révoltés, qui s'emparèrent des postes et chassèrent de la ville les troupes ennemies, quoiqu'elles fussent composées de soldats aguerris et nombreux. Si cet événement est exactement rapporté, il se serait produit avant la lettre écrite par Louis XI aux Bayonnais, et nous devons, dans ce cas, supposer que le remplacement du sénéchal de Lacroix a été motivé par sa connivence avec les ennemis du roi.

D'après le même auteur, Louis XI serait venu de nouveau à

Bayonne, durant cette même année, et aurait reconnu les privilèges et les franchises dont jouissait précédemment cette ville.

Les Bayonnais n'eurent pas à regretter leur fidélité envers Louis XI et jouirent en liberté de leurs franchises ; les élections de six échevins et de six jurés eurent lieu sans entraves en 1474, et si des contestations s'élevèrent entre ces magistrats et le lieutenant du sénéchal au sujet d'un conflit de juridiction, à l'occasion de la mise en liberté d'un prisonnier par cet officier royal, cet incident n'occasionna aucune dispute entr'eux.

Néanmoins, les troubles produits par les derniers événements n'étaient pas entièrement calmés ; les ennemis du roi avaient des partisans dans le pays et peut-être dans la ville, prêts à profiter de toute occasion propice pour les renouveler. Aussi, la ville demanda au roi, le 14 mars 1474, pour prévenir les troubles qui se produisaient d'une façon inopinée, que 400 arquebusiers soient levés dans le pays de Labourd et qu'ils viennent à Bayonne aider les gens du guet ; elle s'engage à les répartir chez les habitants, qui seront chargés de les loger et de les nourrir.

Louis XI tenait ses armées en Bourgogne et en Roussillon, dont il venait de s'emparer ; mais l'ancienne union de la Castille et de la France étant venue à se rompre, le roi Louis disposa de quelques soldats, afin d'appuyer les prétentions du roi de Portugal, qui aspirait à la couronne de Castille pour sa nièce. D'après l'historien espagnol Ferreras, il aurait réuni, en 1476, 40,000 hommes à Bayonne : nous croyons, avec Baïlac, que ce chiffre est exagéré. Néanmoins, ce corps de troupe était de certaine importance, car Alain, sire d'Albret, le même qui avait contribué à la prise de Bayonne et dont le fils Jean allait monter sur le trône de Navarre, fut désigné pour le commander. Une noblesse nombreuse était venue se joindre à cette petite armée ; elle fut logée en ville pendant la période de concentration et l'on a conservé un rôle des logis qui furent attribués, avec la liste des noms.

Démonstration en Biscaye par une armée réunie à Bayonne.

L'hiver était à peine passé, que le sire d'Albret entrait en Espagne ; n'ayant pu réussir à s'emparer de Fontarabie, il prit et brûla, en février, avril et mai 1476, les villes d'Irun, Arancu, Oyarçun et Larrenderie (Renteria) ; il dut ensuite rentrer en France, sa démonstration en Biscaye se trouvant accomplie. En passant à St-Jean-de-Luz, il avait autorisé les habitants de ce lieu à prélever un droit sur les étrangers, sur leurs bêtes et marchandises passant sur le pont, afin de pourvoir à son entretien. Cette concession toute temporaire, qui avait pour but de les indemniser de l'usure occasionnée au pont par les mouvements de l'armée, entravait le commerce ; elle fut supprimée, le 7 février 1477, par le sénéchal de Guyenne et des Lannes, Odet d'Aydie, qui était devenu depuis peu comte de Comminges.

Le pont sur l'Adour à Bayonne avait dû être réparé pour permettre le passage de l'artillerie se rendant en Espagne ; ce travail est réglé seulement en 1481, par les soins du sieur. du Luc, lieutenant du maire Etienne Makanam.

Ce dernier magistrat, quoiqu'ayant continué de résider à Bordeaux, ne manque pas de pourvoir aux diverses obligations de sa fonction ; il nomme des portiers à Mousserolles et à Lachepaillet, reçoit le serment de huit compagnons du guet, rappelle aux habitants les ordonnances relatives à la police du guet, fait maintenir aux arrêts dans le Château-Vieux des marins étrangers qui avaient agi contre les coutumes de la ville, obtient du Conseil de ville que les capitaines du guet seront pensionnés et qu'une indemnité spéciale leur sera accordée pour frais de chandelles ; il veille encore à maintenir les droits de la ville sur les tours de Minhon, que Laurent de Prat réclame comme sa propriété, et il autorise la démolition de la tour située à l'entrée de la rue Argenterie pour dégager cette voie.

Depuis que Maximilien d'Autriche avait épousé la fille unique du duc de Bourgogne, il était en guerre avec Louis XI, qui ne voulait pas lui restituer la Bourgogne, dont il s'était emparé à la mort du Téméraire. Un traité de paix est signé à Arras, le 24 décembre 1481 ; le roi de France garde la Bourgogne et obtient la promesse que la fille de Maximilien sera donnée en mariage au dauphin et qu'elle aura en dot l'Artois et la Franche-Comté. Cette paix s'étend à l'Angleterre et elle est publiée à Bayonne, le 16 octobre 1482, par ordre du comte de Comminges, Odet d'Aydie, amiral de Guyenne.

Charles VIII succède à Louis XI (1483).

Louis XI mourut en 1483, laissant la couronne à son fils Charles VIII, âgé de 13 ans, sous la tutelle d'Anne de Beaujeu, sa sœur. Le jeune roi adresse aux Bayonnais deux lettres contresignées par le sire de Beaujeu, les 1er et 18 septembre 1483, leur annonçant le décès de son père, invitant les échevins à garder leur ville en bonne sûreté et maintenant tous les officiers dans leurs charges.

Il confirme en particulier Guillaume de Supplainville dans la charge de maire et capitaine de Bayonne ; celui-ci institue pour son lieutenant, le 14 octobre, Laurent de Prat, seigneur du Luc.

Pour don de joyeux avènement, Charles VIII accorde à la

ville la justice haute, moyenne et basse, dans toute sa juridiction, en y comprenant Tarride, St-Léon, Arritsague et St-Esprit.

A l'occasion du couronnement du nouveau roi, les Etats généraux sont réunis à Orléans. Bayonne choisit trois députés (octobre et décembre 1483) ; elle leur recommande de défendre les privilèges de la ville, surtout celui du droit de passage, qu'elle prélève sur les vins étrangers, au cas où les députés de la Chalosse voudraient le faire supprimer.

Ils doivent aussi présenter certaines plaintes au roi ; ils ont payé des aides et impositions pour la construction et la réparation des châteaux de Bayonne, Dax et St-Sever, et à cause de cela et de leur grande pauvreté, ils ne peuvent faire les réparations nécessaires aux murailles, ponts, portes et boulevards de leur ville ; aussi, ils demandent au roi de leur venir en aide.

L'incendie qui venait de détruire la rue du Pont-Mayou (18 mars 1483) et le peu de sécurité qui régnait dans le pays furent aussi des motifs de doléance. En effet, des gens d'armes, se dirigeant vers le Béarn (17 mars), empêchaient les marchands, par crainte de pilleries, de faire voyager leurs vins ; un calice avait été volé à la chapelle des reliques de Saint Léon (4 juin), sans qu'on puisse mettre la main sur le coupable. Lautrec se préparait à la guerre et, pour se procurer des chevaux à Fontarabie, il demandait à la ville de laisser passer en franchise cent tonneaux de vin pour les donner en échange.

Le roi avait d'ailleurs été averti que les Anglais, voulant profiter de sa jeunesse, faisaient de notables préparatifs de guerre et rassemblaient une grande armée pour opérer une descente en une partie de son royaume.

Aussi, par lettres patentes du 7 février 1483, il avait nommé le chevalier Menaud Daguerre inspecteur des places fortes de Guyenne, en lui signalant les projets des ennemis. Il lui donna la mission de visiter les places fortes, châteaux et villes qui sont au bord de la mer ou sur la frontière du duché de Guyenne, de voir comment elles sont remparées, fortifiées, artillées tant d'arbalètes que d'artillerie grosse et menue, et fournies de poudre et de toutes autres choses ; il lui donne le droit de faire exécuter les travaux qui seront payés par ses trésoriers ou receveurs des villes.

Les registres de la ville nous apprennent que le commissaire du roi était déjà rendu à Bayonne, le 5 mars 1483, car à cette date le Corps de ville décidait que le chevalier Daguerre, venu pour visiter les défenses et fortifications nécessaires, serait

Menaud Daguerre inspecte les fortifications de Bayonne.

défrayé par le trésorier de la ville (avec les fonds municipaux), de la dépense qu'il aurait faite en son logis, afin qu'il fasse au roi un bon rapport sur la ville de Bayonne. Cette mesure avait pour but d'engager le chevalier Daguerre à faire accorder à Bayonne de larges subsides pour les fortifications et peut-être aussi de lui fermer les yeux sur certaines dilapidations des fonds affectés à ces travaux, qui étaient reprochées par le populaire aux bourgeois du Corps de ville.

La mission de Daguerre était justifiée encore par les intrigues du duc d'Orléans, cousin du roi, qui régna sous le nom de Louis XII. Ligué avec le sire de Dunois et plusieurs autres seigneurs, le duc s'efforce d'enlever la couronne à son frère, sous prétexte que le roi ne peut agir en toute liberté et qu'il n'use pas comme il le devrait de son autorité et de ses droits. Charles VIII dénonce ces menées aux Bayonnais, dans une lettre du 28 janvier 1484, et les invite à lui rester fidèles. Cette révolte devait durer quatre ans et finir à la bataille de St-Aubin-du-Cormier, en 1488, dans laquelle La Trémouille fit prisonnier le duc d'Orléans.

Nous avons des motifs de penser que certaines prescriptions de Daguerre furent accomplies, car dès les premiers mois de 1484, le lieutenant général du roi en Guyenne et le maire mandent à la ville d'exécuter les grandes réparations qui sont nécessaires aux ponts, guérites et palissades soutenant les chaînes en travers des rivières. Le boulevard situé au bord de la Nive, à l'entrée du Port-Neuf, fut également réparé par Martin du Noyer, maître charpentier ; il était placé au point où l'on attachait l'extrémité de la chaîne formant l'estacade inférieure de la Nive, Il faut croire que ce boulevard était un coffre en bois destiné à protéger le treuil avec lequel on manœuvrait la chaîne et qu'il avait été construit à la place de la tour ordonnée et payée par le roi. Cet ouvrage sera remplacé plus tard par le bastion de Piémont.

Le lieutenant du maire désigne Johanicon de Castains et le seigneur de Sault pour garder les entrées des ports extérieurs du Verger et de la Pusterle et ne les faire ouvrir qu'en cas de besoin. Ces ports et les maisons qui les bordaient devaient être entourés de palissades dans lesquelles des portes étaient ménagées ; la Pusterle avait une porte et le Verger une porte et un portalet (petite porte).

Une nouvelle cause de guerre venait de surgir au sujet des prétentions élevées sur la Navarre par Jean de Foix, vicomte de Narbonne. Ce royaume s'était donné pour roi le jeune François

Phébus, comte de Béarn, dont le père, Gaston Phébus, avait épousé Madeleine, sœur de Louis XI. A peine le jeune monarque, abandonnant son château de Pau, venait de faire une entrée triomphale à Pampelune, capitale de la Navarre (3 novembre 1482), qu'il mourait empoisonné, à l'âge de seize ans. Sa sœur, la princesse Catherine de Béarn, âgée de treize ans, lui succède; elle est demandée en mariage par l'infant de Castille. Sa mère Madeleine accepte la demande; puis, sur les conseils des ministres de Charles VIII, elle s'excuse de ne pas donner suite à ce projet, prétextant la jeunesse de la princesse et la nécessité de faire face au vicomte de Narbonne, Jean de Foix; ce dernier, invoquant la loi salique, s'est déjà mis en campagne pour s'emparer des comtés de Foix et de Béarn.

La princesse Madeleine ordonna, en effet, en Béarn et Bigorre une levée de troupes dont elle confia le commandement au seigneur de Lautrec, avec ordre de reprendre à Jean de Foix les places qu'il avait déjà occupées. Mais le matériel manque pour cette guerre de siège, et Lautrec charge son lieutenant, Odet d'Aydie, comte de Comminges, de s'en procurer. Celui-ci écrit aussitôt à Bayonne, demandant qu'on lui envoie à Dax, par bateaux, une certaine quantité d'artillerie avec poudres, pics, pelles, appareils et ajustements convenables (14 juin 1484).

Le lieutenant du maire s'empresse de rassembler tout ce matériel et l'expédie deux jours après; il comprenait 5 faucons, 4 couleuvrines en fonte, 2 gros canons de fer avec leurs affûts en bois ou en fer, 24 boulets en pierre, des boulets de plomb pesant ensemble 9 quintaux, 6 caques de poudre à canon et à couleuvrine, 12 pelles ferrées, 14 peaux de chèvre, etc. Ce matériel remonte l'Adour, en passant à Dax, atteint Maubourguet, place située à 25 kilomètres au Nord de Tarbes et tombée au pouvoir de Jean de Foix. Le 7 juillet, ces munitions sont épuisées; Lautrec a, de nouveau, recours à Bayonne et envoie son valet de chambre, Pierre de Serres, porteur d'une lettre dans laquelle il réclame six caques de poudre afin, ajoute-t-il, de bien besogner pour le service du roi; cette phrase prouve qu'il commandait les armées de Madeleine de Béarn, par ordre de Charles VIII, son neveu. Pierre de Serres rapporta à son maître 15 quintaux et 68 livres de poudre, dont il avait délivré reçu et qu'il s'était engagé à rendre à la ville.

Maubourguet pris, l'artillerie est exactement rendue; mais, le 24 septembre 1484, une occasion nouvelle de l'utiliser se présente et Odet d'Aydie écrit de Muret, au lieutenant du maire de Bayonne, qu'il fasse conduire par la rivière, jusqu'à Peyre-

Artillerie de la ville prêtée au Béarn pour résister au vicomte de Narbonne.

horade, les deux canons et les quatre couleuvrines qu'on avait
menés à Maubourguet ; il charge en même temps Raymonet de
Minbielle de recommander à Madame (la princesse Madeleine)
et aux sénéchaux de Béarn et de Bigorre qu'ils fassent diligence
pour amener ces canons de Peyrehorade à Tarbes ; il se charge
d'envoyer des gens à Tarbes pour conduire les six pièces jusqu'à
Muret. La campagne se termina par le traité de Saverdun, mais
Madeleine résolut de donner à la jeune reine Catherine, sa fille,
un appui contre ses ennemis ; elle fit choix de Jean d'Albret, le
seigneur le plus puissant parmi les voisins du Béarn, le fit
agréer pour époux à sa fille et l'institua roi de Navarre, à la
suite de son mariage promptement célébré dans la cathédrale de
Lescar.

Roger de Gramont nommé gouverneur. Roger de Gramont, seigneur béarnais, avait acquis une
grande réputation dans les dernières guerres ; il sut gagner la
faveur du roi Charles VIII et en obtenir, par lettres patentes du
26 février 1486, la charge de gouverneur de Bayonne et de ses
châteaux ; le titre de sa commission l'obligeait d'y loger des
gens de guerre en nombre suffisant pour en assurer la garde et
lui permettait de convoquer les nobles du ban et de l'arrière-
ban, afin de maintenir son autorité. Il fut en outre nommé
sénéchal des Lannes et prêta le serment à Bayonne (10 novembre
1487). La mairie passa des mains de Supplainville dans celles
d'Etienne Makanam, écuyer, maître d'hôtel du roi (15 mars
1486) ; grâce au crédit que ce nouveau magistrat avait près du
roi, la ville fut autorisée (septembre 1488) à établir un hôtel
des monnaies et accroître ainsi ses ressources.

Alerte causée par les Espagnols et les Anglais. Toujours tenu en éveil par les seigneurs révoltés et par ses
ennemis du dehors, le roi Charles VIII multiplie les avertis-
sements. Il écrit à Bayonne (3 janvier 1488) qu'il redoute certaines entreprises qui se préparent contre la ville et recommande
à ses habitants de se tenir sur leurs gardes et de faire bon guet
aux portes et sur les remparts, afin d'éviter toute surprise ; il
les invite à l'avertir en toute diligence si quelque événement
survenait. Il mande, le 6 mars 1488, au sieur de Gramont,
sénéchal des Lannes, que des Espagnols, des Anglais et d'autres
étrangers sont descendus sur les côtes de Biscaye, près de
Bayonne et que ces ennemis pourraient mettre la ville en grand
danger, si elle se trouve dépourvue de troupes et de provisions.
Il ordonne à Gramont de se rendre à Bayonne, d'y mettre des
gens de guerre, tant des gens d'armes de ses ordonnances que
de son ban et arrière-ban, des gens de pied et de toutes autres
compagnies qu'il avisera, d'y faire transporter du blé et des

vivres par eau ou par terre et d'agir promptement tout en évitant de pressurer le peuple. Le sénéchal s'empresse de déférer aux ordres de son maître ; nous voyons qu'il fit aussitôt compléter la compagnie des canonniers de la ville, car l'un d'entr'eux, Johan Guilbaut, jura, le 27 mars, de rester au service du roi tant qu'il n'aurait pas reçu congé de la ville.

L'orage, qui avait menacé un instant Bayonne, se dissipa ; mais la ville fut troublée par une discussion très vive qui se produisit en juin 1488 entre les marchands et les corporations ouvrières ; la dispute provenait de ce que ces dernières voulaient figurer armées à la procession du Sacre (1) et elle faillit dégénérer en émeute. Pour calmer les esprits, le roi prit le parti d'envoyer dans cette ville Pierre de Rohan, maréchal de Gié, qui arriva le 6 août 1489. Il entendit les deux partis et élabora un règlement qui modifiait légèrement la constitution et les privilèges du Conseil de ville. Parmi les griefs imputés aux échevins par le syndic des corporations, se trouve la main-mise sur tous les dons du roi et sur tous les deniers échus depuis trente ans, sans avoir jamais exécuté les réparations auxquelles ils étaient destinés, ni rendu compte de l'emploi qu'ils en avaient fait, les accusant même de les avoir appliqués à leurs usages personnels. L'accusation, quoique présentée d'une façon exagérée, n'était pas sans fondement, car elle concordait avec les plaintes du procureur Bourrée.

Règlement du maréchal de Gié entre marchands et ouvriers.

Aussitôt le règlement du maréchal de Gié approuvé par le roi, les élections eurent lieu pour la nomination des échevins et des jurats, le 11 août 1488.

L'historien Baïlac nous apprend que le roi Charles VIII fit achever, vers 1489, les deux grosses tours rondes du Château-Neuf. La date de l'achèvement de ces tours est aussi celle de la consolidation du clocher de la cathédrale de Bayonne, due à la générosité du bourgeois Bernadau de Lahet et de sa femme, Plaisance du Luc (2).

Achèvement des deux tours rondes du Château-Neuf.

La régente Anne de Beaujeu, voyant Charles VIII en âge de se marier, rompt l'engagement pris par Louis XI, son père, de lui faire épouser la fille de Maximilien d'Autriche et décide la duchesse Anne de Bretagne à épouser son pupille (1491). Trois

---

(1) Procession de la Fête-Dieu.

(2) L'architecte Boeswilwald, qui a dirigé la restauration de ce monument, a découvert que la base du clocher était d'une époque plus récente que le reste de l'édifice ; il en a déduit que le clocher, menacé de ruine, avait été repris en sous-œuvre et consolidé par des contreforts. Il compléta ce clocher en 1875 par une belle flèche et l'accompagna d'un second clocher non moins élégant, terminé en 1880.

ans après, Charles VIII, quoique à peine âgé de 24 ans, entreprend la conquête du royaume de Naples sur les rois d'Aragon. Il réclamait ce trône comme héritier, par Louis XI, de Charles d'Anjou, dont la famille avait été dépossédée par la maison d'Aragon, à l'époque du massacre des Vêpres Siciliennes.

Appelé par Ludovic Sforza, par les Florentins et par les Napolitains du parti d'Anjou, il traverse l'Italie en triomphateur, faisant tomber les places par la puissance de son artillerie. Rentré en France, en 1495, après la victoire de Fornoue sur l'armée des puissances européennes effrayées par ses succès et coalisées contre lui, il a la douleur d'apprendre la capitulation des troupes qu'il avait laissées dans le royaume de Naples et il meurt, en 1498, sans laisser de postérité.

CHAPITRE X

RÈGNE DE LOUIS XII — GUERRE DE NAVARRE
(1498-1515)

Louis XII succède à Charles VIII. — Précautions contre l'Espagne. — Visite des fortifications par du Poncher et Jean de Cologne. — Mesures défensives contre la Sainte
Ligue. — Répartition des remparts entre les capitaines de quartiers. — Démolition des
couvents dans la banlieue. — Bayonne couvert par le camp d'Ustaritz. — Les Anglais
passent la Bidassoa. — Les Castillans prennent Pampelune et la Navarre. — Le duc
d'Albe se fortifie à St-Jean-Pied-de-Port. — Les Français opèrent en Navarre. —
Pampelune assiégé par Albret et la Palice. — Diversion du dauphin en Guipuscoa. —
Albret bat en retraite sur Bayonne et perd définitivement la Navarre. — Trêve
d'Urtubie. — Nouvelle ligue contre la France. — Les Anglais, postés à Fontarabie,
menacent Bayonne. — Ecroulement du rempart Lachepaillet.

La couronne de France passa sur la tête de Louis XII, duc Louis XII suc-
cède à Charles
VIII (1498).
d'Orléans, cousin du monarque défunt ; le nouveau roi, pour ne
pas laisser échapper le riche apanage d'Anne de Bretagne,
veuve de son prédécesseur, s'empressa d'épouser cette princesse.
Son règne fut marqué par des guerres en Italie et en Navarre ;
les Bayonnais subirent le contre-coup de ces événements, sans
cesser toutefois de diriger leurs efforts vers l'amélioration de la
situation commerciale que le règne précédent n'avait guère
contribué à relever. L'état pitoyable de leur commerce était la
conséquence des entraves nombreuses que les guerres apportaient aux transactions et de l'impossibilité, pour les navires de
fort tonnage, d'arriver à Bayonne. Ces vaisseaux éprouvaient la
plus grande difficulté à remonter le lit de l'Adour, dévié depuis
1410 de Cap-Breton vers le Vieux-Boucau. Des démarches faites
en 1491 auprès de Charles VIII n'avaient produit d'autre résultat
que la nomination de commissaires royaux qui vinrent visiter
l'embouchure du Vieux-Boucau et cherchèrent les moyens de
rendre la navigation plus aisée.

Le mauvais état de la voie fluviale facilite les empiètements
des habitants de Cap-Breton sur les droits de Bayonne et leur
fournit l'occasion de percevoir des contributions sur les marchandises arrêtées à l'embouchure de l'Adour. La navigation
dans le lit dévié est même arrêtée, à un certain moment, par
des nasses et des paisselles déposées par les Capbretonnais.
Ceux-ci, sourds aux remontrances des échevins de Bayonne,
maltraitent le sergent envoyé par eux pour les sommer de
dégager le chenal. A cette nouvelle, lès Bayonnais s'émeuvent ;

quatre mille d'entr'eux descendent en armes le lit de l'Adour, détruisent les nasses qui l'obstruent, puis arrivent à Cap-Breton, où ils brûlent les pinasses qui s'y trouvent. Cette exécution sommaire amena à Bayonne le duc de Longueville, qui vint juger le différend et le trancha en faveur de la ville ; à la suite de l'entremise de ce seigneur, Louis XII sanctionna, en février 1511, les privilèges du port de Bayonne et maintint spécialement celui d'obliger les navires entrant dans l'Adour ou descendant du haut pays à venir charger et décharger à son port, en payant les droits. Cet incident ne fit qu'exciter le Corps de ville à poursuivre la réfection du havre du Boucau, en essayant de donner à l'Adour, par le déplacement de son embouchure, un lit plus favorable au passage des navires. Dès le 12 septembre 1501, il décide de créer des ressources spécialement réservées à ce travail, en effectuant une retenue d'un quart sur les pensions, gages, salaires de tous les magistrats et employés de la ville ; de semblables mesures sont prises en 1504, 1511 et 1513. On pensa atteindre, en 1517, le résultat tant désiré, mais une nouvelle crue vint détruire les travaux et replacer l'Adour dans son lit antérieur. Il faudra attendre plus d'un siècle pour voir le fleuve changer définitivement d'embouchure et garder celle qu'il possède aujourd'hui.

Le roi Louis XII aspirait, comme son prédécesseur, à conquérir l'Italie et portait une médiocre attention à la réfection du havre de l'Adour. Il s'empara, en 1500, du duché de Milan qu'il revendiquait comme petit-fils et héritier de Valentine Visconti, dont la famille avait été dépossédée par les Sforza.

Le duc de ce pays, Ludovic Sforza, livré à la Trémouille, fut envoyé prisonnier au château de Loches, où il mourut après dix ans de captivité. L'année suivante, Louis XII convoite le royaume de Naples et entame avec Ferdinand le Catholique des pourparlers en vue d'unir leurs troupes et de réaliser ensemble cette conquête. Cet accord fut conclu par l'entremise de l'archiduc d'Autriche, à qui le roi de France accorda libre passage à Bayonne pour lui et pour ses courriers. Le royaume de Naples conquis, la discorde se mit entre les alliés, les Espagnols voulant évincer les Français de cette contrée. Aussi, Louis XII écrit, le 23 juin 1502, au gouverneur de Guyenne d'interdire tout commerce avec l'Espagne ; il commet le fils du sieur de Gramont, en l'absence de son père, le 22 septembre, à la garde de la frontière de Guyenne. Le roi informe les Bayonnais que l'ambassadeur d'Espagne lui a notifié que Sa Majesté Catholique refuse d'exécuter le traité conclu en son nom par l'archiduc et ordonne à ses troupes de chasser les Français du royaume de Naples, qu'elle prétend posséder sans partage (3 juin 1503).

Il prescrit en conséquence de prendre diverses mesures défen-Précautions contre l'Espagne.sives : il fait approvisionner Bayonne en blé et délivre pour cet achat une somme de 2,000 livres (21 juin) ; il défend de transporter des blés hors de Guyenne pour ravitailler les ennemis et ordonne d'informer contre ceux qui ont fait ces transports (1er juillet). Helion de Brutalh et Guyon le Roy sont chargés de faire les monstres et revues des 1,200 hommes de pied ordonnés par le roi dans la sénéchaussée des Lannes, sous la charge du sieur d'Albret, pour la défense de la Guyenne et d'incorporer dans cette troupe tous les hommes reconnus comme bons combattants et experts dans l'art de la guerre (1er juillet). Louis XII signale à ces mêmes commissaires les places et villes de Guyenne voisines de la frontière qui sont mal fortifiées et leur prescrit d'en faire la visite pour lui permettre d'ordonner l'exécution des fortifications ou réparations nécessaires (6 juillet) ; il recommande à la ville de Bayonne et à François de Gramont fils, qui y commande, de faire bonne surveillance dans les environs (3 juillet). Le Corps de ville s'efforce de répondre aux désirs du roi ; il défend aux étrangers d'entrer en armes dans la ville (21 juillet) ; il rend visite aux commissaires descendus à St-Esprit dans l'hôtellerie de St-Jean et se met à leur disposition (1er août).

Alain, sire d'Albret, est institué par le roi son lieutenant et capitaine général en Guyenne pour résister aux attaques de l'Espagne, avec pouvoir de requérir les nobles, vassaux et sujets sur le territoire de Guyenne, de fortifier les places et de démolir celles qu'il ne jugerait pas utile de réparer (8 juillet). Ce général informe les Bayonnais de sa nomination et les invite à être prêts pour le service du roi sitôt qu'il les mandera (5 août). Dans une deuxième lettre (15 novembre), il leur annonce que le roi de Castille a envoyé à Fontarabie plus de gens que la garnison n'en comporte et il se méfie de ses intentions ; aussi, il leur envoie 300 hommes de pied, commandés par le sieur de Lermet, pour les aider à garder la ville, en prescrivant d'assurer le logis et les vivres de cette troupe. Cependant, Louis XII, sachant que la frontière de Guyenne n'était pas encore prête à la résistance, ne désirait pas la guerre de ce côté et mandait, le 12 août, à l'évêque de Bayonne, de faire des processions et des prières pour écarter ce danger.

Les Français ne purent se maintenir dans le royaume de Naples ; vaincus dans trois batailles par Gonzalve de Cordoue, ils furent forcés d'évacuer le Midi de l'Italie. Une trêve est publiée à Bayonne (13 décembre 1503), et Alain d'Albret autorise la vente des blés qui ont été approvisionnés dans cette ville pour les gens de guerre, à la condition qu'ils ne passent pas aux mains de l'ennemi. Néanmoins, la paix n'est pas encore conclue ; l'archiduc d'Autriche s'efforce d'accorder les deux parties et obtient de Louis XII libre passage à Bayonne pour ses officiers, ses courriers et ses oiseaux de chasse (1) (18 décembre (1504). Les pourparlers n'empèchent pas le roi de France de combiner de nouvelles dispositions de défense ; il charge Guillaume de Tierris de faire l'inventaire de l'artillerie et des munitions à Bayonne et dans les autres places de Guyenne (24 mai 1504), prohibe tout transport de grain en Espagne (3 juin), ordonne d'arrêter à la frontière les Allemands qui se rendent en armes dans la péninsule et de les renvoyer dans leur pays (5 février 1506).

Mais les rapports entre les deux rois ne tardent pas à s'améliorer, car Louis XII recommande à la ville de faire bon accueil à sa nièce, la reine d'Espagne, qui va rejoindre son mari, de tendre les rues et de porter un poêle au-dessus de sa tête comme si elle était la reine de France (27 janvier (1505). Le traité de Blois ne tarda pas à être signé entre Louis XII et Ferdinand le Catholique, et la publication en fut faite à Bayonne, le 16 novembre 1505. Les divers postes de relais qui avaient été établis pour les courriers du roi de Castille, à l'occasion des pourparlers de paix, sont supprimés par ordre du roi ; la nouvelle en est transmise à tous ces postes par un chevaucheur des écuries du roi (27 janvier 1506). L'interdiction de passage est levée pour les officiers et soldats allemands du roi de Castille (6 octobre).

Les treize bourgeois morte-payes, qui avaient reçu de Louis XI le privilège de la garde du Château-Vieux et de la tour St-Esprit, avaient été maintenus à chaque mutation de capitaine de ces châteaux ; ils étaient choisis parmi les principaux nobles et bourgeois de la ville, à la condition de n'être pas pourvus d'une autre charge royale. A l'occasion des menaces de guerre avec l'Espagne, le bailli d'Amiens s'était saisi des châteaux par ordre du roi et, se défiant des morte-payes, avait commis d'autres personnes à leur garde. Cependant, la paix rétablie, Louis XII offre la capitainerie de ces châteaux au sieur de Sallignon, l'un de ses gentilshommes, qui en avait provisoirement la charge, et

(1) Vingt gerfaulx avec un tiercelet de gerfault blanc.

il lui fait connaître son intention de faire droit aux réclamations des bourgeois morte-payes (29 septembre 1505) ; en effet, leur privilège fut confirmé un an après, et la liste de ces treize morte-payes fut consignée sur le registre des actes municipaux. On voit, d'après ce document, que huit seulement d'entr'eux servaient en personne ; les cinq autres s'étaient fait remplacer.

Ces hommes d'armes étaient secondés pour la garde de ces deux châteaux par des archers ; la présence de ceux-ci est signalée par une ordonnance du maire (avril 1505), qui défend à l'un d'entr'eux, Bertrand de Casenave, garde de la tour St-Esprit, de vendre aux autres archers du vin de sa provision que la ville lui avait accordé d'introduire sans payer les droits. Sallignon ne tarda pas à résigner la charge de cette capitainerie, car nous la trouvons cette même année entre les mains d'Alain d'Albret.

La paix avec l'Espagne est à peine conclue que Louis XII, associé au pape Jules II, à Maximilien d'Autriche, à Ferdinand le Catholique, s'engage dans une ligue contre les empiètements de la République de Venise et il gagne, sur les Vénitiens, la bataille d'Agnadel (1509). Il a pris à son service Gaston de Foix, fils de sa sœur et du vicomte de Narbonne ; il le comble de ses faveurs et convoite pour lui les terres de Béarn et de Foix, qui sont possédées par Jean d'Albret, roi de Navarre, et par Catherine, son épouse. Il fait appuyer ses prétentions sur la suzeraineté du Béarn par un arrêt du Parlement de Toulouse. Ces menées provoquent des mesures de résistance du côté du roi et de la reine de Navarre ; le roi de France écrit alors (29 juillet 1509) à la ville de Bayonne, pour l'aviser des grands préparatifs faits par la Navarre pour résister à l'arrêt du Parlement au sujet du Béarn et lui recommande de faire bonne garde. Il informe en même temps Gramont, gouverneur de cette ville, qui s'est retiré dans ses murs, qu'il lui envoie quelques-uns de ses gens et officiers pour donner les ordres et fournir les fonds nécessaires à la réparation des remparts de la ville.

Les deux royaumes restèrent quelque temps sur la défensive, puis d'autres soucis firent oublier à Louis XII ce projet de conquête. Cependant, la paix régnait encore entre la France, l'Angleterre et l'Espagne ; pour la cimenter, Louis XII renouvelle alliance et paix avec l'Angleterre (8 avril 1509) et les fait publier à Bayonne (29 avril 1510) ; il interdit en outre d'exercer des représailles contre les sujets du roi catholique (21 décembre 1510).

Durant cette période de tranquillité, Louis du Poncher, trésorier de France, vint à Bayonne (25 septembre 1510), mandé par le roi pour visiter les fortifications, indiquer les réparations

Visite des fortifications par du Poncher et Jean de Cologne.

nécessaires et vérifier les comptes des deniers de la ville. Il se fit accompagner par un maître expert, Jean de la Colonhe (de Cologne), qui visita minutieusement toutes les parties de la fortification et dressa un état détaillé de toutes les améliorations et réparations qu'il convenait d'y faire. Ce praticien constata qu'il était surtout urgent de réparer les ponts et la porte de St-Esprit, flanquée de deux tours. De son côté, le trésorier examina les comptes de la ville ; il fit observer aux échevins qu'ils n'ont pas employé aux fortifications une somme suffisante. Le lieutenant du maire s'excuse de ne l'avoir fait, parce que la ville a dû rembourser un emprunt de six mille livres bordelaises contracté pour la réfection du havre du Boucau, laquelle est demeurée imparfaite par suite de plusieurs accidents. Il a dû faire face encore à d'autres grandes dépenses commandées par le roi à l'occasion des passages de Madame Marguerite d'Autriche venant d'Espagne, de Monseigneur l'archiduc, de la reine d'Espagne, et enfin de la reine d'Aragon, qui traversait ce royaume. Du Poncher rappela alors au Corps de ville que le roi avait donné à la ville la moitié de la recette de la grande coutume, afin qu'elle soit employée aux réparations, fortifications et autres communes affaires de la cité, et il ordonna que cette moitié soit réellement appliquée aux réparations et fortifications. Le lieutenant du maire, tout en protestant de son bon vouloir, déclara qu'il n'était pas possible, avec les autres rentes de la ville, de payer les gages des officiers ordinaires et les autres charges communes, car ces recettes étaient devenues presque nulles à cause de la déviation du lit de l'Adour et de certaines représailles, octroyées par le roi sur les Espagnols et les Navarrais, qui avaient entravé le commerce. A la suite de cet entretien, les échevins écrivent au roi, lui exposant l'insuffisance des fonds dont ils disposent et lui demandant de fournir une contribution pour les fortifications nécessaires à la sûreté de la ville.

Le pape Jules II, ayant reçu satisfaction de la République de Venise par la restitution qu'elle lui avait faite des villes de Romagne, résolut de débarrasser l'Italie des Français ; il forma contre eux, en 1511, une Sainte Ligue dans laquelle entrèrent Maximilien d'Autriche, Ferdinand le Catholique, son gendre Henri VIII, roi d'Angleterre, les Vénitiens et les Suisses.

Mesures défensives contre la Sainte Ligue. La frontière de Guyenne se trouvait de nouveau menacée, tant du côté de l'Espagne que sur les rives de l'Océan.

Répartition des remparts entre les capitaines de quartiers. Dès le 6 janvier 1511, la défense des remparts de la ville est répartie par le maire entre les capitaines et les compagnies de la milice urbaine. L'enceinte de la ville haute est partagée en quatre quartiers et celle du Bourgneuf en deux.

Dans la ville haute :

1º Le quartier compris entre la tour de Sault et la porte St-Léon, y compris le boulevard, sont attribués à Jean de Navailhes, seigneur d'Arrybeyre, Auger de Lehet, Bernard de Lebie et Johanon de le Lanne ;

2º Celui compris entre la tour de Minhon (porte St-Léon) et le Château-Vieux, à Jean de Sort, seigneur du Luc, Peyrot de Garrin et Johannot Darrautz ;

3º Celui compris entre le Château-Vieux et la tour du Nard (la tour comprise), à Marticot de Fius, seigneur de Lesbay, Laurens de Monbrum, maître Antoine du Château-Neuf et Augerot de le Lande ;

4º Celui compris entre la tour du Nard et la porte St-Esprit, à Arnaudchaus Dachari, Jean d'Albaytz, Michel de Segure, de Mente, Boniface d'Albaytz et le clerc de ville.

Dans le Bourgneuf :

5º Celui compris entre la porte St-Esprit et le Château-Neuf, à Guirot de Puy, maître Pelegrin de Legarde, Peyrot Derm, Vidot du Casso et Arnaud Guilhem du Hees ;

6º Celui compris entre le Château-Neuf et la tour des Menons, à Compainhet de Mondaco, Pierris de Lagarraude, maître Pernauton Bocher et Fortic Daguerre.

Une troupe de réserve, destinée à servir de garde au maire ou à son lieutenant et à fournir des renforts sur les points les plus menacés, est formée avec les habitants de la rue Mayour (d'Espagne) et des quartiers voisins.

Chaque soldat de la milice est requis de se rendre, en armes, sur la partie du rempart de son quartier, de jour et de nuit, dès qu'il entendra un bruit d'alarme.

François, comte de Dunois, et récemment créé duc de Longueville, lieutenant général et gouverneur en Guyenne, prend ses dispositions pour assurer la défense de cette province.

Pendant que des commissaires, nommés par Louis XI (9 mars 1511), étudient les mesures propres à défendre les côtes, Longueville donne mission au sieur de Lisle, par ordre du roi, de lever cinquante hommes de guerre à la morte-paie, choisis parmi les plus beaux compagnons et les mieux expérimentés au fait des armes, d'en prendre le commandement comme capitaine et de les conduire à Bayonne, où ils seront chargés de la défense des châteaux, avec ceux qui y sont déjà placés.

Il écrit de Blois à la ville (10 mars 1511), de faire bon guet, de se pourvoir de vivres et de toutes choses nécessaires. Il annonce qu'une grosse quantité d'artillerie est en route vers Bayonne et que l'intention du roi est d'y mettre une bonne armée ; enfin, il lui recommande de l'aviser de la situation de la ville dès son arrivée à Bordeaux. L'avis demandé ne tarde pas, car, le 28 mars, le duc écrit de Bordeaux et envoie à Bayonne le sénéchal d'Armagnac et le sieur d'Urtubie, conduisant 500 hommes de pied. Il va diriger sur cette ville deux commissaires de l'artillerie, les sieurs de la Mothe et Champellaye, qui sont également experts en remparts et fortifications, et tous les canonniers qui sont à Bordeaux ; il en attend d'autres qu'il enverra aussi à Bayonne. Il demande au Corps de ville de préparer le logis de tous ces soldats. Dès que le besoin d'un plus grand nombre de troupes se fera sentir, il mettra en route 1,500 hommes de pied et 200 lances, qui sont prêts à partir.

Le lieutenant du maire rappelle (11 mai 1511), les ordonnances municipales au sujet du guet et les peines encourues par ceux qui ne les exécuteraient pas. Il défend (18 mai 1511), de vendre ou de prêter des armes aux étrangers, afin d'éviter leur exportation en Espagne ; il donne ordre aux habitants et aux voisins de la ville de s'approvisionner d'armes, telles que : bergantines, salades, épées, arbalètes, lances, pelles et autres harnois, pour la défense de la ville. Enfin, il convoque à une revue en armes dans la prairie St-Léon et à la prestation de serment tous les voisins de la ville, âgés de 18 ans et au-dessus, sous peine de perdre les avantages du voisinage. Cette revue et la prestation de serment, sur l'autel de Saint Léon, eurent lieu le 24 juin 1511.

Le duc de Longueville insiste à son tour (15 octobre 1511), sur la bonne exécution du guet ; s'inspirant de certaines améliorations proposées l'année précédente par Jean de Cologne, il prescrit à la ville de tendre tous les soirs les diverses chaînes de barrage, de murer la porte voisine du Château-Vieux et celle des Jacobins, mesures plus radicales que celles préconisées par Jean de Cologne ; ce maître-expert demandait seulement que la porte et le pont voisins du Château-Vieux fussent rapprochés de la rivière et que l'on retirât de la main des Jacobins la clef de la porte, ouverte dans la courtine du couvent donnant sur l'Adour, pour la confier à un archer des châteaux.

Longueville commande en outre de murer toutes les portes placées à l'extérieur des chaînes de la Nive, ce qui doit s'entendre des portes ouvertes sur les rives de cette rivière en dehors de la partie comprise entre les chaînes aval et amont. Enfin, il ordonne de faire des portes aux arches des ponts sous lesquelles passent les bateaux et de les fermer la nuit.

Les magasins de la ville sont garnis de blés. La quantité de vins approvisionnée à cause des bruits de guerre s'élève à 233 pipes ; elle est répartie dans les chais de quelques gros négociants dont les noms sont conservés dans le registre de ville. Une ordonnance (février 1512), défend, sous peine de mort, de faire le commerce des blés que certaines gens du pays de Labourd sont accusés de vendre aux ennemis du roi.

Le duc de Longueville et Odet de Foix, seigneur de Lautrec, connaissant par expérience l'appui que les Français avaient trouvé dans les faubourgs pour s'emparer de la ville, font démolir le couvent des Carmes, dans le faubourg de Tarride, trop rapproché des remparts. Il en fut de même du couvent des Augustins, au faubourg St-Léon, et de celui de Sainte Claire, en avant du Château-Neuf. Très probablement aussi, Lautrec fit combler les grands fossés nommés barraulx, que Jean de Cologne venait de signaler dans le faubourg St-Léon et qu'il avait recommandé de supprimer, afin qu'ils ne servent pas de logis à l'ennemi. C'étaient les fossés des enceintes anciennes.

Démolition des couvents de la banlieue.

Pour l'exécution de ces travaux, le maire avait fait convoquer les habitants et voisins ; ils devaient travailler à la *manœuvre* du roi de 5 heures du matin à 7 heures du soir. Défense fut faite de hausser, pour cette circonstance, le prix des journées et des matériaux, ainsi que le loyer des bachets (petits bateaux servant aux transports par eau) et des autres instruments de travail.

Longueville ne se borne pas à faire débarrasser les abords extérieurs de la ville des abris que l'ennemi pourrait y trouver, il s'occupe également de faire armer les remparts. Une grosse bombarde est mise à la tour du Nard, à l'aide d'un palan ; d'autres pièces sont également déplacées ; c'est le portier Daguerre qui fait transporter les agrès, exécuter des travaux au boulevard du Port-Neuf, et qui reçoit pour cela 40 livres 24 liards (ardits) 11 deniers. Le Conseil de ville commande à Benoît de réparer 12 canons et lui paye son travail 4 livres guyennes.

Les troupes annoncées par Longueville sont arrivées et on les fait camper à Ustaritz ; elles s'y trouvent déjà le 7 janvier 1512, car M. de Fontaines, lieutenant du roi, dit que certains marchands vivandiers ont obtenu des lettres de vivanderie pour mener des vivres au camp du roi. Afin que ces marchands ne soient pas pillés par les gens de guerre et qu'ils aient ainsi le désir de mieux pourvoir l'armée royale et la ville de Bayonne, **le duc de Longueville nomme un prévôt des maréchaux de**

Bayonne couvert par le camp d'Ustaritz.

France à l'armée du roi en Guyenne pour donner ordre et police au fait de la justice (20 juin 1512).

Il est encore nécessaire de rappeler aux habitants et voisins qu'ils doivent faire le guet, le contre-guet sur les murailles et dans les guérites, aux lieux accoutumés, et de garder les portes chacun à son tour, selon le rang usité jusqu'alors ; ces rappels sont formulés par Odet de Foix de Lautrec sous peine d'être mis au collier (au pilori) en la place commune, pendant douze heures (23 janvier 1512) ; le danger auquel Bayonne se trouvait exposé stimulait le zèle des officiers de ville, car aux menaces de Lautrec, le lieutenant du maire crut devoir ajouter les siennes (14 octobre 1512).

La place de Bayonne fut, en effet, en grand péril. Deux des adhérents de la ligue formée contre Louis XII, sur les instances du pape Jules II, s'étaient concertés pour attaquer la Guyenne. C'étaient Henri VIII, roi d'Angleterre, et Ferdinand, roi de Castille ; le premier voulait reprendre la Guyenne et le second s'emparer de la Navarre. Le pacte qu'ils conclurent stipulait, dans une de ses clauses, une expédition combinée en Guyenne. L'invasion espagnole devait passer par le col de Roncevaux, qui appartenait au roi de Navarre, tandis que les Anglais allaient débarquer près de St-Sébastien et gagner la Guyenne par le Labourd.

Ferdinand, qui était roi de l'Aragon par succession paternelle et de la Castille par sa femme Isabelle, unique héritière de ce royaume, amassa toutes ses troupes sur la frontière de Navarre et déclara la guerre à Louis XII dès le mois de mars 1512 ; il demanda à Jean d'Albret, roi de Navarre, pour sûreté de sa neutralité, pendant qu'il traversait ses Etats, la livraison des places fortes de Maya, d'Estella et de St-Jean-Pied-de-Port. Mais Albret, pressentant que Ferdinand voulait s'emparer de son royaume, négociait secrètement une alliance avec Louis XII et cherchait à gagner du temps avec les négociateurs de Castille.

Les Anglais passent la Bidassoa. Lassée par ces retards, l'armée anglaise, forte de 10,000 hommes, passe subitement la Bidassoa, le 28 juin 1512, sans en avoir reçu l'ordre. Cette démonstration jette l'émoi dans le pays de Labourd ; Andouins et 300 Béarnais se jettent dans Bayonne, dont la prise était le premier objectif des ennemis, pendant que le Béarn prend les armes et que les Français amassent des troupes. Le roi Ferdinand, mis au courant des négociations d'Albret par ses émissaires, se décide enfin à lui déclarer la guerre, le 15 juillet, et, dès le 17 juillet, les troupes espagnoles marchent sur les frontières de Navarre. Le même jour était signé à Blois le traité d'alliance entre Louis XII et Jean d'Albret.

Malheureusement pour le roi de Navarre, le gros des forces françaises était en Italie et les secours qui lui avaient été promis n'arrivèrent pas assez tôt pour arrêter la marche des Castillans. Mais, par compensation, l'armée anglaise, dont la marche en avant n'avait pas eté appuyée par les Espagnols, avait repassé la Bidassoa et restait campée, le 20 juillet, à Renteria, refusant de participer à la conquète de la Navarre ; Albret n'eut donc à combattre que l'armée de Ferdinand, forte cependant de 17,000 hommes et commandée par le duc d'Albe ; ce général castillan s'empara de quelques places navarraises et marcha sur Pampelune, capitale du royaume. Jean d'Albret, qui s'y était enfermé, quitta cette ville, le 23 juillet, à l'approche du duc d'Albe, sous prétexte d'aller ramasser des troupes en Béarn.

Le lendemain, la ville se rendait aux Castillans ; Maya, St-Jean-Pied-de-Port et presque toutes les forteresses de Navarre ont le même sort et reçoivent des garnisons espagnoles.

Les Castillans prennent Pampelune et la Navarre.

Mais, le roi Ferdinand voulant encore tromper sur ses véritables projets Jean d'Albret, qui est réfugié à Orthez, lui mande, le 15 août, qu'il lui rendra son royaume aussitôt après la prise de Bayonne. Il continue cependant sa conquête et, après avoir fait occuper par l'avant-garde de son armée Roncevaux et St-Jean-Pied-de-Port dans la dernière semaine d'août, il soumet la Basse-Navarre, située au pied Nord des Pyrénées.

Pendant ce temps, les troupes françaises, qui n'atteignaient pas la moitié de l'effectif ennemi, avaient peine à se rassembler. La plus grande partie était entrée en Béarn et campait à Sauveterre, à 50 kilomètres du col de Roncevaux ; elle n'agissait pas encore, attendant de nouveaux renforts et paralysée par une discussion sur une question de préséance qui s'était élevée entre ses deux principaux chefs, le duc de Longueville et le connétable Charles de Bourbon. Nous avons vu qu'un autre corps de troupes françaises était campé à Ustaritz, avec la mission de couvrir Bayonne ; il était destiné à supporter le premier choc des armées alliées, car Hasparren était le rendez-vous fixé pour les deux armées ennemies.

Le plan concerté commence à s'exécuter. Le duc d'Albe, arrivé le 10 septembre à St-Jean-Pied-de-Port, fait occuper Hasparren par une avant-garde de 500 lances et opère une diversion contre Sauveterre, afin de détourner l'armée française, qui s'y trouvait campée, de se porter sur Bayonne. Mais les Anglais ne se mettent pas en mouvement ; leur général, le marquis de Dorset, accuse le roi de Castille de s'être joué de l'Angleterre en négligeant la conquête de la Guyenne et en portant son unique soin à garder la Navarre ; malgré les ordres d'Henri VIII, il fait rembarquer ses troupes, vers le milieu d'octobre, sur des navires que Ferdinand ne lui refusa pas. C'est une armée de 10,000 hommes que les Français n'auront pas à combattre.

Ce départ inopiné donna du courage aux Navarrais. Le duc d'Albe, aventuré en Basse-Navarre, recevait ses approvisionnements par les cols des Pyrénées et voyait souvent ses convois enlevés. L'artillerie espagnole, qui attendait à Roncevaux l'ordre d'avancer, ne s'y trouvait plus en sûreté ; elle fut conduite à St-Jean-Pied-de-Port.

Le duc d'Albe se fortifie à St-Jean-Pied-de-Port. Pour mettre cette place à l'abri, le duc d'Albe y fit exécuter d'importants travaux ; un nouveau fort fut construit pour protéger la citadelle, des bastions en terre s'élevèrent, des fossés furent creusés et des magasins nouveaux purent contenir les approvisionnements nécessaires.

L'armée française recevait toujours des renforts ; elle compta bientôt 1,200 hommes d'armes, 1,600 ginètes et 6,000 fantassins, réunis au camp de Sauveterre.

Les Français opèrent en Navarre. Le 24 septembre, elle est entièrement constituée et composée de trois corps : celui de l'aile gauche, sous les ordres de la Palice et de Jean d'Albret, est à Sauveterre ; celui du centre, commandé par Longueville, occupe Peyrehorade sur l'Adour, et celui de l'aile droite, avec Lautrec, campe à Ustaritz, devant Bayonne. Ces corps doivent opérer de la manière suivante : l'aile gauche remontera le val de Roncal, pour couper la retraite au duc d'Albe ; elle compte à ce moment 14,000 hommes, parmi lesquels 7,000 aventuriers navarrais conduits par Gramont, resté fidèle au roi de Navarre. Le corps du centre, fort de 10 à 12,000 hommes, sous les ordres du dauphin François d'Angoulême et du duc de Longueville, s'avancera vers Sauveterre et Garris pour attaquer de front le duc d'Albe à St-Jean. Enfin, l'aile droite, sous les ordres de Lautrec, doit garder Bayonne et surveiller le Guipuscoa, province castillane.

Mais la lenteur avec laquelle la Palice fit avancer ses troupes permit à Fonseca de se jeter dans Pampelune avec des troupes espagnoles et donna au duc d'Albe le loisir de battre en retraite vers cette ville, laissant une garnison de 1,000 hommes à St-Jean-Pied-de-Port. Le duc d'Albe réussit à gagner Pampelune, après avoir évité par une marche de nuit l'armée de Jean d'Albret, postée au travers de son chemin, en passant à 2,000 mètres environ du camp français.

Un peu déconcertés par cette manœuvre hardie, Jean d'Albret et la Palice attendent pendant quelques jours l'arrivée de renforts venant par Roncevaux et se présentent, le 3 novembre 1512, à la tête de 20,000 hommes et de 50 canons, sous les murs de Pampelune.

Ils mettent le siège devant cette place et, après un assaut vaillamment conduit par les lansquenets et les Béarnais, mais vivement repoussé, ils transforment le siège en blocus. Leur armée, composée de mercenaires, était peu disciplinée et constituait une troupe sans consistance ; ce motif et le peu d'empressement de la Palice à seconder les efforts de Jean d'Albret, firent adopter le projet de blocus.

Pampelune assiégé par Albret et la Palice.

Pendant que ces opérations s'exécutaient dans la Haute-Navarre, le dauphin, le duc de Bourbon et Lautrec avaient rassemblé leurs troupes. Le camp d'Ustaritz avait été levé le 19 novembre ; les munitions qui ne suivaient pas l'armée furent amenées à Bayonne par les soins de maître Florimond Fortier, trésorier général et garde de l'artillerie. Le maire et les échevins les reçoivent en dépôt, le 27 novembre, et promettent d'en tenir bon et loyal compte au roi. Ce matériel comprenait : des hallebardes, écrevisses, halecrets, salades, traits d'arbalète, fers de lances, 1,500 piques ferrées, 1,150 fûts de lances et demi-lances et du salpêtre.

L'armée du dauphin ayant levé le camp d'Ustaritz, fit une diversion vers le Guipuscoa. Après avoir franchi la Bidassoa, elle pille et brûle les places d'Oyarzun, de Renteria, d'Iraucu et d'Ernani. Le 17 novembre, l'armée tente un coup de main sur Saint-Sébastien ; mais la garnison de cette place, qui ne comptait que 400 hommes, résiste, malgré sa faiblesse, aux 14,000 Français ; le dauphin, apprenant l'arrivée d'une armée castillane, qui se dirige vers les cols de Maya et de Bastan, pour couper les communications de l'armée française avec le Labourd, se retire précipitamment, le 19 novembre, et va occuper Maya.

Diversion du dauphin en Guipuscoa.

L'armée du roi de Navarre, campée devant Pampelune, se trouvait dès lors en mauvaise posture ; elle pratiqua à la hâte une brèche à coups de canon dans l'un des remparts de la capitale navarraise et, le 27 novembre, une troupe de Béarnais et de lansquenets tenta l'assaut, mais sans succès. Cet échec et l'arrivée d'une armée de Castille firent lever le siège et Jean d'Albret battit en retraite vers Maya, le 30 novembre. En passant les cols difficiles d'Elissondo et de Velate, son armée fut attaquée par les montagnards basques ; elle perdit, dans ces affaires, beaucoup de monde et 12 canons, qui furent ramenés triomphalement à

Albret bat en retraite sur Bayonne et perd définitivement la Navarre.

Pampelune. Le roi Ferdinand, pour perpétuer le souvenir de ce fait d'armes, autorisa la province de Guipuscoa à prendre pour armoiries douze canons sur fond d'azur ; ce sont encore aujourd'hui les armoiries du Guipuscoa.

Deux vaillants capitaines se signalèrent dans cette retraite : Bayard, qui commandait les hommes d'armes français, et Suffolk, gentilhomme anglais, du parti d'York, chargé du corps des lansquenets. Enfin, la Palice et d'Albret purent arriver, le 6 décembre 1512, à Bayonne, où les attendait le dauphin. Cette défaite entraîna pour Jean d'Albret la perte définitive du royaume de Navarre.

Pendant que le dauphin avait vainement tenté de reprendre à Ferdinand les places de Navarre dont ce dernier s'était emparé, pour les rendre à Jean d'Albret, allié du roi de France, Gaston de Foix, neveu de Louis XII, remportait sur le sol de l'Italie de brillantes victoires (1512), à Brescia, à Bologne et à Ravenne, où il mourait héroïquement. Les Français furent moins heureux, l'année suivante, dans cette péninsule ; ils perdirent contre les Suisses la bataille de Novare et abandonnèrent l'Italie, réalisant ainsi les desseins du pape Jules II.

Ces revers inclinent Louis XII dans la voie des négociations. Il entre en pourparlers avec Ferdinand, qui lui demande de refuser tout secours à Jean d'Albret, tandis que ce dernier multiplie ses démarches auprès du roi pour tenter de reconquérir la Navarre. Mais en même temps, pour assurer sa conquête, le roi de Castille fait occuper fortement St-Jean-Pied-de-Port. Tout danger n'avait pas disparu, car, outre la présence des troupes castillanes, la flotte qui portait l'armée anglaise du marquis de Dorset voguait en vue des côtes de Guyenne, attendant de nouveaux ordres. Le Béarn et la Gascogne s'émeuvent de ces menaces ; Jean d'Albret lève des troupes et va renforcer l'armée française, que Lautrec maintenait réunie sous son commandement. Mais en même temps ce dernier était chargé par Louis XII de négocier la cessation des hostilités avec le roi de Castille et réussissait dans sa mission.

Trêve d'Urtubie. Une trêve d'un an fut signée à Urtubie, le 1er avril 1513, et publiée à Bayonne, le lendemain ; elle s'appliqua aux territoires placés au Nord des Pyrénées (en deçà). Les deux monarques se firent de mutuelles concessions : Louis XII abandonna d'Albret, Ferdinand délaissa à la France Milan et les Vénitiens.

La place de Maya, située au delà des monts, avait été occupée par des Béarnais ; le roi de Castille l'assiège et la reprend. Jean d'Albret, quoique posté à Sauveterre avec 5,000 hommes, ne vient pas au secours de Maya ; il se borne à couvrir le Béarn et semble attendre une occasion plus favorable d'intervenir quand la guerre sera rallumée entre la France et l'Espagne.

Mais le danger de la flotte anglaise subsiste toujours et Louis XII institue M. de Fontaines son lieutenant à Bayonne et dans les pays circonvoisins, afin de parer aux entreprises qu'elle pourrait tenter ; il lui recommande en même temps d'assurer l'existence des gens de guerre, en évitant d'opprimer le peuple. Cette dernière prescription, souvent renouvelée, a mérité à ce roi le surnom de père du peuple.

Jamais recommandation ne fut faite avec plus d'à-propos. En effet, durant l'été de 1512, la présence de nombreux gens de pied à Bayonne a occasionné plusieurs maux aux habitants de cette ville ; il y a disette, dans le pays, de bœufs de boucherie, qui ont été abattus pour nourrir les gens d'armes qui le parcourent (15 avril 1513). Aussi, le départ de la flotte anglaise et le danger moins immédiat d'invasion permettent d'autoriser la vente en Labourd du blé de la munition ; mais comme les opérations de guerre se poursuivent en Navarre, où la trêve d'Urtubie ne s'applique pas, il est défendu d'exporter blé, vin et viandes, sans permission, hors du royaume (13 mai 1513).

Le trafic des marchandises a complètement cessé depuis plus d'un an (16 juin 1513) ; c'est le motif invoqué par le fermier de la grande coutume de Bayonne, dont le produit se partage par moitié entre le roi et la ville, pour demander, mais sans succès, que le prix de son fermage soit diminué. La ville l'invoque également dans les remontrances qu'elle adresse au roi (juillet 1513) ; elle insiste pour obtenir de lui un secours de 2,000 livres, car elle a dû dépenser une grosse somme pour faire un boulevard sur le bord de la rivière, du côté de St-Esprit, entretenir (acotrer) l'artillerie ordinaire de la ville, les poudres, boulets, munitions, et réparer les ponts. Les Bayonnais se plaignent aussi de ce que les clefs des portes sont données au capitaine Hirigoyen, mesure qu'ils considèrent comme une marque de défiance.

Louis XII répond qu'il veut que les clefs soient remises entre les mains de M. de Fontaines, son lieutenant, à cause des menaces de guerre, sans préjudicier aux droits des bourgeois ; il a chargé le duc de Valois de les en informer et de leur faire savoir qu'il accorde les 23 places de morte-payes que le Corps de ville lui a demandées pour eux.

En ce qui concerne la dépense des fortifications, le roi veut bien fournir à la réparation des ponts qui ont été dégradés par le passage des troupes, mais seulement pour obvier à l'imminent péril de leur destruction, et il annonce que le trésorier du Poncher écrit dans ce sens, à Bayonne, au commis chargé de la construction des fortifications qu'il y fait élever (18 juin 1513).

Effectivement, du Poncher mande à Jean de Cologne de se borner à faire rhabiller les ponts (refaire le tablier en bois), de manière à les empêcher de tomber, travail qu'il évalue à 200 ou 300 livres tournois ; il laisse à la ville le soin de faire le reste, quand elle aura des fonds. Il recommande au commis de faire bien besogner aux fortifications, tant à Bayonne qu'à Dax, avec la plus grande diligence et en commençant par le plus nécessaire ; il lui demande de le renseigner sur le degré d'avancement des travaux et sur ceux qui pourront être exécutés dans l'année (22 juin 1513).

La ville se contenta du faible secours que lui donna le roi et se mit à l'œuvre ; elle répara complètement le pont Mayou et profita de ce travail pour améliorer l'extrémité de ce pont sur la rive gauche de la Nive ; elle construisit des murs de quais en s'avançant vers le lit de la rivière et elle continua ces murs jusqu'au moineau des chaînes du Port-Neuf.

L'activité déployée au travail des fortifications de Bayonne, la prohibition d'exporter des vivres en Espagne, le dépôt des clefs de la ville en mains sûres étaient des mesures qui n'auraient pu se justifier, si Louis XII n'eût conçu des craintes sur l'amitié de Ferdinand et sur son désir de proroger la trêve. Le roi catholique, à la suite des désastres des Français en Italie, ne jugeant pas bien profitable une alliance avec eux, avait cessé les négociations qu'il poursuivait avec Louis XII à Paris et à Bayonne. Une ligue s'était formée, le 5 avril 1513, à Malines, contre la France, entre le pape, l'empereur et le roi d'Angleterre. Ferdinand, qui s'était engagé pendant un an par la trêve d'Urtubie (1er avril 1513), à laisser Milan et Venise à Louis XII, voulait se délier de cet engagement et, dès le mois de juillet 1513, il se rapprochait des coalisés. Sans même attendre la fin de la trêve, il adhère, le 13 octobre, à la ligue de Lille formée entre Maximilien et Henri VIII.

Nouvelle ligue contre la France. Les Anglais postés à Fontarabie menacent Bayonne. La Guyenne se trouvait ainsi menacée. Dès lors, Louis XII ne craignant plus d'indisposer Ferdinand, se réconcilie avec Jean d'Albret, qu'il avait abandonné. Ce roi détrôné prépare aussitôt en Béarn une expédition contre la Basse Navarre et, en attendant le moment d'entrer en campagne, il s'efforce de reconquérir St-Jean-Pied-de-Port par la trahison.

Le roi de France fait aussi des préparatifs de guerre. Il réunit des troupes à Cahors, à Agen et nomme général de l'armée le dauphin François d'Angoulême, son héritier présomptif, dont l'arrivée à Bordeaux est annoncée pour le commencement de 1514. Mais comme les Anglais, débarqués à Fontarabie, menacent directement Bayonne, il envoie dans cette dernière place de nombreuses compagnies d'hommes d'armes ; le capitaine Hirigoyen reçoit du roi et de son lieutenant général en Guyenne, Odet de Foix, la mission de lever en pays basque 500 hommes de pied, sur lesquels 350 vont renforcer la garnison de Bayonne (2 janvier 1514). La présence de ces troupes et le voisinage de l'armée anglaise provoquent une hausse sur le prix des denrées ; la cherté de la viande et l'interdiction de trafiquer le bétail avec l'Espagne occasionnent au fermier de la grande coutume des pertes considérables par la diminution des transactions commerciales et obligent le roi à lui accorder une réduction de 3,940 livres sur le fermage des trois dernières années.

Les mesures d'armement ne sont pas négligées ; les remparts de Bayonne se garnissent de canons ; une grande couleuvrine et un faucon sont placés sur la tour St-Esprit. La tour de Sault et la plate-forme appelée Puys de Perret, construite récemment à son pied, reçoivent quelques pièces, et le grand engin établi à demeure sur la terrasse supérieure de la tour est remplacé par une grande couleuvrine et un canon pierrier (1).

Cette artillerie avait été prêtée par la ville de Bayonne, avec une certaine quantité de munitions, à l'armée de Jean d'Albret, pour être employée au siège de Pampelune. Elle fut longtemps abandonnée dans le camp d'Ustaritz, où l'armée s'était rassemblée à la fin de sa retraite avec le matériel qu'elle avait pu amener. Les canons et les munitions prêtés par la ville ne purent lui être entièrement rendus ; elle fit cependant réparer les canons échappés au désastre pour armer ses remparts.

Bayonne n'était pas encore au bout de ses mécomptes. Un grand pan du rempart, qui réunissait le Château-Vieux à la porte Lachepaillet, menaçait de se renverser : c'était une partie de la nouvelle enceinte établie récemment en avant des remparts romains ; l'instabilité de cette muraille doit être attribuée soit à la mauvaise assiette de ses fondations établies dans un terrain marécageux, soit encore à son état de vétusté, dans le cas où elle aurait été édifiée sous la domination anglaise. Cette dernière hypothèse permettrait d'expliquer le terme « entre deux murs, au bout de la rue de l'Abesque », employé au moyen âge pour indiquer le lieu où se réunissait le Corps de ville. Dans ce cas,

Ecroulement du rempart Lachepaillet.

(1) Selon M. Ducéré.

le mur appuyé d'un côté au portail de Lachepaillet aurait dû aboutir du côté opposé à un ouvrage établi en avant du Château-Vieux, à la place du bastion actuel. Toutefois, on ne peut émettre que des conjectures au sujet de l'existence de cette pièce de fortification que ne mentionne aucun texte du moyen âge. Des étais et des liens furent placés en avant du mur pour arrêter son mouvement ; malgré ces précautions, malgré la présence d'experts maçons et charpentiers appelés en toute hâte sitôt que le danger parut plus imminent, le désastre ne put être conjuré et la maçonnerie s'écroula dans les fossés avec un grand fracas, le 16 décembre 1513, vers une heure de l'après-midi, en présence du Corps de ville et de M. de Fontaines, lieutenant du roi, consternés par cette catastrophe.

Tout en prenant ses dispositions pour résister à la ligue, Louis XII, qui ne voulait pas la guerre, essaya de renouer les négociations avec ses ennemis. Battu par les Anglais à Guinegate et malheureux sur tous les champs de bataille, il fut bien aise d'obtenir à Orléans, le 13 mars 1514, la prolongation pour un an de la trève d'Urtubie. Il acheta chèrement cette courte paix, en délaissant pour toujours le royaume de Naples et en renonçant à faire valoir, pendant une année, ses prétentions sur le Milanais ; son allié fut totalement abandonné, car aucune clause favorable à Jean d'Albret ne fut stipulée. Cette trève fut consolidée par l'adhésion de l'Angleterre ; Louis XII et Odet de Foix écrivent à Bayonne (15 et 25 août 1514), annonçant la nouvelle. Mais, dès le 1er mai, aussitôt après la proclamation de la trève d'Urtubie, le duc d'Angoulème, appelé aussi duc de Valois, s'était empressé de vider les magasins, en autorisant de vendre mille tonnes de blé d'Angoumois qu'il avait fait transporter à Bayonne pour ravitailler cette ville et nourrir les gens de guerre ; il permettait aussi d'écouler les vins approvisionnés en les vendant en taverne.

Ferdinand profita de la trève pour asseoir sa domination sur la Mérindad de l'Ultra-Puertos, province de la Basse-Navarre dont St-Jean-Pied-de-Port était la capitale, et pour recevoir l'hommage des seigneurs basques. Cette situation se prolongea jusqu'à la mort de Louis XII, survenue le 1er janvier 1515.

CHAPITRE XI

OPÉRATIONS DES FRANÇAIS EN NAVARRE ET GUIPUSCOA, — BAYONNE ASSIÉGÉ PAR LES ESPAGNOLS ET BRILLAMMENT DÉFENDU PAR LAUTREC (1515-1524).

François Ier. — La France et l'Espagne s'observent. — Bayonne mis en défense. — Déroute de Jean d'Albret à Roncevaux, sa mort. — Redressement du service du guet. — La peste à Bayonne propagée par les ouvriers des fortifications. — Rivalité de Charles-Quint et de François Ier. — Bayonne se prépare à la résistance. — André de Foix prend Pampelune ; puis, battu à Noain, il se retire à Bayonne. — L'amiral Bonnivet quitte Bayonne et porte la guerre en Guipuscoa. — Brillante marche des Français entre Roncevaux et Béhobie. — La Bidassoa traversée la pique au poing. — Prise de Fontarabie par Bonnivet et construction du fort d'Hendaye. — Le mur romain renforcé par un nouveau rempart du côté de St-Léon. — Lautrec, battu à la Bicoque, perd le Milanais. — De Santander, Charles-Quint menace Bayonne. — Il assiège Fontarabie, s'empare de Maya, qu'il fait raser, et de Béhobie. — Vaine tentative de St-Pé et d'Urtubie sur le château de Béhobie. — La Palice fait lever le siège de Fontarabie. — Incursions des Espagnols en Labourd. — Bayonne menacé. — Lautrec se jette dans la place et assure sa défense. — Il dégage les faubourgs par l'incendie et le canon. — Il fait construire un grand retranchement du côté de St-Léon. — Algarade de 1523. — Bayonne attaqué par 25,000 Espagnols, sa belle défense. — Fontarabie repris sur les Français. — Situation toujours menaçante. — Bayonne continue ses armements.

François Ier, duc d'Angoulême, fils de Charles d'Angoulême et de Louise de Savoie, succéda à Louis XII, son beau-père. Le nouveau roi, qui avait, sous le règne précédent, entretenu de bons rapports avec les Bayonnais, s'empressa de leur annoncer son élévation au trône, assuré que cette nouvelle allait être accueillie par eux avec de vives démonstrations de joie, non seulement à cause de l'amitié qu'ils lui avaient déjà montrée, mais encore parce qu'elle leur apportait l'espoir, sinon la certitude, d'un secours dont la ville avait grand besoin pour sa restauration. François Ier avait, en effet, constaté le dépérissement de la cité durant les dernières guerres, où il avait joué un rôle, et il ne pouvait se refuser à la réparation des désastres que la calamité des temps avait rendu inévitables. La ville se trouvait considérablement réduite ; les coutumes de Bayonne, rédigées de nouveau, en 1514, nous en fournissent la preuve. Elles mentionnent les rues et places comprises dans l'intérieur de l'enceinte et le faubourg de St-Esprit, mais ne contiennent aucune indication sur la banlieue de Mousserolles, les quartiers des Tanneries, de la fontaine St-Léon et du faubourg de Tarride.

François Ier.

Le couvent des Carmes, situé dans ce dernier faubourg, avait été démoli en 1513 et s'édifiait de nouveau dans le quartier du port du Verger.

La France et l'Espagne s'observent. Bayonne mis. en défense. Jean d'Albret avait gagné l'amitié de François Ier durant la guerre d'Espagne, et il comptait sur son secours pour reconquérir le trône de Navarre. Le bruit courut à la cour d'Espagne que le roi de France allait occuper le Milanais et susciter des embarras à Ferdinand sur les Pyrénées. Certaines mesures semblent confirmer ces rumeurs.

André de Foix, seigneur d'Asparros, nommé lieutenant général du roi en Guyenne (7 janvier 1715), arrive à Bayonne (27 février), se concerte avec du Poncher sur les mesures de défense et fait mettre la main à l'œuvre. Pour hâter les préparatifs, le trésorier annonce une seconde visite à Bayonne pour le 9 juin, tandis que d'Asparros s'y rend de nouveau (27 octobre) ; la ville fait, à cette occasion, au lieutenant général, des cadeaux consistant en vin, saumons et aloses, et étend ces marques de gracieuseté à du Poncher, à Fontaines et à Madame de St-Pé, fille du maire.

La présence des officiers royaux donne plus d'activité aux travaux ; des boulets de pierre pour bombardes sont charriés près des pièces, diverses réparations sont faites aux remparts. Les préparatifs de défense se poursuivent, malgré la peste dont la ville est menacée ; ce fléau est signalé à Salies-de-Béarn (15 janvier), à Bidart (21 octobre) ; pour s'en garer, on fait nettoyer les ponts et les rues, on interdit l'entrée de la ville et des faubourgs aux étrangers venant de Toulouse, qui est contaminé.

Odet de Foix s'absente de Bayonne, mais il se préoccupe toujours d'assurer la défense de cette ville. Il écrit d'Hagetmau à M. de Fontaines, le 31 octobre, afin qu'il exige de Bayonne l'accomplissement de certaines précautions : monter les chaînes et les tendre pendant la nuit, exécuter les guérites ordonnées sur les remparts, refaire les planchers des tours de l'enceinte et des portes, terminer les ponts, mettre à l'abri la grosse artillerie et ses accessoires, maintenir en bon état le bateau servant à la défense des rivières (corau). Ces travaux de réparation étaient d'autant plus nécessaires que les gens du guet ne craignaient pas de brûler les bois des guérites et les planchers des tours, malgré les protestations et les arrêtés du maire (30 janvier 1516).

Le roi d'Espagne prend des dispositions analogues ; il retire l'artillerie de la place de St-Jean-Pied-de-Port, où il la croit exposée, et il renforce la garnison de Maya ; en même temps, il fait occuper St-Palais.

François Ier n'avait pas l'intention de guerroyer sur les Pyrénées et réservait ses forces pour la conquête du Milanais. Il
chargea Lautrec de négocier une deuxième prolongation de la
trève, en excluant l'Italie de ce pacte, et de demander à Ferdinand que la Navarre soit restituée à Albret. Le roi d'Espagne
traîne la négociation en longueur, insistant diplomatiquement
pour comprendre l'Italie dans la trève ; pendant ces ater-
moiements, il incorpore la Navarre à la Castille par un acte
solennel, puis il refuse catégoriquement de la rendre au roi de
Navarre.

Sans s'attarder à discuter avec son voisin, le roi de France
passe les Alpes au col de Largentière et gagne la bataille de
Marignan sur les Suisses, qui lui disputent le Milanais. Fier de
sa victoire, il se fait armer chevalier par Bayard sur le champ
de bataille et il s'empresse d'envoyer à Bayonne la nouvelle de
ce succès (23 septembre 1515).

Voyant Ferdinand approcher de sa mort, Jean d'Albret fait **Déroute de Jean
d'Albret à Ron-
cevaux. Sa mort.**
des préparatifs pour reconquérir la Navarre. Le roi de Castille
meurt, en effet, le 3 février 1516, mais Albret ne trouve pas la
Navarre sans défense. Car, si le nouveau roi d'Espagne, l'archiduc Charles, prince de Castille et petit-fils de Ferdinand, ne
quitte pas encore les Flandres sur lesquelles il régnait, le ministre Jimenes veille aux intérêts de l'Espagne. Albret parvient à
pénétrer dans la ville de St-Jean-Pied-de-Port, mais il ne peut
s'emparer de la citadelle, où la garnison s'est retirée.

Comme François Ier, occupé dans le Milanais, ne lui envoie
pas de secours, Albret, impatient de profiter des circonstances,
met sa petite armée en marche sur Roncevaux, le 17 mars 1516.
Celle-ci est bientôt mise en déroute par les troupes de Castille ;
elle leur abandonne la ville de St-Jean et ne s'arrête qu'à la
frontière de Béarn. Le roi de France, toujours sympathique à la
cause de Jean d'Albret, veut bien encore tenter de nouvelles
négociations en sa faveur (avril) ; nous croyons qu'elles furent
conduites par le sieur de Sainte-Colome, nommé depuis peu de
temps gouverneur de Bayonne ; mais la mort du roi de Navarre
(17 juin) vint arrêter ces démarches, dont l'insuccès était
presque certain.

La victoire de Marignan ayant assuré la paix du côté de l'Italie
et aucune menace ne se produisant plus sur la frontière des
Pyrénées, François Ier se décide à désarmer. Il écrit, le 28 septembre 1516, à M. de Fontaines, son lieutenant à Bayonne, et
lui expose que ses affaires sont en si bon état qu'il n'a plus
besoin d'entretenir les gens de guerre extraordinaires ; il l'invite

en conséquence à les licencier en les payant jusqu'à la fin du mois et à garder seulement les troupes ordinaires de garnison.

Par son ordre, les blés qui ont été approvisionnés et renfermés dans les magasins de la munition à Bayonne, sont vendus (11 février et 7 mai 1517), sous la réserve expresse qu'ils ne sortiront pas du royaume. A ces signes de paix viennent se joindre les réjouissances et les feux de joie ordonnés dans la ville pour célébrer la naissance du dauphin (28 février 1517).

Catherine de Navarre, veuve de Jean d'Albret, jugeant par ces diverses mesures que sa cause est désertée par la France, tombe dans un grand abattement ; elle meurt bientôt à Mont-de-Marsan (12 février 1517), laissant à Henri II, son fils, les domaines de la maison de Foix-Navarre. Ce jeune enfant, âgé de quatorze ans, se trouvait alors à la cour de François Ier, qui le retint près de lui dans le but de garder la haute main sur ses vastes possessions. Néanmoins, le roi de France consentit à laisser Alain d'Albret exercer la tutelle de son petit-fils.

Durant la période de quatre années qui s'écoula jusqu'à l'ouverture des hostilités entre François Ier et Charles-Quint, la Guyenne, comme tout le reste du royaume, put jouir d'une paix profonde. La ville de Bayonne profite de ce répit pour rebâtir la porte St-Esprit, refaire tous les ponts en bois et construire les arches en pierre terminant les ponts Mayou et de St-Esprit (1517-1518) ; elle met en adjudication le pont jeté sur le fossé en avant de la porte St-Léon. Ces travaux considérables purent être exécutés grâce au don que le roi avait fait à la ville (septembre 1516) de la moitié de la grande coutume dont le produit appartenait à la couronne ; ce secours s'élève à 1,770 livres en 1518. Toutefois, François Ier s'était réservé cette ressource tant que d'Albret avait vécu, et il avait prescrit de ne faire aucun payement, sinon pour la guerre. Les Bayonnais, qui avaient besoin d'argent, députèrent vers le roi, afin de faire lever cette interdiction, lorsque la mort du roi de Navarre vint résoudre la difficulté.

Redressement du service du guet. Pour entretenir les bonnes dispositions de François Ier à l'égard de la ville, le lieutenant du maire assure de son mieux le service du guet et la protection des ouvrages de fortification. Il enjoint aux voisins et habitants (20 octobre 1516), de faire bons guet et contre-guet, bonne garde des portes, chacun à son tour, à l'heure prescrite par la coutume, savoir : les deux guets sur les murailles, dans les guérites et les tours, depuis l'entrée de la nuit jusqu'à la pointe du jour ; ceux de contre-guet devront faire plusieurs tours sur les murailles, les uns jusqu'à

minuit, les autres de minuit au jour ; les portiers, bien armés
et ajustés, se trouveront aux portes à la pointe du jour ; le
lieutenant défend, en outre, aux étrangers, de pénétrer en ville
par les rivières, sans se présenter aux gens du guet, sous peine
d'être attaqués à coups de traits d'arbalètes. Nouveau rappel
du 22 mars 1517, qui taxe le service du guet à un homme par
maison ; défense faite, le 15 décembre, aux étrangers et habitants, de franchir les remparts, de rompre les guérites et d'en
piller les morceaux ; enfin commandement, le 10 décembre 1518,
à tous les capitaines de guet, portiers, habitants et voisins, de
se rendre aux portes pour monter la garde, avec des lances,
hallebardes, épées et autres armes, et de ne laisser entrer en
ville aucun étranger armé.

Le texte même de ces prescriptions démontre qu'elles étaient
nécessaires et donne à penser que le service du guet avait besoin
de stimulants durant les périodes de paix.

Les querelles entre les archers et le Corps de ville, que l'état
de guerre avait fait disparaître, se reproduisent. Les premiers,
après avoir obtenu l'autorisation de faire pénétrer en ville, sans
payer de droits, leur provision de vin de Chalosse, très apprécié
à Bayonne, essayent d'en mettre une partie en vente ; pour ce
motif, le lieutenant du capitaine du Château-Vieux, Pierre de
Borsuset, dont la femme est l'auteur du délit, se voit infliger
une amende de 9 livres guyennes (31 octobre 1517).

Nous pensons que le zèle des officiers municipaux à faire
accomplir exactement le service du guet et à employer les fonds
de la grande coutume aux réparations des ponts et de la fortification plutôt qu'à d'autres dépenses d'une utilité moins générale,
doit aussi être imputé à la présence à Bayonne de Roger de
Gramont, maire, capitaine de la ville et du Château-Neuf. Les
Registres Gascons nous apprennent que ce seigneur mourut au
Château-Neuf de Bayonne, le 8 avril 1519, et qu'il fut enterré à
Bidache, où se trouvait son château seigneurial. Il est probable
qu'il mourut de la peste.

Ce fléau tant redouté occasionna, cette même année, la mort
de Bertrand de Lahet, évêque de Bayonne (1) ; il s'était propagé
en Galice, et était arrivé jusqu'à Arcangues en 1517, puis à
St-Jean-de-Luz et Urrugne en 1518. Enfin, on le voit apparaître
à Bayonne, le 10 juin 1519, et se maintenir longtemps dans cette
ville. Son arrivée à Bayonne fut favorisée par l'emploi des
ouvriers étrangers auxquels le maire, Jacques de Sainte-Colome,

La peste à Ba-
yonne, propa-
gée par les ou-
vriers des forti-
fications.

(1) D'après M. Poydenot.

avait fait appel pour relever rapidement le rempart écroulé en 1513, et poursuivre les grands travaux de fortification. Une fois le fléau introduit, sa propagation dut être facilitée par l'encombrement des travailleurs. Roger de Gramont avait été remplacé, à cause de son âge avancé, dans ses fonctions de maire, par Sainte-Colome, le 16 avril 1518 ; nous pensons que ce dernier était aussi gouverneur de la ville depuis le mois d'avril 1516, car nous le voyons, à cette date, faire son entrée à Bayonne, et recevoir du Corps de ville les cadeaux d'usage. Le corps de l'ancien maire fut transporté à Bidache aux frais de la ville, sur deux bateaux drapés et ornés des bannières du roi et de la ville ; une suite nombreuse avait pris place dans ces embarcations. Des messes de *Requiem* furent célébrées, par l'ordre du Corps de ville, dans l'église des Jacobins.

Les prétentions rivales de François Ier et de Charles-Quint à la couronne impériale d'Allemagne vinrent bientôt faire cesser l'état de paix qui régnait sur l'Europe et allumer entr'eux une guerre de quarante ans. Charles, archiduc d'Autriche, et depuis peu de temps roi d'Espagne, réussit à se faire élire empereur par la diète d'Allemagne (28 juin 1519).

Rivalité de François Ier et de Charles-Quint. Cette élection est une déclaration de guerre et elle vient ranimer les espérances d'Henri d'Albret. Sa mère Catherine avait en vain tenté de lui faire épouser Eléonore d'Autriche, fille de l'archiduc, dans le but de le remettre, par cette union, en possession du trône de Navarre. Ces démarches, commencées en 1517, puis interrompues par la mort de Catherine, furent reprises par Alain d'Albret, et enfin définitivement abandonnées en 1519. N'ayant pas réussi dans la négociation, il ne resta plus à Henri II que la voie de la guerre.

François Ier est alors disposé à l'aider ; l'éventualité de la guerre décide ce monarque à poursuivre avec plus d'assiduité l'exécution des mesures de défense qui doivent mettre Bayonne à l'abri d'une attaque. Pour les activer, le roi de France projette même, malgré la peste, de venir dans le pays, et fait acheter à Bayonne et à Dax, 400 pipes de vin nécessaires au prochain séjour de la cour dans ces villes (30 décembre 1519).

Bayonne se prépare à la résistance. L'artillerie est mise en place sur les remparts, sur les boulevards, sur les plate-formes et au sommet des tours ; un inventaire des pièces composant l'armement de l'enceinte, dressé à cette date (1520), et déposé aux archives des Basses-Pyrénées, nous montre que la ville possédait 35 canons de divers modèles et 15 hacquebutes à crocs. Les premiers comprenaient : 15 faucons, 7 canons, 5 grandes couleuvrines,

3 bastardes, 2 moyennes, et 3 émerillons; les hacquebutes, sortes de mitrailleuses, étaient placées au sommet des tours des deux châteaux.

La fortification est remise en état; on bouche le mieux possible la brèche qui s'est produite dans la muraille derrière la Boucherie, et on y construit une guérite pour surveiller ce point dangereux; on travaille aussi aux plates-formes derrière le Château-Vieux et à la porte Lachepaillet. De nouvelles démolitions sont exécutées pour dégager la zone extérieure des remparts; le couvent de Sainte-Claire, établi dès 1302, selon Veillet, vers la porte Mousserolles, près du pied extérieur des remparts, est démoli par ordre du roi, et reconstruit à l'intérieur de la ville au pied du Château-Neuf.

Tous ces travaux sont exécutés sur l'ordre de Bertrand d'Estissac, qui vient de recevoir du roi (8 mai), une commission de lieutenant général du roi en Guyenne, en l'absence de Lautrec et d'Asparros, employés aux armées. Fontaines, préposé de nouveau à la garde de la ville (21 mai), surveille de près tous ces préparatifs et empêche, conformément aux ordres d'Estissac, de laisser emporter du blé en Espagne.

Tranquille du côté du roi d'Angleterre avec lequel il vient de signer un traité de paix, publié à Bayonne, le 22 juin 1520, François Ier prend ses dispositions pour commencer les hostilités sur les Pyrénées. Il écrit à la ville de Bayonne, lui demandant des hommes et des subsides: il cite comme exemple Paris et Rouen qui lui ont donné 1,500 et 1,000 hommes; si la ville veut lui accorder des gens de guerre à pied, elle pourra se couvrir des frais résultant de leur entretien, en imposant les vivres et les marchandises entrant en ville (3 février 1521).

Nous ne savons s'il fut fait bon accueil à la demande du roi relative aux gens de pied, mais la ville lui fournit des secours sur mer, en armant des navires à ses frais, avec son artillerie (12 mars).

Le rassemblement des troupes donne lieu à une disette et maintient par suite les prix élevés des denrées que la même cause avait occasionnés en 1514. Le sieur de Saint André, lieutenant en Guyenne, s'entend avec le Corps de ville pour remédier à cette situation; il fait distribuer du blé en Labourd aux sujets du roi et fixe pour les denrées des prix plus réduits (mars et avril).

Le 10 mai 1521, l'armée française, commandée par André de Foix, seigneur d'Asparros, est prête à marcher; elle comprend 12,000 fantassins, 800 lances, 29 pièces d'artillerie, une bonne quantité de munitions et de vivres. Parmi les trois lieutènans

André de Foix prend Pampelune. Puis, battu à Noain, il se retire à Bayonne.

du général se trouve le sire de Sainte-Colome, maire de Bayonne. Des prévôts, des maréchaux sont attachés à l'armée pour maintenir l'ordre dans les marches et aux abords des camps.

Cette troupe nombreuse, unie aux Béarnais d'Henri d'Albret, arrive, le 12 mai, devant St-Jean-Pied-de-Port, et obtient, trois jours après, la reddition de la place. Ce succès décide la Basse-Navarre à se soulever en faveur de son ancien souverain. L'armée française, profitant de ce mouvement, passe le col de Roncevaux et envahit la Haute-Navarre. Tandis que Maya résiste à trois jours de blocus, Pampelune se rend le 19 mai et toutes les places de Navarre suivent l'exemple de la capitale.

André de Foix est nommé vice-roi de Navarre ; mais sa mauvaise administration mécontente les Navarrais et le prive de l'appui sur lequel il comptait. Il essaye quand même de conquérir la Castille et met le siège devant Logroño ; contraint de se retirer, il se fait battre à Noain, à quelques heures de Pampelune, perdant 6,000 hommes. L'armée française se voit forcée d'évacuer la Navarre qu'elle ne peut défendre, et elle bat si précipitamment en retraite, que les fuyards ne s'arrêtent qu'à Bayonne.

L'amiral Bonnivet quitte Bayonne et porte la guerre en Guipuscoa. Pendant qu'André de Foix est repoussé de la Castille et de la Navarre, une armée de secours est réunie à la hâte. L'amiral Bonnivet rassemble à Bordeaux de l'artillerie et des attelages empruntés à la ville, 400 hommes d'armes et quelques gens de pied et se dirige en toute diligence vers Bayonne, tandis qu'il fait rassembler à la frontière un corps de 6,000 lansquenets par le comte de Guise, qui en était le colonel. L'amiral est salué, à son arrivée à Bayonne, par le Corps de ville, venu en bateau au devant de lui, et par une salve de boîtes d'artillerie, tirée derrière le boulevard de la Boucherie. Avant de faire passer à ces pièces le pont de St-Léon, pour les mener hors la ville, on jugea prudent de le consolider avec des poutres et des liens (7 septembre).

Bonnivet quitte cette ville, où rendez-vous avait été donné à toutes les troupes, et transporte son quartier général à St-Jean-de-Luz. Il détache St-André pour aller insulter Maya avec 2,000 lansquenets et 1,000 gascons qui avaient aussi rejoint l'armée, tandis qu'il se dirige lui-même avec le gros des troupes sur St-Jean-Pied-de-Port, possédée par les Français. L'amiral se porte de là sur le château Pignon, qui barrait la route conduisant à Roncevaux par les crêtes et qui était défendu par le capitaine castillan Mondragon avec 50 hommes. Les Espagnols, menacés d'être pendus, livrent la forteresse après avoir essuyé quelques coups de canon.

Fontarabie était l'objectif marqué à l'amiral ; pour dérouter l'ennemi, il fait prendre à ses troupes le chemin de Pampelune, place déjà perdue par André de Foix, et qu'il feint de vouloir reprendre. Mais bientôt, il abandonne la direction du Sud et tourne vers l'Océan. Il passe à Maya et s'arrête devant cette place, le temps de tirer quelques coups de canon contre ses remparts. De ce point, il part de grand matin à la tête de ses lansquenets, traverse cette contrée montagneuse en suivant des chemins très mauvais, à peine praticables, passe à Urdax et à Sare, et arrive à Ascain le soir du même jour.

Brillante marche des Français entre Roncevaux et Béhobie

Après un repos de deux jours, nécessité par cette marche de 25 kilomètres en montagne, l'armée de Bonnivet quitte Ascain et vient se présenter sur la rive droite de la Bidassoa, en face du château de Béhobie ; elle trouve la rive opposée garnie de troupes castillanes.

Il était nécessaire, avant de mettre le siège devant Fontarabie, de s'emparer du château de Béhobie, qui commandait le pont de la Bidassoa, afin de faire arriver de France l'artillerie et les approvisionnements. L'amiral voulut que l'on attendît la basse marée pour effectuer le passage de la rivière ; alors, sur un ordre de ce chef, Monsieur de Guise, ses lansquenets et ses gens d'armes se jettent à l'eau, la pique au poing, et répandent la panique parmi les Espagnols, qui prennent la fuite. Le lendemain, on put faire passer le pont à quelques pièces d'artillerie et s'emparer du château de Béhobie ; dès lors, l'arrivée des convois de France était assurée et rendait possible la poursuite des opérations.

La Bidassoa traversée la pique au poing.

Le 15 septembre 1521, Fontarabie est investie ; l'amiral prend la direction du siège. Une brèche, déclarée praticable, est escaladée par des corps d'infanterie basque, gasconne et navarraise ; mais comme la situation de la brèche ne permet pas aux assaillants d'être soutenus, ils sont repoussés après une heure de lutte.

Pour venir à bout de la résistance de cette place, Bonnivet fait alors hisser de grosses pièces sur la montagne qui la domine vers le Sud, et la ville, se voyant menacée d'une ruine certaine, se rend après douze jours de siège. Les Français y entrent aussitôt, le 18 octobre, et le comte du Ludde s'y établit avec une garnison de 3,000 basques ou gascons, des vivres, des munitions et une certaine quantité d'artillerie.

Prise de Fontarabie par Bonnivet et construction du fort d'Hendaye.

Avant de quitter Fontarabie, l'amiral fait repasser la Bidassoa aux lansquenets de Guise et les charge de construire le fort d'Hendaye, sur la rive française (1) de cette rivière.

(1) Chronique de Martin du Bellay.

Il se dirige ensuite vers Bayonne, où il est accueilli de nouveau par le Conseil de ville avec de grandes démonstrations de joie. L'amiral, accompagné par le trésorier général de Normandie, demeura quelques jours dans la ville pour régler les dépenses de la guerre, avant de se rendre à la cour ; durant ce séjour, sa table fut pourvue par le Corps de ville, et le livre des comptes mentionne que l'on acheta, pour les lui offrir, deux douzaines de perdrix, un cent d'oranges, une barrique de vin vieux de Laroque d'Ondres. Voulant montrer sa reconnaissance pour ces prévenances, l'amiral, qui était suivi à quelques jours de marche par un corps de 2,500 Allemands (lansquenets), rentrant de Fontarabie, leur défendit d'entrer à Bayonne, où ils auraient pu commettre des rapines, et les fit transporter de Tarride à St-Esprit, par les soins du Corps de ville, sur des bateaux conduits par 40 rameurs.

L'expédition d'André de Foix sur Pampelune fut la dernière tentative faite par Henri d'Albret pour recouvrer la Navarre espagnole, qui est restée, depuis lors, indissolublement liée au royaume d'Espagne. Ce prince garda la Navarre française et persista à porter le titre de roi de Navarre, qui passa à ses successeurs ; il épousa, en 1526, la sœur du roi de France, Marguerite d'Angoulême. Leur fille unique, Jeanne d'Albret, épouse d'Antoine de Bourbon, prince du sang, fut la mère d'Henri III de Navarre, devenu roi de France sous le nom d'Henri IV (1589).

Baïlac nous apprend que, durant cette campagne, on commença à Bourgneuf la construction d'un retranchement avancé entre la Nive et l'Adour, mais qu'on le laissa inachevé lorsqu'on apprit la prise de Fontarabie. On avait aussi continué à dégager les fronts de Mousserolles et de St-Léon, en facilitant l'installation, à l'intérieur de la ville, des couvents dépossédés.

Le mur romain est renforcé par un nouveau rempart du côté de St-Léon. Selon le même auteur, une large terrasse aurait été élevée entre le Château-Vieux et la Nive : cette indication doit s'appliquer à la construction d'un nouveau rempart placé à quelques mètres en dehors du mur romain ; il commençait, en effet, au Château-Vieux, passait aux portes Lachepaillet et St-Léon, puis se terminait à la tour de Sault, sur le bord de la Nive ; l'intervalle entre les deux murs fut rempli de terre en certaines parties, et la surface de ce remblai, nivelée à hauteur du nouveau mur, constitua la terrasse citée par Baïlac. On peut même penser que ce remblai dut être fait, en 1513, dans la partie voisine du Château-Vieux ; et la poussée des terres, dont on ne connaissait pas encore à cette époque toute l'importance, dut certainement contribuer à produire l'écroulement déjà mentionné.

Faut-il placer à cette date la construction du rempart qui a réuni le Château-Vieux à la tour du Nard, située au bord de l'Adour ? Nous ne le pensons pas, car aucun indice ne le prouve. Cependant, l'installation des Carmes au port du Verger (rue Thiers), indique que ce quartier devait être protégé ; il était probablement clôturé soit par une simple muraille, soit même par une levée de terre précédée d'un fossé plein d'eau et de terrains marécageux. Le retranchement que Lautrec établira bientôt pour garantir ce quartier rendra notre dernière hypothèse très probable.

Pendant qu'André de Foix et Bonnivet combattaient en Navarre et Guipuscoa, des hostilités se produisaient sur la frontière des Flandres et dans le Milanais. Les impériaux avaient envahi la Champagne et mis le siège devant Mézières ; Bayard défendit vaillamment cette place et découragea les ennemis qui se retirèrent (septembre 1521).

Mais Lautrec est moins heureux au delà des Alpes ; il se fait battre à la Bicoque, entre Monza et Milan, et entraîne par cette défaite la perte du Milanais. Les généraux français eurent à lutter, dans cette campagne, contre un de leurs compatriotes, le connétable de Bourbon, que François Ier avait dépouillé d'une partie de ses domaines par un jugement inique. Aveuglé par la vengeance, le connétable conspira contre sa patrie et mit son épée au service de l'empereur et du roi d'Angleterre, pour démembrer la France, à la condition qu'une partie lui en serait assurée avec le titre de roi. Ce funeste projet ne put heureusement être mis à exécution.

Lautrec, battu à la Bicoque, perd le Milanais.

Encouragé par ses succès en Italie, Charles-Quint veut venger son échec de Fontarabie et rassemble des troupes. Le roi de France rappelle d'Italie Odet de Foix, vicomte de Lautrec, et le nomme gouverneur de Guyenne, afin d'y organiser la résistance. Ce général fait son entrée à Bayonne ; il est reçu par le Corps de ville, sous un pavillon drapé d'étoffes et orné de franges, disposé tout exprès pour la circonstance ; il se rend ensuite à la cathédrale faire la prestation de serment, accompagné d'un cortège de 24 prudhommes, porteurs de torches (5 mars 1522). Les circonstances exigeaient des officiers éprouvés ; la mort de Sainte-Colome a rendu vacante la charge de maire, que le roi donne à Jehan de Gramont, fils de Roger, en récompense de ses services signalés dans les armées du Milanais (18 mars) ; mais le nouveau maire ne prêta serment qu'un an et demi après.

La charge de capitaine de la ville de Bayonne passe des mains du sieur de Fontaines dans celles de St-Bonnet ; François Ier informe de ce changement le sieur de St-André, lieutenant général du roi, et lui prescrit de remettre au nouveau capitaine toute l'artillerie, les munitions, vivres, bâtons et autres choses qui se trouvent dans la ville pour sa sûreté et sa garde.

Nous ne pensons pas que l'exécution de travaux de défense fut alors jugée nécessaire, car les livres de comptes nous signalent seulement des réparations aux ponts récemment endommagés par une inondation de la Nive ; on y employa des bois d'Urdains, fournis par Mme de Saint-Pé, sœur du maire, et l'on demanda au roi la somme nécessaire pour couvrir cette dépense.

De Santander, Charles-Quint menace Bayonne.

L'arrivée de Charles-Quint à Santander (juillet 1522), était le principal souci de François Ier ; ne sachant sur quelle ville son ennemi allait porter ses premiers coups, il multiplie les recommandations. En annonçant à la ville de Bayonne la guerre avec l'Angleterre et l'Empire, il lui écrit (7 juin), de se ravitailler en blé, avoine, bétail et autres provisions. Dans une autre lettre, du 9 juillet, le roi recommande à la ville de se bien garder à cause des entreprises de ses ennemis et de faire tout ce que le sieur de St-André, lieutenant général en Guyenne, lui commandera.

Il assiège Fontarabie, s'empare de Maya qu'il fait raser et de Béhobie.

Charles-Quint avait, dès son arrivée à Santander, fait sommer le marquis du Ludde, qui commandait à Fontarabie, de se rendre (22 juillet) ; sa tentative resta vaine. Alors des milices et des troupes se rassemblent aux environs de Fontarabie, sous le commandement de Miranda et du connétable de Beaumont ; ce Navarrais, ancien chef du parti favorable à la Castille, était resté au service de Charles-Quint, tandis que Gramont, chef du parti navarrais opposé, s'était attaché à la France. Les troupes espagnoles se portent sur Maya qu'elles investissent, y font une brèche à l'aide d'une mine placée sous un bastion, et s'en emparent après avoir livré trois assauts ; ce château fut aussitôt rasé, par ordre de l'empereur, qui voulait détruire presque toutes les places fortes de Navarre, afin d'empêcher ce pays de se révolter contre lui.

Tant que Fontarabie recevait des vivres de France, elle ne pouvait être affamée. Pour y parvenir, Miranda fit prendre le château de Béhobie par surprise. La possession de ce poste, qui commandait le pont sur la Bidassoa, importait trop aux Français pour qu'ils ne tentent de le reprendre.

Vaine tentative de St-Pé et d'Urtubie sur le château de Béhobie.

Cette mission est confiée aux sieurs de St-Pé et d'Urtubie, qui commandent à 1,000 miliciens du Labourd et à 3,500 lansquenets. Repoussés dans une attaque directe, ils tentent de tourner le château par la montagne ; mais, surpris par 1,500 Espagnols, ils sont battus et mis en fuite, malgré une vigoureuse résistance des lansquenets.

Du Ludde, quoique serré de plus près, reçoit un renfort de 1,000 Gascons, et exécute sur Irun une sortie infructueuse. Bientôt la place est assiégée par une armée de 24,000 hommes, que commande le prince d'Orange ; les vivres n'arrivant qu'avec la plus grande difficulté, commencent à manquer ; cependant du Ludde tient bon, sachant que François Ier envoie à son secours un corps de troupe commandé par le maréchal de Chabannes de la Palice, lieutenant général. En effet, le 10 septembre, les Bayonnais sont chargés de faire passer l'étang d'Ondres à 4,000 hommes de la bande de Monseigneur de Chandiou, (1) et probablement, de les amener à Bayonne, par l'Adour. La Palice se rend lui-même dans cette ville, puis il transporte son camp à Ustaritz et à St-Jean-de-Luz, où viennent le rejoindre les milices du Labourd. Il se rend à Hendaye et s'y arrête jusqu'à l'arrivée des 24 canons qui lui sont envoyés par mer, de Bordeaux. Les préparatifs terminés, la Palice réussit à faire passer la Bidassoa à son armée et à un convoi portant une forte provision de blé et de vin, sans que l'ennemi s'oppose à ce mouvement.

L'armée espagnole, quoique augmentée de 6,000 lansquenets, n'osa pas attendre l'attaque de l'armée française et leva le siège. *La Palice fait lever le siège de Fontarabie.* Le marquis du Ludde fut le héros de cette campagne ; il se rendit à la cour, où il fut grandement complimenté. Le commandement de Fontarabie fut confié au capitaine Franget, qui passait pour un bon militaire ; la garnison de la place, renforcée de 50 hommes d'armes et de 1,000 de pied, fut portée à 4,000 hommes. La Palice se retira à son tour, non sans avoir fait mettre en état les fortifications de cette ville. Il rentre à Bayonne ramenant l'artillerie, qui passe sur le pont de la porte St-Léon, préalablement étayé et consolidé (12 octobre) ; il s'occupe d'armer les remparts et fait organiser par des charpentiers la plate-forme à canons, placée derrière le Château-Vieux. La présence des gens de guerre à Fontarabie, à St-Jean-de-Luz, à Ustaritz et dans d'autres localités du Labourd a réduit considérablement la provision des vins du pays et fait lever la défense d'introduire les vins étrangers ; mais les premiers sont plus appréciés, surtout par les gens de guerre qui n'hésitent pas à les prendre de force. Ces procédés violents, dont la bande de Chandiou a fait usage à l'égard de Mathieu de Laduich, bourgeois de Bayonne, en lui dérobant un

---

(1) Livres de comptes de la ville.

chargement de vivres et de vin (8 octobre), viennent à la connaissance de la Palice, et décident ce dernier, à cause de l'impuissance où il se trouve d'arrêter ces désordres, à mettre sa propre provision de vin à l'abri des rapines des soldats, à l'intérieur de la ville. Cependant, Laduich fut indemnisé de sa perte par les échevins, sur la demande du maréchal et en considération de sa personne (9 avril 1524). A l'exemple de la Palice, les habitants du pays voisin de Bayonne amènent leurs provisions dans cette ville, où elles peuvent être protégées ; le meunier de Brindos y entrepose 7 pipes de cidre qu'il ne retirera que le 29 avril 1524, quand le départ des ennemis aura rendu le calme au Labourd.

La place de Fontarabie, qui n'est plus serrée de si près, peut se ravitailler ; les provisions n'osent emprunter la voie de terre menacée par les Espagnols, et suivent de préférence la route maritime ; Lautrec adopte celle-ci et fait parvenir par elle à la place un bateau chargé de cidre (31 mars 1523). On trouve toujours des armateurs assez audacieux pour accomplir ces fournitures très hasardées, qui courent le risque de tomber entre les mains de l'ennemi. Cet accident ne pourra être évité par deux marchands de Bordeaux, lesquels, après avoir dirigé sur Fontarabie un navire contenant un gros chargement de vins, apprendront son arrivée dans cette place après la capitulation de celle-ci et sa capture par les ennemis : ils crieront à la ruine et demanderont une indemnité.

Incursions des Espagnols en Labourd.

Les Espagnols, après avoir un instant quitté les abords de Fontarabie, recommencent à se montrer près de cette place. Ils s'assemblent même en grand nombre, tant à Saint-Sébastien qu'à Saint-Jean-Pied-Port. Le bruit court qu'ils vont mettre le siège devant Bayonne ; leurs troupes, descendues de St-Jean, font des incursions dans le pays de Soule et le Labourd, où elles répandent l'incendie et le pillage ; quelques-uns de leurs coureurs poussent même l'audace jusqu'à se présenter aux abords des portes de Bayonne. Enfin, les Espagnols se concentrent et tentent de mettre le siège devant St-Jean-de-Luz ; ils se bornent à brûler les maisons situées en dehors des remparts de cette ville et réservent leurs forces pour l'attaque de Bayonne, qui était leur principal objectif.

Bayonne menacé. Lautrec se jette dans la place et assure sa défense.

Le maréchal de Lautrec, qui venait de remplacer la Palice comme lieutenant général en Guyenne, ne se laisse pas surprendre. Il s'est déjà concerté avec l'amiral Bonnivet, venu à Bayonne en décembre 1522, pour renseigner le roi sur la situation du pays et se conforme à ses instructions.

Ne pouvant disposer, pour arrêter les incursions des ennemis, de troupes réglées qui étaient alors concentrées en Champagne, en Picardie et en Milanais, il ramasse le peu de réguliers qui se trouvent dans la contrée et se jette avec eux dans Bayonne. Il fait affluer vers cette ville le bétail des environs et y concentre toutes les ressources du pays, afin d'affamer l'ennemi.

Cette concentration s'était d'ailleurs faite naturellement, par la peur qu'inspiraient les gens de guerre des deux partis. En outre, dès le mois de mars 1523, Oger de Hiriart, lieutenant du maire, avait été délégué pour veiller à ce que les habitants de la ville ne se démunissent pas de leur provision de blé en la vendant aux ennemis.

On n'a pas attendu l'arrivée de Lautrec pour commencer à armer les remparts ; des déplacements de canons sont faits en janvier, février et avril, le pont de St-Léon est consolidé à ces divers moments, pour permettre le passage de l'artillerie ; la grosse bombarde, qui est ordinairement à la tour du Nard, en est tirée et est placée sur un autre point (20 juillet) ; deux pièces d'artillerie sont descendues du haut de la tour St-Léon.

Les canonniers réparent les faucons, font des fouloirs, des refouloirs, des bâtons et fondent des boulets en plomb, appelés plomies (12 janvier). Comme l'approvisionnement de ce métal est insuffisant pour faire la quantité de projectiles jugée nécessaire, ils obtiennent des religieux de l'observance un prêt de 3 quintaux (mai), que la ville restitua le 30 avril 1524. Enfin, dernier détail, les courroies des boucliers (pavois), dont on doit se servir dans les bateaux destinés à la garde des rivières, sont remises à neuf (avril).

Le maréchal met toute son activité à faire dégager les abords des remparts. Il détruit les faubourgs en les incendiant, et fait renverser, à coups de pioches et de marteaux, les pans de murs épargnés par le feu. Tous ces travaux sont exécutés en présence du sieur de St-Bonnet, gouverneur et capitaine de Bayonne, et de plusieurs autres gentilshommes, lesquels, par leurs paroles, excitent les ouvriers au travail.

Il dégage les faubourgs par l'incendie et le canon.

Le couvent des Augustins, placé tout près de la porte St-Léon, avait déjà facilité la prise de la ville sur les Anglais ; c'était un des plus considérables de la province. Il fut démoli presque en entier, ses vergers et jardins, peuplés de pommiers, furent détruits. Mais on ne pouvait songer à abattre rapidement son clocher, sans faire courir un grand danger aux ouvriers ; le démolir pierre à pierre, il n'y fallait pas songer, à cause de la trop grande durée de ce travail. On préféra miner ses fondations, entailler ses murs à coups de marteaux sur plusieurs points, et l'abattre enfin à grands coups de canon. Cet édifice s'écroula, le 23 mars 1523, en présence des autorités de la ville : ses matériaux, ainsi que ceux des autres démolitions, furent employés à la construction et à la réparation des remparts. On exécuta à l'enceinte les travaux les plus urgents, on remit en état les diverses guérites, la muraille de Lachepaillet, et on barra l'entrée du boulevard Mousserolles (juillet et août).

Les propriétaires des faubourgs, quoique dépouillés de leurs immeubles, devaient pourvoir eux-mêmes à leur remplacement. Cependant, Lautrec prêta son appui aux Augustins et il ordonna (25 mars 1523), l'expropriation, au pays de Perez, d'un emplacement vide et de quelques maisons que les Augustins devaient acheter, au prix d'évaluation, pour y construire leur couvent. Ces religieux, après des hésitations, abandonnèrent ce projet et s'établirent définitivement dans la rue Lagréou, où ils achetèrent, par voie d'échange, la tour de Naguille et une grande maison attenante. Ils étaient déjà à l'œuvre, le 29 avril 1525, car le maire leur défend d'empiéter sur la rue Lagréou ; leur couvent est devenu aujourd'hui le collège St-Louis.

Il fait construire un grand retranchement du côté de St-Léon. Lautrec, craignant toujours d'être surpris par l'ennemi en pleine exécution des travaux et voulant suppléer à la faiblesse de l'enceinte nouvelle des fronts de St-Léon qui ne devait pas encore être achevée, fait entreprendre un grand retranchement en terre, à 280 mètres en avant de l'enceinte. Les vestiges qui en subsistaient, il y a deux cents ans, nous montrent que ce retranchement occupait le milieu du champ de manœuvre, appelé camp St-Léon. Il prenait naissance à la crête du talus bordant la Nive, à 120 mètres de la fontaine St-Léon ; de ce point, il se dirigeait en ligne droite, de l'Est vers l'Ouest, sur une longueur de 440 mètres et se retournait perpendiculairement pour regagner le boulevard de la Boucherie, en suivant un parcours de 340 mètres.

Une sortie était ménagée dans ce parapet de terre, suivant le prolongement direct de la rue St Léon (d'Espagne), vers le chemin de Pampelune ; un gros tambour rectangulaire de 100 mètres de large sur 130 mètres de long, à parapets en terre, protégeait cette issue. Un deuxième passage, placé à l'angle Ouest de l'ouvrage, conduisait à la route de St-Jean de-Luz. Un autre retranchement, placé plus au Nord, formé de deux branches perpendiculaires entr'elles, s'appuyait au Château-Vieux et au côté Ouest de l'étang du moulin de Tarride ; il garantissait contre les atteintes de l'ennemi le quartier compris entre le Château-Vieux et l'Adour. Pendant qu'il faisait poursuivre avec lièvre ces divers préparatifs de défense, le maréchal de Lautrec, voulant se rendre compte de la force de l'ennemi, envoie le jeune Monluc faire une escarmouche à St-Jean-de-Luz.

Les prescriptions sur le guet et le contre-guet, de l'exécution desquelles peut dépendre le salut de la ville, sont rappelés par le maire (6 juillet), et les délinquants sont menacés de la prison ou d'une amende d'un écu.

Il était grand temps d'assurer la surveillance des remparts, car les Espagnols se sentant en force, débouchent, le 6 septembre 1523, de toutes les directions. Ils se présentent sous les murs de Bayonne au nombre de 24 à 25,000 hommes, ayant à leur tête le prince d'Orange, et font appuyer leur mouvement par une flotte qui remonte l'Adour. Ils prennent position en face des remparts de la ville haute et de Bourgneuf.

Algarade de 1523. Bayonne attaqué par 25,000 Espagnols; sa belle défense.

Leur général ayant appris par des espions que l'enceinte de la ville est en voie de transformation et que, sur plusieurs points, ses remparts sont très bas et très faibles, se décida à brusquer son attaque en tentant un coup de main. Plusieurs assauts furent donnés pendant trois jours et trois nuits, à partir du 17 septembre, sans laisser repos ni trève aux défenseurs.

Une des principales attaques eut lieu du côté des Cordeliers, près de la tour des Menons (1) ; les murs de l'enceinte, très bas en cet endroit, laissaient espérer à l'ennemi qu'il les escaladerait facilement; (ils ne furent exhaussés qu'en 1785). Une autre attaque se produisit contre le rempart situé derrière l'évêché ; cette partie d'enceinte n'était pas couverte par le retranchement de Lautrec et peut-être même, depuis son écroulement, n'avait-elle pas été complètement relevée (2).

La milice communale, électrisée par Lautrec, résiste vaillamment au choc des assaillants. Chacun se tient à son poste de combat, pendant que les femmes, les jeunes filles, les enfants même, apportent aux combattants tout ce qui leur est nécessaire : pierres, traits, nourriture. En vain, la flotte espagnole s'efforce, à chaque marée, de rompre les chaînes des estacades qui barraient la Nive et qui avaient été tendues dès son arrivée, par ordre de Lautrec, les Espagnols furent repoussés sur tous les points, en éprouvant des pertes considérables. Le quatrième jour, l'armée ennemie, manquant de vivres, lève précipitamment le siège et reprend le chemin d'Irun, tandis que la flotte met à la voile malgré les vents contraires. Lautrec, généreux envers

(1) D'après Veillet.
(2) Attaque indiquée par Masein.

les vaincus, fit ramasser les blessés qui gisaient dans les fossés et les fit soigner.

L'historien Belcarius, évêque de Metz, fait mention de ce siège, ou plutôt de cette algarade, comme l'ont appelée les auteurs contemporains, et décrit les assauts en ces termes : « *Cives, fœminæ, pueri, puellæ, alii, audacter sese hostibus oppo-* « *nebant ; alii, quæ pugnantibus necessaria erant, tela, lapides,* « *victum summâ alacritate comportabant* ». Cet historien, étranger au pays, ne pouvait tenir ces renseignements que de la bouche d'un soldat espagnol, témoin du siège.

Fontarabie re-
pris sur les
Français. L'armée de Charles-Quint reçoit un renfort de 5,000 hommes et va prendre sa revanche sur Fontarabie, qu'elle assiège. Le prince d'Orange ouvre à coups de canons une brèche dans ses remparts et décide la capitulation de la place. Le capitaine de Pranget, son gouverneur, accusé de s'être rendu sans résistance, fut mandé à Lyon par la régente, dégradé sur une des places de cette ville et dépouillé de son droit de noblesse.

Bayonne, d'autre part, n'attendit pas longtemps la récompense de sa belle conduite. Le vicomte de Lautrec envoya, le 1er octobre 1523, au capitaine de St-Bonnet, gouverneur de la ville, deux lettres écrites par la reine-mère, Louise de Savoie. Dans ces missives, la reine exprimait au gouverneur et aux habitants de Bayonne sa satisfaction du service qu'ils avaient rendu au roi son fils et à elle-même, en gardant et défendant vaillamment leur ville. La lettre destinée au maire et aux échevins leur fut remise par le gouverneur, en présence des *gens de bien* de la ville.

En l'absence de François Ier, la reine-mère exerçait la régence et, pour être plus rapprochée de lui, elle avait transporté sa cour à Lyon. Elle annonce, dans sa lettre aux bourgeois de Bayonne, que le pape est mort, que le roi son fils fait tous ses efforts pour en faire nommer un autre à sa dévotion et que, dans ce but, il se propose d'envoyer à Rome une partie de son armée. Il gardera l'autre partie dans les faubourgs de Milan pour parer aux diverses éventualités et empêcher les gens de guerre qui la composent de forcer et de saccager cette ville.

Situation tou-
jours mena-
çante ; Bayonne
continue ses ar-
mements. Lorsque les Espagnols eurent quitté les environs de Bayonne, l'exécution des préparatifs de défense n'en fut pas moins continuée. La démolition du couvent de Ste-Claire, en dehors de la porte Mousserolles, commencée en 1520, s'achève rapidement depuis que les Clarisses ont élevé un nouveau couvent à l'intérieur de Bourgneuf, entre le Château-Neuf et les Cordeliers. Les vergers sont entièrement détruits dans la zone voisine des remparts. Ceux situés au delà de cette zone sont dans un état lamentable ; démunis de leurs clôtures que les Espagnols ont abattues durant le siège, ils sont dévastés par le bétail qui les parcourt librement jusqu'au jour où le maire prendra un arrêté défendant d'y faire pacager, en attendant la construction de nouvelles barrières (13 octobre 1523). Le Conseil permet cependant au chapitre de la cathédrale et à quelques marchands de la ville de vendre 200 pipes de froment qu'ils avaient achetées par son ordre, lorsque les Espagnols menaçaient Bayonne, et il les indemnise de la perte de 120 livres qu'ils ont faite sur cette revente (septembre 1524). L'un des plus éprouvés par les événements du siège était le fermier des revenus de la ville ; aussi, s'est-il empressé d'abandonner son marché (1).

La mise en place des pièces d'artillerie est poursuivie ; un gros canon est remonté sur son affût et trois moules en fonte pour boulets de petits faucons sont faits (30 avril 1524) ; des canons en réparation dans le magasin de la munition, situé à la mairie, sont transportés à St-Léon (mai 1524) ; la grosse pièce est placée à la Pusterle (14 octobre 1524). On transporte de l'artillerie dans les tours de Sault et du Bourreau et dans la guérite des Sœurs ; on descend deux pièces du haut du boulevard St-Léon (avril 1524). Les travaux de maçonnerie se continuent au rempart de Lachepaillet et la mise en état des guérites et des portes se poursuit sans arrêt (juillet 1524).

Lautrec ne préside plus à ces derniers travaux ; obligé, par sa charge de lieutenant général, de quitter Bayonne et d'aller en Languedoc, il désigne, dans une lettre adressée à la ville, le 28 août 1524, Charles de Gramont, évêque d'Aire, pour veiller, durant son absence, à la sûreté de Bayonne, de Dax et du pays de Sault. Mais les affaires qui l'ont appelé au loin sont bientôt réglées ; le 1er octobre 1524, il est déjà rentré à Bayonne, où il constitue sa provision de vin étranger et obtient licence pour l'introduire gratuitement.

Aux désastres occasionnés par la guerre, il fallait ajouter ceux de la terrible peste qui n'avait pas disparu de Bayonne. Les gens infestés par cette maladie sont établis à l'extérieur de la ville, dans des maisons louées et entretenues aux frais du Conseil ; la maison de Liposse, celle de Sanguinet et deux autres, situées hors la porte Mousserolles, servent à cet usage en 1523 et 1524. Un chirurgien est payé et logé par la ville pour soigner les malades ; il inspire au Conseil toutes les mesures propres à

(1) Circonstance relatée dans l'adjudication du 29 septembre 1525.

empêcher la propagation du fléau et fait, en particulier, donner l'ordre de brûler, à Ustaritz et à Villefranque, la paille sur laquelle ont couché les gens contagieux. Des messes furent dites, par ordre du Conseil de ville, pour obtenir la guérison des malades (27 février 1524). Grâce à ces diverses précautions, le fléau disparut pendant cinq ans, car il ne fut signalé de nouveau qu'en 1529.

CHAPITRE XII

FRANÇOIS Iᵉʳ, RENTRANT DE CAPTIVITÉ, PASSE A BAYONNE. — SA RANÇON RASSEMBLÉE AU CHATEAU-VIEUX. — FÊTES DONNÉES DANS CETTE VILLE POUR L'ENTRÉE DE LA REINE ÉLÉONORE ET DES ENFANTS DE FRANCE. — CHARLES-QUINT TRAVERSE BAYONNE ALLANT CHATIER LES GANTOIS (1524-1547).

Bataille de Pavie. — Captivité de François Iᵉʳ à Madrid. — La reine Louise de Savoie se rend à Bayonne au devant du roi son fils. — Préparatifs pour la réception du roi. — Rencontre de François Iᵉʳ et de ses fils sur la Bidassoa. — Son passage à Bayonne. — Le refus d'exécuter le traité de Madrid rallume la guerre. — Bayonne se tient sur la défensive. — Mort de Lautrec ; le roi de Navarre le remplace en Guyenne. — François Iᵉʳ consent à épouser Eléonore et à payer la rançon de ses fils. — Montmorency vient à Bayonne réunir la rançon. — Douze cent mille écus d'or déposés au Château-Vieux. — Transport de la rançon. — Arrivée à Bayonne de la reine Eléonore et des deux princes. — Fêtes à cette occasion. — La peste se manifeste en ville. — Menault d'Aure, maire ; ses bons rapports avec le Conseil. — Passage du comte de Nassau. — Entrée du roi de Navarre. — Troisième guerre entre François Iᵉʳ et Charles-Quint. — Echec de l'Empereur et trève. — Charles-Quint passe à Bayonne allant en Flandres. — Nouvelle guerre entre la France et l'Espagne. — Galères royales construites à Bayonne. — Succès sur les Impériaux en Italie, suivis de paix.

L'amiral Bonnivet, qui avait été chargé par François Iᵉʳ de commander l'armée du Milanais, ne put réussir à s'emparer de ce duché (1524) ; il fit fautes sur fautes et fut obligé de se retirer vers les Alpes ; après avoir été battu à Biagrasso, à Rebecco et à Romagnano. Bayard, chargé, durant ce dernier combat, de protéger l'arrière-garde, fut blessé mortellement, et eut alors avec Bourbon, qui servait l'Empereur, la célèbre rencontre dans laquelle le chevalier reprocha au duc sa trahison et lui fit grâce de sa pitié. Ce général conduisit les armées ennemies en Provence, espérant conquérir cette contrée sur laquelle il prétendait posséder des droits, mais il échoua au siège de Marseille, et rentra piteusement en Italie

La conquête du Milanais fut recommencée par François Iᵉʳ, en 1525 ; toutes les places de ce duché tombèrent en son pouvoir, à l'exception de Pavie. Après avoir pris conseil de ses capitaines, le roi met le siège devant cette place ; Bourbon et les Impériaux viennent à son secours, et la bataille s'engage. Le sort est défavorable aux Français ; leurs généraux, Bonnivet, la Palice, Suffolk, se font bravement tuer, avec un grand nombre des meil-

Bataille de Pavie. - Captivité de François Iᵉʳ à Madrid.

leurs gentilshommes ; François Ier, accablé par le nombre, se rend au vice-roi de Naples (8 février 1525). Chandiou, qui commandait à Milan, évacue cette ville et se dirige avec les restes de l'armée vers Lyon, où il apprend à la reine-mère la nouvelle de la captivité du roi. Celui-ci est conduit à Gênes, et de là à Madrid, sur l'ordre de l'Empereur qui le garde prisonnier dans le château de cette ville ; il avait pour compagnons de captivité le grand-maître de l'artillerie et l'amiral de France. La reine mère, Louise de Savoie, s'agite pour conclure la paix et délivrer son fils. Elle mande aux Bayonnais (2 septembre 1525), que pour le bien du royaume et la délivrance du roi, son fils, elle a accepté trêve et abstinence de guerre jusqu'au 1er janvier prochain, avec l'Empereur, le roi d'Angleterre, et Mme Marguerite d'Autriche, douairière de Savoie. Le 17 septembre, elle annonce que cette trêve est changée en paix entre la France et l'Angleterre. L'ambassadeur de ce pays se trouvait à Bayonne, en janvier 1526, pour aider à la délivrance du roi ; aussi, le Corps de ville le comble de prévenances, et garnit sa table de vin, de trois perdrix, d'un faisan sauvage et d'un gros saumon.

La santé de François Ier était ébranlée par des fièvres contractées en Italie. L'Empereur, craignant que son captif ne meure entre ses mains et ne l'empêche ainsi de retirer de sa libération le profit espéré, se hâte d'aller le visiter et de le faire consentir au traité de Madrid (24 janvier 1526). Le roi de France, désireux de recouvrer sa liberté, avait admis toutes les demandes de Charles-Quint : cession de la Bourgogne et des villes de la Somme, abandon du Milanais destiné à Bourbon, mariage de François Ier avec Eléonore, sœur aînée de l'Empereur, paiement d'une forte rançon ; et enfin, en attendant la remise des terres et de la rançon, le dauphin et le duc d'Orléans, fils de François Ier et de feue Claude de Bretagne, devaient être remis en otage.

La régente Louise de Savoie s'empresse d'écrire à Bayonne la nouvelle de la paix, que l'on publie aussitôt, et elle demande des prières publiques pour remercier Dieu. Cette nouvelle lui avait été annoncée, le matin même, par Anne de Montmorency, grand maître, qui lui avait porté d'Espagne de bonnes nouvelles de la santé de son fils ; elle espérait que le roi pourrait être mis en liberté le 10 mars prochain (1526) et elle exprimait son projet d'aller au devant de lui. L'espoir de revoir un fils bien-aimé, qu'elle avait tant pleuré depuis le désastre de Pavie, lui donna la force d'entreprendre ce long voyage. Elle n'eut aucune hésitation quand elle prit connaissance des termes du traité, et fut décidée à en accomplir toutes les clauses pour délivrer le roi. Elle se rendit à Blois, où se trouvaient ses deux petits-fils, afin de les mettre en route, et elle se dirigea ensuite sur Bordeaux. Cependant, elle sentit combien étaient dures les conditions imposées par Charles-Quint, et elle recommanda à ses conseillers de ne pas les ébruiter, de peur de provoquer en France une émotion qui pourrait nuire à la mise en liberté du roi.

De Bordeaux, la reine passe successivement à Hagetmau et à Mont-de-Marsan, et elle trouve dans chacune de ces villes une chambre de repos que les échevins bayonnais ont eu la délicate attention de faire orner de tapisseries empruntées dans ce but. Elle trouva à Dax le syndic de Bayonne, Mathieu de Vitas, délégué par le Conseil pour mettre à sa disposition des embarcations qui devaient la porter, elle et sa suite, jusqu'à Bayonne, en suivant le cours de l'Adour. Le bateau destiné à la reine-mère avait été prêté par Peyroton de Bidart ; un deuxième bateau, appartenant à la confrérie des charpentiers et coralers (1), devait transporter les bagages ; on avait gardé le bateau de la ville pour le roi.

La reine Louise de Savoie se rend à Bayonne au devant du roi son fils.

Une cabine avait été construite au milieu de l'embarcation de la régente pour abriter la royale passagère et sa suite. Les armes de la ville y étaient peintes avec des couleurs et des feuilles d'argent. La construction était garnie avec des draps de Castres et ornée de deux étendards de la ville et de bannières en taffetas ou damas rouge frangé de soie ; l'embarcation des bagages était couverte de même drap. Le bateau de la ville, destiné au roi, était encore plus somptueusement paré ; il était décoré, ainsi que sa cabine, de draps rouges et d'étoffes de soie grise que les bourgeois et marchands de Bayonne avaient tenu à honneur de fournir. Trois enseignes ou guidons portant les armes de la ville et du roi, quatre enseignes de taffetas rouge, chacune avec sa croix blanche au milieu, les lances dorées qui terminaient les hampes de ces drapeaux, complétaient l'ornementation de ce bateau.

Préparatifs pour la réception du roi.

On avait aussi préparé, pour recevoir le roi, un pavillon habillé de damas rouge, couronné par quatre fleurs de lys et un grand nombre d'étendards ; quatre réaux d'or fin furent employés aux dorures de cette construction.

Le trompette de ville, costumé de neuf, était pourvu d'un étendard en taffetas violet, peint aux armes de la ville et frangé de soie. On tenait également prêts, pour la cérémonie de l'entrée du roi, des draps d'honneur, une grande quantité de torches de cire, et on se disposait à offrir au monarque des repas somptueux

(1) Constructeurs de bateaux, de coraus.

et le spectacle du jeu de l'arbalète, pour lequel un emplacement avait été préparé près de l'évêché.

La régente arrive à Bayonne, où elle s'établit, en attendant l'arrivée de son fils. Le Corps de ville donne en son honneur une collation à la mairie, à laquelle assistent les gens du Conseil et d'autres personnes honorables ; les maréchaux de logis de la régente reçoivent en même temps un cadeau de vin.

François Ier était impatient de fouler le sol français ; cependant, Charles-Quint le fête dans son palais et lui ménage plusieurs entrevues avec sa sœur Eléonore. Il peut enfin partir, de Madrid, le 21 février 1526, mais il est retenu pendant plusieurs jours à St-Sébastien. Durant ces retards, la régente et sa suite font des promenades en bateau et poussent jusqu'à Cap-Breton.

Rencontre de François Ier et de ses fils sur la Bidassoa. Enfin, le 15 mars 1526 (1 an et 22 jours après la bataille de Pavie), le roi et ses fils se présentent sur les deux rives de la Bidassoa ; ils montent sur deux bateaux qui se rejoignent au milieu de la rivière. Arrivé en ce point, François Ier couvre de baisers le dauphin et le duc d'Orléans, âgés de 10 et de 8 ans, et les bénit en leur promettant de venir bientôt les reprendre. Les enfants de France débarquent en Espagne, accompagnés de seigneurs qui les suivent dans leur captivité, et le roi trouve, à Hendaye, tous les seigneurs de sa maison, superbement costumés, et les grands du royaume qui l'attendaient. Il monte aussitôt à cheval et s'écrie : « Je suis encore roi de France ! » Il passa à St-Jean-de-Luz et se rendit dans sa bonne ville de Bayonne, où il alla coucher et séjourner pendant quelques jours.

Son passage à Bayonne. François Ier ne voulut pas que les Bayonnais lui fassent une entrée solennelle ; l'écuyer Sébastien Moreau, qui a écrit la relation de la délivrance du roi, explique cette décision par la raison que François Ier avait déjà été à Bayonne ; nous pensons plutôt que le roi voulait éviter des démonstrations peu en rapport avec sa situation. C'est à ce motif que nous attribuons l'absence de la régente, qui avait été attendre son fils à Bordeaux.

Après quelques jours de séjour en ville, durant lesquels il fut reçu par les Bayonnais non en triomphateur, mais comme seigneur et maître, le roi partit et s'arrêta successivement à St-Vincent, à Dax, à St-Sever, à Mont-de-Marsan, où le roi de Navarre le fêta grandement. Bordeaux lui fit une belle réception ; peu de jours après, il s'arrête à Cognac, où il était né, et donne l'ordre de convoquer les Etats généraux à Paris, afin d'aviser à la libération de ses fils et à l'exécution du traité de Madrid.

Nous voyons, par une note insérée dans le livre des comptes

de la ville, que Bayonne avait dépensé de grandes sommes pour préparer l'entrée du roi, son souverain seigneur ; cette cérémonie, n'ayant pu avoir lieu, le pavillon de damas, les étendards et autres petites gentillesses qui avaient été confectionnés ne furent pas utilisés et restèrent entre les mains du trésorier de la ville, Pierre de Souart, et du capitaine Gachernaud. Quelque grande déception qu'ils en éprouvèrent, les Bayonnais ne la laissèrent pas paraître et s'efforcèrent de montrer au roi leur affection et leur attachement. Aussitôt le roi parti, le Corps de ville fait dépouiller les bateaux de leurs ornements et ordonne à son trésorier de payer certaines dépenses que la cour a négligé de solder : le loyer du bateau gardé par la reine durant 25 jours et le ferrage des chevaux.

Pendant que se publie à Bayonne, par ordre de St-Bonnet (26 juin 1526), la paix universelle conclue le 21 juin entre François Ier, le pape Clément, Henri, roi d'Angleterre, André Goiti, duc de Venise, Sforce, duc de Milan et Charles, empereur et roi de Castille, le roi de France ouvre à Paris les Etats généraux du royaume ; il s'excuse de n'avoir pu discuter en toute liberté avec Charles-Quint les diverses clauses du traité de Madrid. Les Etats refusent leur consentement à l'abandon de la Bourgogne et des villes de la Somme, par le motif que ce serait le démembrement de la France, et ils invitent le roi à négocier de nouveau avec l'Empereur. Celui-ci, informé par ses espions, entre en fureur et fait emprisonner les seigneurs français qui avaient suivi dans leur captivité les fils de François Ier.

Pressentant que les hostilités peuvent renaître, Lautrec, aidé par son lieutenant, Charles de Gramont, empêche d'exporter les blés et autres vivres, à l'exception du vin, dont la récolte est très abondante (9 juillet 1526). Il renouvelle cette prohibition (14 septembre), en écrivant au vice-amiral de Guyenne ; mais, comme la guerre n'est pas encore déclarée avec l'Empereur, il recommande de ne pas arrêter les marchands espagnols.

Les modifications que proposa François Ier au traité de Madrid, ne pouvaient être que très mal accueillies par l'Empereur ; celui-ci, en effet, tenait à la Bourgogne, pour sa tante Marguerite d'Autriche, descendante du dernier duc de ce pays. Dans une lettre du 12 février 1527, François Ier écrit à la ville que l'Empereur, malgré les propositions raisonnables qu'il lui a faites, préfère prendre la voie de la guerre. Quant à lui, il est décidé à résister virilement, et comme la guerre est pour ainsi dire ouverte, on peut redouter une descente en Guyenne. Lautrec est absent de ce pays et le roi désigne le conseiller

Le refus d'exécuter le traité de Madrid rallume la guerre.

Poton Raffin, sénéchal d'Agenais, pour inspecter en toute diligence les places de Guyenne. Il lui donne pour mission de se concerter avec l'évêque d'Aire, son lieutenant en Guyenne, afin de fortifier les places, de les pourvoir de vivres, de faire les monstres, revues et tout ce qui sera nécessaire à la défense du pays. Comme conséquence de ces dispositions, un marchand de Bordeaux apporte à Bayonne et à Dax, le 13 février, une provision de blé, d'avoine et de vin, et les vend aux habitants de ces villes.

Le bruit se répand à Bayonne que l'Empereur, roi de Castille, fait de grands préparatifs d'armée pour venir assiéger la ville ; aussitôt le lieutenant du maire et les échevins informent de cette nouvelle le capitaine de St-Bonnet, gouverneur. Cette rumeur était une conséquence des mesures prises de part et d'autre ; mais Charles-Quint était trop occupé en Italie pour songer à prendre Bayonne. Effrayés de sa puissance colossale, les rois de France et d'Angleterre, le pape et les princes italiens s'étaient ligués contre lui pour délivrer l'Italie. Le 14 juillet 1527, l'ambassadeur d'Angleterre passe à Bayonne pour négocier les conditions de cette ligue et reçoit du Conseil de ville un cadeau de vin. Le traité entre François Ier et Henri, roi d'Angleterre, est conclu à Amiens (19 août) et publié à Bayonne (18 septembre).

Le connétable de Bourbon, ayant amassé une armée de protestants allemands, alla mettre le siège devant Rome ; il fut tué en montant à l'assaut, mais ses soldats envahirent la ville, la pillèrent et tinrent le pape prisonnier au château St-Ange. Ce succès ne fut pas de longue durée, car à la suite d'une victoire remportée en Italie sur les Impériaux, les Français firent remonter le pape sur son trône ; un feu de joie fut allumé à Bayonne, le 29 janvier 1528, pour célébrer ce succès.

Des pourparlers sont entamés de nouveau entre les belligérants ; ils sont poursuivis à Paris par l'ambassadeur d'Espagne qui, s'en retournant dans son pays, passe à Bayonne, où il reçoit du Corps de ville un cadeau de 40 locs de vin (juin 1528). Ces négociations sont reprises à Londres par Jehan du Bellay, évêque de Bayonne, ambassadeur de François Ier, et aboutissent à une trêve entre la France, l'Angleterre et les Pays-Bas (juin) ; elle est publiée à Bayonne, le 9 août 1528.

Bayonne se tient sur la défensive. Durant cette période, pendant laquelle la paix ne tenait qu'à un fil, la ville de Bayonne pourvoit sans trouble à l'entretien de ses moyens de défense. Elle fait rentrer l'artillerie dans les magasins de la Mairie (octobre 1526) et transporter dans ce local la grosse bombarde qui se trouvait placée à la Pusterle (16 janvier 1528) ; les canonniers accomplissent leurs diverses fonctions, réparent les canons, remplacent des affûts et fabriquent de la poudre (mars 1528). La ville ne se borne pas à entretenir ses fortifications, elle y fait encore quelques améliorations de détail, telles que : reconstruire la voûte du souterrain placé en arrière de la porte St-Léon, par lequel communiquent les deux galeries de flanc de ce boulevard ; boucher une grande brèche existant dans le mur du rempart entre le Château-Neuf et le boulevard St-Jacques, par laquelle on peut aisément entrer et sortir ; maçonner une porte de la guérite de Bouheben, afin d'augmenter la sécurité du côté de la courtine des Jacobins (novembre 1527) ; remettre en état le chemin de ronde placé au-dessus de la muraille de la ville comprise entre le portail et la tour du Nard (novembre 1527) ; enfin, boucher une porte et deux fenêtres à la tour de Perer (septembre 1528).

La ville maintient son approvisionnement de blé en défendant aux paroisses de Labourd de prendre cette denrée en ville, excepté pour leur provision (4 avril 1528.

Les Augustins sont l'objet de nouvelles faveurs qui leur permettent d'activer la construction de leur couvent : ils obtiennent de la ville l'autorisation d'introduire les vins donnés en aumône sans acquitter les droits (mai 1527) et reçoivent de François Ier un don de 6,838 livres tournois spécialement affecté à l'édification de leur nouvelle église (24 juin 1527).

Le jeu de l'arbalète est toujours en honneur parmi les habitants ; le tir de cette arme s'exécute assidûment, près du nouveau monastère de Sainte-Claire, sur un terrain propice que les compagnons arbalétriers ont fait dresser récemment (août 1527).

Jehan de Gramont, maire de Bayonne, dut trépasser en septembre 1528, car les comptes de la ville mentionnent, à cette date, diverses dépenses d'enterrement concernant son décès. Les membres du Corps de ville et le lieutenant du maire se rendirent à Bidache et assistèrent aux obsèques de ce seigneur, portant chacun une torche en cire fine ; ils firent en outre célébrer une grand'messe à son intention et dire cent messes basses. Notre supposition est confirmée par la mention, en 1529, d'un nouveau maire et capitaine de la ville, Menaud d'Aure, seigneur d'Aste.

Un autre vétéran des guerres de Guyenne et d'Italie, Lautrec, le défenseur de Bayonne, venait également de mourir. Dans une lettre adressée à l'évêque d'Aire, le 7 septembre 1528, le roi Henri de Navarre annonce la *piteuse* nouvelle de la mort de ce brillant capitaine ; il l'informe qu'il a été nommé à sa

Mort de Lautrec; le roi de Navarre le remplace en Guyenne.

place, au gouvernement de la Guyenne, par le roi, qui lui a demandé d'être son lieutenant général dans ce pays. La reine Marguerite de Navarre joint ses instances à celles de son époux. L'évêque de Gramont accepta la mission qu'il avait déjà remplie et sa nomination, ratifiée par le roi, l'établit de fait lieutenant général en Guyenne. Elle fut notifiée à Bayonne, le 14 novembre ; le roi et la reine de Navarre étaient alors à St-Germain-en-Laye et se préparaient à un prochain voyage vers Bordeaux, Agen et Condom. Malgré son éloignement, Henri avait soin de ses sujets, car il écrit à l'évêque d'Aire (26 novembre), d'arrêter les compagnies de Bretagne qui faisaient des incursions en Guyenne, faute d'une guerre pour les occuper, et lui recommande de conserver son peuple et d'éviter la disette des vivres.

Depuis que le pape avait été remis en possession de ses Etats par François Iᵉʳ, les négociations avaient été reprises avec l'Empereur en vue de conclure la paix. Elles sont dirigées par Marguerite d'Autriche, tante de Charles-Quint, et par Louise de Savoie, mère du roi de France ; cette dernière fait valoir la longue attente imposée à Eléonore promise en mariage à François Iᵉʳ et la captivité de ses petits-fils, pour attendrir le cœur de la douairière de Savoie et la décider à renoncer à ses droits sur le duché de Bourgogne. Ses instances eurent plein succès, car nous voyons Marguerite d'Autriche plaider à son tour auprès de Charles-Quint la cause du roi de France. L'accord établi par les deux reines, que l'on appela la paix des dames, tarda à être agréée par le puissant Empereur ; cependant, il avait contracté de gros emprunts auprès des banquiers italiens qui réclamaient avec instance le remboursement de leurs avances et qui produisaient des comptes d'intérêts toujours grossissants, et cette situation gênée devait éloigner son esprit d'une nouvelle guerre ; mais il coûtait à l'Empereur de renoncer à l'espoir de comprendre la Bourgogne dans ses Etats.

François Iᵉʳ consent à épouser Eléonore et à payer la rançon de ses fils. Informé que Charles-Quint est moins rebelle aux conventions préparées, le roi de France donne des ordres afin que la promesse de mariage qu'il a faite à la princesse Eléonore se réalise par procuration et que la rançon de ses fils soit rassemblée à Bayonne. Cette somme était fixée à douze cent mille écus d'or au soleil, du poids de 2 deniers et 16 grains ; on devait y joindre une fleur de lys enrichie de pierreries, contenant une parcelle de la vraie croix, que le père de Charles-Quint avait engagée au roi Henri VIII d'Angleterre pour 50,000 écus et que ce dernier avait donnée à son filleul, le duc d'Orléans.

François de la Tour, vicomte de Turenne, est chargé par le

roi de le représenter auprès de la princesse Eléonore. Il part
accompagné d'une brillante compagnie de seigneurs et suivi
des cadeaux destinés à la future reine de France. Il s'arrête
successivement à Mont-de-Marsan, à Tartas, à Dax, où il est
salué par des salves d'artillerie ; Madame de Gramont, malgré
la mort récente de son époux, le reçoit à Sordes, le 16 janvier
1529. Le lendemain, il arrive par eau à Bayonne, où l'attendent
M. de St-Bonnet, gouverneur, et les principaux habitants de la
ville. Il débarque à St-Esprit, monté sur une mule, et reçoit un
accueil fort honorable dans Bayonne ; pour le retenir, on lui
fait des cadeaux et mille gentillesses (1). Le gouverneur l'amène
à Biarritz, le 19 janvier, et lui procure le spectacle d'une baleine
capturée par les marins de la côte ; le cétacé était de si belle
taille, que sa langue pesait 16 quintaux. Cette partie de l'animal,
que les gourmets de l'époque appréciaient beaucoup, dut figurer
sur la table des hôtes de la ville.

M. de Saint-Pé lui fait fête à St-Jean-de-Luz, le 20 janvier, et
lui donne en présent un grand sanglier. Le vicomte de Turenne
et sa suite entrent en Espagne par Béhobie et sont reçus magni-
fiquement à toutes leurs étapes. Ce seigneur fut retenu longtemps
à Madrid, attendant que la rançon soit prête avant de ramener
l'auguste fiancée.

Il n'avait pas dépendu de François Ier d'avancer ce moment ; *Montmorency vient à Bayonne réunir la rançon.*
le maréchal Anne de Montmorency, grand maître de l'artillerie,
son compagnon de captivité, avait été chargé par lui de réunir
les fonds et de les livrer en échange de la princesse Eléonore et
des enfants de France. Ce grand officier part de Moulins, le 8
février 1529, accompagné de Maître Brigant, ambassadeur
d'Angleterre, du comte de Tende, gouverneur de Provence, de
Saint-André, gouverneur de Lyon, du sieur de Clermont, du
sénéchal d'Agenais et d'une compagnie de seigneurs très brillante et si nombreuse qu'elle était suivie de 2,000 chevaux (2).
Le roi avait adjoint à Montmorency, pour traiter les questions
diplomatiques et financières, le président Bourg, le chancelier
du Prat, les trésoriers généraux de Bourgogne et de Normandie
et un notaire secrétaire. Le grand maître et sa suite arrivent à
Bordeaux le 15 mars, font étape à Mont-de-Marsan et Dax ; le 22
mars, ils s'établissent à Bayonne.

Montmorency fait écrire, sans tarder, dans toutes les directions, de réunir le plus de monnaie d'or et d'argent que l'on

(1) 7 locs de vin de Navarre et 2 saumons.
(2) Récit de Sébastien Moreau.

pourra trouver et de la diriger sur Bayonne. Le trésorier général de Bourgogne a mission de grouper les sommes provenant des dons de la noblesse, du clergé et des emprunts des villes franches ; celui de Normandie doit rassembler les fonds de l'épargne.

Mais il n'est pas aisé de se procurer en peu de temps des sommes aussi importantes ; plusieurs mois se passent à les attendre. Les distractions sont rares et, pour occuper les heures de loisir, les arbalétriers de la ville convient leurs compagnons de la suite du grand maître à s'ébattre au tir de l'arbalète (28 mai 1529). Tout prétexte de réjouissance est saisi avec empressement ; un gentilhomme panetier, qui avait accompagné le vicomte de Turenne et qui rapporte des nouvelles des jeunes princes, est fêté à son passage ; il reçoit pour lui et sa compagnie un cadeau de 48 locs de vin (avril).

L'ambassadeur d'Angleterre, venu à Bayonne avec Montmorency, continue sa route jusqu'à la cour de Charles-Quint, avec l'intention d'exercer sur ce monarque une influence favorable à la conclusion de la paix. L'Empereur finit par céder et signe le traité de Cambrai, le 10 août 1529. La nouvelle en arrive à Bayonne, le 14 septembre ; elle est publiée dans toutes les rues et carrefours. Des feux de joie, un sermon à la cathédrale suivi d'une procession générale et d'autres fêtes publiques démontrent la satisfaction des habitants pour cet heureux événement. L'ambassadeur anglais Brigant vient à Bayonne (18 septembre) et prend part, pendant quatre jours, aux manifestations de joie ; le Corps de ville lui adresse 40 locs de vin en remercîment de sa coopération à un si heureux résultat.

Les retards apportés à la délivrance des princes et à l'entrée de la reine Eléonore décident quelques-uns des principaux seigneurs à quitter la ville. Le comte de Tende va rejoindre son gouvernement en Provence et se fait transporter en bateau jusqu'à Dax (7 avril 1530). Le grand maître de l'artillerie, qui s'était absenté, vient rejoindre son poste, suivi de sa nombreuse compagnie. Le Corps de ville l'envoie prendre à Dax (13 avril 1530), avec le corau (bateau) de la ville et des galupes (1) ; ces bateaux sont ornés de tapis et de verdure. Pour nourrir les voyageurs, les échevins ont embarqué beaucoup de vivres : douze gros jambons, six pâtés de lamproie, trente-deux pâtés faits avec deux gros saumons, un pâté de huit aloses, le tout assaisonné de vanille, noix, muscade, gingembre et amandes,

(1) Bateaux plats servant au transport des marchandises.

enfin une barrique de vin blanc. Les trésoriers généraux recevaient de leur côté (18 mai) un cadeau de six barriques de vin.

En vue d'assurer l'alimentation de la ville durant le séjour du grand maître et de la cour, on règle la police du marché (12 mai). Déjà Montmorency avait défendu, le 29 août 1529, d'exporter des vivres hors du royaume ; il fait apporter un chargement de blé de St-Jean-de-Luz à Bayonne (17 juin 1530).

Mais les contributions des diverses provinces arrivent successivement. Cette monnaie est apportée au Château-Vieux, où elle pourra attendre en sûreté le moment de la livraison définitive ; on la dépose sur de grands tapis verts étendus à terre, dans deux chambres du pavillon placé du côté de la ville (1). *Douze cent mille écus d'or déposés au Château-Vieux.*

Au centre de ces salles s'entassent les écus d'or, tandis que les bordereaux de recettes sont rassemblés et classés dans les angles. Afin de faciliter les comptes des trésoriers, les fonds de l'épargne sont déposés dans une pièce et ceux de dons dans l'autre. Enfin, le 29 avril 1530, on croit que les douze cent mille écus d'or sont réunis et l'on apprécie que les dons fournissent les deux tiers de la somme ; cependant, un compte plus exact démontre que la rançon est dépassée de plus de cent mille marcs d'argent ; cette monnaie supplémentaire est renvoyée à Bordeaux.

Les délégués de l'Espagne sont alors appelés pour constater l'existence de la somme et vérifier les divers bordereaux ; Don Pedro, connétable de Castille, muni de pleins pouvoirs pour représenter l'Empereur, attendait à Fontarabie que la rançon fût prête ; il avait envoyé à Bayonne Don Alvaro de Lugo et le trésorier des Flandres, pour procéder aux vérifications. Pendant plus de deux mois, les commissaires comptent et pèsent ; Don Alvaro n'est pas aisé à contenter. Il est vrai que, dans la quantité des pièces d'or, il y en a de fausses et un plus grand nombre de poids insuffisant ; de là, un déficit qui monte à quarante mille écus. La somme est forte et l'on attribua, à la cour, cette supercherie au chancelier du Prat. Le grand maître hésite à payer ce supplément ; il en réfère à François Ier, qui l'autorise à fournir l'appoint nécessaire.

Une si forte somme rassemblée en un seul point exigeait pour sa garde une troupe sérieuse ; le sénéchal d'Agenais avait amené avec lui cent archers de sa garde du corps, choisis parmi les plus sûrs, et leur avait confié le soin de veiller sur ce trésor ;

(1) Elles se trouvent dans le bureau de la direction du Génie et dans le logement attenant ; elles sont décorées par une belle cheminée et des plafonds à moulure dans le style Louis XIII.

on disposait en outre des trois cents hommes d'armes de guerre à pied, composant la garnison permanente de Bayonne, sous le commandement du gouverneur St-Bonnet.

Transport de la rançon. Don Pedro, las d'attendre à Fontarabie, s'était transporté, le 7 juin, à St-Jean-de-Luz, afin de résoudre, s'il en avait le moyen, les difficultés, causes du retard. Enfin, le 30 juin 1530, la rançon comptée et encoffrée depuis un mois, sauf l'appoint final, est prête à partir ; des conventions fixent en détail le mode de livraison et des précautions sont prises pour que, de part ni d'autre, aucune troupe armée ne puisse approcher de la rançon et ne soit tentée de s'en emparer. Le sénéchal d'Agenais est chargé de diriger le convoi ; il répartit la rançon sur trente mulets, porteurs chacun de quarante mille écus, et il fait placer les bordereaux et la fleur de lys sur un dernier mulet. Ces animaux sont accompagnés par cent hommes de guerre à pied, n'ayant d'autres armes que des bâtons. Le convoi se met en marche, le 30 juin, conduit par le sénéchal d'Agenais et Don Alvaro de Lugo. Deux heures après son départ, les trois cents hommes d'armes de St-Bonnet se mettent en route pour protéger la rançon ; ils portent de beaux habits et des chausses écartelées aux couleurs de la reine Eléonore, qu'ils doivent bientôt accompagner en rentrant à Bayonne. Ils ne tardent pas à rejoindre le convoi et ils l'escortent jusqu'à St-Jean-de-Luz.

Le grand maître Montmorency les y attendait. Depuis l'aplanissement des dernières difficultés, il s'était rendu à Renteria, accompagné du cardinal de Tournon et de quelques principaux gentilshommes, qui avaient obtenu de Don Pedro la faveur de pénétrer en Espagne, afin d'aller saluer, dans cette ville, la reine Eléonore, arrivée depuis trois jours. Cette brillante troupe de seigneurs était ensuite revenue à St-Jean-de-Luz, où elle attendit le sénéchal d'Agenais et son convoi.

Le 1er juillet 1530, avant l'aube, pendant que l'on charge les mulets de leur précieux fardeau, cinquante cavaliers partent en éclaireurs sur la route de Hendaye. Le trésor, les cent hommes de pied et la garde partent peu après, suivis du grand maître et de quarante gentilshommes à cheval. Ils se présentent, à 7 heures du matin, sur la rive de la Bidassoa, comptant profiter de la pleine mer qui devait se produire une heure après, pour passer la rivière et faire l'échange convenu.

Mais, grand fut leur étonnement quand le temps se passa sans que l'on ait vu apparaître les fils du roi. Ces enfants et M. de Brissac, qui ne les quittait pas, étaient cependant venus le matin sur le bord de la Bidassoa ; mais le connétable de

Castille, Don Pedro, avait cru, sur le rapport d'un espion, qu'une troupe française de 500 hommes à cheval et de plus de 3,000 hommes de pied se trouvait à St-Jean-de-Luz et aux environs, prête à tenter un coup de main et à enlever les enfants de France en ramenant la rançon ; aussi avait-il rapidement fait retirer les jeunes captifs jusqu'à Renteria. L'abondance de vivres et de fourrages que Montmorency avait fait accumuler à St-Jean-de-Luz pour assurer la subsistance de la nombreuse escorte venue au devant de la reine, avait contribué à donner une apparence de vérité au récit de l'espion.

La reine Eléonore qui, de Fontarabie, voit cette situation, se lamente et accable le connétable de Castille de ses gémissements. Celui-ci, revenu de son erreur, rappelle le dauphin et le duc d'Orléans, les fait monter sur une gabare, pendant que le trésor est placé sur un bateau semblable. Les deux embarcations sont dirigées l'une vers l'autre et l'échange se fait au milieu de la Bidassoa. La reine Eléonore passe ensuite et monte en litière, tandis que les fils du roi chevauchent en avant d'elle; ils entrent fort tard à St-Jean-de-Luz et s'y arrêtent pendant la nuit.

Dès leur arrivée dans cette ville, un chevaucheur se rend à bride abattue à Bayonne annoncer la nouvelle. Dix à douze grosses pièces d'artillerie avaient été préparées sur les remparts ; on se hâte d'avertir les canonniers et, à deux heures du matin, une forte détonation porte l'émoi dans la ville. Les habitants, que l'algarade de 1523 avaient préparés à prendre rapidement leurs postes de combat, croient à une attaque brusquée de la ville et se portent vivement sur les remparts. Leur frayeur se change en joie dès qu'ils apprennent la vraie cause du tir des canons.

La reine, portée dans une litière recouverte d'un drap d'or, et les enfants de France montés sur des chevaux blancs, s'approchent de Bayonne par la route de St-Jean-de-Luz ; le Corps de ville avait eu l'attention de faire arranger ce chemin depuis la descente de Donzac jusqu'au ruisseau en deçà de Busquet (1). Il avait eu soin de tendre des tapisseries tout le long de la rue St-Léon (2), de placer des guirlandes de feuillage sur la façade des maisons bordant la place publique voisine de la Cathédrale et celle comprise entre les tours de Minhon et la porte St-Léon, de cacher sous une épaisse couche de sable le pavé caillouteux de la place et devant les logis destinés à la reine et au dauphin.

Arrivée à Bayonne de la reine Eléonore et des deux princes. - Fêtes à cette occasion.

(1) Comptes de la ville, 10 juillet.
(2) Aujourd'hui d'Espagne.

Un pavillon en soie rouge avait été dressé pour la reine à la porte St-Léon ; il était orné de fleurs de lys et de huit écussons, la moitié aux armes de la reine, l'autre moitié à celles du dauphin. Tout près de là était posé un banc d'armes portant l'étendard de la ville. Des pourpoints et des chausses en taffetas, écartelés vert et rouge, des bonnets rouges à plumes blanches avaient été préparés pour un groupe de vingt enfants de la ville qui devaient exécuter des danses et autres gentillesses devant la reine et les enfants de France. Enfin, soixante-dix torches étaient distribuées aux ecclésiastiques qui allaient accompagner la reine.

Aussitôt que le cortège fut signalé, l'artillerie placée sur les remparts, les boulevards et au sommet des tours des deux Châteaux-Vieux et Neuf, font entendre des détonations répétées qui se prolongent pendant une heure. Les Espagnols, compris dans le cortège, furent émerveillés de voir tirer sur tant de points différents, et conçurent une haute idée de la puissance des fortifications de Bayonne (1).

La reine Eléonore arrive à la porte St-Léon et descend de sa litière. Elle est saluée par le maire et les douze échevins, revêtus de robes et de chaperons de couleur écarlate ; quatre d'entr'eux lui présentent un poêle en damas jaune et rouge, sous lequel elle se place, pour gagner le pavillon. Tout le clergé en belles chappes, les autorités, et les vingt enfants de la ville parés de costumes aux couleurs de la reine et portant des tambourins, sont groupés autour de l'estrade.

Le clerc de ville, l'un des principaux officiers de justice, homme expert dans l'art de bien dire, s'avance aux pieds de la reine et lui adresse des compliments de bienvenue, dont l'écuyer Sébastien Moreau nous a conservé le texte. Durant ce discours, on put contempler la grâce et les atours de la nouvelle reine ; elle était vêtue d'une robe de velours noir doublée de satin cramoisi ; sur sa gorge découverte et blanche comme albâtre se déployait un collier formé de trois rangs de grosses perles, de rubis et de beaux diamants ; sa tête était coiffée à la façon portugaise.

Eléonore répondit par quelques remerciements aux souhaits qui venaient de lui être présentés, selon la mode du temps, en termes tant soit peu emphatiques, puis le cortège se forma et s'avança dans la rue St-Léon, pendant que les enfants dansaient devant la reine et faisaient résonner leurs tambourins. L'entrée

(1) Selon Sébastien Moreau.

se termina par une station à la Cathédrale, puis Eléonore fut conduite à son logis, placé tout auprès (1).

Le soir, la reine s'amusa à voir jouer une comédie, et le lendemain, 3 juillet, elle quitta Bayonne et se dirigea vers Saint-Vincent, suivie de son brillant cortège.

Cette jolie fête avait fait oublier un instant le danger de la peste dont la ville se trouve de nouveau menacée. Le fléau, signalé à Bordeaux (17 juillet 1528), peut être apporté par les voyageurs venant de cette ville; l'entrée de Bayonne leur est interdite et des logements sont réservés pour eux, hors des murs; mais, malgré les efforts du lieutenant de maire, Hiriart, pour éloigner cette maladie, elle exerce bientôt ses ravages, car il devient nécessaire de fournir aux pestiférés des soins et des remèdes que la ville paie avec exactitude (janvier 1529 et septembre 1530), de louer une maison pour le chirurgien de la peste (29 février 1529), et de barrer en deux endroits la rue du puys de Perer, où ce mal sévit particulièrement, pour éviter que la contagion ne se communique au quartier voisin.

La peste se manifeste en ville.

Le traité de Cambrai donna à l'Empereur le loisir de combattre les Turcs et d'enlever Tunis à Barberousse, amiral de Soliman. La paix dont la France put alors jouir pendant cinq ans, ne fut guère mise à profit par la ville de Bayonne, pour augmenter ses moyens de défense, car, durant cet intervalle (1530 à 1536), les livres de comptes nous signalent seulement l'achat de 60 haquebutes à crocs avec leurs clefs et fourchettes, et l'exhaussement des murs du boulevard Notre-Dame, situé derrière le Château-Neuf (1531).

Le maire, Menault d'Aure, seigneur d'Aster, capitaine et gouverneur, était gendre de Jehan de Gramont, auquel il avait succédé. Quoique résidant à Sordes, il dirigeait les affaires de la ville et veillait à l'exécution des mesures prises contre la propagation de la peste. L'interdiction d'entrer en ville avait été maintenue pour les étrangers venant des lieux contaminés; ces voyageurs étaient arrêtés aux portes par des gardes et placés en observation dans la maison de Lesbay, à Liposse, que l'on avait disposée pour eux; un chirurgien, logé et payé par la ville, les visitait et donnait des soins aux malades (1531).

Menault d'Aure, maire. Ses bons rapports avec le Conseil.

Le Conseil de ville, voulant entretenir de bons rapports avec le maire, avait l'attention de le faire prendre par eau à Sordes, et de le conduire à Bayonne lorsque sa présence y était nécessaire; il lui envoyait aussi divers cadeaux parmi lesquels deux

(1) Probablement le palais Montaut, rue Montaut.

quintaux de langue de baleine, mets toujours recherché (1530). Monseigneur de Gramont, évêque d'Aire, oncle de la femme du maire, avait été nommé cardinal au siège archiépiscopal de Bordeaux ; cette situation lui donnait le pouvoir de rendre des services à Bayonne, et lui procurait, lorsqu'il venait dans cette ville, un chaleureux accueil, marqué par des salves d'artillerie et par mille prévenances (1534).

Passage du comte de Nassau. Le comte de Nassau, général de Charles-Quint, ne reçut pas dans cette ville un moins bon accueil, quand il se rendit dans les Flandres (juin 1534). Ce seigneur fut salué à son entrée à Bayonne par des détonations d'artillerie et logé à la maison Anglade (1), que les échevins avaient fait orner de feuillage à l'extérieur et de tapisseries à l'intérieur ; ces magistrats lui firent en outre présent d'un cerf.

Entrée du roi de Navarre. Plus brillante fut l'entrée du roi de Navarre, récemment nommé gouverneur en Guyenne, et de la reine, sa femme. Une flottille alla les prendre ; elle comprenait un corau, muni d'une cabine dans laquelle pénétrèrent le roi, la reine et les seigneurs de leur suite ; des galions et des chaloupes, transportant leurs ménétriers et leurs fourriers, firent escorte au bateau royal. Ils furent reçus en ville dans deux pavillons, revêtus de damas tanné de Venise à grandes fleurs et ornés de franges de soie ; les châssis de bois étaient peints en bleu azur, parsemé de fleurs de lys d'or. Le Corps de ville fit tirer l'artillerie, offrit des cadeaux de vin au roi et à la reine, à Monseigneur de Bordeaux et au sieur Francés de Herville qui les accompagnaient, et gratifia d'une étrenne leurs ménétriers et fourriers. Le couple royal et sa suite quittèrent la ville par St-Esprit (17 décembre 1534). Parmi les seigneurs groupés autour du roi de Navarre on ne cite pas le maire, Menault d'Aure ; il était probablement décédé, car sa charge était remplie, en 1535, par Antoine d'Aure, seigneur de Gramont et d'Aster, qui devait être son fils.

Troisième guerre entre François Ier et Charles-Quint. Les succès de Charles-Quint en Afrique, et l'opposition que lui suscitait François Ier en Autriche, entraînèrent l'Empereur à combattre la France pour la troisième fois. Le commerce entre ce pays et l'Espagne était de nouveau arrêté, depuis le 31 mars 1535, par ordre de François Ier, qui avait défendu de tirer de Guyenne les productions de ce pays : gemme, résine, fer, acier, etc. Pendant que la Provence était subitement envahie, la guerre était publiée à Bayonne (22 juillet 1536), et tout trafic de marchandises interdit avec les sujets de l'Empereur.

(1) Possédée aujourd'hui par M. Molinié, faubourg Lachepaillet.

Comme le roi voulait se procurer des fonds nécessaires à la guerre, en mettant sur les vins de Guyenne une certaine imposition, à l'encontre des privilèges de la ville, le sieur Dandaldéguy fut député vers lui pour le prier de renoncer à cet impôt et demander un secours afin de reconstruire les ponts de la ville. Le grand pont St-Esprit avait été particulièrement dégradé par les eaux et, depuis deux ans, le pontier s'efforçait de le rétablir en lui appliquant toutes les ressources dont il pouvait disposer ; les moyens de la ville ne permirent pas de mener à bonne fin un si gros travail et force lui fut de faire appel à la générosité du roi.

L'armée de l'Empereur, n'ayant pu se nourrir en Provence, que le connétable de Montmorency avait eu soin de ravager, fut obligée d'évacuer ce pays ; Charles-Quint ne réussit pas mieux devant Péronne et accepta, par l'entremise du pape Paul III, la trève de Nice, conclue pour dix ans (1538). *Echec de l'Empereur et trève.*

Durant les pourparlers, le grand écuyer vint dans la basse Guyenne préparer la paix ; les échevins de Bayonne le firent prendre à Dax par quatre galions (28 juillet 1537) et le conduisirent à Bayonne ; conformément à ses ordres, ils députèrent en Biscaye et vers les villes de St-Sébastien, Hendaye et Fontarabie des personnages notables pour conclure des pactes de trève et de neutralité (2 août). Malgré ces traités, l'approvisionnement en blé se fait difficilement à Bayonne, à cause de la disette ; le nouveau gouverneur, le chevalier Dandoings, est dans la nécessité d'écrire aux villes voisines d'Espagne de respecter les navires de blé destinés à Bayonne (avril 1539) ; il a même la précaution de les faire prendre au Boucau, où ils sont arrivés, de crainte qu'ils ne soient ramenés en Espagne (juin).

Profitant de la trève, le comte Palatin se rend en Espagne, vers Charles-Quint ; à son passage à Bayonne (décembre 1538), il reçoit des cadeaux de vin vieux, de vin blanc et d'hypocras ; son train le suit quelques mois après (29 avril 1539).

L'Empereur, pressé d'aller châtier les Gantois révoltés et rassuré par le comte Palatin sur l'accueil qui lui serait fait s'il traversait la France, demande le passage, promettant de donner le Milanais au duc d'Orléans, second fils de François Ier. *Charles-Quint passe à Bayonne allant en Flandres.*

En prévision de sa prochaine arrivée, le Conseil de ville fait réparer le chemin de St-Jean-de-Luz, près de Busquet, arranger la toiture de la maison Danglade, où logera l'Empereur, mettre en état les degrés de la porte Lachepaillet et nettoyer le chemin de ce faubourg, qu'il doit parcourir pour se rendre à son logis. Une couche de sable est étendue sur les pavés irréguliers des rues Mayour et des Tendes (1), de la place et sur le chemin jusqu'à la maison Danglade.

Des ouvriers préparent, en toute hâte, pour l'entrée de l'Empereur, un poêle en soie rouge avec franges et un pavillon avec châssis et bourdons ; ce dernier est orné de quatre écussons portant les armes impériales, enrichis d'or et de vives couleurs. Charles-Quint arriva en poste, le 5 décembre 1539, accompagné du duc d'Urbin ; ses bagages le suivaient, transportés par les mulets de M. de Saint-Pé. Le duc d'Orléans et le connétable de Montmorency, qui étaient venus l'attendre, allèrent au devant de lui ; mais, comme l'Empereur arriva la nuit, ils se firent accompagner d'une escorte portant quatre-vingts torches.

François Ier reçut son ennemi avec honneur et dépensa quatre millions pour le fêter royalement. Cette démonstration laissa l'Empereur insensible, car, après avoir passé la frontière des Flandres, celui-ci prétendit n'avoir rien promis au duc d'Orléans et incita le roi d'Angleterre, Henri VIII, dans une guerre contre la France.

Nouvelle guerre entre la France et l'Espagne. François Ier les prévient et lève cinq armées pour résister au Nord et au Midi. L'armée des Pyrénées opère en Roussillon et, sous les ordres du dauphin, elle prend Perpignan. La frontière de Guyenne est laissée en dehors du théâtre de la guerre. Toutefois, le sieur de Burye, grand écuyer, lieutenant pour le roi en Guyenne, en l'absence du roi de Navarre (2), se rend à Dax, puis à Bayonne (3 septembre 1541), où il est reçu par des salves d'artillerie ; il séjourne dans cette dernière ville pour aviser aux mesures de défense. Puis il revient à Dax, à l'assemblée des États ; un délégué de Bayonne y est envoyé pour entendre les ordres du roi (18 mars 1542) ; cette assemblée est réunie de nouveau (19 juillet). Nous ne connaissons pas le détail des dispositions qui furent arrêtées, mais nous jugeons par les nombreux déplacements du sieur de Burye, de Monseigneur de Bordeaux (3), lieutenant du roi de Navarre en Guyenne, et du sieur Apestéguy, général de Bourgogne et gouverneur de la ville, que ces fonctionnaires déployèrent une grande activité.

Galères royales construites à Bayonne. On dut faire construire alors des navires à Bayonne, dans les chantiers de construction de la Nive et de l'Adour, pour assurer la défense des côtes et des ports, car la ville fut obligée d'ouvrir les ponts (juin 1543), pour laisser passer les galères du roi ; cette

(1) Les deux ensemble font la rue d'Espagne.
(2) Le roi de Navarre en était lieutenant général, mais honoraire.
(3) Cardinal de Gramont.

obligation s'imposait toutes les fois que les chantiers fournissaient des navires dépassant en largeur celle des comportes (1)
des ponts ; elle prouve donc les grandes dimensions de ces
galères.

Un autre point important, qui dut être agité à l'assemblée des
Etats de Dax, fut celui des subsides que le roi réclamait aux
villes de Guyenne pour la solde d'une armée de 50,000 hommes
de guerre ; la ville de Bayonne supporta sa part de cette charge
et envoya, pendant cinq ou six ans, un délégué au général des
finances à Agen payer son subside.

L'armée d'Italie, commandée par le duc d'Enghien, prit Nice
aux Impériaux et gagna sur eux la brillante victoire de Céri-
soles. Ce succès fut annoncé à Bayonne, le 18 mai 1544, et mit
en joie les habitants ; six émerillons remontés à neuf furent
charriés sur les remparts et firent retentir les airs de leurs détonations. Mais ce n'était pas encore la paix, et M. de Burye fait
continuer l'approvisionnement de la ville en envoyant à Ustaritz
prendre du blé. Enfin, le 30 septembre, les Bayonnais célèbrent,
par des feux de joie et des collations à la mairie, la nouvelle de
la paix de Crespy, conclue entre le roi de France et l'Empereur.
Tandis que le duc d'Orléans passe en poste à Bayonne (20
octobre), se rendant auprès de Charles-Quint, qui a renouvelé
sa promesse de lui donner le Milanais, la paix est publiée à
Bayonne (14 décembre), en présence du sieur de Gramont,
maire, venu de Guiche, et de son lieutenant, Menault de Mondaco ; un député de la ville se rend à Bordeaux, afin d'y jurer,
selon les ordres du roi, d'observer le traité de paix.

La guerre durait encore avec l'Angleterre, et le roi Henri VIII
s'était emparé de Montreuil et de Boulogne ; ces deux places et
celle de Calais, qu'il possédait déjà, lui fournissaient trois points
de débarquement sur le sol français. Ce succès pouvait lui faire
désirer un quatrième port en Guyenne. Aussi, les sieurs de
Burye et de Gramont font à Bayonne de fréquentes visites afin
que la ville se tienne toujours sur la défensive. Cette situation
se modifie le 17 juin 1546, jour où la paix est publiée entre
François Ier et Henri VIII ; ce dernier s'était contenté de garder
Boulogne en gage jusqu'au paiement d'une indemnité de guerre.

(1) Coupure du pont couverte par un pont-levis.

CHAPITRE XIII

NAISSANCE ET EXTENSION DU PROTESTANTISME SOUS HENRI II, FRANÇOIS II ET CHARLES IX. — PREMIERS TRAVAUX A LA NOUVELLE EMBOUCHURE DE L'ADOUR. — GRANDES FÊTES DONNÉES A BAYONNE PENDANT LE SÉJOUR DE CHARLES IX ET DE SA MÈRE CATHERINE DE MÉDICIS (1547-1567).

Henri II succède à François Iᵉʳ (1547). — Peste à Bayonne. — Projet d'une nouvelle embouchure de l'Adour. — La ville fait appuyer son projet. — Pataches espagnoles pourchassées au Boucau. — Vicomte d'Orthe, gouverneur. — Crainte d'une attaque de l'Espagne. — Courte trève quand Charles-Quint dépose la couronne. — Espagnols repoussés de St-Jean-de-Luz. — Entrée à Bayonne du roi de Navarre. — Efforts pour repeupler la ville. — Ses marchandises exemptées de certains droits. — François II (1557). — Il règne trois ans. — Charles IX monte sur le trône (1560). — Premières échauffourées entre catholiques et protestants. — Espagnols, alliés des catholiques, traversent le Labourd. — Préparatifs pour la venue de la reine Catherine et de Charles IX. — Leur entrée solennelle. — Arrivée de la reine d'Espagne et du duc d'Albe. — Fêtes données aux cours de France et d'Espagne. — Charles IX visite le Boucau. — Premiers travaux du Boucau. — Fonds accordés pour ce travail. — Règlement de Cognac sur les rapports entre le gouverneur et la ville. — Protestants admis au Conseil de ville. — Discussion au sujet des magasins de blé de la ville. — Service du guet abâtardi. — Désaccord sur le jugement des cas militaires. — Jeanne d'Albret impose le protestantisme en Béarn. — La justice attribuée au sénéchal est réclamée par la ville. — La difficulté de recouvrer les fonds du Boucau entrave les travaux. — Le Conseil demande des améliorations aux fortifications. — Ordre royal de dégager la zone des remparts. — Tolérance moins grande envers les protestants bayonnais.

Henri II succède à François Iᵉʳ (1547). L'horizon n'était pas sans nuages du côté de l'Espagne. L'Empereur, ne voulant pas tenir la promesse faite au duc d'Orléans, fait amasser sur la frontière espagnole un grand nombre de gens de guerre ; ces dispositions menaçantes sont portées à la connaissance du roi par la ville au moyen d'un messager (28 juin). Aussi, il importe de maintenir au complet les approvisionnements en mettant obstacle à la sortie du blé de la ville (23 juillet) ; les voisins sont employés à travailler sous la surveillance des sergents de la ville aux fortifications, près du Château-Vieux (4 septembre) ; une quantité de 1,104 litres de poudre est confectionnée et renfermée dans les magasins de la munition (novembre). Cette situation indécise se continua, sans modifications, non seulement jusqu'à la mort de François Iᵉʳ (1547), mais sous le règne d'Henri II, son fils et successeur.

Fléau de la peste à Bayonne. A la menace d'agression vient s'ajouter le fléau de la peste. Vainement l'entrée des trois portes de la ville a été interdite, dès le 23 juillet 1546, et d'une manière plus formelle, le 30 octobre, à tous les gens venant de la région de Bordeaux, Cap-Breton et autres villes infestées par le mal : il est impossible de s'en garer. Des habitants succombent victimes du fléau et sont enterrés par les soins du Conseil (mai 1547). Les malades sont soignés aux frais de la ville par un chirurgien (1) (juin) ; mais le praticien, peu expert dans le traitement de la peste, reconnaît sans peine son insuffisance, et les échevins font demander à Bordeaux des chirurgiens plus familiarisés avec cette maladie (juillet). Il en arrive deux de La Rochelle, porteurs de remèdes spéciaux ; l'intensité du fléau devient tellement grande qu'un troisième chirurgien doit être appelé de La Rochelle, et qu'il faut, en toute hâte, faire venir de Bordeaux un nouvel approvisionnement de remèdes.

Tous les malades sont gardés dans les maisons (2) situées en dehors de la porte St-Léon. Pour couvrir tous les frais de soins, d'entretien et de sépulture, la ville n'ayant pas des ressources suffisantes, emprunte 300 écus à l'évêque de Dax. Les maisons de la ville et des faubourgs, qui ont été visitées par le fléau, ne sont plus habitées ; le Conseil fait condamner leurs portes, de crainte que l'introduction des voleurs ne propage la contagion. Enfin, le danger cesse, et les voisins reçoivent l'ordre de venir procéder au nettoyage de leurs demeures abandonnées (septembre 1548).

La mortalité et le départ des voisins ont occasionné une diminution dans les recettes de la ville ; et c'est probablement à la suite d'une réclamation du maire que le roi de Navarre fait établir le dénombrement des maisons et des habitants (mai 1548).

L'arrivée de cette épidémie avait retardé la solution tant désirée par Bayonne de l'ouverture de la bouche (Boucau) de l'Adour, dont le courant s'était prolongé parallèlement à la côte depuis Cap-Breton jusqu'au Vieux-Boucau. Cependant, le Conseil de ville avait député, le 13 mai 1541, vers un habitant de Saint-Sébastien, qui avait une réputation d'habileté pour faire des boucaus, et l'avait prié de venir à Bayonne, désigner la place la plus propice à l'embouchure de l'Adour. Ce spécialiste dut répondre à l'appel du Conseil, car nous trouvons qu'un peintre, Martin de La Garde, fut payé, le 6 juillet, pour avoir fait le portrait (dessin) du Boucau de la ville. Ce projet sommeilla jusqu'au 18 février 1548, date à laquelle le syndic de la ville, Jean

Projet d'une nouvelle embouchure de l'Adour.

(1) Médecin.
(2) Parmi lesquelles la maison de Pergaing.

de Prat, et le sieur de Monein, lieutenant général du roi en Guyenne, se rendirent en poste à la cour, afin d'entretenir le roi et les seigneurs de son Conseil de l'ouverture du Boucau ; ils étaient porteurs d'un plan du projet. Mais, avant de partir, M. de Monein avait été, en compagnie du maire Gramont, visiter l'emplacement du Boucau. Le voyage de Paris ne produisit pas de résultat ; une autre délégation fut envoyée au connétable de Montmorency qui, ayant habité Bayonne, alors qu'il rassemblait la rançon de François Ier, devait s'intéresser à la prospérité de la ville (novembre 1548). Une nouvelle visite lui est faite par le lieutenant du maire, Daind de Laclau (avril 1549), qui est chargé de remettre, au connétable et aux autres seigneurs du Conseil, des présents, consistant en : piques à dards dorés garnis de houppes à fils d'argent, poignards dorés, mailles et boules, marlotes fines (1), en leur recommandant l'affaire du Boucau.

La ville fait appuyer son projet. Le comte du Ludde, lieutenant du roi en Guyenne, remplaçant M. de Monein, décédé, et le grand écuyer du roi, venus à Bayonne (12 septembre 1550), avec mission d'étudier la demande, reçurent aussi des cadeaux de la ville, et s'intéressèrent à son projet.

L'amitié du vicomte d'Orthe, qui avait déjà rendu des services à la ville, pouvait lui être d'un grand secours, car son crédit était grand à la cour, et la charge de gouverneur lui était destinée. Des échevins vont le prendre à Peyrehorade, le 23 novembre 1551, et, pour lui faire honneur, ils le transportent sur un galion armé d'un canon. En remerciement de ce qu'il avait obtenu du roi certains avantages pour la ville, les échevins lui font présent de poignards garnis d'argent, de piques dorées, etc. (novembre 1551, janvier et février 1552). Le même accord ne régnait pas entre la ville et le maire, Gramont. Ce seigneur n'était plus l'objet des prévenances des échevins ; il demandait au roi Sauvat de Sorhaindo pour son lieutenant (janvier 1552), sans avoir égard aux convenances du Conseil qui envoie un délégué au roi pour fournir des explications. Celles-ci ne furent pas admises, et Gramont reçut satisfaction.

Les nombreuses démarches de la ville et de ses protecteurs ont été accueillies à la cour, car le comte du Ludde, lieutenant général en Guyenne, se rend, le 1er juillet 1552, à Cap-Breton afin d'examiner si le Boucau de l'Adour ne pourrait être établi en cet endroit ; il est conduit par les bateaux de la ville, et reçoit pour la route des provisions de vin, pâtés et poissons.

(1) Vêtements.

Tout en étudiant la solution de cette question, le comte du Ludde, M. de Burye et le vicomte d'Orthe ne devaient pas négliger la défense de la ville. Le roi Henri II, mécontent de ce que la ville de Bordeaux se soit soulevée à l'occasion de la gabelle, à l'instigation de l'Empereur et eût massacré son gouverneur, venait de porter la guerre en Lorraine et de s'emparer des trois évêchés (1552). La ville de Bayonne, qu'une attaque pouvait surprendre, avait fait confectionner des boulets de fer et de plomb (15 septembre), complété certains accessoires d'artillerie, sacs à poudre, refouloirs, étoupilles (27 juin), et acheté des morions et des corselets pour l'usage de ses gens de pied.

Ces précautions étaient nécessaires, car les Espagnols menaçaient les côtes. Quelques-uns de leurs navires entrèrent au Boucau (15 juin) et la ville se hâta d'armer, à ses frais, un galion, qui se dirigea sur ce point; cette démonstration suffit à mettre les ennemis en fuite. A la nouvelle de cette tentative, le comte du Ludde, M. de Burye, le vicomte d'Orthe et le gouverneur de la Chapelle, chargé de la défense de la frontière, se rendent à Bayonne (27 juin) et prennent des dispositions pour repousser d'autres agressions semblables. Le 13 juillet, les Espagnols entrent de nouveau au Boucau avec seize pataches armées, descendent à terre et, n'osant attaquer encore le groupe principal, ils saccagent les maisons voisines du village. Mais les coraux de la ville, aussitôt équipés d'artillerie et de munitions de guerre, montés par des marins bayonnais, se dirigent vers le Boucau et pourchassent les Espagnols.

Pataches espagnoles pourchassées au Boucau.

Le vicomte d'Orthe vient d'être nommé gouverneur de Bayonne. Ses bons rapports avec le Conseil de cette ville lui présagent un sort bien différent de celui du gouverneur de Bordeaux. Lorsqu'il fut disposé à faire son entrée, les gens du Conseil le firent prendre à Peyrehorade par une galupe et allèrent au devant de lui sur un galion équipé (octobre 1552). Il mit toute son influence au service de la ville pour appuyer auprès de Montmorency les députés envoyés à la cour pour la défense des prérogatives précédemment accordées à Bayonne et, si les demandes des échevins avaient été écartées devant le crédit de Gramont, lorsque Sorhaindo fut nommé lieutenant de maire, elles reçurent meilleur accueil quand Henri II, se bornant à gouverner par l'entremise de Guise et de Montmorency, décida (septembre 1551) que les six échevins seraient renouvelés par moitié chaque année.

Vicomte d'Orthe, gouverneur.

Le connétable, auquel la ville s'adressait fréquemment, fut aussi prié de la faire exempter de certaines impositions et reçut,

en décembre 1552, un nouveau cadeau de dagues et tranche-
plumes.

Cette même année vit disparaître, selon Baïlac, la charge de
prévôt royal qui avait été établie à la mort du dernier vicomte
de Sault ; elle fut remplacée par celle de lieutenant du sénéchal
de Bayonne (1), dont la juridiction comprenait la ville de
Bayonne et le pays de Labourd.

Crainte d'une attaque de l'Espagne. La prise des trois villes impériales Metz, Toul et Verdun par
l'armée française appelait une vengeance éclatante. Charles-
Quint, sensible à cet échec, paraît bientôt devant Metz avec
cent mille hommes et une artillerie nombreuse ; Guise avait pu
se jeter dans cette place et fut assez heureux pour empêcher sa
chute. Après deux mois de canonnades, d'assauts répétés et de
tranchées ouvertes, l'armée impériale, décimée, est forcée de
lever le siège (1er janvier 1553). Cette retraite était pleine de
menaces et la frontière de Guyenne se tint sur le qui-vive. Jean
de Daillon, comte du Ludde, lieutenant général de la province,
donne les ordres nécessaires et se rend fréquemment à Bayonne ;
l'artillerie est tirée des magasins et placée sur les remparts ; la
grosse muraille du Puys de Perer, presque ruinée, est réparée ;
les armes et harnais de la ville sont remis en état par un armu-
rier venu de Toulouse ; les javelots avec lesquels on montait le
guet sont remplacés par des pertuisanes, et l'approvisionnement
de piques est augmenté de 215 nouvelles.

Les échevins mettent à profit ces préparatifs pour la défense
de leurs privilèges et envoient à Cap-Breton une expédition de
150 hommes armés, montés sur des navires, avec canons, boulets
et munitions, pour s'opposer au déchargement en ce lieu de
marchandises, contrairement à l'édit du roi (novembre 1553).
Ces opérations se reproduisaient souvent, et les gens de la ville
ne les terminaient pas sans y gagner des blessures que les
échevins faisaient soigner aux frais du budget communal.

Dès le printemps de 1554, Charles-Quint avait recommencé la
guerre, en envahissant le Hainaut, tandis que le duc de Savoie,
passé à son service, portait la dévastation en Picardie. Une
partie de ses troupes avait été rassemblée et embarquée au port
de Passages, près de St-Sébastien, et le 4 avril, les Bayonnais
envoyaient un piéton à M. de Gramont, maire, à Bidache,
l'avertir de ce rassemblement.

Le roi Henri II et le duc de Guise s'étaient avancés avec une
armée contre les troupes espagnoles de Picardie et leur livrèrent

(1) Le sénéchal résidait à Dax.

une bataille heureuse au château de Renty, aux portes de St-Omer (13 août 1554) ; mais l'inaction de Montmorency, jaloux de Guise, empêcha les Français de tirer parti de leur victoire, et les ravages des Impériaux continuèrent. Des renforts arrivaient d'Espagne à Charles-Quint ; le sieur de Fontenay, lieutenant du gouverneur de Bayonne, informé des embarquements de troupes qui se faisaient dans les ports du Guipuscoa, écrit aux habitants de Cap-Breton, du Boucau, de Biarritz, de St-Jean-de-Luz et d'Hendaye et leur recommande de faire bon guet, afin d'empêcher que l'armée d'Espagne, prête à partir par mer, ne descende dans leurs ports (août 1554).

Le Corps de ville s'efforçait de maintenir ses bonnes relations avec ses protecteurs et d'en tirer parti pour la réussite des affaires de la cité ; il ne cesse d'envoyer des cadeaux au roi de Navarre, au connétable, au comte du Ludde, à Messieurs de Burye et de Gramont, et, par leur entremise, il s'efforce d'obtenir du roi l'exemption de la contribution imposée aux villes closes (20 septembre). Il obtint aussi, d'après Baïlac, une ordonnance royale (21 mars), donnant aux magistrats de la ville le commandement des troupes, tant milices bourgeoises que troupes du roi, en l'absence du gouverneur et du lieutenant du roi. Des notables étaient chaque année délégués à la cour, afin de demander le renouvellement du don de la moitié de la grande coutume que le roi accordait à condition qu'il soit employé aux fortifications et à l'entretien des ponts ; M. de Marchaumont, secrétaire des commandements des finances du roi, était d'un grand appui pour la ville, qui n'omettait pas de lui adresser des présents. Mais le gouverneur, le vicomte d'Orthe, n'a plus sa part des libéralités de la ville ; les bons rapports qui ont marqué son entrée en fonctions se sont refroidis.

La ville prétendait à certains privilèges que le gouverneur, d'un caractère hautain et entier, voyait de mauvais œil. Le 1er janvier 1554, il se rend à Paris pour traiter les affaires de la ville, pendant que les échevins confient leur cause au connétable. Néanmoins, le vicomte d'Orthe a obtenu des lettres patentes contre les privilèges de Bayonne ; mais la ville envoie des délégués à la cour (avril et novembre 1555), et le roi la remet en possession des prérogatives qui lui sont chères.

Les démarches du Corps de ville auprès du roi purent être utilement poursuivies et ses demandes être étudiées, car le souci de la défense n'allait plus absorber l'attention de Henri II.

Au grand étonnement de l'Europe, les armements de Charles-Quint cessèrent subitement, et l'on vit ce puissant Empereur abdiquer son autorité royale en faveur de son fils Philippe II, à qui il fait épouser Marie, fille unique et héritière du roi d'Angleterre, Henri VIII ; puis on apprit, peu de mois après, qu'il s'était enfermé dans un cloître.

Courte trève quand Charles-Quint dépose la couronne.

La trève que l'Empereur avait conclue avec le roi de France fut publiée à Bayonne (mars 1556), et, selon l'usage, des feux de joie furent allumés et le comte du Ludde vint présider la collation donnée par les échevins à la maison de ville. Cette trève permettait de préparer de nouvelles tentatives, et il convenait de surveiller les espions ; deux Espagnols avaient été surpris par le lieutenant du maire, mesurant les remparts et les fossés de la ville. Ils furent déférés à la justice criminelle (mai 1556), et cette nouvelle fut annoncée par un député au comte du Ludde, qui se trouvait à Nérac, près du roi de Navarre.

Philippe II ne voulut pas inaugurer son règne par une ère de paix. Le pape Paul IV se vit menacé par lui et demanda du secours à la France ; Guise, envoyé en Italie, n'y obtint aucun succès et fut bientôt rappelé en France, où sa présence était nécessaire pour refouler les armées de Philippe. Le duc de Savoie et son armée, renforcée de 10,000 Anglais, dévastaient la Picardie et assiégeaient St-Quentin.

Cette place, défendue par Coligny, n'avait pu être secourue ; Montmorency, venu pour la délivrer, s'était fait battre par le comte d'Egmont et les Espagnols (10 août 1557), et la ville s'était rendue après une résistance opiniâtre. Quand Guise arriva d'Italie, Philippe s'était retiré en Flandres et l'armée française alla mettre le siège devant Calais, qu'elle prit en huit jours (9 janvier) ; ce succès fut marqué à Bayonne par des feux de joie (24 janvier).

Espagnols repoussés de St-Jean-de-Luz.

Le maréchal de Thermes prenait de son côté Thionville (23 juin 1558), mais il se faisait battre à Gravelines 20 jours après ; on avait déjà célébré à Bayonne (20 juillet) la nouvelle de la chute de Thionville, quand parvint celle de la défaite de Thermes. La ville était alors en grande émotion ; les Espagnols venaient de pénétrer en France et s'étaient arrêtés devant St-Jean-de-Luz avec le dessein de réduire cette ville en cendres. Ils avaient une vengeance à exercer contre elle ; ses habitants, la plupart marins, s'étaient enrichis en pillant les vaisseaux qui revenaient des Indes et avaient, avec le produit de leurs rapines, orné leur ville de beaux édifices. Poursuivant le cours de leurs exploits et profitant de la guerre avec l'Espagne, ils avaient attaqué un domaine du roi de ce pays, sur la route des Indes, l'avaient pillé et brûlé, puis ils avaient amené tous les habitants prisonniers (1).

Les Bayonnais, à la première nouvelle de cette invasion, arment aussitôt les remparts de pièces d'artillerie, travaillent activement à réparer les fortifications et à construire un ouvrage hors la porte de Mousserolles, font placer au sommet du clocher de la Cathédrale une cloche qu'un guetteur devra ébranler dès qu'il apercevra au loin des cavaliers ennemis venant surprendre la ville ; ils font débroussailler les chemins des rondes afin de faciliter la surveillance et complètent par quatre guérites celles qui sont posées le long des murailles.

On fait à la hâte des écouvillons et des cautères pour l'artillerie, des sacs pour transporter la poudre ; on amène par eau, de Mont-de-Marsan, une provision de blé pour l'achat de laquelle la ville contracte une obligation notariée ; on fait moudre les blés qui sont approvisionnés et on achète la toile des sacs destinés à renfermer la farine. Les tambourins qui servent à rassembler les habitants sont remis en état et recouverts de peau de chèvre ; pendant quinze jours, la milice est réunie, le soir, au son du tambourin, sur les places de la ville, et par quartiers. Deux espions sont envoyés au Vieux-Boucau, afin de renseigner sur le nombre et la nationalité des navires qui peuvent s'y trouver. On presse la démolition de l'hôpital St-Nicolas, placé à la porte St-Léon, commencé le 23 décembre précédent, d'après la volonté du roi. M. de Burye, lieutenant général en Guyenne, fait ramasser le long de l'Adour et de la Nive, entre Bayonne et Larressore, tous les bateaux grands et petits, afin de les enlever aux ennemis qui pourraient s'en servir pour descendre à Bayonne. Les coraus barbotans de la ville sont armés et équipés pour garder et défendre le cours des rivières qui traversent Bayonne.

Pendant ces préparatifs, Antoine de Bourbon, roi de Navarre, assemble une armée et se porte en toute hâte vers St-Jean-de-Luz. Les Espagnols n'avaient pu y pénétrer ; après avoir brûlé quelques maisons avoisinantes, ils se retirèrent précipitamment.

Le roi de Navarre, quoique décoré du titre de lieutenant général du roi en Guyenne, n'exerçait généralement pas cette fonction, dont il laissait le soin au comte du Ludde et à M. de Burye ; l'administration de ses vastes domaines suffisait à absorber tout son temps. Néanmoins, nous pensons qu'il avait été récemment confirmé dans sa charge, car il vint faire une nouvelle entrée à Bayonne en octobre 1557. Le Corps de ville

Entrée à Bayonne des roi et reine de Navarre.

(1) D'après Baïlac, selon un auteur espagnol, qui écrivait en 1559.

l'avait envoyé prendre par deux coraux et deux galupes, à Port-de-Lanne, localité située sur le bord de l'Adour, à cinq grosses lieues de Bayonne. Il arrive en ville, accompagné de la reine de Navarre, Jeanne d'Albret, sa femme ; il parcourt les rues Pont-Mayou et Argenterie, que l'on a recouvertes de sable à cause de certaines parties dépavées. Un logis a été apprêté pour le roi et la reine ; c'est probablement la maison Danglade ; les échevins se sont adressés à Madame de Gramont, à Bidache, qui leur a prêté gracieusement des tapisseries pour tendre les murs des appartements. Antoine de Bourbon passa la revue des habitants de la ville en armes ; de nouvelles enseignes furent fabriquées pour cette circonstance ; il dut passer l'inspection des munitions de l'artillerie et prescrire d'augmenter le nombre des projectiles, car, dans le mois qui suivit son passage, on paya une note de 523 boulets en plomb pour les pièces bastardes, faucons, fauconneaux, émerillons et hacquebutes à croc de la ville ; il jugea suffisante l'augmentation de 200 boulets de fer constituée en janvier 1558.

On parla enfin de paix générale. Les Français étaient las de la guerre, et Philippe II, devenu veuf de la reine d'Angleterre, ne peut plus compter sur l'appui de ce royaume. La paix est conclue à Cateau-Cambrésis (1559) ; le duc de Savoie recouvre ses Etats et épouse la sœur d'Henri II, tandis que Philippe consent à s'unir à Elisabeth de France, fille du roi, princesse à peine âgée de 14 ans et d'une grande beauté. Ce dernier mariage se fit par un procureur, le duc d'Albe, le 20 juillet. De brillantes fêtes furent données dans cette circonstance ; Henri II figura dans un tournoi et fut malheureusement tué par le comte de Montgomery. Ce monarque n'avait que quarante ans ; avec lui finit la chevalerie française. L'ère des guerres civiles et de religion allait s'ouvrir.

Bayonne aura la chance d'échapper à ces luttes intestines, le protestantisme n'ayant pu recruter de nombreux adhérents parmi ses habitants. Ceux-ci appliquaient leurs soins à ramener la prospérité dans leurs murs. Tout ce qui pouvait conduire à ce résultat était sollicité par eux. Sur leurs instances, le rétablissement de la frappe de la monnaie est soumis à une enquête dont le résultat favorable est sanctionné par le roi (21 novembre 1556).

Efforts pour repeupler Bayonne.

Ils obtiennent d'Henri II qu'une enquête soit faite sur la nécessité de rouvrir la bouche de l'Adour. Bernard de Sainte-Croix, lieutenant du sénéchal des Lannes, en est chargé (mars 1556) ; les dépositions de nombreux témoins apprirent que la fermeture de la bouche de l'Adour, qui s'était produite 50 ans auparavant, jointe aux calamités de la peste et de la guerre, avait amené la cessation du commerce et réduit les habitants à un très petit nombre. Deux des trois faubourgs étaient abandonnés et ruinés : les quartiers ou rues de la Boucherie, des Basques, des Cordeliers, de Bourgneuf, Pannecau et Port-Neuf inhabités ; la jeunesse ne trouvant plus à assurer son existence, s'expatrie. Le seul remède à cette situation navrante était la réouverture du Boucau, qui devait occasionner le repeuplement de la ville.

L'année suivante (mars 1557), le roi ordonne une enquête sur l'affranchissement de certains droits qu'il serait possible d'accorder à la ville et à ses voisins. Pour en assurer le résultat, un cadeau de deux quintaux soixante livres de langue de baleine est envoyé au connétable de Montmorency, accompagné d'une chaude supplique. Le lieutenant du maire Sorhaindo part lui-même (juin), et se rend à la cour, muni d'une somme assez rondelette qu'il doit distribuer ; il a pour mission de poursuivre l'affranchissement de la ville, de ses manants et habitants, afin d'y attirer la population voisine pour la repeupler ; il doit aussi obtenir la continuation du don de la grande coutume, afin de donner les moyens de réparer les ponts, les guérites, les chaînes (estacades) et autres ouvrages de fortification. Sur ce dernier point, le roi se montrait défiant, et ne voulait s'engager qu'après avoir fait constater que ses fonds étaient réellement employés aux travaux qu'il voulait voir exécuter. Cette vérification venait d'être faite, dans les comptes de la ville, par un serviteur du comte du Ludde (mars 1557). Les efforts de Sorhaindo furent couronnés de succès ; le 24 juillet 1557, le roi, dans des lettres patentes, confirmait les privilèges de la ville et exemptait de tous droits les marchandises prises à Bayonne et transportées sur d'autres points du royaume ou en dehors, aussi bien que celles qui seraient amenées dans la ville. M. de Burye avait prêté son appui et était venu procéder à l'enquête ; on avait tendu de tapisserie la maison Danglade, où il fut logé, et que l'on réservait, généralement, aux personnes princières (mai 1557) ; il reçut ensuite un cadeau (25 août 1557). Des poignards et des dagues sont adressés au général de Recques, à l'occasion de l'intérinement des lettres d'affranchissement. Sorhaindo rentre lui-même à Bayonne, le 15 octobre 1557, et s'occupe de faire publier (6 mai 1558), les lettres patentes, non seulement à Bayonne, mais à Bordeaux, à La Réole et dans d'autres villes du royaume, afin d'engager les gens à venir repeupler la cité de Bayonne.

Ses marchandises exemptées de certains droits.

François II
(1557); il règne
trois ans.

Le dauphin prit la couronne sous le nom de François II ; il venait d'épouser Marie Stuart, nièce des princes lorrains. Mais, comme il avait quinze ans, ses deux oncles, le duc de Guise et le cardinal de Lorraine, régnèrent à sa place ; sa mère, Catherine de Médicis, prit une part peu active au gouvernement. Les Guise, tout-puissants, mettent à l'écart le prince de Condé et son frère le roi de Navarre, le duc de Montmorency, Coligny, Dandelot, et tous ceux qui voulaient une part du pouvoir. Condé et ses partisans ne se résignent pas et complotent de s'emparer de la cour, réunie à Blois ; les conjurés sont surpris à Amboise et mis à mort. Un accord est tenté entre protestants et catholiques aux Etats généraux d'Orléans ; la cour s'y rend avec une puissante escorte ; Condé et son frère y sont appelés, et bientôt jetés en prison. Les princes lorrains font leurs efforts pour obtenir du roi que Condé soit mis à mort ; François II ne peut se résigner à commander ce meurtre ; on apprit tout à coup que le roi venait de mourir. Cet événement sauva Condé.

Charle IX monte
sur le trône en
1560.

La couronne de France passa sur la tête du frère de François II. Ce jeune prince régna sous le nom de Charles IX ; il était âgé de dix ans, et la reine Catherine de Médicis, sa mère, prit résolument les rênes du gouvernement, sans vouloir porter le titre de régente (1560). Elle rendit la liberté à Condé, rappela Montmorency, s'accorda avec le roi de Navarre. Les Etats généraux furent congédiés, et Michel de l'Hospital vint auprès de la reine l'éclairer de ses lumières.

Ces divers événements, qui se passaient loin du Labourd, laissèrent les Bayonnais assez indifférents. Ils auraient voulu fêter le passage de la princesse Elisabeth de France, qui se rendait à la cour de son royal époux. La reine d'Espagne était accompagnée par le roi de Navarre, le cardinal de Bourbon, le prince de Laroche-sur-Yon, et plusieurs autres seigneurs ; mais on la conduisit directement à Roncevaux, où le duc de l'Infantado vint la recevoir.

Le passage du prince de Laroche-sur-Yon, à son retour d'Espagne (10 mars 1559), fournit aux Bayonnais l'occasion de manifester et de se donner un puissant protecteur qu'ils comblèrent de cadeaux.

Ils se disposaient à présenter au roi une nouvelle requête, tendant au rétablissement de la justice civile et criminelle en faveur des magistrats de la ville, et envoyèrent l'un d'entr'eux dans ce but à Paris, avec des lettres de faveur que le vicomte d'Orthe lui avait délivrées pour le roi, le cardinal de Lorraine et le duc de Guise (10 mars). Le gouverneur paraissait être en correspondance assez fréquente avec le cardinal de Lorraine ; dans une lettre du 12 septembre, il se plaignait du mauvais état du Château-Vieux, où il résidait ; le donjon, occupant le milieu de la cour, était tellement dégradé, ajoutait-il, que personne n'osait y habiter, à cause de la menace des tuiles et des pierres que le moindre vent détachait et faisait tomber dans la cour. Les démarches de l'échevin, député à la cour, eurent plein succès, et des lettres patentes de février 1560 octroyèrent la justice à la ville.

Le duc de Guise, dont la nièce, Marie Stuart, veuve de François II, ne servait plus les intérêts, depuis son départ pour l'Ecosse, était entièrement écarté du pouvoir. Il s'allie au maréchal de St-André et à Montmorency pour le reprendre et éliminer les protestants. Le roi Philippe II donne son appui au triumvirat, et le roi de Navarre lui-même se joint à eux, par faiblesse.

Catherine de Médicis met en jeu sa politique de bascule. Pour affaiblir les Guise, elle tente d'apaiser les protestants, et leur accorde la célébration de leur culte dans les campagnes. Cette concession exaspère le parti catholique et amène la première échauffourée de Vassy, dans laquelle Guise fait massacrer des protestants (1562). Ce fut le signal d'une longue suite de combats, où catholiques et réformés déployèrent le même fanatisme. Le roi de Navarre, Antoine de Bourbon, périt au siège de Rouen (26 octobre 1562), place défendue par le calviniste Montgomery ; elle fut prise, néanmoins, par les catholiques.

Premières échauffourées entre catholiques et protestants.

Des secours sont envoyés d'Espagne au parti catholique. Un corps de 2,000 hommes, commandé par Don Diego de Carabaiar, gouverneur de Fontarabie, est transporté d'Hausquette à Cap-Breton, sur des bateaux de la ville (4 août 1562). Ces rassemblements de troupes espagnoles sur la frontière ne laissaient pas que d'inquiéter le Corps de ville ; des délégués sont envoyés sur les points où se faisaient les amas de soldats, afin de veiller qu'il n'en résulte aucun inconvénient pour la contrée. Le passage des troupes, le long des rives du fleuve, occasionne un grand émoi. On obtient du roi que les habitants de la ville pourront porter en tout temps, pour se défendre, des arquebuses, des pistolets et autres armes (1er juin 1562). Un tableau de répartition des capitaines du guet par quartier est complété, pour éviter des hésitations en cas de surprise (février 1562) ; des enseignes sont refaites pour chaque troupe de quartier (décembre 1561).

Espagnols, alliés des catholiques, traversent le Labourd.

Un nouveau secours des Espagnols, transporté comme le précédent, le 9 novembre 1562, va rejoindre l'armée royale, commandée par le duc de Guise, et permet à ce général de remporter sur Condé la victoire de Dreux (19 décembre). Guise se porta ensuite vers Orléans, qu'il voulait reprendre aux protestants ; il y tomba frappé par le poignard de l'assassin Poltrot de Méré. La victoire de Dreux est célébrée à Bayonne par des feux de joie (15 janvier 1563).

La cour, atterrée par l'assassinat de Guise, se hâte de faire la paix. Par le traité d'Amboise, Condé, fait prisonnier à Dreux, recouvre sa liberté, et les protestants gagnent une plus grande facilité dans l'exercice de leur culte. Des négociations avec Philippe II avaient accompagné la conclusion de cette paix ; elles furent conduites par le grand prieur de Castille, fils naturel du duc d'Albe, qui était passé à Bayonne, le 10 mars 1563, et y avait été reçu très honorablement, selon l'ordre du roi. Signalons aussi le passage dans cette ville de Mademoiselle de Bourbon, revenant d'Espagne, où elle avait été voir la reine (2 septembre 1564), et celui de l'ambassadeur de Portugal (26 février 1562).

La reine, voulant donner un peu de popularité au roi son fils, le conduit au siège du Havre, qui est repris aux Anglais (août 1563). Elle se hâte ensuite de le faire émanciper, bien qu'il ne soit encore âgé que de treize ans, et gouverne dès lors sans contrôle. C'est alors qu'elle commença une promenade à travers la France dans le but de mettre son fils en communication avec ses sujets ; mais elle lui procura tant de distractions et de plaisirs, que le jeune roi y perdit ses qualités naturelles et vit sa santé s'altérer. Le 13 mars 1564, la cour partait de Fontainebleau, passait à Châlons, où fut signé le traité de paix avec Élisabeth, reine d'Angleterre (11 avril), puis à Lyon, à Arles. Catherine fut rejointe dans cette dernière ville par Brantôme, arrivant de la cour d'Espagne ; il lui porta des nouvelles de sa fille et lui transmit son vif désir de la revoir. Un projet d'entrevue à Bayonne fut alors combiné et on envoya à Philippe II des ambassadeurs pour le décider à consentir à cette visite ; le sieur de Méru, fils du connétable, chargé de cette mission, était de retour à Bayonne, le 16 décembre 1564, et recevait les cadeaux du Corps de ville. Le roi d'Espagne consentit au voyage de son épouse ; il écrivit au cardinal de Gravelle que l'entrevue aurait lieu, le mois de mai suivant, dans le voisinage de Fontarabie.

Préparatifs pour la venue de la reine Catherine et de Charles IX. Les échevins de Bayonne, avertis par Méru, rassemblent, le 24 décembre, les principaux habitants à la maison commune pour s'entendre sur la réception qui devra être faite ; ils venaient de recevoir une autorisation royale de s'imposer de dix mille livres pour couvrir les frais de la fête. Mais le vicomte d'Orthe n'a pas vu d'un bon œil l'assemblée des habitants de la ville ; il a d'ailleurs une dent de lait contre les échevins et saisit toutes les occasions de les molester. Certain procès pendant devant le Parlement de Bordeaux entre lui et la ville depuis le mois de février 1563, qui devait être motivé par un conflit de juridiction, est la cause de sa mauvaise humeur ; d'ailleurs, depuis que les prérogatives des magistrats ont été augmentées aux dépens des siennes, il s'est tenu volontairement à l'écart des collations offertes à M. de Burye et au comte du Ludde. Il profite donc de la circonstance pour exhaler sa bile. Il daigne à peine répondre aux députés du Conseil venus pour lui exposer les motifs de l'assemblée ; il feint d'y voir un attroupement contraire au bon ordre et leur fait connaître qu'il va retirer l'artillerie des magasins de la munition pour la mettre en sûreté dans les châteaux ; il veut aussi demander des troupes à Monluc. Ce ne fut cependant qu'une boutade, car aucune de ces menaces ne reçut exécution.

D'ailleurs, il n'y avait pas de temps à perdre et les échevins préparèrent un programme de fêtes qui fut adressé au roi lorsqu'il était à Narbonne (mars 1565). Ils écrivirent, le 12 mars, à la reine Catherine, l'avisant qu'ils la feront prendre à Dax par deux bateaux ; douze galions lui serviront d'escorte et lui donneront passe-temps sur les rivières durant le trajet; ils terminent en demandant que la ville soit approvisionnée de blé.

Dans l'éventualité d'une revue passée par le roi, les magistrats préviennent les habitants de ne pas vendre ou engager leurs corselets et leurs armes, afin de se montrer en bel équipage si le roi le demande (24 décembre 1564) ; peu de jours avant l'arrivée de la cour, deux échevins recensent les armes des voisins et établissent les listes des compagnies (9 avril 1565).

Il fallait aussi se garer de la contagion de la peste, qui aurait empêché la fête. Déjà, le 30 mars 1564, on avait renvoyé les mendiants de la ville par crainte de ce mal. Des juifs, venant de Portugal, appelés dans le pays Portugais, s'étaient présentés en grand nombre dans le bailliage de Labourd ; ils avaient traversé des régions pestiférées et la contrée était menacée par eux de contagion ; ils furent renvoyés par les soldats du gouverneur, le vicomte d'Orthe, à la requête de la ville (24 juillet 1564). Une consigne sévère fut donnée aux portiers de ne laisser entrer aucune personne venant des lieux contagieux (septembre). Enfin, pour compléter ces mesures, on organisa des habitations à l'extérieur, dans lesquelles on garda en quarantaine ceux que l'on appelait les pestiférés, pendant trente-trois jours, au moment du passage du roi. Du côté de l'Espagne, on évita de faire passer la jeune reine par les pays infestés, ce qui allongea son voyage.

Les tabliers des ponts sont réparés à neuf ; une couche de sable est étendue sur le pavé de la rue Mayour. Des ouvriers sont employés à faucher les herbes sur les remparts de la ville ; d'autres aplanissent les terres des parapets le long des murailles pour y placer l'artillerie qu'ils vont prendre dans les magasins.

On confectionne huit robes en étoffe écarlate, bordées de velours noir et huit chaperons rouges, destinés aux six échevins, au clerc de ville et au trésorier ; on renouvelle les livrées des deux capitaines et des huit gardes permanents du guet ; elles sont écartelées aux couleurs rouge et jaune, qui sont celles de la ville. Enfin, le zèle des sergents de la ville, qui font exécuter les ordres des échevins, est stimulé par un don pécuniaire.

Les échevins se concertent de nouveau avec la cour durant son séjour à Toulouse, par l'intermédiaire de M. de Chazelle, avec lequel ils correspondent et auquel ils envoient un présent de langue de baleine et de piques dorées.

Le 1er avril 1565, le roi fait son entrée à Bordeaux. Des délégués de Bayonne se joignent au comte d'Egmont, rentrant de la cour de Philippe II, où il était allé arrêter les derniers détails de l'entrevue, et vont avec ce seigneur trouver Charles IX dans la capitale de la Guyenne ; ils prennent les ordres du roi et profitent de leur visite pour l'intéresser à l'ouverture du Boucau et l'engager à visiter les travaux.

Entrée solennelle du roi et de sa mère. La cour repart de Bordeaux le 6 avril, passe à Mont-de-Marsan, où elle séjourne quinze jours ; elle arrive à Dax le 28 avril, repart de cette ville le 22 mai, et va à Saubusse s'embarquer sur la flotte bayonnaise. Elle fait halte dans l'île de Lahonce pour dîner et arrive enfin à Bayonne. La reine et son fils furent accueillis par des salves d'artillerie ; ils traversèrent des rues tendues de tapisseries, décorées de verdure et allèrent se reposer à l'Evêché.

Le roi fit son entrée solennelle le 3 juin ; après avoir assisté au défilé de la milice bourgeoise, forte de 27 compagnies de 100 hommes chacune, précédée de trois chefs de légion et d'un drapeau vert et rouge, Charles IX monta à cheval et fit son entrée par la porte de St-Esprit, dont la façade portait une inscription entourée de guirlandes de feuillage. Il trouva la place bourgeoise occupée par un bataillon d'enfants de la ville, armés d'épées. Après avoir parcouru le pont Mayou, orné de feuillage, et la rue Mayou, tendue de tapisseries, il passe sous un arc de triomphe et rentre à son logis.

Le duc d'Orléans et une nombreuse suite quittent Bayonne le 9 juin et vont en poste, traînés par 120 chevaux, au devant de la reine Elisabeth. Ils trouvent à Irun le grand prieur de Castille, chargé d'assurer les relais de la reine et rejoignent celle-ci à Ernani. Catherine de Médicis, accompagnée par le roi et la princesse de Laroche-sur-Yon, vient elle-même, le 14 juin, au devant de sa fille, qu'elle est toute heureuse de retrouver dans l'épanouissement de ses 20 ans et plus belle que jamais. La cour fit collation dans une tente dressée sur la rive française de la Bidassoa et alla coucher le soir à St-Jean-de-Luz.

Le lendemain, la reine Elisabeth, parée de ses plus beaux atours et de diamants de très grande valeur, fait son entrée à Bayonne, montée sur une haquenée blanche. Elle est reçue à la porte St-Léon par les magistrats et la milice, haranguée par le clerc de ville ; puis, elle parcourt la rue Mayour (d'Espagne), sablée et tapissée jusqu'à la Cathédrale, où elle descend pour entendre chanter un *Te Deum* ; elle remonte de nouveau à cheval et se rend à la maison Montaut, en passant sous un arc de triomphe. *Arrivée de la reine d'Espagne et du duc d'Albe*

Durant les dix-sept jours que durèrent les fêtes données à la cour d'Espagne par celle de France, une animation extraordinaire régna dans la ville. Les plaisirs et les repas somptueux se succédaient sans interruption. Nous nous bornerons à signaler une course de bagues donnée, le 19 juin, sur la place de Piedmont (1), un combat naval, le 20 juin, la procession de la Fête-Dieu, après laquelle le duc d'Albe remit au roi le collier de la Toison d'Or, un tournoi et carrousel, le 24 juin, une fête nautique et pastorale, le 25 juin, une comédie italienne, le 28 juin. *Fêtes données aux cours de France et d'Espagne.*

Dans l'intervalle de ces fêtes, le duc d'Albe avait avec la reine Catherine des entrevues secrètes, auxquelles assistait Elisabeth ; le ministre espagnol s'efforça de convaincre Catherine de la nécessité de se débarrasser des protestants; mais celle-ci, qui repoussait encore les moyens violents, se borne à préconiser l'alliance des cours française et espagnole.

La reine Elisabeth et sa suite partirent le 2 juillet; le roi, avant de s'embarquer, le 12 juillet, pour Dax, alla faire une visite au Boucau.

En se prêtant à examiner la question de la réouverture des *Charles IX visite le Boucau.*

(1) De la Liberté.

bouches de l'Adour, Charles IX ne pouvait faire chose plus agréable à la ville. La réalisation de ce projet devait non seulement raviver le commerce de Bayonne, mais aussi faire cesser les discussions incessantes que ses habitants avaient avec ceux de Cap-Breton pour maintenir leur privilège ; celui-ci consistait dans l'obligation pour tous les bateaux apportant des marchandises destinées à une localité comprise entre Cap-Breton et Hausquette, de les apporter à Bayonne et d'y payer des droits à la ville. Or, sous le prétexte parfois véridique que la profondeur des eaux de l'Adour n'était plus suffisante depuis que le lit s'était dévié vers le Vieux-Boucau, pour permettre aux bateaux d'un certain tonnage d'arriver à Bayonne, les capitaines de navires déposaient leurs marchandises à Cap-Breton. Les infractions devenaient de plus en plus fréquentes ; les Cap-Bretonnais répondaient par des coups aux sommations des sergents de Bayonne (janvier 1559). On saisissait néanmoins des vins déchargés en fraude et l'affaire était portée devant le tribunal du roi de Navarre (mars 1559) ; mais ces procès eux-mêmes traînaient en longueur, et il fallait trouver un autre remède.

Premiers travaux du Boucau. Les échevins avaient déjà fait étudier la question de l'embouchure ; ils avaient adressé leurs doléances à la reine Catherine (1561) et des travaux avaient été commencés sur la rive droite de l'Adour (1) par le capitaine Flayol, puis poursuivis ou plutôt recommencés, car ils étaient détruits à chaque inondation. Ces travaux avaient pour but de barrer le lit de l'Adour, afin de l'obliger à abandonner son cours vers le Fleich. Le prince de Nemours avait été même envoyé à Bayonne, à la suite des plaintes, et s'était transporté le long du lit de l'Adour pour renseigner la reine et son Conseil sur la meilleure solution à adopter (27 août 1561).

Fonds accordés pour ce travail. Quelque médiocre qu'ait été jusqu'alors le résultat produit par les travaux, la ville était tenue de les payer et de fournir les matériaux nécessaires. Les échevins ont recours à leur maire, le sieur de Gramont, et lui envoient (mars 1562), en présent, deux barils de langue de baleine, accompagnés d'une demande d'arbres, nécessaires pour construire les digues du havre de la ville ; leur sollicitation fut bien accueillie, si l'on en juge par l'empressement mis par le Conseil à se porter au devant du maire, lorsqu'il vint, le 16 mai, à Bayonne, avec des galions ornés de six tableaux représentant les armoiries des Gramont. Ce seigneur accorda son appui, et obtint, pour la ville, l'autori-

(1) Selon Descande, l'Adour.

sation de lever des fonds sur la ferme du domaine (15 août 1562) pour la construction du Boucau. Ces fonds ne pouvaient être touchés sans remplir certaines formalités auprès des officiers des finances ; un député de la ville se rend à St-Sever, pour lever ces difficultés (28 mars 1563). En même temps le pays de Béarn, intéressé à faciliter la navigation de l'Adour, est sollicité par la ville de fournir une contribution pour les travaux du havre. Grâce à ces premières ressources, on peut mettre la main à l'œuvre, et on fait demander des ouvriers à Dax, à son de trompe (juillet 1563). Les travaux se poursuivent non sans amener des contestations entre l'entrepreneur, Pierre de Mussale, et le syndic (juin 1564), mais les Bayonnais s'aperçoivent bientôt qu'il est nécessaire de faire une grande dépense pour redresser le cours de l'Adour. Ils s'adressent d'abord au connétable (janvier 1564), et à d'autres personnages de la cour, pour leur demander de s'intéresser aux affaires de la ville, et leur font remettre des cadeaux (langues de baleine, etc.). La ville de Saint-Jean-de-Luz voulait faire un port pour concurrencer Bayonne, et demandait à être exemptée de la cotisation du havre (3 avril). Cette démarche, produite avant la décision du roi, pouvait aller à l'encontre du résultat désiré par les Bayonnais ; ceux-ci renouvellent cadeaux et instances auprès du connétable, des sieurs de Monluc, de Burye et d'autres personnages de la cour. Ils réussissent enfin et obtiennent du roi (juin 1564) une levée de 60,000 livres tournois pour les travaux du nouveau havre, sur les cinq sénéchaussées des Lannes, Agenois, Bazadais, Armagnac et Toulouse.

Les digues devaient être assez avancées, le 9 décembre 1564, car, ce même jour, un Hollandais, Pierre Janson, avait dessiné, en peinture plate, le nouveau havre, les rivières et les sables d'alentour ; pensant intéresser le roi, les magistrats avaient fait exécuter un double de ce dessin et le lui avaient adressé. Mais Charles IX, peu habitué à la lecture des plans, vérifia mieux les travaux exécutés en les visitant lui-même et put alors juger de leur utilité ; cependant, le résultat, tant désiré par la ville, devait encore se faire attendre pendant treize ans, et réclamer de nouvelles dépenses.

Durant son séjour à Bayonne, le roi avait reçu les doléances du Corps de ville au sujet de la tension de ses rapports avec le gouverneur. Un mois à peine après son départ de cette ville, il édictait, à Cognac, un arrêt appelé règlement de Cognac, qui fixait ces rapports (17 août 1565). Après avoir invité le vicomte d'Orthe à plus de condescendance vis-à-vis des habitants, le roi

Règlement de Cognac sur les rapports entre le gouverneur et la ville.

enleva au gouverneur la capitainerie du Château-Neuf, et la donna au sieur de Fontenay, avec une rente de 400 livres destinée à l'entretien des hommes d'armes, des archers et des munitions ordonnés au Château - Neuf ; mais Fontenay devait rester sous l'intendance du gouverneur. Le vicomte d'Orthe eut le commandement du Château - Vieux et de la tour St-Esprit ; une rente de 800 livres lui fut donnée pour l'entretien des hommes d'armes morte-payes et des munitions d'usage.

De plus, Fontenay reçut la charge de surveiller les travaux du Boucau, et il fut prescrit à Pierre de Caulonque, trésorier des fortifications en Guyenne, de rendre un compte exact de ces dépenses.

Enfin, le roi consentit à prolonger jusqu'à la St-Luc prochaine le droit que la ville prélevait sur les vins, pour lui permettre de couvrir les dépenses de son entrée, et il donna 4,000 livres tournois (11 septembre) pour acheter le blé nécessaire à l'approvisionnement de la place, et combler en même temps le déficit produit, dans les magasins, par la présence de la cour. Il prescrit à la ville de faire entretenir cet approvisionnement par son fermier munitionnaire, et il édicte un règlement pour assurer sa conservation ; s'il y a menace de guerre, aucune quantité n'en pourra être vendue. Le gouverneur reste chargé de surveiller l'exécution des ordres royaux.

Attendant que Charles IX ait arrêté des mesures propres à aplanir le différend existant entre le gouverneur et le Corps de ville, aucun des deux n'avait pris l'initiative de réintégrer l'artillerie dans les magasins ; les trente grosses pièces constituant l'arsenal de la ville et un grand nombre d'hacquebutes à crocs étaient restées exposées sur les remparts aux dégradations des gens malintentionnés et du mauvais temps. Le lieutenant du maire fait part de cette situation au Corps de ville, le 27 septembre 1565, et exprime l'avis qu'il serait convenable de retirer cette artillerie dans les châteaux et à la munition, où elle se trouvait avant la venue du roi. Mais, ne voulant pas être accusée d'empiéter sur les droits du gouverneur, et désirant prouver le soin qu'elle prend à sauvegarder les intérêts du roi, la ville offre au lieutenant du gouverneur les fonds nécessaires pour faire rentrer ces canons, lui laissant ainsi la responsabilité des dégradations qui pourront survenir. De telles offres ne sont acceptées qu'après une deuxième remontrance de la ville ; et elles furent réalisées, le 15 octobre, par des canonniers et des bouviers.

Le zèle du lieutenant du maire, stimulé par les conseils du roi, se porta aussi sur l'exécution du guet. Il fit observer au Conseil, le 11 septembre, que, durant l'absence qu'il avait faite en allant à la suite du roi, on s'était borné à mettre trois hommes dans chaque corps de garde au lieu des cinq ou six qui doivent s'y trouver. Cette nonchalance s'accordait mal, selon lui, avec la confiance que le roi avait montrée à la ville en abandonnant à celle-ci le soin de garder ses remparts. Quelques membres alléguèrent que la grande mortalité qui avait sévi sur le peuple en était seule cause, mais on tomba d'accord sur la nécessité de réformer le guet. Le lieutenant du maire se mit aussitôt à l'ouvrage et, le 8 octobre, il faisait publier un nouveau règlement.

La reine Catherine et son fils avaient entrepris leur voyage en France pendant la période d'apaisement qui suivit l'édit de pacification d'Amboise. Durant le cours de cette tournée, elle rendit l'édit de Roussillon (juillet 1564) lequel, sous prétexte d'interpréter celui d'Amboise, en modifiait profondément les clauses favorables aux protestants. Condé, d'abord convoqué à l'entrevue de Bayonne, quoi qu'il fût protestant, se permit de blâmer cette mesure et reçut de la reine-mère un ordre contremandant son voyage ; cependant, la mère de Charles IX louvoyant encore entre les partis, reçut à Niort la visite de Condé (21 septembre 1565) et, comme ce prince vint lui faire part de son mariage, elle voulut que la noce soit célébrée à la cour, et elle permit de prononcer les prêches de la cérémonie dans une salle de sa résidence royale, pourvu que les portes en restent closes et qu'il n'y ait d'autres auditeurs que des princes protestants et leur suite. Catherine, s'instituant protectrice de Coligny, ordonna d'exécuter un voleur de grand chemin, Simon de May, accusé de vouloir assassiner l'amiral.

A la faveur de ces indices favorables, les réformés s'introduisent dans le Corps de ville de Bayonne. Une difficulté se présente au sujet de la forme du serment que la coutume prescrit de prêter sur les reliques de Saint Léon. Le Conseil, appelé à délibérer sur ce point (3 décembre 1565), consent que cette forme soit modifiée pour un collègue protestant et invite ce dernier à se rendre à la campagne, où se trouve un temple dans lequel il prêtera serment selon sa conscience. *Protestants admis au Conseil de ville.*

La bonne harmonie entre le gouverneur et le Corps de ville, que le roi avait recommandée dans son édit de Cognac, n'était pas encore rétablie. Une discussion surgit au sujet d'un paragraphe de cet édit relatif à la conservation des blés de la munition. Si le vicomte d'Orthe était chargé d'en surveiller l'exécution, *Discussion au sujet des magasins de blé de la ville.*

le Conseil, qui était responsable de cet approvisionnement, voulait que les autorisations de vente, appelées billettes, fussent délivrées par l'un d'entr'eux. Sur la liste de trois bourgeois proposés au gouverneur pour remplir cet emploi, celui-ci n'en choisit aucun sous prétexte qu'ils sont ses ennemis ou qu'ils ne possèdent pas la qualité requise. Apparemment, il voulait un bourgeois à sa dévotion, et le Conseil avait eu soin de n'en pas choisir dans cette catégorie. Les échevins ne veulent pas admettre les prétentions du gouverneur sur la délivrance des billettes du blé de la munition. Aussi font-ils tous leurs efforts pour obtenir du roi que les greniers ne soient plus dans les châteaux, déclarant que, dans les conditions présentes, ils ne sauraient en être responsables (4 février 1566). Ils se plaignent en outre que le gouverneur, au lieu de choisir pour délivrer les billets l'un des trois bourgeois élus par la ville, a donné le cachet de ces billets à un homme d'armes étranger et qu'il permet ainsi de faire partir du blé en Espagne, où règne la famine. Ils seront ensuite obligés de remplir les greniers à chers deniers (15 avril 1566).

Le Conseil de ville renouvelle au gouverneur sa demande concernant le déplacement des greniers (7 mai), sous prétexte qu'ils sont insuffisants. Ils constatent (22 décembre) que le vicomte d'Orthe a empiété sur leurs droits en passant un marché pour la fourniture du blé des châteaux et que les conditions de ce marché sont onéreuses pour la ville, car le prix du blé en est trop élevé. Néanmoins, deux échevins continuent de recevoir le blé dans les ports (décembre 1566 et avril 1567) et s'assurent qu'il remplit les conditions requises dans le marché.

Service du guet abâtardi. On cherche encore querelle au vicomte d'Orthe, parce que ses soldats ne font pas le guet (9 novembre); ce service était très affaibli et les habitants de la ville auraient été satisfaits de s'en décharger sur la troupe du gouverneur. A défaut de ce secours, le lieutenant de maire rappelle quelques articles du règlement; il prescrit à tous les habitants de faire le guet, sauf les exceptions autorisées par le roi (11 septembre) : les avocats et autres gens de justice reçoivent la même injonction, s'ils ne préfèrent se faire remplacer par un homme en bon équipage (15 octobre).

Malgré le nouveau règlement du guet et les remontrances du lieutenant, celui-ci se plaint (22 février 1566) que les 50 hommes du guet sont réduits à 36 et renouvelle encore ses recommandations. L'apathie était d'autant plus difficile à vaincre que les capitaines du guet trafiquaient des exemptions; l'un d'eux est pour ce fait menacé de congé. Ils acceptent pour remplaçants des

gens indignes et tolèrent qu'ils se présentent à une heure
tardive pour prendre la garde et faire sentinelle ; aussi est-il
défendu aux habitants et manants de se faire remplacer, sous
peine de prison (4 avril 1567). Les exhortations et les remontrances restent la plupart du temps sans effet, et le service ne
peut être assuré sans avoir recours aux punitions ; le caporal
du guet, Bertrand de Montés, qui avait abandonné deux fois le
guet dans la même nuit et qui avait engagé ses compagnons à
l'imiter, est condamné à l'amende, avec menace d'être étranglé
et pendu en cas de récidive (27 mars 1567).

Redoutant l'entrée d'étrangers en ville, à la faveur de la nuit,
le sieur de Bastances, lieutenant du gouverneur, fait ouvrir à
8 heures du matin et fermer à 3 heures et demie du soir les
portes St-Léon et Lachepaillet, qui sont du côté de l'Espagne.
Les échevins se plaignent des entraves apportées au commerce
par cette mesure et demandent que les heures d'ouverture et de
fermeture des portes soient celles de 4 heures du matin et 9
heures du soir (25 janvier 1566). Les étrangers peuvent encore
pénétrer en ville entre ces heures extrêmes, mais on leur défend
de porter des armes (17 mai et 1er juin 1566), et on renouvelle
aux portiers l'obligation de faire apporter dans le logis des
voyageurs et de leur remettre à leur départ les diverses armes,
(arbalètes, javelines, dards, rondelles, boucliers, etc.), dont ils
sont porteurs.

Un autre motif de plainte de la part de la ville provient de ce Désaccord au su-
jet du jugement
que la justice ordinaire a été incorporée au sénéchal ; le Conseil des cas militai-
décide d'envoyer un député à la cour pour remontrer le dom- res.
mage qui en résulte pour la ville (12 mai 1566). Le gouverneur
prétend juger tous les cas militaires, en vertu de l'édit de
Cognac, et il tente de faire rentrer dans cette catégorie tout ce
qui intéresse la défense de la ville. Une discussion s'engage au
sujet de l'arrestation faite par les échevins d'un homme d'armes
nommé Menou ; le vicomte le réclame, disant qu'il fera lui-
même justice (24 mai 1566). Une contestation de même nature
se produit pour un voisin tilholier (marin), qui avait conduit
par eau un étranger surpris à mesurer au pas les remparts et
les fortifications ; les échevins, voulant appliquer leur arrêté du
17 mars, défendant de passer les étrangers par les rivières,
avaient arrêté les deux individus ; ils consentent cependant à
remettre la procédure au vicomte, parce qu'un étranger y est
impliqué pour une faute militaire, mais ils maintiennent leur
juridiction sur les habitants et manants pour le fait du guet, ne
laissant au gouverneur que le droit militaire sur les soldats des

châteaux ; ils retiennent aussi le droit de juger les voisins, que le gouverneur revendique. Le cas est porté devant le roi, d'après le conseil du maire, le sieur de Gramont ; pour se concilier la bienveillance de la cour, les échevins envoient des cadeaux au roi, à la reine, au connétable et à d'autres seigneurs (16 février 1566). Mais le Conseil du roi se borna à renvoyer la procédure au sénéchal des Lannes ou à son lieutenant de Bayonne (11 juillet 1567), avec mission de poursuivre l'instruction sans porter atteinte aux droits du gouverneur et de la ville.

Jeanne d'Albret impose le protestantisme en Béarn. Le maire de Gramont n'était pas venu depuis longtemps à Bayonne. Ce puissant seigneur détenait la charge de lieutenant général de la reine de Navarre et avait suivi de loin l'évolution de sa souveraine vers le protestantisme. Cette religion, prêchée à Pau dès 1557, y avait fait quelques adeptes. Jeanne d'Albret avait abjuré le catholicisme, en 1561, mais elle manifesta sa nouvelle foi après le décès de son mari, Antoine de Bourbon, tué au siège de Rouen en 1562. Pleine d'ardeur pour la religion réformée, elle donna à son fils Henri un précepteur de cette opinion. Obligée de s'éloigner de la Navarre, elle laisse Gramont gouverner pour elle ; celui-ci, quoique protestant, tout en favorisant son culte, respectait et ne foulait pas le catholicisme. Mais les ministres protestants persuadent à la reine Jeanne de contraindre son peuple à adopter sa religion ; elle en rédige des lettres patentes que Gramont retint d'abord, par crainte de troubles, et que la reine dut venir faire publier elle-même (juillet 1566). Elle fit abattre les images dans les églises et provoqua une sédition à Oloron.

Le maire, Antoine de Gramont, moins retenu en Béarn depuis l'arrivée de sa souveraine, vient à Bayonne qu'il n'a pas visitée depuis longtemps, transporté avec sa suite par deux galupes et deux galions que le Conseil a eu la prévenance de lui envoyer. Les échevins, revêtus de leurs robes écarlates, vont au devant de lui, l'artillerie fait entendre des détonations, et les honneurs lui sont rendus par cent hommes armés de corselets, de piques et de hallebardes, laissant à l'arsenal les hacquebutes, dont le port est défendu.

La justice attribuée au sénéchal est réclamée par la ville. Un cadeau de vin lui est remis pour le caresser et l'engager à obtenir en faveur de la ville la justice donnée au sénéchal (19 novembre 1566) ; il va loger à la maison Danglade.

Le sieur de Monluc, lieutenant général du roi en Guyenne, vient également à Bayonne (2 décembre) ; il est reçu comme le maire, est accueilli par des détonations et reçoit en présent de belles piques dorées. Il est sollicité au sujet de la justice de la ville ; on le conduit en bateau au Boucau avec le trésorier général Le Venier.

Les échevins sont impatients de voir continuer les travaux du havre. Le sieur de Fontenay, qui avait été nommé capitaine du Château-Neuf par le roi, avait aussi la superintendance du havre ; il recevait pour ces deux charges des allocations de 400 et 800 livres. Le 7 janvier 1566, il n'est pas encore rendu à son poste, et le Conseil, voyant le printemps approcher, écrit des lettres pressantes au roi, à la reine et au connétable, pour faire hâter la reprise des travaux. Fontenay arrive enfin le 22 février et est mis en possession de ses charges par le lieutenant du sénéchal des Lannes.

Il importe d'éviter la coalition des ouvriers qui seront tentés de hausser les prix. Les artisans sont réunis et on fixe, d'accord avec eux, le salaire des diverses catégories : charpentiers de navires, 10 sous : compagnons, 8 sous ; apprentis, 6 sous ; charpentiers de maisons et maçons, 9, 8 et 6 sous ; manœuvres, 5 sous. On dut se mettre à l'œuvre et continuer la digue barrant le lit de la rivière en construisant des caisses maçonnées. Mais, le 11 novembre, le trésorier de Caulonque fait savoir qu'il lui reste seulement 1,500 livres ; il espère avoir 10,000 livres en juin prochain, quand il aura fait rentrer les quartiers (1) échus. Jusqu'alors, on avait travaillé à l'aide d'un emprunt de 7,000 livres contracté par la ville ; les diverses sénéchaussées qui étaient tenues de fournir une cotisation pour ce travail protestaient, alléguant que la ville de Bayonne n'était pas imposée en proportion du profit qu'elle allait retirer du havre. Pour éviter un procès, les échevins consentent à supporter une surcharge de cotisation, dont ils laissent à Monluc le soin de fixer le chiffre (30 décembre 1566). Ces résistances avaient retardé la rentrée des fonds, et le Conseil était averti que l'on voulait arrêter les travaux. Après une visite des chantiers, faite le 7 novembre par le sieur de Fontenay et le capitaine Flayol, ingénieur de l'œuvre, accompagnés de capitaines et gens de mer, une grande assemblée est réunie à la maison de ville, le 11 novembre, à laquelle assistent Fontenay, Flayol, le trésorier Caulonque et Claude Tremart, maître ingénieur et conducteur de l'œuvre du havre. Le syndic expose la nécessité d'ouvrir le canal, afin d'éviter que les inondations de l'hiver ne détruisent les bas quartiers de la ville par suite du regorgement de l'eau arrêtée par le barrage et qu'elles ne ruinent ensuite cette digue en la rompant. Ainsi, le travail

La difficulté de recouvrer les fonds du Boucau entrave les travaux.

_____
(1) Trimestres.

déjà exécuté, pour lequel on a dépensé 80 à 100,000 livres, serait perdu. Il fallait donc ouvrir immédiatement le canal, chose facile à faire en hiver, saison pendant laquelle les sables étant humides sont plus fermes et par suite plus aisés à manier. Néanmoins, en présence du manque de fonds, on se sépara sans conclure et on invita les receveurs de la ville pour les deniers du havre à rendre leurs comptes dans les huit jours, sous peine de prison (19 novembre). La difficulté de se procurer les sommes nécessaires à la poursuite de l'affaire du havre, décide le sieur de Fontenay à se rendre à la cour (22 novembre).

Le Conseil demande des améliorations aux fortifications. Les gens du Conseil de ville profitent de son voyage pour le charger de demander au roi certaines améliorations à la fortification dans le but de s'opposer aux entreprises que l'ouverture prochaine du nouveau havre allait faciliter.

Ces travaux étaient les suivants :

1º Approfondir les fossés qui entourent la ville et les maintenir pleins d'eau au moyen d'écluses ; ces dernières placées à l'intérieur de la ville pour être mieux surveillées ;

2º Entourer la tour St-Esprit d'une muraille terrassée en forme de cavalier afin que l'ennemi, débarquant sur les berges des deux rivières, ne puisse la forcer et manœuvrer les chaînes de la Nive aboutissant à cet ouvrage ;

3º Construire un quai bien terrassé et fasciné sur la rive opposée de la Nive, le long de la rivière, entre la guérite de Piedmont, où se fait le guet assis et la maison du Péro, au bout du pont Mayou ;

4º Abattre les étages supérieurs du donjon de Floripé, dont les murailles sont trop faibles pour supporter un terrassement ; raser cette construction en ne conservant que la partie dépassant d'une toise l'enceinte du Château-Vieux et remplir de terre cette partie ;

5º Appuyer un parapet de terre à la muraille très faible qui relie le bastion du fort de Sault, appelé Cul de Loup, à la courtine qui est vers le port de Sault.

Afin d'éviter de la dépense, on prie le roi d'ordonner que les habitants de Labourd apportent la terre nécessaire à ce remblai soit avec des charrettes, soit sur des animaux de bât, chaque fois qu'ils viendront en ville acheter du vin et des denrées. On userait de ce mode économique pour terrasser toute la courtine de muraille, depuis la porte St-Léon jusqu'au bastion de Sault.

Enfin, Fontenay fut prié de rappeler au roi que la ville manquait d'artillerie, de poudre et de munitions pour canons.

Toutes ces améliorations ne furent certainement pas accordées ; mais le roi n'en persista pas moins à assurer la défense de Bayonne. Le gouverneur fit en effet publier, le 17 février 1567, des lettres royales ordonnant la démolition des maisons bâties dans une zone extérieure de 200 pas à partir du bord du fossé. Le Conseil n'approuve pas cette mesure, car les habitants possèdent des maisonnettes dans cette zone, et la ville y a bâti un hôpital au su et du consentement du gouverneur. Néanmoins, avant de s'adresser au roi, il prendra l'avis du maire et du gouverneur.

Ordre royal de dégager la zone des remparts.

Cependant, Fontenay est revenu de la cour et se prépare à faire reprendre les travaux du havre ; il passe un marché pour l'exécution des talus du canal du havre et de six caisses de maçonnerie avec Marty de Hengue et les frères Entrejorn. Le Conseil en trouve les prix trop élevés et fait observer que l'on peut découvrir un entrepreneur qui exécutera ces ouvrages à meilleur marché (27 août 1567). L'hiver approche et Fontenay est prié de faire travailler avec diligence à l'ouverture du canal, sinon les vents le combleront de sable et l'ouvrage sera à recommencer ; les travaux sont repris après la Toussaint (1er novembre).

Le roi et la reine-mère inclinent de jour en jour à combattre les protestants ; les diverses mesures qu'ils prennent contr'eux en sont un indice certain. Aussi, Gramont, qui avait choisi pour son lieutenant Sorhaindo, partisan comme lui de la religion réformée, se décide à le remplacer. Il appelle à son logis, le 16 janvier 1567, durant son séjour à Bayonne, le Corps de ville et lui annonce qu'il relève Sorhaindo de la charge de lieutenant de maire. Il propose pour le remplacer Auger de Lalande, receveur des tailles pour le roi ; le Conseil accepte ce dernier ; mais, voulant montrer à Sorhaindo sa reconnaissance pour ses longs et loyaux services, il lui fait don de sa robe d'écarlate. Ce changement se produisit quelques jours après le passage de Monluc et fut apparemment ordonné par cet officier ; néanmoins, Sorhaindo ne restera que peu d'années dépouillé de sa charge.

Tolérance moins grande envers les protestants Bayonnais.

Afin de maintenir le culte de la religion catholique, les échevins défendent de jouer en public, les dimanches et jours de fête solennelle, sous peine de prison. Les jeux de billard rampeau (1) établis aux portes ou près des remparts étaient des lieux de réunion pour les garnements de la ville, qui s'y livraient à leur passe-temps favori, en proférant force blasphèmes ; ils

(1) Jeu de boules en bois, encore en usage de nos jours.

avaient l'inconvénient d'attirer la jeunesse pendant les offices religieux. En prononçant cette interdiction, les échevins se conformaient aux instructions du roi et s'efforçaient de conjurer la colère divine qui menaçait la ville du fléau de la peste (avril 1567). Cette contagion s'était déjà manifestée dans la paroisse de Saubrigues et y avait occasionné quelques décès ; le médecin de la peste, gagé par la ville, va sur place se rendre compte de la gravité du mal, tandis que deux échevins et deux jurats, ayant mis chaperon en cap pour avoir plus d'autorité, ordonnent aux voisins de nettoyer les immondices (17 mars 1567). Le Conseil fait en même temps apprêter la maison de Pergaing, près de Ste-Claire, habituellement affectée aux malades de la peste, pour le cas où ce fléau frapperait les habitants de la ville. Ces précautions paraissent avoir produit bon résultat, car les archives ne font plus mention de la contagion.

L'un des jurats nouvellement élu, Pierre de Monballer, n'a pas encore prêté le serment accoutumé, conformément à l'édit du maréchal de Gié, bien qu'il y ait été invité. Il est partisan de la nouvelle religion et ne veut se décider à jurer sur le corps de Saint Léon ; le Conseil de ville le somme de faire connaître le motif qui l'arrête et de se conformer aux ordonnances royales, quand même il serait protestant. Monballer n'ose avouer son culte, mais déclare cependant son intention d'entrer dans la religion réformée. Le roi, ajoute-t-il, a autorisé chacun à vivre chez soi dans la liberté de la confession de son choix, et sa conscience ne lui permet de prêter serment que sur la Bible et au nom du Dieu vivant. Les gens du Conseil, suffisamment éclairés par les explications de leur collègue, lui disent qu'il est protestant et lui commandent quand même, sous peine de 100 livres d'amende, de prêter le serment accoutumé comme l'ont fait les autres jurats (24 octobre 1567). Deux ans auparavant, le Corps de ville avait cependant admis qu'un des conseillers prêtât serment dans un temple à la campagne ; mais, à cette date, la reine-mère tenait la balance égale entre les deux religions ; depuis lors, elle inclinait vers la catholique et le Conseil suivait la politique royale.

CHAPITRE XIV

SOULÈVEMENT DES PROTESTANTS. — LE BÉARN ENVAHI PAR MONTGOMERY ET L'ARMÉE DES VICOMTES (1567-1570)

Rupture des protestants et de la cour. — La reine de Navarre se révolte. — Exécution d'un conspirateur protestant à Bayonne. — Emotion populaire provoquée par une violence de Fontenay. — Les échevins évitent de molester les protestants. — Gramont renonce à défendre les Etats de Jeanne d'Albret. — Tarride s'empare du Béarn. — Navarrenx assiégé par lui. — Montgomery fait lever le siège de Navarrenx. — Déroute de Tarride à Orthez. — Mont-de-Marsan et Lourdes repris par les catholiques. — Effroi causé à Bayonne par la venue de Montgomery. — Boulevards en terre et plate-formes dressés fiévreusement. — Garnison demandée par la ville pendant les troubles. — Monstre des deux compagnies de garnison. — Travaux de fortification poursuivis d'urgence par la ville avec des fonds d'emprunt. — Rempart de Piedmont. — Evolution du maire Antoine de Gramont vers le parti de la cour.

En voyant le duc d'Albe rassembler en Italie une forte armée et s'avancer vers la Savoie, les protestants de France craignent que ce mouvement ne soit dirigé contre eux, avec l'approbation secrète de la reine. Condé, leur chef, va même trouver Catherine et lui demande d'augmenter les troupes afin de résister au duc ; la reine le rassure et lui promet de donner satisfaction à sa requête.

L'armée espagnole, cause de l'alerte, n'avait cependant aucune intention hostile contre la France, car elle gagna les Flandres en traversant la Franche-Comté. Condé, fort de l'appui du parti huguenot, donne libre carrière à son ambition et prétend à l'épée de connétable ; mais il rencontre un rival dans le jeune duc d'Anjou, frère du roi, lequel, stylé par la reine-mère, lui dispute cette charge, affirmant qu'elle ne doit appartenir qu'à lui seul. Cette discussion dégénéra en vive altercation et le chef des protestants, se voyant couvert d'avanies, se décide enfin à quitter la cour, suivi des Chatillon et des protestants notables (10 juillet 1567).

Ils combinent une prise d'armes pendant que la cour, réalisant la promesse sollicitée imprudemment par Condé, fait arriver un secours de 6,000 Suisses et prépare des ordonnances draconiennes qui vont remplacer les anciens édits. Le roi Charles IX ignore ou fait semblant d'ignorer tous ces préparatifs ; il écrit à un gouverneur de province (23 septembre) « qu'il est impossible de vivre plus tranquillement sans qu'il soit aucun bruit de resmuement de mesnaige ».

Rupture des protestants et de la cour.

Jeanne d'Albret est avertie par un émissaire de Condé, son beau-frère, que les protestants sont contraints pour la deuxième fois de prendre les armes (28 septembre) ; elle ne s'associe pas à la révolte et se retire en Béarn, fort occupée à soumettre ses sujets catholiques de Navarre soulevés contre elle ; son jeune fils, accompagné par Gramont et quelques autres seigneurs fidèles, marche contre les révoltés et fait pendre trois principaux séditieux.

Charles IX se voit tout à coup assiégé dans Meaux par les protestants, qui dévoilent leurs desseins et veulent s'emparer de sa personne ; les renforts suisses arrivent à son aide et le ramènent à Paris, harcelés par l'armée des réformés. Le roi, furieux d'avoir été mené par les protestants dans Paris « plus vite que le pas », ne leur pardonna jamais cette insulte (26 septembre). L'armée royale se reforme et débloque Paris à la suite de la victoire de St-Denis, dans laquelle Montgomery est blessé mortellement (10 novembre). Condé lève son camp et se retire vers Châlons-sur-Marne, laissant au duc d'Anjou le temps d'organiser solidement l'armée royale à Paris. Dans le Midi de la France, Montpellier et Nîmes sont retombées au pouvoir des protestants ; la ville de Bayonne s'est tenue sur la défensive, faisant visiter et recenser les hommes et les armes affectés à la défense par les capitaines de chaque quartier (10 octobre).

Condé avait été se poster à Châlons-sur-Marne pour donner la main aux reîtres envoyés d'Allemagne. Cette jonction opérée (11 janvier 1568) malgré l'armée royale, le prince ramène ses troupes en Beauce et ne tarde pas à les réunir à l'armée des vicomtes. Celle-ci, après s'être formée à Castres, s'était dirigée par Alais et l'Auvergne vers Orléans, investi par les catholiques ; elle put dégager cette ville et alla rejoindre Condé occupé au siège de Blois. Le 13 mars fut conclue la paix de Chartres, appelée paix fourrée, parce qu'elle ne fut pas observée par le roi ; les protestants congédièrent les reîtres et rendirent au roi les places de la Loire et de l'Auxerrois.

Les gouverneurs des provinces ne voulurent cependant tolérer aucune pratique du culte protestant ; les seigneurs de cette religion sont empêchés d'exercer les charges qui leur ont été restituées ; Condé même ne peut faire reconnaître en Picardie, dont il est gouverneur, l'autorité de son lieutenant. Des rixes suivies de massacres et de meurtres se produisent sur plusieurs points et font des victimes parmi les partisans de l'une ou de l'autre religion. Des bruits de projets sinistres, dirigés contre les huguenots, se répandent dans les provinces ; les villes protes-

tantes, mises en défiance, refusent de recevoir les garnisons
royales et fournissent aux catholiques un nouveau motif de
plainte ; La Rochelle est de ce nombre et réclame l'appui de
Condé. Ce prince, se sentant menacé, fuit de la Bourgogne vers la
Loire avec les Chatillon (23 août) et se dirige sur La Rochelle,
ralliant tous les protestants en fuite.

La reine de Navarre, jusqu'alors tranquille à Nérac, reçoit un
avis de la cour la mandant à Paris, ainsi que son fils ; loin de se
conformer à cet ordre, elle rassemble des troupes et se décide à
rejoindre Condé pour défendre les protestants menacés par le
roi. Partie le 6 septembre, elle passe la Garonne à Tonneins le
surlendemain et reçoit les troupes qui lui sont amenées par le
sénéchal d'Armagnac et le capitaine Montamat. Elle échappe à
Monluc et rejoint Condé à Cognac ; puis, laissant son fils à
l'armée, elle se retire à La Rochelle.

En présence de cette révolte, que confirme un manifeste La reine de Na-
varre se révolte.
adressé par Condé à tous les protestants du royaume, Charles IX
promulgue un édit (25 septembre) par lequel il ne tolère en
France que la religion catholique et ordonne à tous les ministres
huguenots de sortir du royaume. Le roi prononce en même
temps la confiscation des domaines de la reine de Navarre et de
son fils. Le gouverneur d'Arros, représentant Jeanne d'Albret,
aidé par Gramont, prend des dispositions pour empêcher la
révolte des catholiques navarrais contre leur reine, tandis que,
d'autre part, Antoine de Lomaigne, sieur de Tarride, est chargé
par Monluc de s'emparer du Béarn.

Ces troubles ont leur répercussion à Bayonne.

Un habitant de Dax, nommé Sarrat, était venu dans cette Exécution d'un
conspirateur
protestant à Ba-
yonne.
ville (9 juillet 1568) avec le projet de la livrer aux protestants.
Il s'aboucha avec Martin de Sarremon, homme d'armes du
Château-Vieux, qui était fâché contre le gouverneur, et exploita
sa haine pour savoir par lui où se trouvaient l'artillerie et les
munitions de la ville, et pour obtenir des renseignements sur
la force de la place. Il lui proposa de faire tomber Bayonne
entre les mains des religionnaires, sous le prétexte de ménager
l'intérêt du roi et du bien public et dans le but de soustraire
cette ville à l'influence du roi d'Espagne ; il projetait en outre
de tuer Monluc. Sarremon feignit d'entrer dans ses vues et
convint avec Sarrat d'ouvrir, un certain jour de la semaine où
il serait de garde au Château-Vieux, à l'heure de minuit, les
guichets des deux portes de cette forteresse près desquelles
seraient postés cent hommes qui se saisiraient du château.
On ouvrirait alors la fausse porte qui donne accès dans la

campagne (1) et on ferait entrer 300 arquebusiers qui s'empa-
reraient aussitôt des magasins de la munition, de la place, de la
maison de ville et des postes. Deux jours après arriveraient 2 à
3,000 hommes qui pénétreraient en ville et, si les habitants s'op-
posaient à leur entrée, ils la prendraient par escalade, en passant
par des points qu'il ne voulut pas indiquer. Ce traître, aussitôt
après que Sarremon eut révélé son projet, fut saisi et jugé
par la haute cour de justice. Il fut condamné à être traîné sur la
claie, pendu et étranglé devant le Château-Vieux (9 juillet) (2).

A la suite de cette alerte, la ville se garde mieux ; les portes
de St-Esprit, de Mousserolles et de St-Léon sont tenues fermées
et l'on ouvre seulement les guichets. Les obligations du guet
ont été rappelées aux habitants. Le vicomte d'Orthe pousse la
prudence jusqu'à interdire, après avoir pris l'avis du Corps de
ville, les foires qui allaient s'ouvrir et à la faveur desquelles des
gens armés pourraient aborder en ville (15 mars 1568).

Le Conseil ne montre pas moins de vigilance que le gouverneur et s'attache à éviter toute rumeur. Il apprend que le peuple
murmure de ce que la femme du sieur de Lalande, lieutenant
du maire, voyant son mari à toute extrémité, a envoyé chercher
un ministre protestant pour l'exhorter à bien mourir ; il charge
alors un échevin et un jurat d'aller trouver cette dame et de
l'inviter à faire appeler quelque religieux mendiant catholique
pour assister son mari, qui n'appartient pas à la religion pré-
tendue réformée, sous menace de 1,000 livres d'amende et autres
peines contenues dans les ordonnances de Sa Majesté. La femme
et le fils du lieutenant reconnurent qu'ils avaient, en effet,
mandé le ministre, mais ils déclarèrent l'avoir ensuite contre-
mandé. Lalande était depuis longtemps empêché par la maladie
d'exercer ses fonctions de lieutenant, qui sont assurées par son
prédécesseur Sorhaindo. Ce dernier, qualifié de lieutenant, est
envoyé en cour (23 janvier 1568) pour entretenir le roi des
affaires du havre. Ce travail se poursuit très lentement ; le 2
avril, Fontenay est prêt à faire placer deux nouvelles caisses et,
comme les eaux sont hautes, il demande au Conseil s'il ne vau-
drait pas mieux commencer à ouvrir le canal avant de poser les
caisses ; on lui répond qu'il est préférable d'attendre la baisse
des eaux, sinon il travaillerait en vain (2 avril 1568).

Emotion popu-
laire provoquée
par une violence
de Fontenay.
Un incident étranger à ce travail vient rendre plus tendues
les relations entre Fontenay et le Corps de ville et apporter de

(1) Du côté du bastion.
(2) Archives de Bayonne, FF. 517.

nouveaux retards à son exécution. Le dimanche 23 mai 1568, le sieur Jean de Lafontan, contrôleur des réparations et fortifications de Guyenne, étant venu prendre les instructions du gouverneur au sujet du paiement des ouvriers qui avaient travaillé toute la semaine précédente à esplanader (1) et remplir les douves (2) voisines de la ville sur le chemin de St-Jean-de-Luz, reçut du vicomte l'ordre d'appeler Jean du Verger, commis de M. Pierre de Caulonque, trésorier des réparations et fortifications de Guyenne, pour faire ce payement. Du Verger fut invité par Fontenay à aller chercher des fonds, et il était entré au Château-Neuf pour exécuter la paie, lorsqu'il rencontra Fontenay et son fils, accompagnés de quatre hommes armés et se sentit tout à coup frappé et blessé à l'épaule d'un coup d'épée qui fit couler son sang en abondance. Il se sauve, courant vers le gouverneur ; celui-ci, entré à la Cathédrale pour assister à la grand'messe, le voit tout effrayé, tenant d'une main un sac de testons et de l'autre des demi-testons. Le vicomte retient l'argent et envoie le malheureux se faire panser chez un chirurgien, à la porte duquel un grand rassemblement se forme.

Pendant ce temps, Fontenay et les autres agresseurs avaient été poursuivis par les parents de du Verger et forcés de se renfermer dans une guérite de rempart, voisine de la porte Mosseyroles, où ils sont tenus assiégés ; avec eux se trouve le premier échevin, qui fait appeler à son aide le vicomte d'Orthe. Celui-ci, pour apaiser le tumulte, promet que justice sera faite et que Fontenay sera mis en lieu sûr. En effet, le gouverneur le conduit au Château-Vieux, l'établit dans une chambre avec tout ce qui lui est nécessaire, fait dresser un procès-verbal de l'incident par le notaire Martin de Sarremon et commet à la garde du Château-Neuf le sieur de la Feugère, lieutenant de Fontenay.

Le 26 au soir, l'émotion populaire étant calmée, Fontenay fut reconduit au Château-Neuf par le gouverneur et reçut l'ordre de n'en pas sortir sans son autorisation ou celle du roi ; le procès-verbal fut adressé à Charles IX.

Cependant, les parents de du Verger tirèrent vengeance de l'agression de Fontenay en mettant à mort un neveu de ce dernier, Charles Viart, dit Forges ; les échevins se bornèrent à ouvrir une enquête au sujet de ce meurtre et à faire le procès de ses auteurs (9 août 1568). De son côté, le roi a mandé au sénéchal des Lannes (28 juin) de faire élargir immédiatement

(1) Combler de terre.
(2) Fossés.

Fontenay, détenu prisonnier au Château-Neuf et d'informer sur les excès qu'il a commis. Le Conseil de ville, qui a déjà ouvert une information sur ces violences, ne veut pas en délivrer le dossier et consent seulement à donner le nom des témoins entendus. Il réclame en même temps contre le trésorier et le receveur qui administrent mal les deniers, leur reproche d'en user pour eux-mêmes et de laisser couler le temps au lieu de besogner au service du roi ; il ajoute cette réflexion typique que, si Sa Majesté n'en fait pendre un sur les lieux, elle ne sera jamais bien servie.

L'hostilité du Conseil contre Fontenay n'avait pas besoin d'être plus amplement démontrée ; aussi ce dernier s'empresse-t-il de saisir la première occasion favorable pour manifester aux échevins ses mauvaises dispositions envers eux. La procession de la Fête-Dieu lui en fournit le moyen : le gouverneur l'avait invité à saluer, selon la coutume, par des salves de mousqueterie, tirées du Château-Neuf, le Corps de ville lorsqu'il passerait en procession ; mais il apprit de Feugère, lieutenant de Fontenay, que ce dernier ne voulait se conformer à son avis par haine du Conseil. Ce refus fut annoncé d'avance au Corps de ville, avant la procession, ce qui ne fit qu'aggraver l'outrage (28 juin).

Une seconde fois, le capitaine du Château-Neuf montra aux échevins sa vive rancune. C'était la veille de la fête de Saint Jean ; le Conseil, après avoir partagé une collation avec le gouverneur et les principaux habitants, se dirigeait avec eux à travers la ville pour visiter, selon l'usage, les feux et les portes ; tous les membres du Corps de ville étaient revêtus de leurs chaperons et de leurs insignes de justice. Lorsqu'ils passèrent près du Château-Neuf, Fontenay, contrairement à l'usage, se garda de saluer la ville et la justice de quelques mousquetades, excitant encore plus contre lui la colère des bourgeois.

Ces animosités peuvent entraîner de graves conflits et, pour en prévenir les effets, le gouverneur et le Corps de ville défendent les attroupements avec port d'armes pendant le jour et la nuit. Exception est faite pour ceux de la morte-paye, les gentilshommes et les voisins quand ils seront de garde. Ils défendent en outre de dégainer des épées ou des dagues dans des rixes particulières à l'intérieur de la ville (25 mars 1568).

Le principal attroupement de l'armée était celui qui se produisait le jour de la Fête-Dieu. De nombreux étrangers arrivent ce jour-là armés ou non armés et, pour maintenir la tranquillité, le Conseil avait coutume de mettre en armes 250 à 300 hommes, sous la conduite d'un capitaine et d'un enseigne, choisis pour

ce seul cas. Or, le gouverneur se plaint que la charge de capitaine ait été donnée cette année à Johanes de Sorhaindo,
échevin, qu'il accuse d'être notoirement protestant. Il entend
que cette charge soit attribuée à un homme de la religion
catholique et romaine, rappelant que, par l'édit du 27 mai
passé, le roi a ordonné à ceux de la religion réformée de se
retirer en leurs maisons et de poser les armes. Le gouverneur
résiste aux objurgations des échevins, reconnaissant cependant
que la famille de Sorhaindo est très honorable et disant :
« Pour dresser une faction, un lion, chef de mille brebis, fait
plus de mal qu'une brebis, chef de mille lions ». Il ajoute que
Sorhaindo fait élever ses enfants chez lui par un huguenot et
qu'il se dispense de se joindre aux autres échevins lorsqu'ils
vont assister aux fêtes annuelles : processions, grand'messes et
autres exercices divins. Les échevins cèdent enfin au vicomte,
qui les menace d'en informer le roi et décident Sorhaindo à se
retirer de sa charge (9 juin).

Malgré ses protestations, Sorhaindo incline vers le protestantisme ou tout au moins est-il de ces politiques également
réfractaires aux excès des deux partis ; tous ses actes le démontrent ; il est désigné, le 25 juin, pour porter, avec trois autres
échevins, le poêle à la procession de l'octave de la Fête-Dieu,
mais il s'excuse sous prétexte d'absence. Il est de nouveau
choisi, le 28 juin, pour porter un étendard de la ville à la procession de la fête de Saint Pierre, qui a lieu le lendemain. Il
s'excuse encore pour le même motif. Ses collègues se concertent
devant la porte de la maison de ville et observent que si
Sorhaindo use toujours du même stratagème, leur ordre sera
perverti. Ils le font alors sommer par un sergent auquel il répond
qu'il sera à la campagne. Voulant avoir le dernier mot, les
échevins lui donnent l'ordre d'abandonner le Conseil, vu qu'il
agit en toute circonstance dans son intérêt particulier. Mais
Sorhaindo fait appel de cette décision, et ses collègues décident
que le syndic prendra en main la cause de la ville. L'un
d'entr'eux, Naguille, qui partage probablement les idées de
Sorhaindo, fait des difficultés pour opiner dans un sens quel-
conque ; il ne s'y résout que sous menace de peines.

Les ordres religieux n'avaient pas le zèle du Corps de ville et
ne se souciaient guère d'enseigner la religion ; il est vrai que dans
chacun des couvents des Jacobins, des Carmes et des Augustins,
il se trouvait quatre ou cinq moines ignorants, incapables de
prêcher. Le Conseil de ville, préoccupé d'empêcher l'hérésie de
s'implanter à Bayonne et remarquant que ces couvents ont de

beaux patrimoines, demande au roi que chaque provincial de couvent fasse venir à ses frais un prêcheur, afin d'instruire le peuple chaque dimanche sur la religion catholique (25 mai 1568).

La question des écoles est aussi l'objet de ses soins. Les échevins règlent les écoles publiques suivant les édits royaux. Ils suppriment les écoles privées, c'est-à-dire protestantes, laissant à chacun la faculté d'endoctriner ses enfants chez soi tant que les édits le permettront (23 juillet). Le régent, ne suffisant pas à instruire tous les enfants de la ville, doit s'adjoindre des sous-régents ; pour obtenir les fonds nécessaires, le Conseil insiste auprès du chapitre de la Cathédrale afin qu'il verse aux écoles le total du revenu d'une prébende canonicale, suivant les ordonnances du cahier d'Orléans. Le chapitre fera longtemps la sourde oreille et la ville se verra obligée de lui intenter procès devant le Parlement de Bordeaux.

Enfin, une dernière mesure est prise par le Conseil contre les habitants suspects de protestantisme en les écartant d'une réunion générale des bourgeois et du populaire, dans laquelle on arrête l'ordre nécessaire à la sûreté de la ville ; la liste des gens du guet assis fut établie et remise au premier échevin qui remplissait les fonctions de lieutenant depuis le décès d'Auger de Lalande (23 juillet) ; on décida de surveiller deux gardes du guet qui étaient de la religion réformée et dont les allées et venues pouvaient occasionner des inconvénients à la ville (10 septembre) ; l'ordonnance sur le guet et les rondes est rappelée. Sur la demande du gouverneur, on supprime la feuillée de la place publique, par laquelle le feu pourrait se communiquer à la ville et qui sert de point de réunion à diverses gens devisant sur la religion.

Le maire Gramont choisit, avec l'agrément du Conseil, pour lieutenant de maire Pierre de Lalande, parent du précédent (17 août).

Les échevins évitent de molester les protestants. Si les échevins prenaient soin de conserver la religion catholique, ils s'efforçaient aussi d'empêcher toute vexation contre les protestants. En agissant ainsi, ils ont épargné à la ville les désordres sanglants qui ont troublé bien d'autres cités du royaume. Ils prennent, le 10 septembre, une ordonnance défendant, sous peine de mort, à certaines gens d'esprit turbulent de semer des propos blâmables contre ceux de la religion réformée. Cette décision ne suffit pas à ramener le calme ; les séditieux excitaient le peuple à tuer les protestants et à saccager leurs biens. Après avoir réclamé inutilement main forte au gouverneur, qui se trouvait à Peyrehorade, le Conseil arrête que les capitaines de quartiers s'armeront avec cent arquebusiers et, dès l'assiette du guet, s'établiront à la place commune et dans les quartiers voisins, afin de s'assurer que personne ne bouge. On écrit de nouveau au gouverneur que la situation requiert sa présence. Boniface de Lasse, un des meneurs, est appelé devant le Conseil et admonesté ; il se défend de vouloir attaquer ses concitoyens, mais il a seulement présenté au gouverneur une requête pour faire désarmer les religionnaires (14 octobre).

Les conseillers sentent que la ville peut être surprise par un siège ou une course de troupes protestantes ; ils demandent au greffier Pontac, alors de passage, de leur consentir un prêt à intérêt pour donner à la ville les moyens de résister (29 octobre) ; ils visitent l'artillerie, la poudre et les boulets, et s'assurent que le magasin qui les contient est bien fermé. Depuis le 10 septembre, le corau barbotan a été équipé et la provision de blé renouvelée.

Les capitaines de quartiers, accompagnés chacun par un échevin, visitent les hommes armés et font prendre des armes à ceux qui les ont vendues ; ils rétablissent des rôles pour la garde des portes, pour le guet assis et le guet tournant (6 décembre).

Nous avons laissé les troupes protestantes se rassembler aux environs de La Rochelle, le 19 septembre, tandis que les troupes royales se concentraient en Anjou. Les opérations de guerre entre les deux partis eurent lieu en Angoumois, en Saintonge et en Périgord. Après le combat de Jasseneuil, près St-Florent, les protestants députent vers les Pyrénées pour décider Gramont et les vicomtes, qui disposaient de dix mille hommes habiles à manier la grosse arquebuse, à rejoindre la grande armée ; mais le premier ne voulait pas se compromettre, et il répugnait aux vicomtes d'opérer loin du Midi ; aussi, l'ambassade resta sans résultat. Alors, Condé et l'amiral Coligny se décidèrent à aller rejoindre les vicomtes dont l'armée était cantonnée aux alentours de Castres (février 1569), et à se porter ensemble au devant d'un renfort de reîtres envoyé d'Allemagne. Le duc d'Anjou, qui commandait l'armée royale, ne permit pas à Condé d'effectuer son mouvement ; il lui barra la route à Jarnac et lui fit essuyer une défaite où il perdit la vie (13 mars). Coligny prit le commandement de l'armée protestante, et tenta de donner la main aux vicomtes par l'Agenais et le Quercy ; mais Monluc empêcha l'armée des vicomtes de quitter les environs de Montauban et de Castres. Biron, qui la commandait, est alors rappelé par Coligny.

Ces mouvements de troupes ont causé de l'émotion dans le pays de Labourd, où des séditieux, profitant des troubles, vien-

nent jusqu'aux environs de Bayonne saccager les propriétés des
habitants de la ville, piller le bétail et les meubles, s'attaquant
indifféremment aux biens des catholiques et des huguenots
(6 décembre 1568) ; sur l'ordre du gouverneur, les officiers
royaux du Labourd et les abbés du pays sont réunis pour délibérer sur le moyen d'arrêter ces dévastations. La sédition s'était
également établie dans Bayonne ; les conjurés avaient séduit
une partie du peuple et menaçaient la ville de désordre ; M.
Raymond de Lalande est assassiné par l'un d'entr'eux, nommé
Pierre Detcheverry. Le sieur du Prat, clerc de la ville, et François Dibarsoro, lieutenant au bailliage de Labourd, s'efforcent de
réprimer la sédition et, d'accord avec le gouverneur, ils décident
le Conseil de ville à entretenir 50 soldats, tant que les troubles
ne seront pas apaisés ; Boniface de Lasse est l'objet d'une
enquête et tente vainement de mettre le gouverneur de son
côté. Grâce à ces mesures, la ville fut tenue à l'abri de la révolte,
et ses habitants continuèrent à rester bons et fidèles sujets du
roi.

Mais la situation troublée du pays exigeait que de plus grandes
précautions soient prises contre les dangers du dehors. Le sieur
du Prat expose au Conseil que la guerre civile est dans les
entrailles de la France, et que les fidèles sujets du roi sont
réduits en si petit nombre qu'ils ne sauraient trop se garder,
car dans la Basse-Navarre et le pays de Béarn, tout le monde est
en armes et les habitants de Bayonne ne sauraient juger avec
quelle facilité les ennemis du roi s'emparent des villes, soit par
force armée, soit par artifice et industrie. Aussi, le gouverneur,
qui se trouve à Peyrehorade, est instamment pressé de se retirer
en ville, afin de délibérer sur les mesures de sécurité. On songe
à mettre en ville, en attendant une époque plus calme, une
garnison de 300 arquebusiers aux frais de la cité, et à faire
monter la garde et la faction à ces soldats en même temps
qu'aux habitants. Car ces derniers négligent beaucoup le devoir
du guet ; la plupart sont amenés de force et en mauvais équipage,
et d'autres font faire leur garde par des serviteurs. Les bourgeois assemblés n'étaient pas partisans d'une augmentation de
garnison qui se traduisait pour eux par un accroissement de
charges, et estimaient, contrairement à l'opinion du sieur du
Prat, qu'il suffirait de demander aide aux voisins. Le gouverneur
leur avait cependant offert de lever une bonne troupe de 100
arquebusiers, parmi les gens de sa vicomté ou du pays de
Labourd, en écartant ceux de Seignanx qui pourraient occasionner des troubles à cause des haines existant entr'eux et les

habitants ; il s'offre même, pour les décider, à demander au roi et au duc d'Anjou, son frère, que la solde de la garnison ne soit pas mise à la charge de la ville et qu'elle soit imposée sur la sénéchaussée des Lannes (7 mars).

En attendant la solution de cette question, il est convenu que chacun fera le guet assis et tournant, en personne, excepté ceux de la religion nouvelle, qui ne devront être admis sous aucun prétexte et seront remplacés, à leurs frais, par des gens dignes de la charge. En même temps, pour éviter de fournir indirectement des secours aux révoltés, des échevins sont postés aux portes de la ville les jours de marché, afin de faire cesser le transport, qui se pratique vers le pays environnant, d'une grande quantité de poudre, de plomb, de corde à mèche et d'armes, sous le couvert d'autres marchandises, sans savoir si ces munitions sont adressées à des catholiques ou à ceux de la nouvelle opinion (4 mars). On proscrit aussi la tenue dans certaines maisons de jeux secrets, qui ne peuvent que corrompre la jeunesse et lui fournir l'occasion de blasphémer et de *renier*. Sur la proposition du clerc, le Conseil de ville décide d'élever d'une toise un mur de rempart situé entre le Château-Neuf et la guérite de Bouheben, car il est facile de l'escalader avec une échelle de moins de deux toises, après avoir passé le fossé ; un sentier traversant celui-ci prouve que l'on y passe.

Mais si les magistrats portent leurs soins à conserver la ville au roi, ils ne permettent pas qu'il soit porté atteinte à ses privilèges, même quand il s'agit de huguenots. Blaise de Monluc, lieutenant général en Guyenne, avait imposé une cotisation sur les protestants ; un de ses commissaires tenta vainement de l'appliquer à Bayonne, exempte de cotisation et fut même obligé de déclarer, dans une lettre du 15 avril, qu'il n'avait pas voulu attenter aux droits de la ville.

L'ordre donné à Tarride, par le duc d'Anjou et le sire de Monluc, de s'emparer des Etats de Jeanne d'Albret, depuis que cette reine avait épousé ouvertement la cause des protestants, vint occasionner une grande émotion en Béarn.

C'est en vain que le sieur d'Arros, ancien gouverneur de ce pays, assemble les Etats à Pau, que Gramont y conseille de garder fidélité à la reine de Navarre et que l'on décide de lever douze compagnies pour les mettre en garnison dans les places frontières ; Luxe, seigneur navarrais révolté, n'en prépare pas moins les voies à Tarride, par la prise de Mauléon et de Garris, tandis que le Bigorre est saisi par le Parlement de Toulouse.

Gramont renonce à défendre les Etats de Jeanne d'Albret La défection se produit parmi les troupes d'Arros, malgré un petit succès remporté par Gramont. Tandis que Tarride s'avance de Bigorre, s'établissant à Tarbes et à Arzacq, Arros songe à se renfermer dans Navarrenx, place la plus importante de la Navarre; mais il veut cependant s'assurer de celle d'Oloron, commandée par un navarrais dont il met en doute la fidélité. Sur le conseil de Gramont, il tente de surprendre cette ville, afin de remplacer son commandant, mais il est repoussé et ne peut exécuter son projet. Voyant que les affaires tournent mal pour le Béarn, Gramont renonce à défendre les intérêts de sa souveraine et se retire à Bidache, attendant l'issue des événements avant de prendre un parti. Cette attitude louche n'échappa pas au duc d'Anjou qui signalait, dans une lettre aux syndics de Pau (20 mars), le peu d'affection porté au roi de France par Gramont et Arros.

Tarride s'empare du Béarn. Les navarrais Luxe et Ste-Colome, précédant Tarride, s'emparent de Pontacq, Morlàas, Navailles et Nay (7 avril). Lescar ouvre ses portes au lieutenant de Monluc, tandis que Pau résiste encore, quoique Arros l'ait abandonnée pour aller s'enfermer dans Navarrenx.

Pendant que les royaux s'emparent successivement d'Orthez dont une partie de la garnison va renforcer Arros à Navarrenx (15 avril), de Sauveterre, Salies et Bellocq, le sieur de Tarride envoie deux compagnies escorter l'artillerie qu'il fait venir de Dax et de Bayonne; il ouvre en même temps à Lescar l'assemblée des Etats, se fait délivrer le Béarn, établit la religion catholique et prohibe le nouveau culte.

Navarrenx assiégé par lui. Pau s'était défendue bravement, mais l'arrivée de trois grosses pièces d'artillerie entraîne sa capitulation. Tarride quitte cette ville et va mettre le siège devant Navarrenx, qu'il a sommé inutilement de se rendre (27 avril). Cette ville, pourvue d'une garnison de 500 hommes, ne pouvait être prise sans l'appui de l'artillerie. Tarride l'attendait de jour en jour; enfin, le 18 mai, elle arrive, lorsqu'une fausse nouvelle annonçant l'approche de la reine de Navarre, avec de grandes forces, le force à la mettre à l'abri dans le château d'Orthez. Revenu de son alarme, Tarride ramène devant Navarrenx son armée, comprenant: 2 compagnies d'hommes d'armes, 3 compagnies d'arquebusiers, 33 compagnies d'infanterie et une bande de 20 pièces d'artillerie, dont Bazillac est le maître (1). Le 24 mai, les batteries de l'assiégeant sont mises en position et envoient à la ville un

(1) Bordenave, *Héstoire du Béarn*.

brillant salut de coups de canon. Cette démonstration étant
restée sans effet, les assiégeants s'approchèrent des remparts à
l'aide de tranchées ; un grand nombre d'entr'eux furent tués
dans une sortie d'Arros. Les troupes de Tarride, dont cet incident avait ralenti le zèle, souffraient des privations occasionnées
par le manque de subsides, et leur général fut un instant tenté
de lever le siège ; un emprunt de 30,000 ducats que l'Espagne
voulut consentir sous la garantie des biens du clergé et de la
noblesse béarnais, lui permit de poursuivre les opérations contre
Navarrenx. Cette place ne tarda pas à manquer de vivres, et
cette nouvelle décida Jeanne d'Albret à lui porter secours ; le
comte de Montgomery, chargé de cette mission, alla se mettre à
la tête de l'armée des vicomtes réunie, comme nous l'avons vu,
en Albigeois.

L'Espagne n'avait pas seulement donné des secours en argent.
Le gouverneur de Fontarabie avait aussi fourni, tant pour le
siège de Navarrenx que pour la sûreté de Bayonne, de la poudre,
des boulets et des arquebuses ; il demanda, en retour, qu'on
laissât arriver dans sa province mille conques de blé de Mont-
de-Marsan. Le Conseil de Bayonne, craignant de voir accorder
cette autorisation à cause de l'amitié qui existe entre les sou-
verains des deux pays, prie le gouverneur d'appeler l'attention
du roi et du duc d'Anjou sur les inconvénients qu'elle présente ;
le départ d'une telle quantité de blé vers l'Espagne et la con-
sommation de cette denrée par les troupes campées devant
Navarrenx pourraient en effet causer la cherté des blés, et la
ville souffrirait de leur renchérissement.

Le voisinage des opérations de guerre amène de nouvelles
craintes : les conseillers, devenus encore plus soupçonneux,
intentent des poursuites contre le protestant Jean Detcheverry,
qui a été vu, le 28 avril, après la fermeture des portes, aux
environs des parties les plus faibles des remparts de la ville et
défendent à ceux de la nouvelle religion ou suspectés de la
suivre, d'aller aux abords des murailles durant les troubles.
L'échevin Dibarboro retire, selon l'ordonnance du Conseil, les
armes des mains des protestants et les délivre aux capitaines de
quartiers (21 mai). La troupe de cent soldats, formée le jour de
la Fête-Dieu, pour maintenir l'ordre, ne paraît pas suffisante, car
deux échevins et des bons hommes (1) sont commandés pour
garder ce jour-là contre toute surprise les chaînes traversant la
Nive.

(1) Bourgeois honorables.

Çes précautions se trouvent justifiées, car des voleurs du pays de Labourd sont de connivence avec plusieurs habitants de la ville ; ils osent arriver jusqu'aux fossés et on craint que, sous prétexte de voler les biens des huguenots de la ville, qui cependant n'ont bougé ni pris les armes, ils ne s'attaquent aux biens des catholiques (13 juin).

Les relations du vicomte d'Orthe sont aussi l'objet des remontrances de la ville ; les sieurs de Norton et de Bastances, qu'il reçoit chez lui, sont protestants et ont favorisé les intérêts de la reine de Navarre ; ils pourraient donner des avertissements à l'ennemi. Le second surtout, dont le père est lieutenant du gouverneur, a fait partie de la bande de 100 à 120 cavaliers partie, il y a peu de jours, de La Rochelle, sous le commandement de la reine de Navarre et de l'amiral Coligny, pour aller secourir Navarrenx, et dont le dessein a été interrompu. Le gouverneur répond qu'il verra Norton à Peyrehorade, mais qu'il gardera Bastances à Bayonne afin de le mieux surveiller, car Tarride lui a conseillé de le tenir plutôt en ville qu'en Béarn. La petite troupe dont faisait partie Bastances avait occasionné la levée temporaire du siège de Navarrenx, par crainte de l'effectif important que Tarride, se fondant sur la rumeur publique, lui avait attribué.

Le gouverneur de Bayonne n'imitait guère les manières polies des échevins et usait envers eux de procédés discourtois. Il adressa à l'échevin Dibarboro, de garde à la porte St-Esprit, une vive observation, parce que les soldats de cette porte n'avaient pas pris les armes quand il était passé au moment de la fermeture de la porte : l'échevin riposta, bien à tort, que le gouverneur n'avait pas autorité sur lui. L'affaire s'arrangea par l'entremise du Conseil (4 juillet).

Tout en prenant des mesures de défense, la ville ne négligeait pas de faire respecter ses privilèges sur le cours de l'Adour ; elle envoya dans ce but au Boucau (Vieux) et à Cap-Breton des commissaires pour forcer les navires à décharger en ville, et les fit soutenir par le corau barbotan et par deux galions armés d'artillerie et de mousquets. Les échevins comptaient ainsi ramener à Bayonne le trafic qui avait bien diminué.

Le gouverneur Arros, averti par un émissaire de Montgomery, continue à défendre énergiquement Navarrenx et laisse le temps au général protestant d'assembler secrètement, à Castres, les troupes des vicomtes. Montgomery part sans bruit, le 27 juillet 1568, suivi de 6,000 hommes et 400 chevaux, formant 68 compagnies, et atteint les bords de la Garonne à la fin de juillet.

Tarride est alors averti, mais il compte sur Damville, Monluc et Bellegarde pour arrêter les protestants ; il fait cependant garnir les places fortifiées de garnisons et de vivres. Montgomery, trompant Bellegarde, passe la Garonne à Miramont, près St-Gaudens, bousculant quelques-uns de ses gens d'armes qui tentent d'empêcher le passage du fleuve. L'armée des vicomtes arrive en Béarn et loge à Pontacq, le 6 août. Le lendemain, elle passe le Gave à Coarraze, après avoir emporté la ville de Tarbes. Le sieur Tarride, informé de la puissance de l'armée protestante et se sentant incapable de lui résister, lève précipitamment le siège de Navarrenx, renonçant à tirer profit de deux mois de combats et de 1,777 coups de canon. Il disperse son armée, envoie quelques compagnies dans Oloron, Pau et Lescar, laisse rentrer les Basques dans leur pays et se retire à Orthez avec le reste de l'armée catholique. Il fait conduire en diligence son artillerie à Orthez, à Oloron et à Mauléon ; les pièces de Bayonne furent menées dans la première de ces villes ; deux canons s'enfoncèrent dans le gravier d'une rivière et, dans la précipitation de la retraite, ne purent être retirés.

Montgomery s'avance vivement et arrive le 9 août devant Navarrenx, suivi de fort loin par Bellegarde et Monluc, qui tâchent de lever des troupes, le premier à Tarbes et le second à Aire-sur-l'Adour. Le général protestant, quittant Navarrenx, s'était aussitôt porté devant Orthez, où se trouvait Tarride. Les secours catholiques arrivent en vue de la ville et, pendant que la cavalerie de Tarride tente une sortie pour leur donner la main, Montgomery passe le Gave et met en fuite les assiégés, qui rentrent en ville. Mais les protestants les ont suivis, appliquant des échelles aux remparts ; quelques-uns d'entr'eux pénètrent ainsi dans Orthez et vont ouvrir les portes aux troupes de Montgomery (11 août). Les huguenots y firent un grand carnage de catholiques et jetèrent tous les prêtres dans le Gave, du haut de la tour du pont. *Montgomery fait lever le siège de Navarrenx.*

Tarride et la garnison, retirés dans le château, sont sommés de se rendre ; ils s'y refusent par crainte des représailles et espérant un secours de Monluc. Mais l'arrivée du canon de Navarrenx, amené le soir même, décide Tarride à se rendre aussitôt (15 août). L'artillerie d'Orthez resta aux mains du prince de Navarre. Ce succès foudroyant força les défenseurs de Pau, d'Oloron, de Nay, à prendre la fuite en abandonnant ces villes au vainqueur et à laisser Montgomery faire librement son entrée à Pau, le 22 août. *Déroute de Tarride à Orthez.*

Avant de quitter Orthez, le général protestant avait voulu

décider le comte de Gramont, qui jouissait d'un grand crédit dans le pays, à suivre son armée. Ce seigneur, voulant réserver l'avenir, demanda à Montgomery de partager avec lui le commandement des troupes et prit prétexte du refus qui lui fut opposé pour rester à Bidache.

L'armée des vicomtes alla ensuite soumettre le Bigorre et Lourdes, puis la Chalosse et la vicomté de Marsan ; les villes de Mont-de-Marsan et de St-Sever reçurent une garnison protestante et payèrent une forte contribution. Damville et Monluc, ayant enfin rassemblé des forces importantes, s'avancent vers l'armée de Montgomery, que la maladie décime et qui se retire à Salies, derrière le Gave.

Mont-de-Marsan et Lourdes repris par les catholiques. Mont-de-Marsan est repris et pillé par Monluc ; Lourdes retombe au pouvoir des catholiques de Bigorre. Mais un désaccord s'élève entre Monluc et Damville, et ce dernier se retire vers Toulouse avec son armée.

Les troupes protestantes peuvent alors occuper Condom, que Monluc abandonne pour se retirer à Agen, et elles séjournent plusieurs mois dans cette ville.

Arros et Montamat sont nommés lieutenants de la reine de Navarre et le Béarn est attribué à Montamat. Celui-ci prend successivement Grenade-sur-Adour, St-Sever, Tartas et Tarbes. Les seigneurs navarrais du parti catholique ont repris courage au départ de Montgomery ; Luxe lève 22 compagnies et assiège Oloron défendu par Arros ; mais il est chassé par ce dernier, aidé de Montamat, et va se réfugier dans le fond de la Basse-Navarre.

Pendant que ces divers événements se passent du côté du Béarn, les Bayonnais se tiennent sur le qui-vive. La veille de l'entrée de Montgomery dans ce pays, le gouverneur d'Orthe fait des observations au Conseil parce qu'il a délégué le sieur de Sorhaindo pour les affaires de la ville à Bidache vers M. de Gramont et de là vers le roi. Or, il accuse Sorhaindo d'avoir reçu d'un certain Larralde, de Bidache, une lettre fâcheuse au sujet de laquelle il a ouvert une enquête. Le Conseil adresse à Sorhaindo des remontrances, lui faisant entendre qu'il le favorisera en toutes choses qui ne seront pas contraires au service du roi, mais il veut bien croire qu'il n'a pas songé à déserter la cause de son souverain. Ainsi qu'on le verra plus loin, Sorhaindo professait le même protestantisme mitigé que le maire Gramont, et il n'est pas douteux qu'il était mandé par ce dernier pour tenter quelque chose en faveur de la reine de Navarre. Les relations étroites de ces deux personnages s'affirmeront dans la suite, et Sorhaindo sera désigné par Gramont pour remplir les fonctions de lieutenant du maire.

La nouvelle de l'arrivée de Montgomery s'était propagée comme par une traînée de poudre, et ce général était sur le point d'arriver à Navarrenx, que les bourgeois de Bayonne étaient déjà réunis (8 août) pour recevoir communication des événements. Le lieutenant leur annonce que Montgomery, accompagné de 2,500 hommes de pied et 12,000 chevaux, a passé la Garonne et vient secourir Navarrenx ; il est à craindre qu'il ne puisse le faire sans fouler le plat pays (1). Il est donc nécessaire de faire rentrer en ville la récolte des blés, afin d'empêcher l'ennemi d'en profiter ; ceux des voisins qui ont le moyen de se fournir de blé en achèteront pour trois mois. Les bourgeois doivent envisager le danger auquel la ville est exposée, se tenir prêts en armes, et s'engager à mieux assurer le service du guet. En vue de réaliser cette dernière prescription, le Conseil décide que tous les habitants feront le guet, même ceux qui en sont exempts ; les manquants seront emprisonnés par les capitaines de quartiers ; enfin, les femmes des voisins qui possèdent assez de fortune pour supporter cette corvée, sont tenues de fournir un homme équipé, pendant les troubles, pour le guet assis. Le gouverneur autorisa, en outre, la ville à appeler, pour sa sûreté, quelques hommes de Cap-Breton, du Labourd et de Maremne.

Effroi causé à Bayonne par la venue de Montgomery.

Quant à la bande d'artillerie que la ville a envoyée au sieur de Tarride, par ordre du roi, pour aider au siège de Navarrenx, et qui comprend onze canons et deux couleuvrines, le Conseil craint que Montgomery ne s'en empare, car les assiégeants de Navarrenx ne sont pas en force pour repousser l'attaque du chef huguenot. Il demande qu'elles lui soient retournées, dès que cela sera nécessaire pour la défense de Bayonne, offrant de les faire transporter rapidement sur les points où le service du roi le requerra. En attendant, on retirera des maisons particulières les versos (petits canons pour navires), afin de les affecter à l'armement de la place.

Mais toutes ces précautions seront inutiles, tant que les fortifications que les rois précédents ont fait commencer, à grands frais, resteront inachevées. Le danger actuel exige qu'on y travaille d'urgence, sinon la ville court le risque d'échapper à la main du roi. D'ailleurs, la levée du siège de Navarrenx et la déroute d'Orthez, survenue le 15 août, ont rendu le péril plus imminent, et dès le 17 août, des chantiers d'ouvriers sont établis

(1) La plaine.

sur les points les plus faibles et les plus dangereux de la fortification. Des travaux importants sont exécutés aux boulevards du Nard et Saint-Jacques.

La muraille de ce dernier ouvrage est faite par le maître maçon, Pes de Casenave, à raison de 60 sols la toise de mur. Plusieurs maîtres charpentiers, parmi lesquels Jehan de Millet, dirigeant de nombreuses équipes de charpentiers, font établir des plate-formes en bois aux deux boulevards, à celui du Piedmont, et peut-être aussi à d'autres ouvrages. Certaines parties des remparts sont construites en maçonnerie; les autres sont faites avec des gabions, que des brassiers (1) fabriquent à raison de 30 sous pièce ; afin de rendre plus difficile l'escalade des parapets en gabions, on revêt leur parement extérieur avec des langues de bois, appelées lengues.

Les mouvements des terres pour masser les deux boulevards sont le travail le plus important. On envoie en Labourd et Seignanx des gens chargés de raccoler, par commission du vicomte d'Orthe, des bouviers pour travailler aux fortifications. C'est au massif du boulevard du Nard que se concentre la plus grande somme d'efforts; deux tombereaux sont fabriqués et employés au transport des terres : un engin à bascule qui a exigé 25 livres de corde est établi dans ce même ouvrage pour faciliter les mouvements de terre. Les bouviers sont aussi employés à charrier les bois des plate-formes et ceux des gabions.

Les canonniers travaillent à armer les remparts, pendant qu'un maître fondeur, béarnais, fabrique trois plate-formes pour moudre la poudre de la munition du roi.

Le gouverneur avait donné d'urgence les ordres nécessaires à l'exécution des travaux, déjà très avancés à la date du 10 septembre. Dès le 16 septembre, Me Pierre Seignanx est député vers Monluc et ensuite vers le roi, pour leur donner à entendre que, vu l'approche des vicomtes, il a été nécessaire de remédier au mauvais état de la ville. Deux jours après, le capitaine de Ste-Colombe, seigneur navarrais dévoué au roi, est chargé par le gouverneur et par le Conseil de ville de remettre au roi Charles IX, au maréchal de Damville et au sieur de Monluc, trois lettres contenant les renseignements suivants :

La ville de Bayonne est environnée d'ennemis, et peut être assaillie et prise. A la suite de calamités diverses, sa population se trouve très réduite et ne fournit que 800 hommes, parmi

---

(1) Ouvriers travaillant les vignes.

lesquels 500 sont bons pour monter la garde. Ce nombre suffit à peine à garder le tiers des remparts. Le Labourd et la vicomté d'Orthe n'ont donné que 140 hommes employés à garder les rivières pour empêcher l'ennemi de les passer et de faire des entreprises sur Dax et Bayonne. La fortification est inachevée ; la ville reste ouverte et doit être défendue par un bon nombre d'hommes de guerre.

En conséquence, il faut : 1° Que les parties faibles de l'enceinte soient remparées et fortifiées, et par suite ;

2° Que le gouverneur ait à sa disposition un ingénieur et dix bons canonniers :

3° Qu'il y ait à Bayonne, durant les troubles, une bonne et forte garnison ;

4° Que les réparations soient payées avec les fonds existants, mais que le trésorier Caulonque, qui détient 10,000 livres, revienne en ville, où il n'a point paru depuis deux ans ;

5° Qu'il serait nécessaire de rendre à la ville tout ce qui a été envoyé à Tarride, savoir : dix canons, deux couleuvrines, une bâtarde, ainsi que poudres et boulets, parce que la ville a été contrainte, pour armer ses remparts, de ramasser les pièces d'artillerie en fer appartenant aux marchands et servant à la navigation, lesquelles ont permis de garnir seulement deux quartiers.

Le gouverneur et la ville prient le roi, en terminant, de ne pas leur imputer la perte de Bayonne, si ce malheur vient à se produire ; c'était une façon respectueuse de laisser au roi la responsabilité de ce grave événement, s'il ne voulait donner satisfaction à leurs demandes.

Dans le premier moment d'effroi qui suivit la déroute d'Orthez, la ville et le gouverneur, voulant profiter de la bonne volonté de l'Espagne, avaient décidé de faire entrer dans Bayonne 400 Espagnols pour contribuer à la garde de la place. Cette mesure ne fut pas goûtée par les officiers de Guyenne qui s'opposèrent à son exécution, mais ne se préoccupèrent pas autrement de fournir à la ville une solide garnison. Le Conseil protesta auprès du gouverneur, prétendant que Bayonne préférait être en danger de l'Espagnol, ami du roi, que de ses ennemis, vrais barbares exerçant des cruautés sur ses sujets. Il décida le gouverneur à former une garnison de 200 Espagnols et de 200 soldats de Labourd, en lui démontrant que ces derniers, appuyés par les habitants, demeureraient toujours les maîtres, si les Espagnols voulaient mettre la main sur la ville (24 septembre). Cette proposition, presque aussi dangereuse que la première, fut écartée

14

comme elle. Finalement, la garnison fut composée de 200 hommes fournis par le Labourd et payés par le pays, et de 200 hommes de la vicomté d'Orthe, entretenus par la ville au moyen d'un emprunt volontaire fait sur les conseillers et sur les bourgeois, lequel devait être remboursé par une taxe sur le vin étranger. Les fonds de cet emprunt servirent, en outre, à payer les travaux des fortifications et la solde des cinquante gens de guerre levés l'hiver précédent pour réprimer les séditieux de la ville.

Monstre des deux compagnies de garnison. La paie des deux compagnies de 100 hommes, provenant de la vicomté d'Orthe, fut faite d'après les rôles des monstres ou revues passées les 13 et 21 octobre (1); le gouverneur était capitaine particulier de chacune de ces compagnies. Les 200 hommes du Labourd n'avaient pas été fournis bénévolement; les officiers de bailliage ne les avaient donnés qu'après signification d'un procès-verbal dressé par le gouverneur et constatant leur refus; toutefois, satisfaction ayant été donnée, le vicomte d'Orthe renonce à poursuivre le Labourd, sur la demande de la ville (12 décembre).

L'artillerie est répartie par quartiers et mise en place par les canonniers (24 septembre); on distribue de la même manière la poudre, les boulets, cent pots à feu et quatorze fausses lances (10 octobre).

Les galères qui se trouvent à Cap-Breton et au Boucau (Vieux) et qui pourraient faciliter à l'ennemi le passage des rivières sont retirées en ville. Les règlements de police sur les étrangers et le guet sont sévèrement appliqués. On expulse de la ville un marchand huguenot de Bordeaux, qui a injurié les échevins; les maisons des deux protestants Jean de Haristeguy et Sauvat Dibarsoro sont visitées afin de savoir si ces bourgeois sont à l'armée de Montgomery et depuis combien de temps.

Il convient de mieux assurer la garde et de montrer aux étrangers que ce service est bien exécuté; dans ce but, les hommes de garde aux portes porteront leurs corselets, morions et arquebuses, et tout au moins des arquebuses, si le reste du harnois fait défaut à quelques-uns. Le Conseil réclame au gouverneur de faire renforcer la garde par une compagnie d'Orthe, payée par la ville et qui ne l'a pas encore montée (10 octobre); il interrompt les jeux de billard établis non loin des portes pour la distraction des portiers, sauf à les rétablir quand les troubles seront passés.

(1) Ces rôles nominatifs figurent dans le registre des délibérations du Conseil.

On écarte toute cause de diminution dans les troupes du guet ; les célibataires aussi bien que les hommes mariés doivent être convoqués ; on défend aux officiers de Seignanx de détourner de ce service les gens de St-Esprit, sous le vain prétexte de les employer à la garde des prisonniers. Diverses infractions au règlement du guet sont signalées ; en particulier, le bois des guérites est mis au pillage pour faire du feu ; les caporaux de guet sont rendus responsables de ces dégâts.

L'amélioration des fortifications est poursuivie dans l'ordre des travaux les plus urgents à l'aide des fonds de l'emprunt et avec espoir de remboursement par le roi. On achève la manœuvre des bouviers qui transportent les terres du dehors sur les nouveaux ouvrages. Après les bastions du Nard et St-Jacques, l'attention du Conseil de ville s'est portée vers l'amélioration de l'enceinte, le long des berges de la Nive, à hauteur de la tour St-Esprit. On commence, dès les premières menaces de Montgomery, à exhausser la muraille formant quai du côté de la tour, près l'extrémité de la chaîne barrant la rivière ; ce mur est beaucoup trop bas et rend une surprise facile quand l'eau est haute. Ce travail était déjà terminé en avril 1570 et payé avec une somme de mille livres que Castetnau, le directeur de la monnaie, avait prélevée avec l'autorisation du gouverneur dans les boîtes du roi à la monnaie, sous réserve de la sanction royale.

Travaux de fortification poursuivis d'urgence par la ville avec des fonds d'emprunt.

Le même inconvénient se rencontrait sur la rive opposée de la Nive. Des remontrances sont faites, le 31 octobre 1569, au gouverneur pour y porter remède et le Conseil décide, le 19 décembre suivant, d'y faire des travaux. Il fait élever de deux toises le petit parapet de maçonnerie qui part du canal du port neuf et aboutit à la loge ou guérite du Piedmont, d'où l'on manœuvre la chaîne de la Nive. Ce parapet est l'endroit le plus abordable par eau ; non seulement il peut être escaladé avec une échelle, mais un homme peut le franchir en se hissant sur un autre. Pour le mieux fortifier, on bâtit un deuxième mur fondé sur grilles en charpente, au dedans de la ville, et on creuse au pied du parapet une profonde tranchée qui aboutit à la rivière. La terre provenant de cette fouille est jetée entre les deux murs et forme un terrassement sur lequel peuvent être placés des pièces d'artillerie, des mousquets et un bon nombre d'arquebusiers qui, de ce point, pourront aisément défendre la rivière. Les gens du Conseil auraient bien voulu que le roi fasse un bastion en cet endroit, mais il est éloigné et dépourvu de fonds dans la ville ; en attendant que l'on puisse y pourvoir, le parapet terrassé suffira à empêcher toute surprise. Les inondations du 19 décembre démontrent d'ailleurs que la ville est ouverte de ce côté de rivière, et le clerc estime qu'il faudrait établir une deuxième rangée de chaînes pour se mieux clôturer, et les disposer de façon à pouvoir être abaissées ou remontées selon que les eaux seront basses ou hautes. Le travail fut commencé avec les fonds de l'emprunt et, dans leur délibération, les membres du Conseil expriment l'espoir d'être remboursés par le roi.

Rempart du Piedmont. On publia à son de trompe le bail (cahier des conditions) relatif à la construction de ce rempart, désigné sous le nom de muraille du Piedmont, afin de traiter avec celui qui la ferait à meilleur marché (31 décembre).

Il fut procédé de même pour la construction de bateaux en chêne destinés à être remplis de pierres et coulés au pied de la courtine des Jacobins depuis la tour St-Esprit jusqu'à Mousserolles, pour la garantir de l'escalade ; on utilisa, en outre, pour le même objet, les bateaux faits auparavant (31 décembre).

Le commerce de la ville était grandement entravé par les événements de guerre, et les échevins guettaient les occasions de le ranimer. Deux d'entr'eux se rendent au port de Passages pour saluer le baron de Lagarde, amiral de France dans la mer du Levant, arrivé dans ce port avec les galères de Charles IX ; ils lui offrent des cadeaux et obtiennent pour les commerçants de Bayonne une commande importante de farine, vin et diverses autres provisions nécessaires à la flotte. Cette fourniture devait rester impayée pendant près de dix ans (24 septembre). Il fallait cependant saisir au passage les opérations que la misère du temps permettait encore de faire ; celles-ci étaient d'ailleurs très rares, car toute espèce de trafic était interdit aux catholiques et bons sujets du roi avec la Chalosse et St-Sever, pays producteurs de blé, occupés par les protestants, et défense était faite d'emporter hors des villes de Bayonne et de Dax les blés, vins et autres vivres qu'elles contenaient, sous peine d'être brûlé et saccagé (7 novembre).

Evolution du maire Antoine de Gramont vers le parti de la cour. Le Corps de ville veut envoyer un député au roi afin de lui porter ses doléances, mais auparavant il fait recenser les blés et les vins de Bayonne afin de renseigner exactement Charles IX et lui faire connaître le temps pendant lequel la place pourrait supporter un siège. Un messager de haute importance se présente à point pour accomplir cette mission. Le maire de la ville, le sieur de Gramont, préparant son évolution, s'était tenu depuis quelque temps à l'écart des protestants ; il fait savoir aux échevins (31 octobre) qu'il se dispose à aller en cour et qu'il accep-

tera de se charger des affaires de la ville et en particulier de
recommander les travaux du havre. Il vient à Bayonne, le 13
novembre, et ouvre la séance du Conseil en faisant une chaude
protestation de fidélité au service du roi ; les échevins le félici-
tent de professer de si louables sentiments et le prient, au cas
où il irait trouver le monarque, d'insister auprès de lui sur les
besoins de la ville. En se présentant à Charles IX comme maire
d'une ville dont la fidélité à la royauté n'avait subi aucune
atteinte, Gramont préparait habilement sa réconciliation avec
Charles IX.

CHAPITRE XV

FIN DU RÈGNE DE CHARLES IX. — LA SAINT-BARTHÉLEMY. — VIOLENTES DISCUSSIONS ENTRE LES ÉCHEVINS DE BAYONNE ET LE GOUVERNEUR (1570-1574)

Départ de l'armée des vicomtes. — Les troubles du Béarn forcent Bayonne à se précautionner contre une surprise. — Alertes fréquentes. — Nécessité d'augmenter l'artillerie.— Brèche aux remparts du Château-Neuf. — Démêlés entre le gouverneur et le lieutenant de maire. — Inspection du chevalier Orloge. — Réparation de la brèche du Château-Neuf. — Guet mal exécuté. — Reprise des travaux du havre par l'ingénieur Louis de Foix. — Contrat d'exécution de ces travaux. — Conspiration pour livrer Bayonne aux Espagnols. — La Saint-Barthélemy. — Désastre de Gramont à Hagetmau. — Sa captivité. — Nouveaux démêlés entre le vicomte d'Orthe et les échevins. — Violences contre l'échevin Dandoings noyé dans l'Adour. — Gouverneur mandé à la cour ; sa destitution sollicitée par la ville. — Conjuration des mécontents. — Rébellion du Béarn. — Précautions prises.

Nous avons vu que Damville, se trouvant en désaccord avec Monluc, s'était séparé de lui et avait retiré ses troupes du côté de Toulouse, laissant Montgomery établi dans les environs de Condom et de Nérac ; cette retraite démontra qu'il ménageait les protestants et préparait ainsi sa future alliance avec eux. Pendant ce temps, l'armée des princes de Navarre et de Condé, placée sous le commandement de Coligny, était remontée vers Poitiers et s'était fait battre à Moncontour par le duc d'Anjou (30 octobre). Le reste de cette armée se dispersa et quelques corps allèrent s'abriter derrière la Garonne, qu'ils passèrent vers Aiguillon et Port-Ste-Marie, malgré les efforts de Monluc retiré à Agen. Ces troupes allèrent rejoindre Montgomery à Condom, firent des courses en Gascogne, ramassèrent du butin et rejoignirent, le 3 janvier 1570, le gros de l'armée des princes qui s'était reformé à Montauban.

Départ de l'armée des vicomtes Coligny et Montgomery vont ensuite menacer Toulouse ; puis, traversant le Lauraguais et le Bas-Languedoc, sans que Damville, gouverneur de cette province, leur oppose une sérieuse résistance, ils arrivent devant Montélimart et assiègent cette ville. L'armée des vicomtes se sépare alors de celle des princes et va ravager les environs de Toulouse. L'amiral, faiblement combattu par Damville, traverse le Dauphiné et le Lyonnais et est enfin arrêté à Arnay-le-Duc, près de la Charité, où se livra un combat incertain (26 juin 1570). Cette bataille fut suivie d'une paix qui se négociait depuis la défaite de Moncontour et qui valut aux huguenots des conditions excellentes.

Le départ de Montgomery n'avait pas rendu le calme au Béarn et à la Navarre. Depuis la déroute d'Orthez, la captivité et la mort de Tarride, la fuite de Luxe, les villes des Etats de Jeanne d'Albret étaient retombées au pouvoir des deux gouverneurs protestants Arros et Montamat. Bonasse, lieutenant de Luxe, s'était cependant retiré dans Tarbes avec mille Bigordans ; il y est attaqué, le 12 avril 1569, par les gouverneurs. Une brèche ouverte à l'aide de deux couleuvrines leur ouvre l'accès de cette ville ; les protestants égorgent Bonasse et ses soldats, puis ils réduisent la ville en cendres.

Les Navarrais, opprimés par les protestants, se révoltent et demandent secours à Monluc. Ce général part de Nogaro et se dirige sur Vic-Bigorre, place située à 15 kilomètres au Nord de Tarbes ; il amène avec lui son artillerie, fait venir quelques autres pièces de Dax et des munitions de Toulouse et met le siège devant Vic, le 12 juillet. Cinq jours après, il prenait d'assaut cette place ; il s'empara ensuite de Rabastens, située dans le voisinage immédiat de Vic, puis se retira en apprenant la nouvelle que la paix serait bientôt signée.

L'agitation entretenue dans les Etats de la reine de Navarre force les Bayonnais à poursuivre les travaux de fortification et à se garder contre toute surprise possible. Le Conseil s'accorde avec le pontier (1) pour exécuter la muraille projetée autour de la tour St-Esprit et les gradins du corps de garde de la porte voisine ; ils visitent ensemble la muraille basse qui fait suite au Château-Vieux afin de décider ce qu'il conviendrait d'y faire. La guérite du bastion du Nard est poussée activement et celle de Piedmont remise en bon état. Les plate-formes en bois, établies dans un moment de presse, sur toute la surface des bastions du Nard et St-Jacques, commencent à se gâter, et les échevins sont d'avis de les vendre pour les remplacer par un terrassement en terre, se contentant de conserver quelques bois nécessaires à la plate-forme d'artillerie. Sans doute, le terrassement n'avait pu être amené assez vite à la hauteur convenable et on y avait suppléé avec une plate-forme soutenue par des pièces de charpente (3 avril 1570).

Les troubles du Béarn forcent Bayonne à se prémunir contre une surprise.

Le lieutenant du maire rappelle aux protestants que les écoles privées doivent être supprimées et tous les enfants envoyés aux

(1) **Magistrat** municipal chargé des travaux publics (entretien, réparations et constructions).

écoles publiques (30 janvier 1570). Il défend de faire des festins dans lesquels il pourrait se tramer des projets contraires au service du roi.

La Fête-Dieu, dont la célébration attire à Bayonne un grand nombre d'étrangers, fait multiplier les précautions. Les protestants reçoivent l'ordre de parer et de pavoiser leurs demeures et sont obligés de s'y tenir renfermés jusqu'au dimanche suivant. Les jeux, causes de désordres et de propos licencieux, sont interdits de nouveau. Les nombreux étrangers, réfugiés à Bayonne par mesure de sécurité, sont invités à rester dans leurs maisons durant la fête ; on recherche ceux qui sont armés et on lève 50 soldats pour les surveiller. Le navire du roi et le corau armé sont placés pendant toute la journée près des chaines de la Nive ; ils sont garnis d'arquebusiers, sous la charge de Daguerre et de Millet (19 mai).

Le vicomte d'Orthe était allé rejoindre Monluc pour l'aider de son contingent de soldats dans ses opérations contre les gouverneurs du Béarn. Durant son absence, le Conseil redouble de vigilance et, par l'intermédiaire du clerc, correspond souvent avec lui. Cet actif magistrat avise le vicomte (15 juillet) que Montamat, gouverneur des Etats de la reine de Navarre, appelé par lui chef des rebelles en Béarn, est arrivé à Orègue (1), village de la Basse-Navarre, avec quatre cornettes (2) de cavalerie ; cette nouvelle est ensuite démentie, mais le clerc de ville, sachant que Monluc descend avec ses forces en Béarn, pense que Montamat, pour détourner le chef catholique de son projet, se propose de faire une tentative sur Bayonne ou sur Dax ; cette opération doit paraître d'autant plus aisée à Montamat, qu'il sait la frontière dépourvue de troupe et Bayonne privée de son gouverneur. Le clerc du Prat conclut, dans sa remontrance au Conseil, qu'il faut doubler les corps de garde, veiller sur les étrangers, remettre l'artillerie dans les quartiers, faire entièrement les rondes, et donner des instructions aux capitaines de quartiers.

Il fait aussitôt sortir de la ville le sieur de St-Estève d'Arberoue et son fils, qui ont porté les armes contre le roi. Une surveillance est exactement exercée sur les correspondances des réfugiés avec l'extérieur ; des lettres adressées à des marchands de La Rochelle, ville au pouvoir des protestants, sont ouvertes avant d'être emportées par un navire bayonnais, et le Conseil s'assure

(1) Près de St-Palais.
(2) Troupe de cavaliers.

qu'elles ne contiennent rien de contraire au service du roi
(24 juillet). L'artillerie de la ville, renfermée dans l'église
St-Thomas, est replacée sur les remparts ; elle se trouve réduite
à 2 faucons, 5 fauconneaux, 5 arquebuses à crocs (11 août).

Il semble que les bruits de paix ont pour effet de redoubler
les conspirations et les tentatives.

Des réunions d'arquebusiers sont signalées dans le bois de
Beyris, à 1,600 mètres de Bayonne, sur la route de St-Jean-de-
Luz, et le Conseil craint que ces rebelles ne veuillent s'emparer
d'une porte de la ville, d'autant plus que ce bois appartient à
Pierre de Sonnart, partisan de la nouvelle religion (11 août). On
écrit à Sonnart de faire cesser ces conciliabules menaçants, et
on avertit le gouverneur. Les pronostics du clerc de ville sur la
probabilité d'une attaque sur Dax se réalisent ; le vicomte
d'Orthe lui écrit (le 19 août) que cette ville a failli être prise
par escalade, le samedi précédent, à la diane, par les rebelles et
ennemis du roi. Le même accident, ajoute-t-il, pourrait arriver
à Bayonne, éloignée de tout secours, car il est à craindre que,
pendant les alternatives de paix et de guerre, les ennemis ne
tentent de s'emparer des villes par surprise afin de contraindre
le roi à leur accorder les conditions de paix qu'ils demandent
pour « assouvir leurs damnés desseins ». Le Conseil arrête que
les soldats des cinq quartiers qui seront placés au guet assis se
posteront près des parties les plus faibles des remparts ; il
ordonne, en outre, des rondes extraordinaires, depuis la fermeture des portes jusqu'à la diane. Enfin, il assure l'approvisionnement de la ville, en demandant au vicomte de faire conduire
à Bayonne les blés de Gosse, Seignanx et autres pays de son
commandement, afin qu'ils ne servent aux rebelles, et il fait
exécuter dans la muraille, à laquelle sont attachées les chaînes
traversant les rivières, une ouverture permettant de mieux les
tendre et de mettre la Nive en bonne défense.

Le 17 août 1570, la négociation commencée après la bataille
de Moncontour, poursuivie après celle d'Arnay-le-Duc, est terminée, et la paix conclue à Saint-Germain-en-Laye. Le roi
accorda aux réformés le libre exercice de leur religion dans les
villes dont ils étaient les maîtres, dans les faubourgs de deux
villes par province que l'on indiquerait plus tard, et dans les
châteaux des seigneurs protestants possédant fiefs de haubert.
Charles IX leur donna, en outre, quatre places de sûreté :
La Rochelle, La Charité, Cognac et Montauban ; il accorda une
amnistie générale et la restitution aux révoltés des charges et
dignités qu'ils possédaient antérieurement.

Cette troisième paix, ou édit de pacification, met fin à la guerre dans le Béarn et la Navarre ; mais elle ne donne pas la tranquillité à ces contrées, car la reine Jeanne s'empresse d'y faire revenir des ministres protestants et de défendre l'exercice du catholicisme. Elle chasse même, du Béarn, ceux qui ont suivi le parti du roi ; l'un d'eux, le capitaine Pierre Dutil, vient se réfugier à Bayonne avec sa femme et sa famille, et le Conseil de ville lui fait bon accueil et le loge gratis (21 octobre). D'ailleurs, l'application de l'édit rencontrait partout des difficultés, et chaque parti agissait à sa guise, se bornant à soumettre au roi la solution des questions de détail.

A Bayonne, les protestants ont été exclus de la garde et sont obligés de se faire remplacer par un homme catholique bien armé. Depuis l'édit de pacification, ils ont demandé au maire Gramont de faire la faction ; mais, en attendant sa réponse, ils ont cessé de fournir des remplaçants. Le Conseil estime que le cas est assez grave pour être porté devant le roi et fixe aux protestants un délai de deux mois pour se mettre en règle (27 décembre) ; la même injonction est répétée huit jours après. Ce n'est pas le moment de laisser se relâcher le service du guet, tant que la tranquillité ne sera pas rétablie. Un dénombrement des gens assujettis au guet est fait et les rôles sont dressés à nouveau (27 octobre) ; ce service est rappelé aux habitants de Bayonne par le lieutenant du maire, qui ordonne de se conformer aux statuts anciens (1er décembre). Le pillage des bois des guérites et échauguettes recommence à l'approche de l'hiver ; on prescrit à un garde du guet d'y faire une visite journalière et on rend responsable des déprédations qui seront constatées le caporal de guet de la ville (6 octobre).

Les Bayonnais s'efforcent de renvoyer de leur ville les ennemis du roi ; ils ordonnent au sieur Masse, ancien sergent dans la compagnie d'infanterie du capitaine Montamat, en Béarn, établi à Bayonne sous le prétexte d'exercer le métier de potier d'étain, de se retirer dans les villes concédées par l'édit, car il pourrait faire quelque entreprise contre le service du roi (17 janvier 1571). Ils s'assurent, par une étroite surveillance des marchés, que des provisions de plomb et de corde à mèche ne sont pas emportées de la ville ; ils maintiennent la défense de travailler les dimanches et fêtes, sous peine d'amende et de prison (26 novembre 1570).

Le Conseil, après avoir décidé, le 6 octobre, de conserver encore pendant 5 à 6 mois, jusqu'à complète pacification des troubles, la plate-forme en bois qui recouvre le boulevard du

Nard, bien qu'elle risque de se gâter durant l'hiver, changent ensuite d'avis et veulent employer ce bois à réparer le platelage des ponts abîmés par les inondations (20 décembre). Mais le gouverneur juge que la ville est encore menacée, il ne permet pas au Conseil de toucher aux plate-formes et de retirer l'artillerie des remparts, malgré le motif invoqué par la ville d'assurer la conservation des affûts.

Le nombre des pièces est bien réduit et les échevins tiennent essentiellement à rentrer en possession de celles qui leur ont été empruntées. Ils ne se lassent pas de renouveler à ce sujet leurs anciennes réclamations. L'échevin Sorbe, allant en cour, est chargé de réclamer les 18 pièces d'artillerie de batterie envoyées en Béarn et d'en demander de nouvelles (21 juillet 1570). Sur les 18 canons, 13 ont été envoyés au siège de Navarrenx et 5 à Monluc, qui s'en est servi pour prendre Rabastens ; ces derniers sont demandés par lettre à ce général et à Gondrin (1) (21 août 1570). On profite du passage de M. de Malicorne (1er décembre 1570), pour adresser la même requête à la reine Catherine et l'informer que la reine de Navarre n'a pas encore rendu, malgré les ordres donnés, les 13 pièces prêtées à Tarride et prises par Montgomery à la déroute d'Orthez. Nouvelle réclamation à Biron, tant pour la restitution des 13 pièces, que pour le remboursement des frais de conduite de cette artillerie en Béarn (7 mai 1571) ; toutes ces démarches furent faites en vain, et Bayonne attendra longtemps encore avant de rentrer en possession de son artillerie.

Nécessité d'augmenter l'artillerie.

Après les sacrifices consentis par la ville pour mettre son enceinte à l'abri de toute surprise, les Bayonnais pouvaient espérer être dispensés pour quelque temps de fournir aux travaux des fortifications. Ils avaient réparé tant bien que mal et exhaussé d'une toise la partie de muraille basse comprise entre le Château-Neuf et la guérite de Bouheben, bâtie sur une motte à moitié distance du bastion St-Jacques. Mais voilà qu'une nouvelle brèche se produit durant la nuit du 15 au 16 décembre 1570, à la suite de l'écroulement d'une partie de la courtine maçonnée joignant la guérite Bouheben au bastion St-Jacques. L'inondation de la Nive avait fait glisser dans le fossé la fondation du rempart. En attendant que le roi soit en mesure de faire reconstruire la muraille à son ancienne place, le Conseil, après avoir pris l'avis de maîtres charpentiers et maçons, et avoir informé de l'accident le gouverneur retenu chez lui par la maladie, décide

Brèche aux remparts du Château - Neuf.

(1) De la Mothe-Gondrin, sénéchal des Lannes, à Dax.

qu'il convient de faire un retranchement intérieur avec une double palissade de pins, retenant un parapet en terre revêtu de gazons ; les deux flancs seront également garnis d'un parapet s'appuyant à l'extrémité des remparts conservés. Le vicomte d'Orthe consentit à employer son autorité pour obtenir des pins de la vicomté de Maremnes, du Boucault et de Cap-Breton, tandis que les pays de Labourd, de Gosse et de Seignanx devraient fournir des bois de chêne, des fascines, des harts et des manœuvres ; les pieux furent fournis par les diverses paroisses, proportionnellement à l'étendue de leurs bois.

La tour du Château-Neuf, contre laquelle était appuyé le rempart se dirigeant vers la guérite de Bouheben et précédemment réparé, avait subi un affaissement, sous l'action des eaux ; des fentes importantes furent constatées à la base de la tour. Le Conseil décida d'écrire au roi et au marquis de Villars, lieutenant général en Guyenne, la relation de ces dégâts ; les lettres furent apportées, à ce dernier, par du Verger et le lieutenant de Crutchette, qui furent chargés de donner des renseignements complémentaires sur la défense de la place. Il fut ordonné, en outre, qu'une procession générale serait faite dans la ville pour apaiser la colère de Dieu (20 décembre 1570).

Démêlés entre le gouverneur et le lieutenant de maire.

La maladie du gouverneur contribuait à aigrir son caractère et à rendre plus tendus les rapports qu'il avait avec Jehan de Sorhaindo, lieutenant du maire. Une ancienne inimitié existait entre le vicomte et la famille Sorhaindo ; elle prit naissance en 1565, lorsque Saubat de Sorhaindo poursuivit près du roi l'établissement du règlement de Cognac et fut en butte à la colère du gouverneur. Elle s'était perpétuée entre ce dernier et Jehan de Sorhaindo, et chacun d'eux tâchait de nuire à l'autre dans l'esprit du roi. Pour se défendre contre l'accusation de protestantisme, Sorhaindo, qui a été successivement échevin et trésorier, demande au Conseil un certificat de catholicisme ; certains membres sont d'avis de le refuser, car ils ne peuvent certifier que Sorhaindo est catholique. Grâce à l'intervention du maire, un certificat de complaisance fut cependant accordé (27 octobre 1570).

Mais le lieutenant du maire avait tenté d'enlever au vicomte d'Orthe sa charge de gouverneur, en révélant au roi une partie de ses méfaits ; celui-ci, pour se venger, avait incité les ennemis de Sorhaindo à le dénoncer à Charles IX comme turbulent et factieux ; peut-être lui-même avait-il écrit dans ce sens au monarque. Averti de cette dénonciation, le lieutenant de maire obtient du Conseil que des lettres soient adressées à la cour pour faire justice de ces soi-disant impostures ; on n'épargne pas les démarches ; sept lettres sont écrites au roi, à la reine-mère, au duc d'Anjou, au cardinal de Bourbon, à M. de Montmorency, au marquis de Villars et au maire Gramont. Il fallait, en effet, contrecarrer l'action du vicomte d'Orthe qui venait d'obtenir du roi que Sorhaindo fût suspendu de sa charge. Le gouverneur avait atteint ce résultat en agissant auprès du roi, de la reine, de Monsieur frère du roi et du marquis de Villars ; il signifia donc, le 10 janvier, à Sorhaindo, de ne plus accomplir les devoirs de sa charge jusqu'à nouvel ordre du roi et défendit aux conseillers de lui obéir sous peine de 1,000 livres d'amende. Sorhaindo s'empresse d'aller trouver Gramont, son protecteur, pour prendre ses instructions et se fait remplacer par un échevin.

Les lettres envoyées à la cour par le Conseil et écrites sous la dictée de Sorhaindo, ne sont pas tendres pour le gouverneur ; elles qualifient le vicomte de calomniateur et d'imposteur. Celui-ci, qui en a eu connaissance, se plaint à deux échevins, affirmant que le contenu de la lettre était un tissu de mensonges, car il était gentilhomme fidèle et affectionné serviteur du roi, et l'on ne pouvait l'accuser d'avoir fléchi. Il ajouta qu'une fois guéri, il ferait réparer son tort à Sorhaindo comme il a fait à son frère. L'influence du lieutenant sur les conseillers tenait à la crainte qu'il leur inspirait et à l'argent qu'il avait prêté à plusieurs d'entr'eux ; mais, ajoutait le gouverneur, la source de ces sommes n'était pas pure, car Sorhaindo avait volé le roi dans les affaires de la monnaie, de connivence avec les gardes de cet établissement. Les échevins furent d'avis de ne pas intervenir dans cette discussion et d'éviter les divisions (3 février 1571).

Le démêlé tourna à l'avantage de Sorhaindo, qui fut maintenu dans la charge de lieutenant, à laquelle le maire Gramont l'avait appelé en remplacement de Lalande ; le gouverneur fut formellement invité par le roi à le reconnaître pour lieutenant (30 avril 1571). Ce résultat avait été amené par l'influence de Villars, qui avait demandé au Conseil des explications sur l'affaire et exprimé son désir de la régler à la satisfaction de la ville. Ce seigneur avait reçu, peu de jours après sa nomination de lieutenant général en Guyenne, une députation du Corps de ville, venue près de lui pour le féliciter, le mettre au courant des préoccupations des Bayonnais et porter plainte contre les trésoriers Pomarède et Caulonque, qui persistaient à ne pas délivrer de fonds.

Le roi Charles IX veut se faire rendre un compte exact de la situation de la ville, que l'échevin Sauvat de Sorbe est venu lui Inspection du chevalier Orloge.

exposer. Ce magistrat lui avait remis les requêtes du Conseil et avait insisté particulièrement sur l'achèvement du havre, la restitution de l'artillerie et la mise en état des fortifications. Le chevalier Orloge, envoyé par le roi, est l'objet des prévenances de la ville ; il reçoit en cadeau de beaux poignards et deux dards bien garnis (15 janvier 1571) ; il est accompagné d'un maître maçon et s'informe des moyens les plus propres à porter remède à la chute du rempart voisin du bastion St-Jacques. Ce commissaire est d'abord conduit au Boucau et se rend compte de l'intérêt qui s'attache à l'exécution du havre, puis il visite la brèche des remparts et il constate qu'on s'est contenté de relever les terres éboulées, mais que le talus des terres offre des gradins dont l'ennemi pourrait profiter pour l'escalader. Le clerc de ville s'empressa de les faire disparaître par une corvée d'habitants en attendant la réparation nécessaire.

Le délégué du roi rentre à Paris (24 février 1571), porteur des demandes du Corps de ville. Ce dernier sollicite une somme de 25,000 livres pour rétablir les remparts en bon état ; mais, prévoyant qu'une si forte dépense ne pourra être faite, il demande que le travail soit exécuté en 1571 et en 1572, du 15 mars au 15 septembre, avec les manœuvres des paroisses environnantes, en étendant de quatre lieues en dehors la limite du pays soumis à la corvée de la ville, afin de pouvoir disposer chaque jour de 200 ouvriers et 100 paires de bœufs. Ce mode de construction a déjà été employé par l'ingénieur de Boispateau, sous l'administration du comte du Ludde. Les échevins prient aussi le roi de donner à la ville 12 canonniers en augmentation de ceux qu'elle entretient. Ils lui exposent que les habitants pourront assurer le guet lorsque la ville, à la suite de l'ouverture du nouveau havre, aura été repeuplée ; ils demandent, en attendant, que chacune des 34 paroisses de Labourd fournisse trois hommes chaque nuit pour faire le guet assis, comme le roi l'a établi à Bordeaux et à Dax. Enfin, ils désirent que le prélèvement de 1,021 livres, opéré sur les coffres de la monnaie de Bayonne et employé à des travaux urgents de fortifications, quand la ville était menacée par Montgomery, soit approuvé.

Charles IX se borne à renvoyer à Villars l'examen de ces demandes et fait savoir à la ville qu'il a écrit à la reine de Navarre et à Biron pour faire rendre l'artillerie. Les cinq canons prêtés à Monluc pour assiéger Rabastens se trouvent à Marsac (1) avec tous leurs agrès ; mais les échevins les réclament en vain au

(1) Dans le département du Gers.

gouverneur, ils n'arrivent même pas à faire rembourser les frais de conduite de ces pièces; le canonnier qui a été chargé de les faire transporter ne peut rien obtenir du gouverneur ou de la ville.

En attendant le résultat de l'enquête dont Villars est chargé, la ville reste ouverte à l'endroit de la brèche, car celle-ci peut être escaladée avec de moyennes échelles. Le Conseil de ville estime qu'il y faudrait dépenser 800 livres ou tout au moins y élever par corvée, en attendant mieux, un rempart en terre muni de flancs et terminé en terrasse. Il décide d'en écrire à Villars et d'y placer un corps de garde fort de 20 arquebusiers et hallebardiers avec un commandant peu coûteux. Cette dernière précaution est nécessaire, car le clerc a été avisé qu'il y avait « remuement de mesnage » à Rouen et sur d'autres points. Ces craintes de surprise contrastent avec le serment solennel de respecter l'édit de pacification que les officiers royaux, se conformant à un ordre général, font prêter aux sieurs du Conseil de ville (23 février 1571).

Villars se décide à envoyer à Bayonne le président Tambonneau avec mission d'examiner les livres de dépense de la ville et de savoir quelle somme exigent les réparations urgentes des fortifications (30 avril). La ville insiste de nouveau par lettre (7 mai) auprès de ces deux fonctionnaires et en obtient l'autorisation de prendre mille livres sur le produit des fermes royales de Bordeaux. Cette somme est retirée par deux marchands de cette ville (14 mai) et transportée à Bayonne, où elle est employée, selon les ordres de Villars, à réparer la brèche située entre le Château-Neuf et le bastion St-Jacques, en employant terre et fascines, car la ville ne peut mieux faire avec ce peu d'argent.

Par malheur, les gens du guet ont rivalisé avec l'inondation pour dégrader l'enceinte. Les gabionnades des bastions de St-Jacques et du Nard ont été démolies et les gabions brûlés par la garde de nuit; la terre s'écoule vers le fossé et produit dans les bastions des vides que le Conseil tâche de combler en rejetant en arrière les terres encombrant les fossés. La plate-forme du boulevard du Nard est restée en place et, sans la résistance du gouverneur, le Conseil se procurerait des fonds en vendant toute la partie qui ne pourrait être utilisée pour les plate-formes de l'artillerie. Il sollicite en vain l'autorisation de mettre à couvert, dans les granges de la munition, les canons laissés dans les quartiers depuis la déroute d'Orthez, pour éviter que les roues de leurs affûts ne se gâtent.

Enfin, la ville s'apprête à mettre la main à l'œuvre et elle fait acheter des barriques destinées à remplacer les gabions, dans

Réparation de la brèche du Château-Neuf.

l'espoir de les voir durer plus longtemps. Mais voici que le gouverneur projette, sur l'avis de l'ingénieur Louis de Foix, de faire à la brèche voisine du bastion St-Jacques une plus grande réparation et de reconstruire le rempart en maçonnerie ; il veut employer les mille livres à commencer les fondations. Les échevins protestent, prétendent que l'ouvrage projeté coûtera plus de 100,000 livres et que le roi n'adoptera pas une si grande dépense ; ils invitent l'ingénieur à produire un modèle de son projet et insistent pour que la brèche soit réparée avec fascines et terre, selon les ordres de Villars (9 juillet). Le gouverneur répond que les fortifications sont le fait de sa charge, et il ne veut point permettre à la ville de s'en occuper.

Ces discussions arrêtent les travaux ; le Conseil se plaint à Villars, affirmant que l'on peut travailler et que la ville reste ouverte ; le gouverneur, de son côté, proteste de l'insuffisance des moyens de transports (3 paires de bœufs) employés à charrier les bois nécessaires à la brèche. Mais le départ du vicomte d'Orthe laisse bientôt le champ libre à la ville (5 novembre). Avant de partir, cet officier avait chargé le clerc de continuer la réparation de la brèche ; selon les intentions du gouverneur, un rempart maçonné a été commencé et l'on décide d'employer ce qui reste de l'argent du roi en travaux de terrassement et fascinages pour exhausser le mur. Quand les fonds seront épuisés, on aura recours à une corvée. Ce moment arrive le 16 novembre et, selon le rapport de l'ingénieur de Foix, il ne manque alors pour terminer la réparation que 600 ou 700 livres. *Le clerc fait vainement appel au bon vouloir des bourgeois pour l'achever, offrant de fournir 15 journées à ses dépens ;* on rend compte de la situation à Villars et on l'informe que la ville restera ouverte tant que la réparation ne sera pas terminée. Cependant, le Corps de ville ne peut laisser cet ouvrage interrompu et chacun de ses membres se porte caution vis-à-vis du lieutenant pour une dépense de 30 livres tournois (10 décembre). *Ils comptent bien sur le produit de la vente des plate-formes* pour couvrir cette dernière dépense à défaut d'une allocation du roi ; déjà, le 5 novembre, ils ont de nouveau tenté d'obtenir du gouverneur l'autorisation de disposer de la plate-forme du bastion du Nard, craignant qu'elle soit dévalisée comme l'ont été celles de l'artillerie réparties sur les remparts. L'information ouverte pour la forme (23 novembre) contre ceux qui ont brûlé *les gabions, pris et dérobé des pièces de plate-forme,* ne saurait produire une rentrée de fonds ; c'est pourquoi les échevins vendent les bois d'une partie des plate-formes et appliquent l'argent à terrasser et fasciner la brèche (7 décembre), tandis que le reste est employé à réparer les ponts (15 février 1572). L'opposition du gouverneur absent n'est plus à craindre, et le Conseil en profite pour rentrer les canons et leurs affûts.

Une fois la grosse brèche réparée, la ville ne se trouve pas à l'abri d'une surprise ; le Conseil a eu soin de signaler, en écrivant à Villars, le 16 novembre 1571, que l'enceinte reste sujette à escalade sur quatre points : du bastion du Nard au Château-Vieux ; entre le petit mur du Port-Neuf et la loge de Piedmont ; de la tour St-Esprit à la porte Mousserolles ; enfin, derrière les Cordeliers, près de la Nive. Aussi, des mesures préservatrices sont encore prises, malgré l'édit de paix que personne ne veut appliquer. Les étrangers sont l'objet d'une surveillance assidue ; les hôteliers ne doivent pas les loger sans prendre leurs noms (9 février 1571) ; des commissaires sont chargés, par le Conseil, de se renseigner sur eux, sur leur manière de vivre (18 février 1572). Ils sont recensés sur l'ordre du gouverneur (7 juin 1572). La brèche, qui n'est pas encore terminée le jour de la Fête-Dieu (8 juin 1571), est gardée par un échevin et 6 arquebusiers ; on confie, en outre, à deux conseillers et à une troupe armée durant cette fête, la surveillance des chaînes barrant les rivières ; mais en même temps, le Conseil de ville, voulant éviter tout malheur, défend à la compagnie de garde, formée pour ce jour-là, de mettre des balles dans ses arquebuses. Les protestants de la ville, n'ayant pas produit devant le Conseil la déclaration royale qui leur a été réclamée, sont tenus de mettre à leur place, pour la garde de la cité, des hommes armés catholiques (18 juin 1571). L'année suivante, ils redemanderont leurs armes pour monter la garde (9 juin 1572), mais le gouverneur fera encore la sourde oreille. Les jeux de quilles dans les rues et de billards rampaulx dans les jardins, sont de nouveau prohibés, surtout à l'approche de la Fête-Dieu, pour éviter les blasphèmes (24 septembre 1571, 14 juin 1572).

Le guet, auquel les Bayonnais se soumettent difficilement, est l'objet de nouvelles prescriptions adressées aux capitaines de ce service ; ceux-ci devront s'assurer que les gens du guet assis et tournant s'y rendent en personne, et, dans le cas d'excuse légitime, ils ne toléreront, comme remplaçants, que des voisins (21 janvier 1572). Ces cas d'excuse ouvrent la porte à des abus, et une grande partie des habitants de la juridiction se dispense de tenir la garde ; les capitaines du guet sont alors invités à fournir au Conseil la liste des exemptés et sont rappelés à la stricte

Guet mal exécuté.

15

exécution de leur charge sous peine de privation de leur état
(13 juin 1572).

Reprise des tra-
vaux du havre
par l'ingénieur
Louis de Foix.

Nous avons vu, dans la correspondance échangée entre la
ville et le roi, que le souci de l'œuvre du havre n'avait pas été
diminué par la nécessité de parer aux calamités de la guerre
civile. A la suite de divers incidents, le sieur de Fontenay,
surintendant de l'œuvre et capitaine du Château-Neuf, s'étant
brouillé avec les échevins, quitta Bayonne. Mais, avant son
départ, Fontenay fut prié par eux de désigner un subdélégué
qui eût la faculté de pourvoir, en son absence, à ce travail
important (10 décembre 1568). Malgré cette précaution, il
semble que l'œuvre reste en suspens, car, le 27 juin 1569, les
bois et fustages qui ont été laissés au havre nouveau sont
enfouis sous les sables et risquent de dépérir ; le clerc émet l'avis
qu'il faut les renfermer dans un chai de la ville, sous la garde
d'un échevin. Cet arrêt de l'œuvre provient du manque de
ressources dont la responsabilité est attribuée au trésorier
Caulonque ; le Conseil l'accuse de dilapider les fonds, et adresse
une plainte à Monluc, qui n'hésite pas à le faire arrêter par le
gouverneur (13 janvier 1570).

Pour faire recommencer les travaux, les échevins proposent
au roi de se charger, moyennant la remise d'une somme de
40,000 livres, d'exécuter l'œuvre, sans demander une imposition
sur les contribuables (13 janvier 1570). Cette offre ne reçoit
aucune suite, le roi réservant ses ressources pour d'autres
objets ; il faut, cependant, continuer à travailler, car la rivière
peut tout détruire, ce qui causerait un dommage irréparable et,
pour aviser à ce qui pourra être fait, le Conseil prend l'avis
d'une assemblée de gens du roi, de bourgeois et d'artisans,
et décide de solliciter encore le secours du trésor royal (20
septembre 1570). Des lettres pressantes furent apportées à la
cour par Sauvat de Sorbe (13 octobre) et à la reine-mère par
M. de Malicorne (1ᵉʳ décembre).

Les supplications de la ville produisent enfin un résultat
satisfaisant ; le roi écrit à M. de Fourquevaux, son ambassadeur
en Espagne, d'envoyer à Paris Louis de Foix, ingénieur français,
ancien valet de la chambre du roi, qu'il veut consulter, à cause
de sa grande expérience, sur l'achèvement du havre du Boucau.
La ville joint ses instances à celles du roi, et fait connaître, à
l'ambassadeur, que Louis de Foix a pris l'engagement écrit de
venir (8 février 1571). Charles IX mande aux échevins (24
février) qu'il a l'intention de passer un marché avec l'ingénieur
et que ce dernier mettra bientôt la main à l'œuvre. Louis de

Foix n'a obtenu du roi d'Espagne l'autorisation d'aller en France, qu'à la condition de retourner ensuite près de lui ; pour plus de garantie, il lui a fait verser en gage 5,000 ducats, dont 700 ont été fournis par l'ambassadeur Fourquevaux. En reconnaissance de l'acte de courtoisie du roi d'Espagne, les échevins comblent d'honneurs et de prévenances le majordome de l'impératrice qui se rend d'Espagne en Allemagne, se conformant, d'ailleurs, aux recommandations du roi. Il est logé chez la veuve du sieur Jean Diesse (18 mai). Louis de Foix arrive à Bayonne et prend connaissance des travaux à exécuter. Il confère souvent avec le gouverneur, se rend au havre, et parcourt les terrains bordant le lit de l'Adour. Plusieurs mois se passent sans que l'ingénieur ait fait part de ses projets. Rencontre-t-il quelque difficulté imprévue ou veut-il modifier ses premières idées ? Le Conseil l'ignore, mais il est heureux d'apprendre que Louis de Foix est mandé par le roi ; il s'empresse de lui faciliter le voyage, en le faisant accompagner par l'échevin Dollins, lequel, nanti de 300 à 400 livres, qui viennent d'être empruntées, devra solder les frais de poste et de séjour à Paris ; l'échevin est chargé de remettre des lettres sur l'affaire du havre au roi, à la reine, à Monsieur, à Birague, garde des sceaux, à Lansac, à Montmorency et à deux autres seigneurs de la cour. Louis de Foix n'est plus aussi pressé de partir ; voilà trois semaines qu'il a promis d'aller voir le roi et il s'excuse du retard, alléguant que le gouverneur le retient et l'emploie. Le vicomte d'Orthe, pressé par le Conseil, promet que le sieur de Foix partira sûrement le lendemain matin (21 juin 1571) ; cette réponse n'était pas du goût de l'ingénieur, qui veut établir son projet du havre. Il répond aux membres du Conseil que, depuis son arrivée à Bayonne, il s'est plus occupé des fortifications que de la pitoyable rivière qui inonde la ville et gâte les héritages voisins. Néanmoins, l'ouverture du havre est une chose importante ; cette entreprise n'est pas si frivole qu'on la puisse traiter à la volée. Il les invite, en conséquence, à ne pas l'importuner davantage ; il saura, quand il aura conclu, les en prévenir et aller trouver Sa Majesté.

Le gouverneur s'interpose et fait savoir au Conseil que, s'il insiste, Louis de Foix partira, mais il demandera au roi un délai de 8 jours pour exécuter le dessin de son projet et le colorier. Les échevins savent que l'ingénieur a été chargé par le gouverneur de faire le plan de la ville et de l'apporter au roi pour lui indiquer les réparations qu'il serait nécessaire de faire aux fortifications ; ils savent, aussi, qu'il est allé se promener à

Saint-Jean-de-Luz et à Urrugne. Ils sont persuadés qu'il ne veut pas déloger de Bayonne et qu'il ne se soucie plus d'exécuter le havre ; aussi, persistent-ils à envoyer un député au roi pour lui montrer le peu de besogne faite par Louis de Foix depuis son arrivée à Bayonne et lui faire connaître que le Conseil se chargera de finir le havre avec 60,000 livres, sous la direction des anciens ingénieurs qui ont conduit ce travail.

Le différend est soumis à Villars, qui engage la ville à se mettre d'accord avec Louis de Foix. Le Conseil rappelle, en même temps, au lieutenant général, le cas du trésorier Caulonque, que Monluc, son prédécesseur, avait fait arrêter ; sur les 10,000 livres que le trésorier a reçues pour faire combler les douves et creuser les fossés de la ville, 1,700 à 1,800 livres ont été dépensées à ce travail et 750 livres distribuées en son nom, par du Vignau, au moment de la menace de Montgomery ; mais il garde, par devers lui, le reste de cette somme. Et voilà le trésorier qui doit contrôler et solder l'œuvre du havre !

En attendant une décision au sujet des projets de Louis de Foix, les échevins vont visiter et inventorier dans les magasins de Bourg-Neuf et du Château-Neuf, les bois des travaux du havre, qui y ont été précédemment remisés (23 juillet 1571). Ils ont délibéré de refuser à Louis de Foix une lettre de recommandation pour la cour, parce qu'il n'a tenu, depuis 5 mois, aucun compte des prières du Conseil lui demandant de se rendre à Paris, ni des offres d'argent, monture et compagnon, qui lui ont été faites pour le décider à partir (29 octobre).

Le roi a enfin reçu la visite de l'ingénieur ; il écrit à la ville de lui envoyer deux personnes notables pour traiter l'affaire du havre (3 mars 1572). Le lieutenant Sorhaindo et le sieur Loys Duhalde, très expert dans le fait du havre et agréable au Conseil, sont désignés (24 mars). Ils préviennent par lettre le gouverneur absent et partent, munis de lettres de faveur que le maire Gramont leur a délivrées (28 mars). On compte sur une solution prochaine, et on écrit à Cadoing, receveur des deniers du havre, d'avancer des fonds pour faire les approvisionnements (étoffes) nécessaires (3 mars).

Contrat d'exécution des travaux du havre. Dès que les délégués de la ville sont arrivés à Paris, ils se mettent d'accord avec l'ingénieur et le contrat est passé au Châtelet de Paris pour l'achèvement du havre de Bayonne, selon le projet de Louis de Foix. Le barrage du cours de l'Adour aura 150 toises de longueur ; il sera composé d'un bâti en bonne charpente coffrée, assez forte pour résister à la pression de l'eau ; à l'intérieur de ce coffrage sera bâtie une digue en maçonnerie. Cet ouvrage sera placé à côté du barrage existant : il sera fait avec des caisses et surmonté de maçonnerie. La ligne des caisses devra être prolongée du côté de la mer de 5 à 6 caisses semblables à celles déjà placées. Le bâti de la charpente sera formé de 3 files de 75 pieux espacés de 2 toises dans les deux directions ; ces pieux en pin ou hêtre, comme le bois des caisses, seront ferrés par le bas et enfoncés d'une toise dans le fond de la rivière. Chacune des 75 files transversales de 3 pieux sera arc-boutée du côté opposé au courant par une pièce de bois. Tout ce bâti sera relié par des traverses et montants sur lesquels sera fixé le coffrage en bois de 2 pouces d'épaisseur ; l'ouvrage de charpente sera arrasé au même niveau que le bord supérieur de la maçonnerie surmontant les caisses, de manière que l'eau de la rivière soit au même niveau le long de la digue.

Le barrage en maçonnerie sera construit, ainsi que ses contre-forts, à l'intérieur du coffrage de charpente ; leur fondation reposera sur des pilots en aune, dit vergne, qui ne pourrit pas dans l'eau. La maçonnerie du barrage aura 9 pieds d'épaisseur en bas ; son parement antérieur présentera un retrait ou fruit de 3 pieds. Les contreforts, de même épaisseur, seront séparés par un vide de 2ᵗ 5 en haut et de 2ᵗ en bas. Le massif de la bâtisse sera en maçonnerie de chaux vive, gros sable et autres matériaux appropriés ; son parement antérieur se composera de pierre dure, appelée lausse, la plus convenable du pays ; il aura au moins deux pieds d'épaisseur, avec boutisses de 3 en 3 pierres, longues de 4 à 5 pieds.

Il faudra de plus un canal long de 900 toises environ, large de 6 toises en bas et assez profond pour recevoir le courant de l'Adour après que ce fleuve aura été barré et détourné de son premier cours ordinaire. Louis de Foix pourra prendre où il lui conviendra les bois, sable, chaux, pierres, etc. ; il sera tenu de rendre le havre navigable deux ans après l'ouverture des chantiers.

Tous ces travaux seront exécutés moyennant la somme de 30,000 livres tournois, qui sera levée sur la généralité de Guyenne. Les paiements seront faits à Louis de Foix ou aux ouvriers par le trésorier de Caulonque, à la fin de chaque semaine de travail, après que les travaux auront été reçus et vérifiés et que leur décompte aura été établi par le trésorier et le contrôleur des réparations de Guyenne. Des habitants notables de Bayonne devront assister à l'exécution des travaux et aux paiements. Le contrôle exigé d'eux devra être fait gratuitement et les gages des officiers ne pourront être prélevés sur les 30,000 livres.

Ce contrat a été signé par les conseillers du roi, Crussol, duc d'Uzès, René de Birague, garde des sceaux, Laubispin, Belieure et Narilhac.

Le plan du projet fut confié au lieutenant Sorhaindo, afin qu'il soit montré aux membres du Conseil de ville. Avant de rechercher quels furent les résultats de la mission confiée à Sorhaindo, lorsqu'il se rendit à la cour, il convient de savoir quelles étaient les autres demandes dont il devait poursuivre la solution. Son animosité contre le gouverneur avait soulevé une réclamation du Conseil de ville au sujet de l'embargo mis par le vicomte d'Orthe sur deux chevaux conduits des Flandres en Portugal. Le gouverneur agissait par ordre du roi et il continua à appliquer sa consigne sans se préoccuper des entraves que le Conseil lui reprochait d'apporter au commerce en empêchant les chevaux de sortir du royaume (27 août). Il n'y a pas cependant unanimité dans le Corps de ville pour épouser les querelles du lieutenant de maire contre le gouverneur ; dans une séance du Conseil du 21 mai 1571, Sorhaindo se plaint que certains membres ont adressé au roi des mémoires le dénonçant comme suspect et se sont même permis de les sceller du sceau de la mairie. Les opposants, impressionnés par la découverte de leurs trames, n'osèrent se découvrir et tous les échevins se défendirent d'avoir écrit les mémoires.

Le lieutenant n'omit pas d'exploiter contre le gouverneur un mouvement de vivacité qui lui avait échappé, le 17 septembre, dans une discussion avec un tavernier ; pour un motif assez futile, des propos vifs furent échangés, et le vicomte mit fin à cette conversation animée en tirant fortement la barbe du cabaretier. Le Conseil de ville, toujours prêt à défendre ses administrés, se rend chez le gouverneur, conduit par Sorhaindo (28 septembre), pour le prier de laisser passer les chevaux et de ne pas maltraiter les habitants ; le vicomte d'Orthe se retrancha derrière les ordres du roi pour ce qui regardait la première plainte ; il protesta de ses égards pour le Corps de ville, mais il ajouta qu'il parlerait autrement s'il avait à répondre à Sorhaindo seul et il lui démontrerait, par une lettre du roi, qu'il n'est pas homme de bien. Evidemment, il faisait allusion au vol de la monnaie, qu'il attribuait à Sorhaindo. Un procès-verbal de l'entretien fut aussitôt dressé et envoyé au roi. Sarremon, lieutenant du gouverneur, ne devait pas échapper aux mauvais procédés de Sorhaindo ; ayant sollicité et obtenu du Conseil un certificat de bien vivre, il se vit refuser par cet officier municipal l'apposition du cachet de la mairie sur ce document, sans pouvoir obtenir le motif de ce refus (11 février 1572).

Le lieutenant de maire était aussi chargé d'obtenir du roi le remboursement des dépenses que la ville avait engagées à l'époque de la déroute d'Orthez pour la construction des plate-formes, la mise en état des fortifications et la conduite de plusieurs canons à Navarrenx et à Rabastens. Elle s'était endettée de 11,000 livres pour couvrir ces dépenses. Dans une assemblée générale tenue à la maison commune, les bourgeois avaient discuté les moyens de payer cette dette et s'étaient arrê-tés à un impôt sur toutes denrées, blés et vins, que le roi serait sollicité d'accorder (17 août 1571). On avait compté sur la visite que Villars projetait de faire à Bayonne pour l'intéresser à cette question. Le Conseil lui écrit, le 12 octobre 1571, exprimant l'intention de lui faire une réception honorable et demandant la date de sa venue ; il se propose d'envoyer 100 arquebusiers à sa rencontre avec l'autorisation du gouverneur et de le loger chez le lieutenant. Puis, renonçant à son projet d'impôt sur les den-rées, le Conseil demande au roi que la dette soit prélevée sur les 30,000 livres ordonnées pour le havre (13 juin 1572).

Sorhaindo rentre à Bayonne, le 1er août 1572, apportant de bonnes nouvelles pour la ville. Le roi consent à l'indemniser des 11,000 livres dépensées pour son service ; il fera même rem-bourser les frais de voyage en cour, qui montent à 800 livres ; les trente-neuf bourgeois qui se sont engagés pour assurer le paiement des travaux nécessaires à l'achèvement du havre sont déliés par le roi de leurs engagements. Le contrat passé entre Charles IX et Louis de Foix est maintenu sans modifications. La ville continuera, pendant quatre ans, à bénéficier des recettes de la grande coutume. L'artillerie, qui est restée en Béarn, sera ramenée à Bayonne et complétée à 22 pièces, aux frais de St-Sever et de Dax ; on y ajoutera trois mousquets, vingt milliers de poudre et douze cents boulets. Enfin, la prohibition frappant le passage des chevaux est levée, et signification est faite au gouverneur de cette décision.

La cour avait comblé de promesses le lieutenant de maire, mais pourra-t-elle les tenir ? Le roi n'a pu d'ailleurs étudier bien sérieusement toutes les demandes, préoccupé de donner satisfaction à chacun des deux partis, catholique et protestant, qui se disputent le pouvoir. Pour amener la conciliation, il a projeté de marier sa sœur au prince Henri de Navarre. La reine Jeanne d'Albret, protestante fervente, hésite longtemps à accep-ter pour son fils une épouse catholique ; les ministres de sa religion parviennent à vaincre ses scrupules et la décident à faire une réponse favorable à Charles IX (31 octobre 1571). Peu de mois après, la reine de Navarre se rend à Paris ; le cardinal de Bourbon, le marquis de Villars et M. de Foix vont au devant d'elle à Tours (11 avril 1572) ; ils l'accompagnent à Blois, où sont ratifiées les conditions du mariage. La cérémonie se fait à Paris en grande pompe ; les fêtes sont à peine terminées que Jeanne d'Albret meurt, le 10 juin. La reine Catherine fut soupçonnée par les protestants d'avoir provoqué ce décès en faisant placer du poison dans les gants de Jeanne d'Albret ; loin de partager ce soupçon, Henri de Navarre reconnut que sa mère était morte de maladie. Il fit connaître son opinion à Arros, son lieutenant général, dans la lettre qu'il lui écrivit pour prescrire de maintenir la religion réformée, selon la recommandation que la reine Jeanne lui en a faite dans son testament.

Conspiration pour livrer Bayonne aux Espagnols.

Au milieu des fêtes données à l'occasion du mariage de sa sœur, le roi Charles IX a été avisé qu'un complot se tramait à Bayonne pour livrer cette ville aux Espagnols. Déjà, le Conseil de ville s'était ému, le 24 mars 1572, à la nouvelle que quelques enseignes de cavalerie et d'infanterie descendaient de la Haute-Navarre ; le gouverneur se trouvait absent et les échevins le rappellent pour donner ordre au service du roi. Le vicomte d'Orthe ne tarde pas à revenir à Bayonne ; il reçoit, le 23 juin, la visite de deux échevins délégués par le Conseil pour l'informer que l'on forme du côté de l'Espagne des compagnies de gens de guerre qui pourraient se porter sur la ville dégarnie de troupes. Ils trouvent dans le logis du vicomte le jeune sieur de Rambouillet, arrivant en poste d'Espagne ; celui-ci pense qu'il s'agit d'enrôlements faits pour l'armée qui doit réprimer la révolte des Flandres. Cependant, le gouverneur est prié de pourvoir la ville selon le besoin ; le Conseil décide de faire une garde extraordinaire à la brèche et aux chaînes de la Nive et de veiller sur tous les points faibles ou éloignés des secours.

Le lendemain, le roi écrit au vicomte d'Orthe et lui signale la présence à Bayonne d'un vieil Espagnol, logé au Château-Vieux, qui est en relation avec les étrangers réfugiés en ville et entretient des intelligences avec les Espagnols de la frontière. Pour éviter les inconvénients qui pourraient résulter de ses menées, le roi ordonne au gouverneur de faire déloger de la ville l'Espagnol et les autres étrangers. Charles IX avait eu sur la situation de Bayonne un rapport très exact qu'un espion seul avait pu

lui fournir (1). Il savait que les Espagnols faisaient des assemblées à la frontière, près de Bayonne ; que les murailles de cette
ville étaient tombées au bord des rivières et qu'il en était résulté
des brèches. Le gouverneur était dit maladif, souvent absent,
ne pouvant s'occuper de la ville comme il serait nécessaire, de
sorte qu'il n'y a pas d'ordre dans la cité. De nombreux sujets de
Jeanne d'Albret, qui se sont révoltés contre elle, sont réfugiés à
Bayonne ; Domezain et Armendaritz sont à leur tête. Le premier, dont les biens déjà criblés d'hypothèques sont retenus
par la reine de Navarre, est accompagné à Bayonne d'une troupe
d'hommes et de chevaux ; il fait grande dépense, quoique dénué
de ressources personnelles. Domezain se plaint du roi de France,
qui ne l'indemnise pas de la guerre qu'il a soutenue contre la
reine Jeanne en Béarn et en Basse-Navarre ; il ne serait pas
étonnant qu'il reçoive des fonds de l'Espagne dans un but intéressé. Luxe et St-Geniés, avec lesquels il était en relation, se
sont écartés de lui. Cette situation présente des dangers et, si l'on
y pourvoit adroitement et sans bruit, on évitera d'être surpris.

D'ailleurs, le peuple de Bayonne, dès qu'il eut connaissance
de la lettre du roi, désigna Domezain et Armendaritz ; ceux-ci
écrivirent aussitôt à Charles IX pour protester contre les soupçons qu'il pouvait avoir contre eux. La mèche se trouvant éven-
tée, la trahison ne put se produire.

La tentative des Espagnols était d'ailleurs toute expliquée,
puisque la cour de France caressait le projet de porter la guerre
en Flandres ; Coligny avait accepté le commandement de l'expédition et devait appuyer les protestants de Hollande contre le
souverain espagnol. Ce projet lui-même n'était peut-être qu'une
feinte destinée à cacher aux protestants de France les préparatifs
qui se faisaient dans l'ombre pour leur extermination.

Le maréchal de Savoie annonce son arrivée prochaine à
Bayonne, où il doit s'assurer que toutes les précautions sont
prises contre une attaque possible (25 août). Cette nouvelle
incite Sorhaindo à exiger une plus grande assiduité pour le
service du guet et à signaler au gouverneur que plusieurs
morte-payes ne montent pas la garde. Les espions de la ville
lui ont appris qu'une compagnie de cavaliers espagnols, venant
de la Haute-Navarre, est arrivée à Irun (28 août) ; il en descend
trois autres le long de la frontière, suivies d'autres compagnies
d'infanterie, arrivant de Vitoria et d'autres lieux. Le lieutenant,
redoutant que la ville, démunie de forces, ne cède à un coup de

(1) Fonds français, volume 15,555, folio 19.

main, insiste auprès du gouverneur pour remettre l'artillerie dans les quartiers ; il assemble les capitaines de quartiers, leur ordonne de doubler les gardes et de pourvoir à la brèche voisine du Château-Neuf.

Le vicomte d'Orthe juge que les ennemis ne sont pas en nombre suffisant pour assiéger la ville et qu'ils peuvent seulement tenter une surprise. Il approuve cependant les mesures prises par le lieutenant ; quant à lui, il s'empresse d'informer le roi et le maréchal de Savoie, et il convoque les gens de son gouvernement (28 août). On complète, le 5 septembre, les mesures de sauvegarde ; d'accord avec le gouverneur, les portes de Mousserolles, de Lachepaillet et de St-Léon demeurent fermées, mais la garde de Mousserolles est conservée à cause de son éloignement de tout secours ; on défend aux étrangers qui ne sont pas gentilshommes d'entrer armés en ville.

La
St-Barthélemy.
Pendant que Bayonne était occupée à se garantir contre les ennemis extérieurs, des événements tragiques se passaient à Paris. Le roi Charles IX, après avoir longtemps hésité entre les deux partis, ne sachant auquel donner la préférence, cède tout à coup aux instances de la reine-mère sous la menace d'une rupture éclatante et ordonne le massacre des protestants le jour de la St-Barthélemy (23 août). Coligny, accusé par lui de conspirer de nouveau, est massacré ; les deux Bourbons, Condé et Navarre, sont arrêtés, leurs amis et serviteurs égorgés. Au mois de septembre, les abjurations étaient finies ; le roi de Navarre, Condé et son épouse s'étaient faits catholiques. Tout en ordonnant d'observer l'édit de pacification et de vivre en paix, le roi de France, sous prétexte de troubles, interdit les prêches et assemblées de protestants jusqu'à ce qu'il fût autrement pourvu à la sûreté du royaume. Quelques historiens ont prétendu que des émissaires avaient été envoyés dans les villes, porteurs d'ordres secrets incitant les gouverneurs à massacrer les protestants : cette allégation, avancée sans preuves, contraste avec la prudence de Catherine et doit être révoquée en doute. Des protestants furent massacrés à Dax, selon Agrippa d'Aubigné, mais cet auteur a attribué faussement au vicomte d'Orthe la réponse devenue légendaire : « J'ai trouvé parmi les habitants et les gens de guerre des hommes dévoués à Votre Majesté, mais pas un assassin ». Cette réponse est d'ailleurs apocryphe, ainsi que l'a prouvé Tamisey de Laroque en découvrant la véritable lettre écrite de Bayonne par le vicomte d'Orthe, le 31 août 1572, à Charles IX, au sujet de la St-Barthélemy, document dont le sens exclut celui de la phrase citée par l'historien

protestant (1). Une si fière réplique ne s'accordait guère d'ailleurs
avec les mœurs barbares de cette époque et le caractère violent du
gouverneur, qui n'aurait pas hésité à mettre à exécution l'ordre
de massacrer les protestants s'il lui avait été donné. Le vicomte
d'Orthe, conformément aux promesses qu'il a faites au roi dans
sa lettre, empêcha que le moindre désordre éclatât à Bayonne et
fit vivre catholiques et huguenots en si bon accord, que pas une
goutte de sang ne fut alors répandue. Il faut aussi considérer
qu'il n'y avait pas à Bayonne de protestants avoués ; le lieutenant de maire Sorhaindo avait pris soin de se faire délivrer un
certificat de catholicisme et, selon toute apparence, les habitants
suspectés de protestantisme avaient pris semblable précaution.
D'ailleurs, leur nombre était très restreint et le peuple était
resté en entier fidèle à la religion catholique. Sorhaindo rentrait
à peine de son voyage à la cour, lorsque se produisit le massacre,
et il n'est pas douteux que, mis au courant des projets qui se
tramaient, il s'efforça, avec l'aide de Gramont, rentré en grâce,
de persuader aux meneurs catholiques de la cour qu'il était
inutile de s'assurer, par des massacres, la fidélité de Bayonne
qui n'avait jamais fait défaut au roi et où le parti huguenot
militant n'était pas représenté.

Il n'en était pas de même en Béarn, où le roi Henri de Navarre
ne put faire appliquer un édit rendu par lui le 16 octobre 1572,
rétablissant la religion catholique, restituant au clergé les biens
dont il avait été dépossédé et expulsant du pays les ministres
protestants. Cet édit avait suivi de près les meurtres de la
St-Barthélemy, et le baron d'Arros, lieutenant général des Etats
de la reine Jeanne d'Albret, fanatique protestant, n'en voulut
tenir aucun compte. Le roi de Navarre pensa que Gramont
pourrait, grâce à l'estime dont il jouissait au pied des Pyrénées,
assurer facilement l'exécution de sa volonté ; il le chargea donc,
sous la pression de la cour, de faire enregistrer son édit par les
Etats de Béarn. Mais d'Arros s'apprêta à repousser l'envoyé de
Gramont comme un ennemi de son pays. Voyant le refus des
Etats, le roi de Navarre nomme Gramont son lieutenant général
et l'autorise à recourir à la force. Celui-ci, n'ayant d'autres
troupes que celles qu'il peut lever sur ses terres et sur le pays,

(1) Bibliothèque nationale, fonds français, n° 15,555, page 601. Dans cette missive, il
signale des mouvements de troupes espagnoles le long de la frontière ; il se plaint du
mauvais état des fortifications de la ville. Il termine par ces mots : « J'ai entendu ce qui
« est arrivé à Paris les 22 et 23 du présent mois d'août et que ce sont querelles particu-
« lières. J'espère vous rendre si bon et fidèle compte de ceux dont vous m'avez baillé la
« garde et les faire vivre de telle manière qu'il ne sera rien attenté contre votre service ».

les juge bien insuffisantes et s'adresse au duc d'Anjou pour en tirer du secours (18 février 1573). Le fils du baron d'Arros a levé en Béarn, pour lui résister, 500 ou 600 gentilshommes ou soldats assez mal armés d'ailleurs et s'efforce d'empêcher Gramont de jouir de la charge que le roi lui a donnée.

Désastre de Gramont à Hagetmau. Sa captivité. Hésitant à recourir aux moyens violents, Antoine de Gramont s'était retiré dans son château d'Hagetmau, situé entre Orthez et St-Sever, avec quelques seigneurs et soldats lorsque, le 17 avril 1573, entre 8 et 9 heures du matin, 200 à 300 Béarnais protestants, conduits par le baron d'Arros, s'introduisent dans la petite ville d'Hagetmau et tuent plusieurs personnes de la suite de Gramont ; ils pénètrent ensuite dans le château sans éprouver de résistance, se saisissent du lieutenant général, du baron de Poyanne et de plusieurs autres seigneurs qu'ils conduisent à Orthez et ensuite dans la tour d'Oloron, où ils les détiennent prisonniers. Henri de Navarre, outré de ce coup de main, adresse de vives remontrances à d'Arros : mais celui-ci, dédaignant les menaces de son roi, resserre la captivité de Gramont au détriment de sa santé et le place sous la garde des capitaines Cortade et Lamothe. Ce désastre jette la consternation dans les villes catholiques limitrophes du Béarn ; le peuple, ne voyant plus aucun seigneur catholique tenir tête aux chefs béarnais, craint des surprises.

Le duc d'Anjou est informé de cet événement par la comtesse Diane de Gramont, retirée à Dax : c'était la belle-fille d'Antoine et la femme de Philibert de Gramont, comte de Guiche. Elle prit plus tard le nom romanesque de Corisande, lorsque commencèrent ses relations avec Henri de Navarre. Le sénéchal des Lannes, de la Mothe-Gondrin, est prévenu par le Parlement de Bordeaux de se bien tenir sur ses gardes, car les Béarnais, ne pouvant lever une armée, vont s'efforcer de surprendre les villes. Celle de Dax est dépourvue de troupes et n'a que ses habitants pour la défendre. Le Corps de ville de Bayonne s'émeut aussi et craint que la place, ouverte en deux endroits, ne soit attaquée. Louis de Foix et Lahontan, contrôleur des réparations, sont chargés par le gouverneur de visiter ces deux parties faibles et de savoir comment on pourra les mettre en défense à l'aide des 1,000 livres levées par le contrôleur Vallée sur les gens de la nouvelle opinion (19 avril). Ces parties sont : 1° la brèche entre le Château-Neuf et le boulevard St-Jacques ; 2° le fer à cheval soutenant les chaînes de la tour de Sault, qui se trouve démembré.

Le 13 mai, les craintes augmentent ; le clerc de ville est chargé par le Conseil de fermer les murailles et de terrasser la porte St-Esprit ; il est décidé que la courtine comprise entre Mousserolles et les Jacobins sera exhaussée et mise à l'abri de l'escalade, comme le sera le Piedmont, sous la réserve que les sieurs du Conseil emprunteront les sommes nécessaires à ces travaux. Ils récupéreront leurs fonds sur la rentrée des premiers deniers ordonnés par le roi pour solder les réparations : les généraux et receveurs de Guyenne sont sommés de fournir ces deniers.

Les étrangers sans aveu sont chassés de la ville et les hôteliers sont formellement invités à ne pas les recevoir. Il est fait défense de vendre de la poudre, dont les rebelles pourraient profiter. La foire de la ville se tiendra à St-Esprit, afin d'empêcher par ce moyen l'entrée de Béarnais armés ; sept galupes, venues de Peyrehorade, de Sordes et de Came, sont retenues en ville pour empêcher qu'elles servent à transporter les rebelles, arrivés à Sordes, à cinq lieues de Bayonne. Les quartiers sont assemblés en armes ; les capitaines font le recensement des armes de leurs gens, s'informent s'ils ont des poudres, et leur commandent de se tenir prêts en bel équipage.

Imitant l'exemple des protestants béarnais, la ville de La Rochelle ne se laisse pas désarmer. Henri, duc d'Anjou, frère du roi, rassemble une armée et entreprend le siège de cette ville. Il s'est fait accompagner des Bourbons convertis, et c'est du camp devant cette place qu'Henri de Navarre écrit de nouveau à d'Arros, réclamant la mise en liberté de Gramont, lui exprimant son mécontentement de voir ses sujets de Béarn piller et rançonner les fidèles du roi (17 juin 1573). L'Angleterre donnait la main à La Rochelle, et ce secours ne pouvait que prolonger le siège ; le roi, pressé d'en finir, préféra traiter la paix et promulgua, le 24 juin 1573, un édit de pacification accordant amnistie depuis le 24 août 1572, permettant aux habitants de La Rochelle, de Nîmes, de Montauban, la pratique publique de la religion réformée et laissant les autres protestants jouir de la liberté de conscience à l'intérieur de leurs demeures. Cet édit fut transmis par le roi de Navarre à d'Arros avec de nouvelles instances (29 juin) ; mais le rebelle gouverneur attendit jusqu'au 3 août pour remettre Gramont en liberté et lui abandonner la charge de lieutenant général qu'il détenait contrairement à la volonté de son prince. La soumission d'Arros ne fut que temporaire ; Gramont put cependant aller visiter ses chers Bayonnais (16 août) et recevoir leurs félicitations ; il partit ensuite pour les eaux de Cambo, afin de rétablir sa santé éprouvée par une si longue captivité. Son traitement terminé, Gramont projetait de se rendre en Bigorre pour en compléter la pacification ; mais, l'hiver suivant, il se trouva de nouveau en présence d'Arros, qui reprit ses courses contre les catholiques et s'empara de Tarbes. L'amiral de Lavalette, descendu en Guyenne avec un corps d'armée, détacha vers Gramont une partie de ses troupes. Le pays fut occupé militairement, la ville de Tarbes reprise et les huguenots chassés de Bigorre.

Durant le cours de ces événements, le vicomte d'Orthe ne partagea pas l'effroi causé au Conseil de ville par le soulèvement du Béarn. Ses terres de Peyrehorade étaient limitrophes de cette contrée et avaient fourni au vicomte l'occasion de fréquentes relations avec les chefs béarnais.

Tout en paraissant obtempérer aux demandes du Conseil en vue d'assurer le service du roi, il favorisait secrètement les sujets rebelles du roi de Navarre. Le gouverneur ne voyait pas, sans l'envier, Gramont doté d'une charge aussi importante que celle de lieutenant général du prince Henri, et il n'avait eu avec lui que des rapports rares et peu cordiaux. En favorisant d'Arros, il contrecarrait les plans de Gramont et servait sa propre rancune. Aussi, lorsque d'Arros vint à Sordes, s'approchant des terres du gouverneur, celui-ci avait mandé à ses sujets de ne pas lever les armes contre le chef béarnais et avait même envoyé à ce dernier 300 charretées de blé. Ces égards durent certainement épargner à Bayonne le danger d'une surprise, et ils étaient plus profitables à Charles IX et à la ville que le zèle de ses échevins à prendre des mesures de protection.

Cependant, lorsque, le 23 mai, le Conseil, voulant s'assurer que le blé de la ville n'était pas emporté vers les rebelles du Béarn, plaça deux de ses membres à la porte St-Esprit, le gouverneur n'y sembla faire aucune opposition. Le conseiller Menaut Dandoings et le jurat Lana furent chargés de cette mission. Le vicomte d'Orthe, qui n'avait pas abandonné le droit d'autoriser la sortie des blés que la ville lui disputait, avait placé à la même porte un soldat pour délivrer aux acheteurs de blé des bulletins de sortie (des billettes). Le jurat Lana s'empara de quelques-uns de ces bulletins et les déchira ; le gouverneur, aussitôt informé, lui fait dire de ne rien entreprendre contre son autorité ; Lana s'excuse auprès des envoyés, ajoutant qu'il se borne à exécuter sa charge. La commission est à peine terminée, que le vicomte, tenant à la main un bâton creux garni d'une épée à l'intérieur, s'avance accompagné de soldats et de domestiques armés, et dit à Lana à haute voix : « Viens ça, fol et acariâtre chapperonné, t'appartient-il de retenir mes armes et mon lion ? » (1). En disant cela, il le frappa rudement à la gorge avec la pointe du bâton, l'acculant contre la muraille de la porte et, sans lui donner le temps de répondre, il lui tira violemment la barbe, en ajoutant : « Te veux-tu attaquer à moi ? Je ne veux point que mon lion noble tombe entre les mains de vilains ». Enfin, menaçant de dégaîner, il force Lana de lui livrer tous les bulletins de congé qu'il avait retirés ce jour-là des mains des acheteurs.

Le Conseil se réunit aussitôt et adresse des remontrances au gouverneur sur les voies de fait exercées contre Lana : le vicomte d'Orthe voulut bien reconnaître qu'il avait agi sous l'empire de la colère et qu'il était bien marri de cet acte d'emportement. Non contents de ces excuses, les échevins décident d'écrire au roi pour lui demander un gouverneur qui se comporte plus doucement avec les habitants.

Un nouvel incident, beaucoup plus grave que celui du 23 mai, vint rendre la crise plus aiguë et nécessita l'intervention de Charles IX. Le rebelle d'Arros, voyant les difficultés opposées au commerce des Béarnais dans la ville de Bayonne, avait écrit au gouverneur pour le prier de lever ces entraves. Le lieutenant du maire, cherchant une occasion de contrarier le vicomte et de le pousser peut-être à de nouvelles violences, prétend que la ville est dépourvue de blé et incite le Conseil à en empêcher la sortie pour éviter de fournir des vivres aux rebelles béarnais. Le gouverneur est avisé, ne fait aucune objection et laisse placer, le 25 mai, à la porte St-Esprit, les deux conseillers Pierre de Challa et Menaut Dandoings pour y exercer le contrôle. Mais en même temps il avait délivré des congés pour tirer le blé à grands bateaux. On amena, le 29 mai, fort avant dans la soirée, deux de ceux-ci pleins de blé devant les chaînes de la tour St-Esprit pour les faire sortir de la ville ; Dandoings, en l'absence de Challa, ordonne de les arrêter. Le vicomte a rrivé à cheval, accompagné de tous ses domestiques armés et même de son palefrenier ; s'adressant à un soldat béarnais, Guillaume de Labourt, qu'il avait placé à la porte St-Esprit, il lui dit : « Bien ça, qui a empêché que le blé duquel j'ai baillé billette ne soit passé ! » Et, sur sa réponse que c'était Dandoings : « Où est ce méchant larron, mauvais vilain, je lui ferai sauter le pont et le mettrai dans la rivière ». Le magistrat se présente, le bonnet à la main, portant au bras son chaperon, marque de justice, et dit qu'il était là de la part du Conseil, le suppliant d'écouter ses

Violences contre l'échevin Dandoings noyé dans l'Adour.

(1) Le vicomte d'Orthe avait un lion dans son blason.

explications. Mais le gouverneur, sans vouloir l'écouter, dit, en parlant des sieurs du Conseil : « Oh ! méchants traîtres, est-ce à vous d'arrester telles choses ! » Et ce disant, il piqua trois ou quatre fois son cheval, le dirigeant vers Dandoings, pour renverser ce dernier. Le magistrat, se voyant ainsi outragé par paroles et de fait, répliqua : « Monsieur, nous ne sommes point traîtres et vous le savez bien ». Le vicomte d'Orthe, irrité encore plus par cette allusion, poursuit le conseiller, lui criant : « Traître, méchant marrault, me penses-tu faire peur avec ton lopin de drap rouge » (1) et jurant par la mort-dieu qu'il lui coupera la tête. Dandoings, voulant se sauver, s'élance le long du pont St-Esprit ; mais le gouverneur l'a bien vite rattrapé au galop de son cheval et, lui barrant la route, il l'oblige à revenir vers la porte St-Esprit. Les domestiques du vicomte, plusieurs avec des épées nues, s'élancent sur le magistrat qui, se couvrant de son manteau, leur crie : « Messieurs, sauvez-moi la vie ! » Au même instant, le gouverneur disait à Montauban, son maître d'hôtel : « Jette-le à la rivière ! » Ce qui fut aussitôt exécuté. Le malheureux magistrat ne tarda pas à être noyé ; avant de se retirer, le gouverneur, voyant flotter son corps encore drapé de son manteau écarlate, se moqua de lui, disant en langue gasconne : « A qui que adaes », ce qui signifie en français : « Tu l'as, là ! »

Les parents de Dandoings et tout le peuple de la ville se lèvent en armes pour venger la mort du conseiller ; le gouverneur se retire, de toute la vitesse de son cheval, dans le Château-Vieux, qu'il n'avait pas occupé depuis cinq ans. Montauban, qui s'était enfui hors de la ville, est poursuivi par une troupe d'habitants et mis à mort.

Les échevins s'efforcent de pacifier la ville, se répandant dans les divers quartiers et renforçant les corps de garde, tandis que trois d'entr'eux se rendent dans le logis du vicomte, situé en ville, et en empêchent le pillage.

Le corps du magistrat est retiré de l'eau ; deux médecins assistés des membres du Conseil l'examinent et font un rapport sur les blessures qu'il a reçues. Puis, on procéda à son enterrement en présence de tous les habitants. Pendant cette cérémonie, le vicomte, qui se tenait renfermé dans le Château-Vieux, fit appeler deux échevins afin d'arrêter les mesures propres à calmer les Bayonnais. Or, le peuple murmurait, accusant le gouverneur de vouloir faire entrer au Château-Vieux, par la

(1) Il portait un chaperon en drap écarlate.

fausse porte, plusieurs de ses sujets d'Orthe afin de s'y fortifier et faire ensuite du dommage à la ville ; pour ôter toute crainte et démontrer ostensiblement qu'un pareil projet ne serait pas exécuté, le vicomte invita le Corps de ville à démolir deux travées du pont aboutissant de l'extérieur à la fausse porte. En même temps, on enferma dans les prisons de la ville le palefrenier et Mourle, serviteur du gouverneur.

Le surlendemain, 28 mai, les parents de Dandoings crient justice et, pour leur donner satisfaction, on réunit une grande assemblée composée de l'évêque, du chapitre, des membres du Conseil, des nobles et des principaux bourgeois. Le lieutenant Sorhaindo expose les détails du meurtre commis par le gouverneur et requiert contre cet acte cruel un blâme unanime. On décide que le jurat Lana, qui a subi les violences du gouverneur, sera envoyé vers le roi et lui remettra un mémoire relatant les événements dont la ville vient d'être le théâtre, et insistant pour le rappel du vicomte d'Orthe. Les habitants terminent leur requête au roi « en le suppliant très humblement et pour toutes les choses saintes le requérant à jointes mains qu'il lui plaise leur faire justice d'un si méchant acte qui leur a été fait et les délivrer de ce tourment et du commandement d'un homme si insolent et si sanguinaire ». Le Conseil députa en outre deux échevins, l'un au duc d'Anjou, au camp de La Rochelle, et l'autre à l'amiral de Lavalette, son lieutenant en Guyenne, pour faire appuyer sa demande.

Au moment de la grande panique qui s'était produite le soir du meurtre, le capitaine Maherm avait délivré, après beaucoup d'hésitations, à l'échevin de Lalande, les clefs de la ville sur sa réquisition. Le lieutenant de maire, à qui elles ont été remises, est accusé par les gens du Conseil de vouloir les conserver ; ceux-ci prétendent qu'elles ont été données dans le but de pacifier la population ; ce résultat est obtenu et il n'y a pas de motifs de les conserver. Elles n'ont pu être remises au gouverneur, qui est enfermé dans le Château-Vieux, et d'ailleurs, Sorhaindo, qui désire le renvoi du vicomte, ne se soucie pas de lui remettre ce précieux dépôt. Cependant, comme il importe d'écarter tout soupçon de révolte, l'assemblée des notables décide que les clefs seront rendues au capitaine Maherm, qui les a délivrées. On décide en même temps qu'une information sera ouverte par la ville contre Jacques Dupreuilh, sujet du vicomte, pour avoir menacé des marchands de Dax dans une discussion sur le meurtre de Dandoings.

Le calme est suffisamment rétabli et il est possible de donner satisfaction au gouverneur, qui demande les meubles de son logis pour garnir son appartement du Château-Vieux. On fait sortir de prison le palefrenier, à la condition de l'y réintégrer s'il est reconnu coupable.

Un conflit de juridiction s'élève entre la ville et le procureur du roi, au sujet de l'information sur le meurtre, la ville prétendant qu'elle a la justice criminelle (5 juin 1573) ; elle profite aussi de la situation gênée du gouverneur pour empiéter sur ses attributions en ouvrant une instruction sur des soldats qui, à la faveur des derniers troubles, ont volé dans des bateaux du blé et de l'argent.

Le roi Charles IX, avisé de ces événements par les échevins et par Gondrin, sénéchal à Dax, écrit à ce dernier qu'il est renseigné sur Bayonne ; il a pris telles précautions qu'aucun inconvénient ne se produira (14 juin). Il avait donné des instructions à Lavalette et fait envoyer à Bayonne le sieur de Baiamont, chevalier de l'ordre du roi, et trois capitaines, pour amener la pacification de la ville. Ces envoyés entendent les deux parties. La ville répète ses doléances et proteste de son obéissance au roi. Le gouverneur explique que la mort de Dandoings a été le résultat d'un accident ; il dit qu'il avait une gaule en main avec laquelle il a frappé son cheval pour effrayer le magistrat ; celui-ci se trouvait alors appuyé contre une barrière du pont, qui se rompit sous sa poussée, ce qui fut cause qu'il tomba à l'eau et se noya. Il ajouta qu'il était désolé de ce malheur et que, pour enlever aux parents du magistrat toute occasion de l'offenser et de causer des troubles, il se proposait de rester quelques jours au Château-Vieux. Le vicomte essaya de faire prendre en mauvaise part la réunion inaccoutumée de l'assemblée des notables, la livraison des clefs de la ville aux échevins et la rupture du pont de secours du Château-Vieux, mais le Conseil n'eut pas de peine à se disculper (12 juin).

Les commissaires sont repartis sans avoir statué sur le différend et le Conseil, mécontent de voir le vicomte demeurer en ville, veut savoir les motifs qui s'opposent à son départ (27 juin). Enfin, le 17 juillet arrive une lettre du roi destinée à amener la pacification à Bayonne ; elle devait inviter le gouverneur à quitter momentanément la ville, car celui-ci désigne le capitaine Bahuz pour son lieutenant durant son absence prochaine.

Le vicomte a quitté sa forteresse du Château-Vieux et, tant qu'il reste en ville, il est exposé aux injures des parents de Dandoings ; le jeune fils de ce dernier le rencontre sur le pont lorsqu'il revenait d'Ondres en compagnie de quelques bourgeois

et l'appelle : « Méchant traître ! » Cet enfant est vivement répri-
mandé par le Conseil (21 juillet) ; la sœur du magistrat est aussi
l'objet de semblables observations (16 août). Par moments, des
discussions s'élèvent au sujet du meurtre et des rixes se produisent. C'est un palefrenier du vicomte qui se dispute avec son
propre frère, le menace de mort, et qui, aidé de quelques arquebusiers, jette dans la Nive des Bayonnais intervenus dans la
discussion ; c'est une plainte au roi sur le propos du gouverneur
qui s'est vanté de faire manger les habitants de la ville par ses
chiens de Peyrehorade (23 juillet). Pure fanfaronnade qui agit
cependant sur le peuple naturellement craintif et le tient en
grande excitation.

Tous les torts n'étaient pas imputables au gouverneur, car
s'il cédait parfois à des accès de colère, le lieutenant de maire
poussait le Conseil à lui faire des remontrances sur des questions qui excitaient sa susceptibilité ou qui n'étaient pas dans
leurs attributions. Une observation de cette nature, quoique
présentée sous forme de prière, lui fut adressée le 21 janvier
1573 ; le lieutenant Sorhaindo demanda que les 67 morte-payes
étrangers soient payés par le vicomte plus de cent sols par mois,
prétendant que cette solde ne suffisait pas à leur entretien et
qu'ils ne pouvaient dans ces conditions assurer le service de la
ville. Une contestation concernant le rang des préséances dans
les processions lui fut adressée le 11 mars avec menace d'en
référer au roi.

Influencé par l'état de surexcitation des habitants, le Corps de
ville multiplie ses demandes tendant au départ du gouverneur ;
le 7 septembre, nouvelle plainte au roi contre lui ; le 6 novembre,
deux députés sont envoyés à Paris sur la réclamation de la
famille de la victime. En même temps, le Conseil engage les
claviers (1) des artisans à ne pas prêter l'oreille aux propos
séditieux qui agitent le peuple et ont pour but de l'exciter contre
les autorités de la ville (7 septembre).

Un moment, les nouvelles du Béarn sont rassurantes et semblent donner raison au gouverneur, qui n'a jamais cru qu'un
péril sérieux s'élèverait de ce côté ; on annonce, le 29 juin, que
les Béarnais n'arment plus. Aussi, le galion de la ville et le
corau n'iront plus faire le service de la rivière ; on les désarme
et on remise en magasin l'artillerie des quartiers (23 juillet).
Ces mesures étaient prématurées ; les Béarnais s'agitent de
nouveau et se préparent à une expédition en Bigorre (2) ; le

(1) Chefs des corps de métier.
(2) Nous avons dit qu'ils prirent Tarbes.

Conseil est d'avis de montrer de la vigilance et de faire le recensement des gens et des armes. L'autorisation en est demandée au vicomte d'Orthe ; celui-ci estime qu'il s'agit d'une querelle entre Béarnais ; il ne refuse pas cependant l'autorisation sollicitée, mais il défend que le recensement soit publié à son de trompe, afin de ne pas semer l'émotion dans le pays. Pour assurer l'entière sécurité de la ville, il faudrait relever le mur du fer à cheval (1) auquel venait se rattacher la chaîne fermant le port de Sault. Ce mur est tombé dans la Nive, la chaîne ne peut plus être tendue, et l'ennemi pourrait se glisser en ville à marée basse sans être découvert en suivant le chemin au bord de l'eau (7 septembre). Cet accident est porté le même jour (5 octobre) à la connaissance du roi par le gouverneur et par le lieutenant de maire : tous les deux se communiquent leurs lettres afin de prouver qu'elles ne contiennent aucune attaque contre l'un ou l'autre. C'était une démarche de pure forme, puisque le Conseil demandait toujours le remplacement du gouverneur.

Gouverneur mandé à la cour ; sa destitution sollicitée par la ville.

Ce dernier, probablement mandé par le roi, s'est décidé à un voyage à la cour. Parti rapidement sans prendre congé, le vicomte gagne subitement Paris ; pendant ce temps, les échevins, étonnés d'abord par la nouvelle de ce départ, qu'ils apprennent le 23 novembre, et n'étant plus gênés par la présence du vicomte, décident immédiatement de poursuivre devant la juridiction royale les excès commis par lui contre Lana et Dandoings ; leur requête ou plutôt le long réquisitoire de la ville est transmis au roi et appuyé de lettres adressées au cardinal de Lorraine et à l'amiral de Lavalette.

Les Bayonnais ne sollicitent plus la protection de Montmorency qui, mécontent de la faveur dont jouissaient les Guise depuis la St-Barthélemy, s'était tenu à l'écart de la cour. Son fils Damville, gouverneur du Languedoc, avait cependant été chargé par le roi de négocier avec les religionnaires de ce pays, peu satisfaits des conditions faites par le dernier édit de La Rochelle ; ces négociations traînent en longueur et Damville, devenu suspect de tiédeur pour le service du roi, entre bientôt dans la conspiration des mécontents. Peu de mois après le siège de La Rochelle, le duc d'Anjou, rendu célèbre par ses victoires de Jarnac et de Moncontour, est élu roi de Pologne à la suite de la mort du dernier Jagelton et quitte la France, laissant le roi malade et le pays plus malade encore. Charles IX, qui avait

---

(1) Ouvrage de fortification en forme de fer à cheval.

toujours envié ce frère à cause de ses succès, le vit partir sans regret. Le duc d'Alençon, son second frère, ne s'était encore fait connaître que par sa vie insouciante et dissipée ; il se mêla dès lors à la politique et se laissa choisir comme chef de la conspiration formée par tous les seigneurs catholiques et protestants, qui jalousaient le pouvoir et la faveur accordée aux Guise. Les trois principaux d'entr'eux étaient Henri de Bourbon, roi de Navarre, le prince Henri de Condé, son beau-frère, et Damville. Le duc d'Alençon eut la lâcheté de dévoiler le complot ; deux de ses complices portèrent leur tête sur l'échafaud ; le roi de Navarre fut enfermé à Vincennes, où il trouva Charles IX miné par la maladie et fut assez habile pour se disculper près de lui ; Condé s'enfuit en Allemagne et Damville, se révoltant ouvertement, guerroya en Languedoc, soutenu par Montbrun en Dauphiné et Lanoue en Poitou.

Les rebelles du Béarn ont saisi l'occasion de la conjuration des mécontents pour reprendre les armes. Ils se réunissent pour essayer de surprendre la ville de Dax (8 janvier 1574). *Conspiration des mécontents.*

Cette nouvelle arrive à Bayonne de divers côtés, tandis que Gramont écrit aux échevins que les protestants s'emparent de nouveau des villes (10 mars) et les engage à surveiller le guet. La ville ne pouvait, dans ces circonstances, demeurer sans gouverneur ; le baron de Poyanne, un des amis de Gramont, arrive (22 janvier) pour commander en l'absence du vicomte et choisit pour son lieutenant le capitaine de Baux. Le Conseil s'empresse, pour éviter toute nouvelle contestation de ses prérogatives, de faire remettre à ce gouverneur suppléant un double du règlement établi par le roi à Cognac ; il recommande en même temps aux députés envoyés en cour la poursuite contre le vicomte d'Orthe. Poyanne resta peu à Bayonne, laissant des instructions au capitaine de Baux. Malgré son absence et celle du lieutenant de maire, les précautions maintes fois prises sont renouvelées : les protestants sont invités jusqu'à nouvel ordre à se retirer dans leurs maisons à partir de 6 heures du soir et à ne partir de la ville sans y avoir été autorisés. Le lieutenant du gouverneur est prié de décider si on continuera à faire payer aux protestants les hommes qui les remplacent au guet ou si l'on ne pourrait leur faire monter la garde à cause de leur petit nombre : mais de Baux ne peut que maintenir l'ancienne prescription. On procède au recensement des étrangers et on maintient fermés la porte de Mousserolles et son guichet, malgré les protestations des voisins. La construction des navires est interdite à Mousserolles, afin d'éviter que les échafaudages des chantiers ne *Rébellion du Béarn. — Précautions prises.*

servent à franchir les remparts longeant l'Adour ; les bateaux pourraient d'ailleurs rompre le grand pont s'ils venaient à être lâchés ou emportés par l'inondation.

La ville est toujours sans garnison, cependant 300 à 400 hommes du Labourd seraient nécessaires pour sa sûreté ; on les demande en promettant de les faire nourrir par les habitants pendant le temps qu'ils seront nécessaires. Les approvisionnements de poudre sont constitués, et le Conseil consent à en délivrer deux quintaux à Mont-de-Marsan, parce que cette ville est catholique et qu'elle peut être attaquée. Les mousquets sont de nouveau répartis dans les quartiers.

L'enceinte demande fort peu de travaux : réparer une légère dégradation à la muraille de la brèche (1) ordonnée par Louis de Foix et mettre la porte de St-Esprit à l'abri de l'incendie par la main de l'ennemi en l'entourant d'une tranchée et de quelques toises de murailles. Les fonds nécessaires seront avancés par la ville et recouvrés à l'aide d'une ordonnance du gouverneur.

Un dernier avis parvient à la ville de l'amiral de Lavalette (23 avril) ; il annonce qu'il est venu dans la région pour empêcher le renouvellement des entreprises que les rebelles ont tenté sur certaines villes et qu'il compte bientôt s'en retourner. Il engage les sieurs du Conseil à ne se fier à personne et à prendre bien garde aux actions de chacun. Le bruit que certaines gens, tout en se déclarant bons amis, veulent, avec 18 ou 20 chevaux, se saisir d'une partie de la ville s'est répandu dans la contrée et doit les faire veiller avec soin à la sûreté de la cité. L'amiral demande en outre aux échevins de lui envoyer les poudres, munitions et boulets qui sont à Bayonne et dont il a l'intention de se servir ; mais les magistrats, déjà édifiés par les prêts de Navarrenx et de Rabastens, durent se garder de déférer à ce désir. Ils ajoutent aux dispositions prises contre les surprises certaines mesures de police : interdiction aux bateliers d'introduire des gens par les rivières, ouverture de toutes les lettres partant de la ville et expulsion de tous les suspects.

---

(1) Près du Château-Neuf.

CHAPITRE XVI

HENRI III VIENT A BOUT DU PARTI DES MÉCONTENTS. SES HÉSITATIONS ENTRE LE ROI DE NAVARRE ET LES LIGUEURS. — LA HILLIÈRE NOMMÉ GOUVERNEUR DE BAYONNE. — L'INGÉNIEUR LOUIS DE FOIX RÉUSSIT A OUVRIR LA NOUVELLE EMBOUCHURE DE L'ADOUR (1574-1579).

Mort de Charles IX. — Henri III lui succède. — La ville entière opposée au retour du gouverneur. — Le lieutenant Sorhaindo visite le roi et se conforme à ses instructions. — Révolte du duc d'Alençon. — Craintes de la ville. — Sorhaindo assure difficilement la garde de Bayonne. — Conspiration déjouée. — Arrivée de Treignan, capitaine du Château-Neuf. — Menaces du roi de Navarre. — Henri III se déclare pour la ligue. — Complot réprimé. — La Hillière nommé gouverneur. — Danger du côté de l'Espagne. — Reprise des travaux du Boucau. — Manque de fonds. — Difficulté pour s'en procurer. — Travaux du havre surveillés par l'avocat général de Sault. — Passage du premier navire. — Louis de Foix récompensé. — Renforcement de la digue. — Difficultés avec Cap-Breton.

Les troubles provoqués par la conjuration des mécontents n'étaient pas encore apaisés lorsque le roi Charles IX mourut à Vincennes, à 24 ans, après de longues souffrances, avivées par le souvenir des tragiques exécutions de la St-Barthélemy (30 mai 1574). A la nouvelle de cette mort, le Conseil s'empresse d'écrire à Lavalette que les habitants, avertis du déplorable décès du roi, n'ont d'autre volonté que celle de garder la ville à son légitime successeur, que l'on dit être le roi de Pologne. Deux mois auparavant, le roi avait fait écrire à la ville qu'il maintenait le vicomte d'Orthe dans la charge de gouverneur, et il invitait en même temps ce dernier à se mieux comporter dans ses rapports avec les Bayonnais. Les échevins, tout en décidant qu'ils obéiront, ne veulent pas admettre cette défaite et décident l'envoi d'une députation au roi pour protester. Les délégués de la ville ne trouvent pas à la cour le nouveau roi Henri III, peu pressé de quitter la Pologne ; ils se présentent à la reine-mère, laquelle, prenant le titre de régente, avait assumé la charge du pouvoir. L'amiral Lavalette, qui a conservé son influence, reçoit les plaintes de la ville.

Contrairement aux allégations du vicomte d'Orthe, ce ne sont pas seulement quelques particuliers qui sont opposés au retour du vicomte, mais la généralité des habitants. Le Conseil reproche au gouverneur d'avoir gardé la chambre pour cause de

Mort de Charles IX ; Henri III lui succède (1574).

La ville entière opposée au retour du gouverneur.

maladie, pendant qu'il aurait dû mettre la ville en sûreté contre Montgomery, de n'avoir visité aucun corps de garde durant les troubles ; il craint que la patience des parents de Dandoings ne soit venue à bout, et il supplie Lavalette d'intervenir en faveur de la ville.

Le vicomte d'Orthe, de retour à Bordeaux, est tenu par le capitaine de Baux au courant des événements de Bayonne. Cet officier prétend qu'on complote en ville de le forcer à quitter le Château-Neuf, où il réside, et de le reléguer au Château-Vieux ; il faut croire que cette dernière habitation, dont personne ne veut, est en très mauvais état (3 juillet).

De Baux se venge de cette tracasserie et, dans une lettre adressée à la régente, il accuse la ville d'infidélité. On s'empresse de fournir les preuves de la fausseté de cette dénonciation ; le clergé et les nobles de Labourd sont aussitôt assemblés et délivrent une attestation contraire aux allégations du capitaine (23 août). De son côté, le vicomte ripostait aux attaques du Conseil en défendant d'apporter à Bayonne les blés de ses seigneuries (3 septembre) ; ce n'était guère le moyen d'amadouer le Corps de ville et de lui faire retirer sa plainte. De nouvelles lettres sont adressées au roi, à la reine-mère, au chancelier et à l'amiral de Lavalette (29 novembre) ; elles rappellent les requêtes déjà présentées contre le vicomte d'Orthe et signalent que ce gouverneur a contrevenu aux édits royaux en choisissant la plupart de ses morte-payes parmi les bourgeois de la ville, tandis que le règlement de Cognac ordonnait d'en prendre 23 en ville et 40 parmi les étrangers. Cette infraction a pour effet d'affaiblir le service du guet, puisque les bourgeois morte-payes sont uniquement chargés d'assurer la garde des châteaux. La réclamation visait un autre but, bien plus important pour Sorhaindo, et probablement omis à dessein par le lieutenant de maire, celui de réduire l'influence que donnait au gouverneur sur les habitants de la ville la nomination et le choix des morte-payes parmi les bourgeois. En ramenant ce droit dans ses anciennes limites, le parti favorable au vicomte se trouverait considérablement réduit et la puissance municipale serait augmentée. Quand le gouverneur dérogea aux édits, il avait prétexté que les étrangers ne voulaient point venir en ville à cause de la cherté des vivres ; le Conseil lui a donné avis d'augmenter la solde des morte-payes, car celle de cent sols par mois qu'il leur donne ne suffit pas à assurer leur entretien. Aussi, ces hommes d'armes n'exécutent pas leur service avec conscience et le négligent pour consacrer leur temps à d'autres occupations lucratives. A la suite d'une discussion survenue entre le capitaine de Baux et le lieutenant de la Feugère, commandant provisoire du Château-Neuf, la garde bourgeoise ayant cessé de fournir un poste de nuit dans cette forteresse, cette dernière se trouve pour ainsi dire abandonnée à cause du relâchement des morte-payes et parce qu'un des hommes d'armes de sa garnison est en congé ; les échevins signalent cette situation aux deux officiers et déclarent que la garde des châteaux est en souffrance et doit être mieux assurée ; ils sauront, de leur côté, faire tout leur devoir (13 juin 1575).

Le lieutenant Sorhaindo, aussitôt qu'il a été avisé de l'arrivée à Paris du roi Henri III, se rend en cour avec deux membres du Conseil pour le féliciter ; il lui apporte l'assurance des bons sentiments de la ville, et il met le nouveau monarque au courant des affaires relatives au havre et au remplacement du gouverneur. Il demanda en outre que le nombre des membres du Conseil de ville soit réduit ; depuis assez longtemps, les séances étaient désertées, chacun se reposant du soin des affaires sur ses collègues, les ordonnances et même les menaces du lieutenant n'ayant pu venir à bout de cette négligence. En réduisant les membres du Corps de ville, on pouvait espérer que les conseillers, ayant le sentiment d'une plus grande responsabilité, s'efforceraient de remplir leurs devoirs envers la ville (2 janvier 1575) ; il ne paraît pas que Sorhaindo ait obtenu la réduction qu'il sollicitait. Il a pris les instructions du roi qui se déclarait hautement pour la religion romaine et, de retour à Bayonne, il tient la main à ce que tous les enfants se rendent à l'école publique catholique (6 juillet) ; à l'approche de l'élection des magistrats de la ville, il recommande d'éviter le scandale que produirait la nomination de conseillers protestants (29 août). Sorhaindo semble avoir été écouté par Henri III quand il s'est plaint du vicomte ; un commencement de satisfaction lui fut donné, le 12 août, lorsque le sieur Duhalde, échevin, reçut en don du roi la capitainerie de la tour de St-Esprit, retirée au vicomte d'Orthe. Cependant, le capitaine de Baux signale Duhalde au roi comme suspect et veut lui faire enlever sa charge ; le Conseil défend l'échevin, lui donne un certificat de fidélité et l'envoie à la cour.

Le parti des mécontents n'a pas déposé les armes ; il reçoit un secours de reîtres, conduit par Montgomery. Tandis que le roi s'adonne à la mollesse, en compagnie de ses mignons, Guise marche contre les Allemands, les arrête au combat de Fismes, y gagne le surnom de Balafré et une popularité immense. Un

Le lieutenant Sorhaindo visite le roi et se conforme à ses instructions.

conseil de guerre est réuni à Bayonne en vue d'assurer la ville contre une attaque des protestants ; le capitaine de Baux et les autres officiers royaux d'une part, les délégués du Conseil de l'autre, en nombre presque égal, en font partie (21 janvier) ; on décide de renforcer le guet de 25 arquebusiers. Les échevins donnent l'exemple et montent la garde, chacun à leur tour, à la porte de Mousserolles, éloignée de tout secours (22 août). La courtine voisine longeant l'Adour est toujours exposée à une escalade qui peut se faire sans échelle, en utilisant les échafaudages de caravelle servant à la construction des navires ; il suffit, pour écarter ce danger, de retirer les échafaudages (26 septembre). Les habitants sont avertis, le 2 mai, de se tenir prêts, en armes, pour la défense de la place ; les étrangers reçoivent l'ordre de vider la ville, et ceux de l'extérieur sont empêchés d'y acheter du blé et du pain jusqu'au moment où les approvisionnements seront complétés. Les précautions habituelles sont prises pour le jour de la Fête-Dieu ; pendant que la procession se déroule dans les rues de la ville avec sa splendeur accoutumée, les chaînes de la Nive sont gardées par une troupe d'arquebusiers. L'attention du capitaine de Baux est appelée sur la facilité d'entrer en ville par la fausse porte qui se trouve au bastion du Château-Vieux, à l'endroit où l'on a abattu une partie du pont de secours (22 août) ; on peut également s'introduire en ville en montant sur la couverture du ravelin qui protège la porte St-Esprit et passer de là dans la tour par les fenêtres donnant sur la toiture ; de Baux s'engage à empêcher toute surprise par ces deux points.

Révolte du duc d'Alençon. — Craintes de la ville.

Le roi Henri III annonce à la ville que son frère, le duc d'Alençon, n'ayant pas osé prolonger son séjour à la cour de crainte d'être arrêté, s'est enfui ; il recommande de se pourvoir de bons espions et d'exercer une grande vigilance (16 septembre). Le roi de Navarre avait aussi réussi à s'échapper de la cour, et sa présence au milieu des calvinistes rend à ce parti son courage et son audace. Le capitaine de Baux reçoit de son côté un avertissement de la cour (26 septembre) ; il est même avisé que les ennemis du roi ont comploté une entreprise contre la ville. Cette trame est aussi révélée au Conseil par un barbier de Villefranque, nommé Seurrete, qui se trouve détenu dans les prisons de Bayonne (8 novembre) et qui avait été mis au courant par un habitant de Navarrenx durant le temps qu'il logeait dans sa maison. Les protestants de cette place béarnaise auraient été avertis que le guet de Bayonnais se faisait en désordre et que les voisins de la ville, chargés habituellement de ce service, étaient remplacés par des vignerons, la plupart béarnais ou étrangers. Profitant de cette irrégularité, les huguenots de Navarrenx se proposent, dès que le duc d'Alençon sera descendu dans les quartiers environnants, de délivrer à ces étrangers, la nuit où ils seraient de guet, quelques pots de poudre à l'aide desquels ils mettront le feu aux ponts, aux pieux des chaînes et aux maisons de la ville. Pendant que tous les habitants accourraient vers l'incendie pour l'éteindre, l'ennemi pénétrerait facilement dans la ville et s'en emparerait.

Le Conseil de ville, terrifié par cette découverte, fait appeler les capitaines du guet et leur défend, sous peine de mort, de permettre qu'aucun étranger ne remplace les voisins de la ville ; il ordonne que les hommes astreints au service du guet seront recensés ; il insiste encore afin que les protestants mettent un homme à la garde ordinaire et extraordinaire. Les bourgeois et les artisans sont assemblés : on leur donne connaissance des ordres du roi et de l'amiral de Lavalette ; ils promettent tous, quelque trouble qui puisse arriver, qu'ils feront bonne garde, suivront le parti du roi, exposeront leur fortune et leur vie pour le bien de son service. Cette promesse est consignée dans une lettre apportée à la cour par un échevin (3 octobre). Les bourgeois tentent de se décharger de la garde du Château-Neuf afin de se consacrer tous à la surveillance des remparts ; ils invitent l'évêque et le clergé de Bayonne à assurer cette garde en y mettant des soldats, sinon une troupe de 50 hommes sera levée à leurs dépens et logée chez eux : cette proposition, contraire aux prérogatives du clergé, fut froidement accueillie et ne reçut aucune suite. Le Conseil s'adressa en même temps aux paroisses de Labourd, et en particulier à celle d'Urrugne, pour en obtenir un renfort de 50 hommes de garnison qui devaient aider la garde. Le lieutenant au bailliage de Labourd, Boniface de Lasse, se charge d'appuyer auprès des paroisses la demande de Bayonne, avec l'espoir qu'elle sera agréée, puisque celles-ci doivent au roi mille hommes pendant trois jours. Cette deuxième démarche ne reçut pas meilleur accueil ; le secours fut refusé par les paroisses et, de dépit, le Conseil de ville proposa au roi de réduire le Labourd en prévôté. Toujours disposés à solliciter l'aide d'autrui, les échevins, ayant appris qu'il existe à St-Jean-de-Luz dix à douze mille conques de blé, sollicitent de Lavalette l'ordre de les faire apporter à Bayonne ; ils invoquent, à l'appui de leur demande, que le port de St-Jean n'est pas fermé et que l'ennemi y trouvera son approvisionnement fait, s'il veut attenter quelque chose dans ces quartiers.

Sorhaindo assure
difficilement la
garde de la
ville.

Finalement, les Bayonnais ne devaient compter que sur eux seuls pour défendre leur ville, et le peu de zèle qu'ils apportaient à l'accomplissement des services de garde et de guet était un danger perpétuellement menaçant. Vainement, le lieutenant Sorhaindo parcourt les postes pendant la nuit; au Château-Neuf, qui devait être gardé, d'après l'ordre du Conseil, par un magistrat et quatre arquebusiers, à défaut des hommes d'armes de morte-paye, il ne trouve personne. Il fait part de cette situation au Conseil et requiert une poursuite contre les absents, car le château est loin de tout secours et doit être garni de défenseurs; un échevin remontre de son côté qu'étant de garde après minuit, il a constaté qu'aucune ronde n'a été faite. A la négligence venait aussi se joindre l'insubordination; Jean Marqua, chef de garde à la porte Lachepaillet, rend compte que les soldats de sa compagnie ne veulent lui obéir ni faire le guet: on l'autorise à les punir (pignorer) jusqu'à 60 sols d'amende. Cette nonchalance générale ne pouvait que favoriser l'espionnage de l'ennemi; l'un de ses émissaires, le sieur de la Fitte, est cependant arrêté et emprisonné, ses armes et son cheval sont confisqués et ses papiers, trouvés dans les coffres de Marguerite de Ruchs, sa belle-sœur, sont minutieusement visités afin de découvrir les preuves de la trahison (28 novembre).

Le lieutenant de maire et les échevins, impuissants à assurer la garde de la ville, ont prié l'amiral de Lavalette de venir à Bayonne (24 octobre); ils en reçoivent une réponse favorable et ils se proposent de le recevoir comme le comporte son grade et son rang de lieutenant général du roi: cent arquebusiers choisis, sous la conduite d'un échevin, doivent l'escorter.

Au lieu de combattre le duc d'Alençon et les mécontents, Henri III et sa mère concluent une trêve avec eux, suivie de la paix de Monsieur. Les huguenots gagnent six autres villes de sûreté et Alençon reçoit en apanage, pour prix de sa révolte, l'Anjou, le Berry et la Touraine. Ces lâches concessions soulevèrent de dégoût les catholiques et firent naître le parti de la ligue.

Le capitaine de Baux mourut le 3 décembre 1575; Sorhaindo, après avoir consulté le Conseil, réclama à Dibarboro, homme d'armes du Château-Vieux, la délivrance des clefs de la ville et voulut donner le mot du guet; le lieutenant de la Feugère, qui commandait le Château-Neuf, protesta, refusant d'aller prendre le mot; enfin, Dibarboro et la Feugère ne cédèrent que devant une sommation du lieutenant du maire. Le sieur de Gramont, mandé par la ville, arrive le 7 décembre; on lui fait remise des clefs, qu'il confie à Sorhaindo en lui recommandant de les garder jusqu'à ce que le roi en ait autrement ordonné ; puis, voyant le calme de la ville, il s'en retourne à Bidache.

A la première nouvelle de la trêve, la garde extraordinaire est supprimée, mais on continue le service ordinaire et celui du Château-Neuf ; les rondes ne se font plus, malgré les réclamations de Sorhaindo qui réunit les bourgeois et leur démontre la nécessité du guet et des rondes. Profitant de ce qu'il commande la place de Bayonne, il invite les hommes d'armes du Château-Vieux à faire leur garde en personne, parce que les archers qui les remplacent sont de pauvres gens et pourraient être entraînés par ces temps de division dans une conspiration contre la ville : le cas ne serait pas d'ailleurs si improbable, puisque le capitaine Maherm, homme d'armes, a surpris un jeune garçon, résidant au Château-Vieux, au moment où il mesurait une partie du château au moyen d'une corde.

Les conspirateurs poursuivent cependant leur projet : une femme, habitant le Château-Vieux, nommée Mariette, épouse de Bertrand de Humon, a été vue mesurant les murs du château (30 janvier 1576) ; elle est arrêtée et condamnée aux fers (à la geyne) pour crime de lèse-majesté. Cette découverte met en émotion le peuple de la ville qui est loin d'être favorable aux rebelles ; le Conseil, craignant des émeutes, désigne quatre conseillers et trente arquebusiers pour maintenir l'ordre et empêcher le tumulte.

La situation troublée exige la présence à Bayonne d'un gouverneur ; la demande en est faite au roi (16 janvier 1576) ; Lavalette, retenu à Bordeaux par la nouvelle de la trêve, a décommandé son voyage à Bayonne, mais il envoie le capitaine Gimont informer la ville que le sieur de Treignan, son lieutenant de gens d'armes, est désigné pour remplacer le capitaine de Baux (22 décembre 1575). Deux jours après, on apprend la mort de Lavalette, et le Conseil écrit à Treignan de retarder sa venue jusqu'à sa nomination par lettres patentes ; cette démarche indique que le Conseil attendait une solution prochaine au remplacement du vicomte d'Orthe et qu'il voulait faire l'économie d'un gouverneur provisoire. Cependant, les échevins préparent pour son entrée les canons des remparts de la ville et ceux des châteaux, les mousquets de la tour St-Esprit et commandent une troupe de 50 arquebusiers d'escorte (13 février 1576). Ils se disposent eux-mêmes à le recevoir, revêtus de leurs chaperons, à la porte de St-Esprit, et lui préparent un logis chez feu M. de Hiriard, en attendant qu'il ait fait garnir de meubles son logement du Château-Vieux.

Conspiration
déjouée.

Le retard apporté par Treignan à son arrivée est loin de déplaire à Sorhaindo, qui est heureux de cumuler les charges de gouverneur et de lieutenant du maire. Il se préoccupe de la menace de conspiration ; il mande Maherm et la Feugère, lieutenants des deux châteaux, et les somme d'exiger que les hommes d'armes se tiennent dans les châteaux ; sur une remarque de Feugère qu'ils sont occupés à leurs propres affaires, Sorhaindo fait observer que le service du roi doit passer avant tout. Le Château-Vieux, convoité par les rebelles, est visité par Maherm et les échevins ; ces magistrats sont d'avis de murer, même provisoirement, la porte de service du château, laquelle se trouve abattue, et de réparer le pont-levis placé en arrière et soutenu par un pieu. Le lieutenant de maire use de sévérité à l'égard des échevins qui, malgré les ordonnances du Conseil, se dispensent de monter la garde au Château-Neuf ; le magistrat Dollins est condamné à 60 sols d'amende. « Comment ne pas s'étonner, s'écrie Sorhaindo en séance du Conseil, que le pauvre peuple n'obéisse pas, quand les magistrats qui font la loi ne tiennent compte de l'observer. » Les capitaines du guet semblent favoriser la résistance des échevins et empêchent les arquebusiers commandés à la garde du Château Neuf de se rendre à leur poste ; il leur est fait défense, sous peine de mort, de s'opposer à l'exécution de cette partie du service (27 janvier 1576).

Le danger de révolte ne semble pas provenir des protestants, sinon Sorhaindo n'aurait pas autorisé quatre d'entr'eux, Pierre de Lalande, Jehan de Behe, Gratien de Campagne et Pierre de Saint-Jehan, à monter la garde en personne comme ils le faisaient auparavant avec les catholiques. Ils ont, il est vrai, renoncé à la religion réformée et semblable autorisation a été donnée à Bordeaux et à Dax, dans des conditions identiques.

Le roi Henri III avertit la ville que le roi de Navarre s'est éloigné de la cour et exprime la crainte que le voisinage du Béarn n'occasionne quelque mécompte. Les bourgeois sont disposés à prendre des mesures de protection. Pour se procurer des fonds, ils proposent de mettre un droit de 40 sols sur chaque pipe de vin ; la ville pourra ainsi entretenir des espions et armer les arquebusiers trop pauvres pour s'équiper eux-mêmes (17 février). Le procureur royal appuie, auprès du Corps de ville, les remontrances du roi ; il montre les rebelles s'efforçant, par tous moyens, de surprendre les villes comme ils viennent de le faire à Bazas, et il propose de tenir un conseil de guerre en l'absence du gouverneur, afin de décider si l'on prendra 50 arquebusiers du Labourd ; cette troupe permettrait d'assurer le

guet assis et les rondes, de surveiller les nombreux pauvres
retirés en ville et de punir ceux qui sont impliqués dans la
conspiration du Château-Vieux. On fait le recensement des
étrangers ; on renforce la garde de la porte Mousserolles, éloignée
de tout secours, et on la maintient fermée. Une inondation a
envahi la plus grande partie de la ville basse et pourrait faciliter
l'entrée des ennemis ; on complète la surveillance en faisant
passer les rondes par la tour St-Esprit. On répare les mousquets
du roi, qui sont distribués dans les quartiers et qui ne pouvaient
être utilisés, car ils manquaient de chargeurs, de racleurs, de
poudre et de boulets.

Le sieur de Treignan arrive (17 mars) ; il montre ses pouvoirs
et fait publier ses lettres de capitainerie du Château-Neuf ; sur
sa demande, les clefs de la ville et l'original du règlement de
Cognac sur les rapports entre le gouverneur et la ville lui sont
remis ; il promet aux habitants de se comporter envers eux de
façon à contenter le roi et la ville. Le président du Parlement
de Bordeaux l'a accompagné pour se renseigner au sujet de la
conspiration qui s'est tramée en ville ; la nouvelle s'est répandue
que les habitants de Caumont (1) se vantaient d'avoir Bayonne
en leur pouvoir par le moyen d'une femme. Ce magistrat fait
réunir une grande assemblée de Bayonnais et les exhorte à
vivre en paix et union ; sur son ordre, on défend à son de
trompe aux habitants de se provoquer et de se réunir en assemblée. On empêche les mascarades de jour et de nuit, qui sont de
tradition au moment du carnaval, mais qui pourraient favoriser
des désordres. Les étrangers sont recherchés et invités sous
peine de mort à quitter la ville, s'ils n'ont caution notable. Le
marché continuera à se faire à l'extérieur afin d'interdire
l'entrée de Bayonne aux étrangers et même aux Béarnais. Treignan se borne à faire réparer et ferrer les embrasures à canons
du boulevard du Château-Vieux et rétablir la porte de service.

Arrivée de Trei-
gnan, capitaine
du Château-
Neuf.

La paix de Monsieur va bientôt être signée : le Conseil s'informe
de la cérémonie qui se fera à Bordeaux lors de sa publication,
pour la reproduire à Bayonne. Ce traité ne peut ramener la
tranquillité dans le pays, car l'autorité royale méconnue est
impuissante à le faire respecter, et les fauteurs de désordre ne
désarment pas ; le roi Henri III écrit, le 10 janvier 1577, à
l'amiral de Savoie, successeur de Lavalette, qu'il s'efforce de
pacifier les troubles du royaume par la tenue des Etats, mais
que des perturbateurs séduisent ses sujets et prennent ses villes.

(1) Près de Riscle, dans le département du Gers.

Il recommande aux Bayonnais de bien garder leur ville, d'oublier les haines qui les divisent, d'expulser les suspects et les étrangers, de s'approvisionner de poudre, plomb, corde à feu et autres choses nécessaires à leur défense. Ces conseils sont transmis fidèlement aux habitants, et défense leur est faite, sous peine de mort, de se quereller, de s'injurier et de se provoquer.

L'échevin Dollins est envoyé aux Etats à Dax ; il doit demander que le roi envoie pour la garde de Bayonne cent soldats bien payés ; cette dernière condition est essentielle et, si elle n'est pas remplie, le service sera mal fait. La ville avise en même temps Henri III que le vicomte d'Orthe s'est fait nommer aux Etats ; il se rendra ensuite à la cour et s'efforcera d'obtenir sa réintégration dans la charge de gouverneur. Elle l'avertit que ce seigneur a empêché ses sujets d'Orthe, de Sordes, d'Hastingues et de la vicomté de Maremnes de venir aux travaux de la ville comme le roi l'a ordonné (5 novembre 1576). Ces travaux, comprenant des terrassements et des réparations, ont pu cependant être entrepris ; les gens des paroisses voisines sont employés à creuser les fossés des remparts.

Les échevins ne cessent de réclamer à chaque nouveau lieutenant général la restitution de l'artillerie de la ville ; ils écrivent à l'amiral de Savoie, à Bordeaux, dans ce but, lui faisant connaître que les 13 canons envoyés au siège de Navarrenx sont à Cahors et que les trois pièces qui ont servi au siège de Montauban se trouvent à Moissac.

Menaces du roi de Navarre. Le roi de Navarre se servait de l'autorité que lui donnait le titre de gouverneur de Guyenne pour se saisir des principales villes de la province tout en protestant de son respect pour la religion catholique. Bordeaux et Bayonne avaient refusé de le recevoir, grâce à l'action du Parlement bordelais, toujours fidèle à la couronne. Le seigneur de Treignan réunit, le 26 décembre 1576, au Château-Vieux, une grande assemblée comprenant le clergé, les gens du roi et le Conseil de ville, et rend compte que Damville va prendre les armes contre le roi ; ce maréchal a informé le roi de Navarre de son intention, et il attend pour la réaliser la réponse que fera Henri III à la lettre qu'il lui a adressée. Le gouverneur annonce que le roi de Navarre a fait entrer 300 arquebusiers dans la ville de Dax ; il se demande si c'est un signal de guerre et requiert l'avis de l'assemblée. On tombe d'accord que le fait doit être signalé à Monsieur l'amiral à Bordeaux, et au roi de France. Mais il convient d'avertir les communes de tenir prêts un bon nombre d'hommes pour secourir promptement la ville ; en cas d'alarme, chacun devra se retirer dans son quartier et se rendre avec son capitaine sur la partie de rempart qui lui est affectée ; les duranguiers et les charpentiers de maisons se tiendront prêts à éteindre les incendies. On se procure des espions pour découvrir les entreprises contre la ville ; un approvisionnement de blé est constitué dans les greniers des châteaux. Le clerc et six échevins se succèdent pour commander la garde à la porte St-Esprit, qui est la plus dangereuse ; les jurats sont affectés à celles de Lachepaillet et de St-Léon. On ferme la porte de Mousserolles, et comme l'ennemi pourrait arriver derrière le Château-Neuf sans être vu, en longeant le fossé depuis la tour des Menous et atteindre le pied de la brèche, on défend aux bateliers, sous peine d'être pendus, de faire passer la Nive à des habitants ou à des étrangers en face de cette tour. La Feugère est chargé de la défense de la brèche et de cette partie de la ville. Les hôteliers sont tenus, sous peine de mort, de déclarer les étrangers et retenir leurs armes dans le logis.

Sorhaindo renouvelle menaces et punitions pour redresser le service du guet ; échevins et capitaines du guet sont réprimandés et même emprisonnés. Mais la rébellion est générale ; deux soldats sont l'objet d'une information pour avoir tenu des propos séditieux. Le comte de Guiche, devenu sieur de Gramont et maire de Bayonne depuis le décès de son père à Bidache, en octobre 1576, conduit sa femme à Bayonne, où elle vient habiter à cause du peu de sécurité que lui offre le château de Bidache durant la guerre.

Le roi Henri III venait de se déclarer en faveur des ligueurs, il avait déchiré le dernier édit de pacification et mis en campagne deux armées contre les huguenots ; son frère, le duc d'Alençon, commandait l'une d'elles et le duc de Mayenne l'autre : cette dernière opérait en Saintonge contre Condé. Quant au roi de Navarre, il n'avait pas levé les armes ; mais comme il pouvait le faire d'un instant à l'autre, l'insécurité régnait en Guyenne ; il avait d'ailleurs des émissaires dans toutes les villes et y entretenait l'agitation. Bayonne craint à tout moment une trahison ou une surprise et redoute autant les ennemis du dedans que ceux de l'extérieur. Le sieur de Treignan assemble les bourgeois (26 janvier 1577), leur dit qu'il a été averti de divers côtés qu'il se fait des assemblées de gens préparant des échelles et disposés à tenter une entreprise sur la ville et les châteaux. L'amiral lui a écrit qu'il fallait réparer les parties faciles à surprendre et que l'on pouvait se procurer des fonds en imposant le vin et les vivres, à l'exception du blé. Cette dernière denrée est conservée

Henri III se déclare pour la ligue.

dans les greniers et sa sortie surveillée par les échevins postés aux portes. Une deuxième lettre de l'amiral avertit qu'il existe des intelligences entre des gens de Bayonne et de Dax, et recommande de vérifier les étrangers ; des commissaires sont aussitôt nommés et expulsent les gens sans aveu.

Complot réprimé   A l'intérieur de la ville, le danger n'est pas moins grave ; le lieutenant Sorhaindo expose au Conseil qu'une sédition est tramée dans des réunions secrètes par quelques mauvais garnements qui n'ont rien à perdre. Ils ont projeté depuis longtemps de mettre le feu aux pailles (1) afin de produire un tumulte à la faveur duquel l'ennemi sera appelé, et ils ont pris pour mot d'ordre : « Pailles, nogailles. » Il faut résister à ce complot les armes à la main dès qu'il se produira et égorger les chefs de la sédition ; en même temps on doit avertir le roi, l'amiral de Savoie et le Parlement de Bordeaux. Tout le Conseil partage son avis, décide d'avoir l'œil au guet, d'appeler les habitants amis du roi dont on dresse la liste et de les engager à se tenir prêts en armes pour prêter main forte à la justice et garder la ville de tout danger (4 février). Les ennemis du roi poursuivent leur dessein ; deux d'entr'eux sont surpris, le 4 mars au soir, sur la brèche du Château-Neuf, par un échevin revenant de monter la garde à Mousserolles et prennent la fuite. Cet incident démontre que la brèche se trouve abandonnée et, puisque les soldats de la ville ne peuvent en assurer la garde, le Conseil demande à Treignan d'y placer pendant le jour une sentinelle prise parmi les soldats basques ordonnés par le roi pour la garde du Château-Neuf. La ville propose au gouverneur d'employer la plus grande partie de l'imposition sur les vins à exhausser et réparer la courtine maçonnée comprise entre la tour St-Esprit et Mousserolles, remettre en état les endroits les plus faibles et assurer la fermeture des estacades de la Nive. On met aussitôt la main à l'œuvre ; les chaînes de St-Esprit et de Sault sont tendues et rhabillées ; le travail d'exhaussement de la courtine de Mousserolles ne va pas assez vite au gré de Treignan, qui réclame un plus grand nombre de maçons (16 avril) ; cette œuvre est contrôlée par Bertrand de Sabalse, envoyé par l'amiral. La construction d'un donjon (2) a été aussi entreprise par le sieur de Treignan, derrière les Jacobins, pour flanquer cette courtine ; cet ouvrage, interrompu pendant le voyage en cour de ce capitaine, sera, à

---

(1) Probablement provisions de paille dans les maisons.

(2) Il s'agit du pied de mulet en maçonnerie, appelé improprement donjon, couvrant la petite porte des Jacobins, devant le milieu de la courtine.

son retour, mis en adjudication, le 10 mai 1578, par le premier
échevin et aussitôt après exécuté.

En même temps, les échevins sont rappelés au service du
guet ; les jeux de billards, qui détournent les portiers de la
garde des quatre portes, sont prohibés durant les troubles. Pour
éviter les fausses alarmes produites par des animaux errant la
nuit, on défend de faire paître le bétail dans les fossés situés au
pied des remparts et sur les chemins de ronde. Une information
est ouverte contre les excès commis par des batteurs de pavé (1) ;
l'un d'eux, Sauvat de Gastonne, pirate, est jugé par le Parlement
de Bordeaux et pendu (12 juillet). Le vice-sénéchal des Lannes,
Louis de Combes, se tient à Bayonne pour faire exécuter les
arrêts du Parlement contre les habitants (pirates) de la ville
impliqués dans le complot ; les Bayonnais reçoivent l'ordre de
lui prêter main-forte contre les séditieux qui veulent empêcher
les arrestations, sous le vain prétexte que le sénéchal attente
aux droits de la ville ; il leur est défendu de s'attrouper et de
s'armer, sinon pour le guet ou le tir à la butte (9 août). Cet
officier se rend à la cour pour rendre compte de sa mission ; il
se fait délivrer par les échevins un certificat constatant qu'il a
bien exécuté les devoirs de sa charge. La ville l'a prié de faire
entretenir quelques archers sur le territoire de la sénéchaussée,
afin de purger la frontière des mauvais garnements qui l'infestent.

Les huguenots ont été battus sur terre et sur mer par les
armées royales et les ligueurs, mais Henri III désire la paix afin
d'échapper au joug des Guise. Henri de Navarre s'était réservé
pour conduire les négociations : elles furent conclues, le 17
septembre, par l'édit de Poitiers, qui maintint presque toutes les
concessions déjà faites aux protestants. Cette paix devait ressem-
bler aux précédentes et n'avoir qu'une faible durée à cause de
l'animosité des partis. Profitant de la circonstance, le Conseil de
ville envoie des députés saluer le roi de Navarre, gouverneur
de Guyenne, et lui rendre devoirs et honneurs à cause du rang
qu'il tient en France. Treignan profite du répit pour s'absenter
quelques jours, laissant à sa place le sieur de St-Martin, désigné
par le roi. Le lieutenant Sorhaindo imite cet exemple et se rend
à la cour, accompagné par le jurat Challa ; ils sont délégués par
les habitants pour aller faire leur cour à Henri III et poursuivre
la solution des questions intéressant la ville. Pour faire bonne
figure au milieu des mignons du roi, Sorhaindo emporte dix
paires de chausses de soie qui n'ont pas coûté moins de 66 écus

(1) Rôdeurs.

pistoles ; il est porteur d'un certificat, délivré par le Conseil, constatant que, durant les huit ans de sa charge et en particulier pendant les troubles, il a rempli son devoir avec fidélité et dévouement. Des lettres lui sont remises pour le roi, le roi de Navarre et le maréchal de Biron, lieutenant général en Guyenne ; elles demandent une augmentation du droit sur les vins et vivres et une réduction du Corps de ville, qui comprendrait seulement un lieutenant, un clerc, quatre échevins, deux jurats et deux conseillers. Mais Sorhaindo, quoique manifestant sa satisfaction de voir la paix de nouveau établie, prend ses précautions pour le cas où, la guerre recommençant, il serait dévalisé comme l'avait été Duhalde se rendant à la cour pour défendre sa capitainerie, et il fait souscrire aux bourgeois et habitants de Bayonne l'engagement de l'indemniser.

Cette précaution lui était d'ailleurs dictée par les agissements du roi de Navarre ; celui-ci, entouré de seigneurs dépouillés de leurs biens, leur permettait en cachette quelques expéditions pour se procurer des ressources. Le maréchal de Biron avise la ville de cette situation, lui recommande de se tenir sur ses gardes et de faire les guet et garde extraordinaires (13 mai). Le premier échevin s'efforce de remplacer Sorhaindo et donne les ordres nécessaires : l'insubordination des soldats qui ne veulent pas obéir aux capitaines des rondes est difficilement maitrisée et, pour assurer la garde, il est obligé de placer un de ses collègues aux portes St-Esprit et Mousserolles. L'arrivée de Treignan (16 mai) vient donner un peu d'assurance au premier échevin.

Le lieutenant Sorhaindo met à profit le temps qu'il passe à la cour ; il est appuyé dans ses démarches par Philibert de Gramont, maire de Bayonne, qui vient de remplacer Biron dans la charge de grand maître de l'artillerie et a mis tout son crédit à la disposition de la ville. Ils obtiennent enfin la nomination d'un nouveau gouverneur de Bayonne, et Denis de La Hillière est désigné pour occuper ce poste ; la mort du vicomte d'Orthe, occasionnée peut-être par la menace d'une disgrâce, avait levé toutes les difficultés. Le Conseil, tout à la joie d'un pareil succès, écrit au roi, au chancelier et à Villeroy des lettres de remerciement.

La Hillière nommé gouverneur.

Le nouveau gouverneur arrive au commencement de juillet 1578 : il est reçu avec les honneurs accoutumés. C'était un vieux capitaine, d'allures très simples et tellement habitué à la fatigue, qu'il couchait tête nue en toute saison ; la ville n'avait plus à redouter avec lui les conflits et les discussions violentes dont son prédécesseur était coutumier. Cependant, le calme froid que La Hillière apporte à l'exercice de sa nouvelle fonction donne à réfléchir au Conseil de ville et lui fait redouter surtout des observations au sujet du guet. Pendant certaines nuits aucune ronde ne se fait et le rempart reste dégarni ; du temps de feu le vicomte d'Orthe, qui était négligent dans sa charge, cet état de choses pouvait être toléré, mais le nouveau gouverneur pourrait se montrer plus exigeant. Voulant mettre sa responsabilité à couvert, le Conseil préfère mettre le gouverneur au courant de cette situation. Denis de La Hillière réunit en assemblée les échevins et les bourgeois et leur fait des remontrances au sujet du guet ; il les invite, en outre, à ne pas s'assembler, comme ils l'ont fait au commencement du mois, sans l'avertir, afin qu'il puisse prendre ses précautions contre le tumulte possible. Il apporta une égale bienveillance dans la question des congés pour la sortie des blés : le Conseil, depuis le départ du vicomte, s'était emparé du cachet que le gouverneur apposait sur les billettes et faisant délivrer ces derniers aux acheteurs de blé ; La Hillière fait observer que le cachet de la billette ne lui a pas été remis et que le Conseil n'a pas élu, peut-être à dessein, les trois bourgeois parmi lesquels il doit lui-même choisir le titulaire chargé des billettes ; cependant, il ne veut pas brusquer les choses et se réserve d'examiner s'il pourra laisser le cachet aux échevins. Ceux-ci, enhardis par la mansuétude du gouverneur, lui adressent une réclamation au sujet des bourgeois morte-payes ; ils rappellent que ces places ont été instituées pour les nobles et bourgeois de Bayonne, mais que le vicomte d'Orthe a abâtardi cette ancienne institution, au grand détriment de l'honneur de la ville, en y mettant des gens qui ne sont pas de qualité. Ils prient La Hillière de rétablir les morte-payes suivant les ordonnances royales ; mais, en même temps, par jalousie contre cette catégorie d'habitants qui sont dispensés du guet et qui prennent le parti du gouverneur contre la ville, ils écrivent séparément au roi, demandant que les morte-payes soient remplacés par des arquebusiers (4 août).

Les lettres patentes du roi relatives à la réduction du nombre des conseillers de la ville sont arrivées (1er août) et les nouvelles élections du Corps de ville vont se faire, selon l'usage, dans le courant de septembre. A cette occasion, le lieutenant Sorhaindo adresse des conseils aux membres anciens et les prie de choisir en conscience des personnes propres à la charge et reconnues pour leur zèle au service de Dieu et du public. Durant son administration, il s'est efforcé de remplir honorablement sa charge, soit en interdisant les jeux et en prescrivant aux chefs de famille d'assister à la grand'messe et aux vêpres les jours de dimanches et de fêtes, soit en poursuivant les perturbateurs du repos public. Il avait obtenu du roi, pour les bourgeois de Bayonne, l'autorisation de se syndiquer afin de poursuivre Boniface de Lasse et ses complices, impliqués dans les affaires de trahison et accusés de maléfices et de malversations. Mais Lasse était cependant en liberté et fréquentait les gens du roi ; un certain jour, il avait accusé Sorhaindo, dans le Château-Vieux, en présence de deux échevins, d'avoir voulu trahir la ville, le chargeant ainsi d'un crime de lèse-majesté ; il s'était vanté, dans une autre occasion, de le mettre à mort. Le capitaine La Feugère, lieutenant du Château-Neuf, avait été l'objet de certaines accusations de la part de la ville ; son inimitié contre les échevins l'avait probablement entraîné à favoriser les menées de Boniface de Lasse. Toutefois, La Feugère fut déchargé de cette accusation et le gouverneur de La Hillière donna connaissance au Conseil de cette décharge, contenue dans les lettres que la reine-mère et Biron lui adressèrent.

L'édit de pacification de Poitiers avait été trouvé, par le parti de la ligue, trop favorable aux protestants ; la reine Catherine et sa fille, la reine de Navarre, viennent retrouver Henri de Navarre, à Nérac, où il était entouré des députés huguenots, afin d'obtenir d'eux des modifications au traité déjà conclu, sous prétexte que certains articles obscurs donnent occasion de troubles. Les deux reines passent à Bordeaux, accompagnées de l'*escadron volant* des jolies femmes de la cour ; elles sont saluées dans cette ville par deux députés de Bayonne (22 septembre). Les négociations, commencées par des délégués de la reine, se poursuivirent à Nérac, et ne furent terminées qu'en février 1579 ; il fut convenu que les nouvelles places de sûreté accordées aux protestants seraient rendues par eux au bout de quatre ans.

La présence en Gascogne de la reine-mère avait amené la tranquillité dans ce pays ; mais Bayonne, rassurée de ce côté, est menacée du côté de l'Espagne.

Danger du côté de l'Espagne. Il se fait un grand amas de gens sur les frontières, à St-Sébastien, à Pampelune et dans d'autres lieux de ce pays ; le roi en a fait avertir le gouverneur, et lui recommande de bien garder la ville. Celui-ci se propose, au premier indice de péril, d'assembler en armes les nobles de son commandement. Les échevins choisissent 100 hommes pour faire les guet et garde extraordinaires. Le lieutenant Sorhaindo rassemble les capitaines du guet et leur donne ses instructions (14 novembre) ; il fait avertir les voisins de se tenir prêts avec armes, arquebuses, poudre et mèches ; il renouvelle les prescriptions relatives aux étrangers et à la garde des portes. Mais Sorhaindo constate que ses ordres ne sont pas suivis : le guet assis se fait avec le plus grand désordre et, sur 10 arquebusiers désignés, un seul s'est rendu à son poste ; les capitaines n'ont pas pourvu au guet extraordinaire, ils sont menacés de prison et de privation de leur état. Ainsi, le relâchement est général et le lieutenant de maire en fait la remontrance au Conseil pour sa décharge.

Au milieu des émotions produites par les menaces de guerre civile et d'attaque venant de l'extérieur, la ville n'a cessé de poursuivre avec constance la réalisation de son œuvre capitale, l'ouverture de la nouvelle embouchure de l'Adour, qui doit ramener la prospérité dans ses murs, en permettant aux navires l'accès du port de Bayonne sans passer au Vieux-Boucau ou à Cap Breton. Nous avons vu que Sorhaindo était revenu de Paris, le 1er août 1572, rapportant le traité passé entre le roi et Louis de Foix, au sujet de l'exécution du havre. L'ingénieur ne tarde pas à revenir ; il se fait délivrer, le 15 septembre, par La Feugère, lieutenant du Château-Neuf, les engins et le matériel qui avaient été retirés du havre et remisés dans ce château ; il se met d'accord avec les membres du Conseil, afin que chacun d'eux surveille les travaux à tour de rôle, conformément à une clause du traité. Le temps se dépense en préparatifs et l'hiver se passe sans qu'on ait mis la main à l'œuvre. Louis de Foix a utilisé ce délai pour étudier le travail, et il propose au Conseil de modifier le plan du havre afin de l'améliorer (30 mars 1573). La demande est soumise à une assemblée de bourgeois ; ceux ci se préoccupent de s'assurer si les nouvelles dispositions proposées ne sont pas en opposition avec le projet approuvé par le roi ; quatre experts, François de la Taste, Petricon de Mussane, Bernadet Daranguisen et Jehan du Millet, les deux premiers maîtres maçons, les derniers maîtres charpentiers, sont chargés de faire cette vérification en rapprochant le dessin de Louis de Foix de celui de feu le capitaine Flayel ; leur réponse, favorable à Louis de Foix, est appuyée d'un modèle en bois représentant le nouveau havre (6 avril).

Reprise des travaux du Boucau.

Le travail commencé se poursuit difficilement ; pour lutter contre la force des eaux, il faut employer un grand nombre d'ouvriers. Le roi autorise l'ingénieur à lever des pionniers sur le pays (3 août 1573). L'expérience acquise profite aux travaux de l'année suivante et, dès le commencement du printemps (14 mars 1574), la ville se préoccupe de procurer à Louis de Foix 800 à 1,000 journées d'ouvriers et fait établir les rôles des bourgeois qui pourront supporter cette charge. Une inondation se produit, le 23 avril, et menace l'œuvre commencée ; Louis de Foix demande aux habitants de la ville et environs de lui prêter aide pendant une journée pour parer au danger, mais il refuse de placer, suivant l'avis de Sorhaindo, quatre ou cinq caisses maçonnées, affirmant que son ouvrage est assez fort et qu'elles ne sont pas nécessaires. Le Conseil de ville intervient, le 27 juillet, et somme l'ingénieur de faire les caisses du havre, comme il s'y est engagé. Mais le véritable motif du refus de Louis de Foix est le manque de fonds.

Manque de fonds. Difficulté pour s'en procurer. Devant une assemblée des bourgeois de la ville, l'ingénieur représente, devant le trésorier Caulonque, qu'il est sur le point d'ouvrir le canal, partie principale de son œuvre, et s'il avait des fonds, il le terminerait en peu de jours. Le trésorier ne lui donne pas d'argent, et cependant le roi a ordonné le versement d'une somme de 30,000 livres. Louis de Foix offre même d'employer au havre les 15,000 livres qui doivent lui être versées comme honoraires dès qu'il les possèdera : il termine en déclarant qu'il va porter plainte au roi. Caulonque, qui doit avoir de mauvaises raisons pour retenir les fonds, se réserve de les donner par écrit. Les bourgeois décident aussitôt de se cotiser pour prêter 2,000 livres à l'ingénieur ; l'évêque et le chapitre sont priés de fournir des ouvriers ; le creusement du canal est commencé à l'aide de l'argent recueilli chez les habitants de la ville. Sur le trajet du canal se trouve une grande élévation (puys) de sable pour l'enlèvement de laquelle un grand effort est nécessaire. Les gentilshommes de Labourd y fournissent gratuitement leurs gens, tandis que la ville donne 40 hommes par jour jusqu'au total de 14,000 journées et prête 4,000 livres (7 octobre).

En même temps, les travaux de la palissade du barrage se poursuivent ; des pierres sont apportées par eau avec des galupes (1) et placées contre la palissade pour la maintenir (22 octobre). Cette précaution était urgente, car le 6 décembre l'Adour déborde de nouveau. Les travaux n'ont pu cependant être maintenus en état pour l'exercice suivant et les eaux ont ouvert dans le barrage une brèche assez importante, puisque les galions du Vieux-Boucau et de Cap-Breton peuvent la passer. Le maire Gramont est prié de venir à Bayonne pour délibérer avec la noblesse des environs sur l'achèvement du havre. On fait venir deux ingénieurs, l'un du pays d'Orthe et l'autre basque, afin d'aviser ; ils vont avec Louis de Foix visiter la

_____
(1) Grandes barques à fond plat.

brèche (4 février 1575). La ville adresse des plaintes au roi et au
général des finances, déclarant qu'elle est sans fonds et qu'elle
sera ruinée si le havre n'est pas ouvert (2 mai) ; voulant avoir
raison des résistances de Caulonque, elle demande au général
d'ordonner à ce trésorier d'apporter en une seule fois tous les
fonds recueillis pour le havre, afin qu'elle puisse en faire le
contrôle (20 juin).

Le Conseil fait visiter les travaux par deux autres ingénieurs
et présente à Louis de Foix les modèles des barrages proposés.
L'ingénieur répond que celui présenté par le basque convient
seulement à un étang de moulin ou à une petite rivière ; il
maintient son plan et assure qu'il le réalisera bientôt, s'il reçoit
des fonds (20 juin). Il présente ensuite au Conseil un personnage
qui se charge de boucher la brèche moyennant un prix convenu ;
cette offre paraît convenir au Conseil de ville. Mais Louis de
Foix est formellement invité à profiter de la baisse des eaux
pour fermer les brèches avec de la maçonnerie ; malheureusement,
le receveur de Lalande ne possède que 1,000 livres, tandis qu'il
en faudrait 2,000 ou 3,000, mais il promet le complément pour
la première quinzaine d'août (6 juillet). Cette promesse n'est pas
tenue entièrement ; cependant, le 10 octobre, Louis de Foix a
reçu 2,000 livres et il a pu, avec ces fonds, travailler aux brèches
du barrage. Il conclut les marchés à forfait à l'insu des échevins,
et cette façon de procéder ne convient pas à ces derniers, qui
se trouvent ainsi écartés de tout contrôle. Ils font sommer
l'ingénieur de ne faire ses marchés qu'à la maison de ville et
de ne rien payer avant leur vérification (10 octobre).

Le Corps de ville a obtenu du roi Henri III l'autorisation
d'emprunter 12,000 livres pour l'achèvement du havre du Boucau
sur les plus riches et bien aisés du pays environnant, et les
échevins font, avec l'aide des syndics des paroisses, le dénombrement de cette classe de citoyens (9 décembre). Ces nouvelles
ressources sont dépensées à mesure qu'elles rentrent et ne
produisent d'autre résultat que de mettre sous l'eau, le 7 mars
1576, les trois quarts de la ville ; les habitants crient qu'ils sont
ruinés. Une grande réunion de bourgeois discute les moyens de
terminer l'œuvre et déclare que Louis de Foix avait promis
l'impossible en s'engageant à ouvrir le havre pour 30,000 livres ;
il a reçu en outre, en plusieurs fois, 20,000 livres de la ville et
le travail n'est qu'à moitié avancé ; l'assemblée décide de
demander au roi un nouveau subside de 50,000 livres, moyennant lequel la ville se charge d'exécuter la deuxième partie de
l'œuvre, de concert avec Louis de Foix, et de la mener à bonne

fin ; elle offre d'appliquer le reliquat des fonds, s'il y en a un, aux réparations et fortifications de la cité. Le roi tarde plus de huit mois à prendre une décision et se borne à accorder 20,000 livres ; il prescrit en outre, pour éviter les soustractions du trésorier, de placer les fonds du havre dans un coffre à trois clefs, lesquelles seront confiées au maire ou à son suppléant, à l'ordonnateur, à Jean du Verger, commis du trésorier Caulonque (23 novembre 1576). Pierre Dibarboro est désigné pour suppléer le maire ; il surveillera d'autant mieux le trésorier Caulonque, qu'il l'a fait emprisonner pour une dette de 4,300 livres ; il l'a cependant relâché sur la demande de Louis de Foix, en lui accordant une année pour se libérer, afin de ne pas entraver l'œuvre du havre.

Les échevins ne se bornent pas à surveiller l'emploi des fonds, ils s'assurent encore, par la personne de Jehan de Millet, conseiller, que les cent galupes de pierre achetées par M. Antoine sont réellement employées à la digue du havre. Ils réclament une deuxième fois contre les marchés passés par l'ingénieur hors de leur présence ; Louis de Foix repousse cette interprétation du contrat primitif et répond, pour les rassurer, qu'il a promis de consacrer au travail ses honoraires de 15,000 livres si l'allocation de 20,000 livres accordée par le roi ne suffit pas (1er juillet 1577). C'était leur donner de l'eau bénite de cour, et les bourgeois s'étaient peu fiés à cette promesse. Comme ils avaient fourni des fonds personnels, sous forme de prêt, il est vrai, mais qu'ils étaient menacés de ne jamais recouvrer, il était naturel qu'ils en assurent le bon emploi. Louis de Foix fait comprendre les Bayonnais dans le rôle de la dernière imposition de 20,000 livres pour le havre ; il est ensuite obligé, sur les réclamations de la ville invoquant une exemption du roi, de suspendre l'effet de cette taxe (14 octobre). Le soin de trancher le différend est laissé à M. de Sault, avocat du roi, qui vient d'être député par le Parlement de Bordeaux pour veiller à l'exécution du havre.

Travaux du havre surveillés par l'avocat général de Sault. Ce fonctionnaire est appelé à Bayonne par de grandes inondations survenues exceptionnellement au commencement de juin 1578 ; les eaux ont affouillé les sables sous les caisses de la digue, dont les fondations avaient été mal établies, de telle sorte que les caisses se sont enfoncées dans le sens vertical sans être renversées. Leur niveau s'étant ainsi abaissé, les eaux ont passé par dessus les caisses, et elles conserveront cet écoulement tant que le dégât n'aura pas été réparé. M. de Sault réunit, le 6 juillet, une grande assemblée de bourgeois et tous ensemble décident que Louis de Foix sera prié de remettre les caisses en état ; ils estiment que mille écus suffiront pour exécuter cette réparation et qu'ils pourront être prélevés sur les vins de la récolte prochaine. Le lendemain, on achète les pieux nécessaires à ce travail et, le 18 juillet, on délivre à M. de Sault les mille écus avancés par cent bourgeois. On songea alors à se mettre sérieusement à l'œuvre et à augmenter le nombre des ouvriers. Grâce à l'intervention de l'avocat du Parlement, les syndics du pays de Labourd, réunis au Boucau, promettent de fournir mille hommes par jour pendant trois jours (22 août) ; la paroisse d'Anglet donne un contingent de 20 ouvriers qui travaillent au havre durant huit jours.

Après avoir amorcé les travaux, M. de Sault se propose d'aller passer vingt jours à Bordeaux, où sont arrivées la reine Catherine et sa fille Marguerite ; mais le Conseil, voyant le zèle déployé par lui, ne veut pas se priver d'un si puissant secours. Il le supplie de retarder son départ jusqu'au retour d'un émissaire envoyé vers le roi. En même temps, pour prouver la bonne volonté de la ville, tous les vignerons (1) sont envoyés aux chantiers du Boucau (27 octobre). L'avocat du roi veut cependant payer les nombreux ouvriers qu'il a employés, et les fonds lui manquent pour le faire. Une somme de 1,200 livres, promise par les voisins de la ville, n'est pas encore levée ; il la réclame, sinon il va abandonner l'œuvre. Il recommande de faire participer le clergé à la dépense et de l'appeler dans la première réunion générale des bourgeois au sujet du havre ; s'inspirant de cette prescription, le Conseil demande au roi et à Villeroy d'appliquer aux travaux du Boucau, pendant un an, le revenu de l'évêché resté à la disposition du monarque par suite du décès de l'évêque (1er décembre).

L'eau de l'Adour s'écoule enfin à la mer par le nouveau canal, mais l'essai du passage reste à tenter. C'est le galion de Michaud de la Vie auquel est réservé cet honneur ; ce commerçant redoute pour son embarcation le passage de la Barre et se fait sommer par le Conseil de livrer son galion (1er décembre). D'ailleurs, l'œuvre n'est pas terminée ; il reste à planter les châssis qui doivent fermer la brèche du barrage. Ce travail est d'une exécution très difficile, et aucun entrepreneur ne veut s'en charger. Deux échevins vont au havre, délégués par le Conseil, pour s'assurer de sa nécessité et rendent compte qu'il est indispensable, sinon les eaux de l'Adour ne passeront pas entièrement dans le canal. Alors, le lieutenant Sorhaindo offre de l'exécuter

Passage du premier navire.

(1) Ouvriers de la banlieue.

par dévouement à la ville ; il demande seulement que les châssis lui soient fournis au bord de la rivière, et il se charge de les mettre en place à raison de 30 livres chacun, soit 3,000 livres au total. Son offre est aussitôt acceptée par le Conseil, en présence de Louis de Foix et de l'avocat de Sault ; des charpentiers sont requis, vont abattre des arbres près de la digue et construisent les châssis. Dès ce moment, le havre de l'Adour est virtuellement terminé, et l'avocat du roi s'éloigne de la ville, emportant les remerciements de ses habitants.

Il fallait encore compter avec les dégâts de la marée ; le massif de sable auquel était appuyée l'extrémité du barrage se laisse entamer par les flots, se désagrége et menace de faire place à une nouvelle brèche (24 décembre). Louis de Foix s'empresse de fortifier ce terrain : la ville lui envoie des ouvriers répartis sous la surveillance de quatre échevins et force tous les possesseurs de galupes à porter de la pierre. Avec des fascines, des fagots et de la bruyère, l'ingénieur forme un revètement derrière lequel il entasse un mélange de pierres et de terre tirée de l'île St-Bernard. Les mêmes matériaux sont employés dans la construction d'une chaussée établie le long de la face Nord de la palissade pour la protéger contre la marée venant du Vieux-Boucau. Ainsi, la digue, minée par les eaux du côté Nord et du côté Sud, réclame constamment de nouveaux travaux.

Le comte de Gramont et Louis de Foix vont à la cour et obtiennent du roi (24 avril 1579) une lettre patente accordant, pour perfectionner et renforcer le havre, une somme de 2,000 livres à prendre sur la recette générale de Bordeaux. Ces fonds sont lents à venir et, comme il est impossible de les attendre, la ville prélève d'urgence un supplément de droit sur les vins et en demande ratification au roi et à Villeroy. On s'empresse alors de porter de la pierre à la brèche, qui continue à se miner.

Le nouveau havre a été ouvert à la navigation le jour de la fête de saint Jude et de saint Simon (28 octobre 1579). Le Conseil de ville veut graver le souvenir de cette date mémorable dans l'esprit de la population ; d'accord avec le chapitre, il institue une fête et une procession qui auront lieu chaque année à pareille date, accompagnées de détonations d'artillerie, pour célébrer cet événement et remercier Dieu de la réussite de l'œuvre. Il fait placer, dans le même but, un tableau peint à l'huile, portant en lettres d'or la date de l'ouverture du Boucau, dans la salle de ses délibérations.

Louis de Foix récompensé. Des signaux vus de quatre lieues en mer sont dressés au havre et un premier pilote, le sieur Camo, est désigné pour introduire les navires. La ville n'oublie pas Louis de Foix au milieu des signes de sa réjouissance. Cet ingénieur, rentré de Paris, reçoit d'elle, en récompense de ses peines, une gratification de 4,500 livres (26 novembre 1579). Les conseils de cet homme de l'art étaient encore nécessaires pour perfectionner l'œuvre et la mettre en état de résister à de nombreuses causes de dégradation. Malgré les travaux exécutés, la brèche restait ouverte, et une partie de l'eau de l'Adour s'écoulait vers Cap-Breton ; un bateau de cette localité est même passé par cette brèche, ce qui fait l'objet d'une vive discussion, suivie de menaces, entre Sorhaindo d'une part, le gouverneur et son lieutenant de l'autre (1er juillet 1580). Les habitants de Cap-Breton prétendent au passage et intentent un procès à Bayonne (10 février 1581) ; un conseiller du Parlement de Bordeaux vient même visiter le havre pour renseigner les autres membres de la cour (14 mai 1582).

Louis de Foix, voyant que les réparations ordonnées ne parviennent pas à rompre le courant de l'eau, a étudié un nouveau projet qu'il soumet au gouverneur et au Conseil (20 juillet 1582). Ils se rendent tous au havre, où l'ingénieur présente le modèle de son projet ; il propose de fermer la brèche par un barrage placé en arrière de son premier projet et constituant un petit port de refuge dans lequel 40 ou 50 navires et galions pourront se retirer afin de s'opposer à l'entrée des bateaux ennemis. Il se propose d'effectuer ce travail avec 45 caisses en bois de pin, et il demande une somme de 5,000 livres. Tout le monde opina favorablement et le Corps de ville promit une récompense à la fin du travail.

Des charpentiers sont aussitôt envoyés dans les bois voisins et équarrissent 320 pins. Malheureusement, les habitants de Cap-Breton et de Maremnes, toujours en éveil, mettent ces arbres en pièces. Le roi, avisé, ordonne des poursuites ; l'avocat général de Sault arrive en toute hâte (10 octobre) et parvient à faire exécuter ce travail. Il est presque terminé, le 31 décembre, quand le magistrat, se disposant à partir, constate que les caisses tiennent bon, sauf une seule, un peu renversée par suite du manque de pierres. Les gens de Cap-Breton en profitent pour passer en ce point, ce que la justice s'efforce d'empêcher. On ferme cette petite brèche avec du bois, puis avec des pierres ; mais la ville demande au gouverneur d'y placer deux soldats pour empêcher ceux de Cap-Breton de passer à marée haute en enlevant des pierres et pour s'opposer à l'accostage des galions et tilholes qui, en jetant l'ancre, font rouler des pierres, et leur défendre d'approcher à moins de 300 pas (28 février 1583).

Renforcement de la digue.

La construction du port de refuge a occasionné un dépôt de sable en un certain point du canal. Louis de Foix est d'avis qu'il faut construire un éperon en bois et pierres, dont il donnera l'emplacement et le modèle, pour contrarier la formation de ce dépôt en modifiant les courants montants et descendants. Si ce travail n'est pas exécuté, un barrage de sable s'établira dans le canal et la rivière, se déviant vers le Nord, reprendra son ancien cours. Douze caisses sont nécessaires pour cet éperon (9 avril 1584). Le roi, consulté par le maréchal Matignon, fait connaître que son intention est de faire terminer le havre, et il ordonne de préparer 200 pins. Mais le travail des eaux est plus prompt à détruire que celui de l'homme à édifier. Dès le 30 avril, quatre caisses sont démolies, la brèche s'agrandit et sert de passage ; on y dépêche en toute hâte un charpentier pour la barrer avec du bois en attendant les pierres, et un impôt de 20 sols par barrique de vin passant en ville est levé pour payer cette réparation, qui se continue jusqu'au 15 avril 1585. Cap-Breton avait aidé la marée en faisant couper, pendant la nuit, des pieux de la palissade ; les auteurs de cet acte sont poursuivis par ordre du roi et de Villeroy.

A partir de ce moment, la digue du havre est entrée dans la période d'entretien ; les dégâts que la mer y produit constamment sont réparés par les soins du Conseil de ville ; des caisses sont remplacées sous la surveillance des échevins et sous la direction de l'architecte Bernard de Millet : des sables prêts à s'affouiller au Nord de la digue sont fortifiés, à l'exemple de Louis de Foix, par des fascines et des pierres. D'autres améliorations furent ensuite faites : une loge pour la garde (16 août 1594) ; une pyramide surmontée d'un fanal pour guider les navires (26 août 1611).

Difficultés avec Cap-Breton. Les habitants de Cap-Breton, voyant la palissade du havre fermée pour eux et jaloux des avantages qu'elle procure à Bayonne, creusent un canal dans les sables qui séparent le Gouf (1) et l'ancien lit de l'Adour. Les Bayonnais adressent une réclamation au gouverneur ; celui-ci obtient du bailli et des jurats de Cap-Breton la promesse de remettre les sables dans leur état primitif. Cependant, le Conseil de ville, comptant peu sur l'exécution de cet engagement, demande à La Hillière l'autorisation de le réaliser avec les vignerons de la juridiction (23 décembre 1588). Les choses restèrent en cet état pendant que Cap-Breton intriguait auprès de M. de Poyanne, gouverneur de

(1) Le Gouf de Cap-Breton est une remarquable vallée sous-marine, en face de l'ancienne embouchure de l'Adour, où, encore de nos jours, la mer ne brise pas.

Dax, afin de se faire autoriser à établir un port et que Bayonne agissait pour l'en empêcher. Enfin, le 15 juin 1601, le Conseil de ville fait réunir 200 à 300 vignerons et met à leur tête des magistrats en chaperon ; cette troupe de travailleurs arrive à Cap-Breton et comble le canal, large de 13 brasses, creusé sur le terrain dépendant de la ville de Bayonne, sans éprouver aucune résistance.

Cette exécution faite, la ville consentit à entrer en accommodement et permit à Cap-Breton de creuser un canal sous la condition qu'il ne porterait pas préjudice au havre neuf. Mais, voulant s'assurer en même temps que personne, dans l'avenir, ne viendrait établir une nouvelle communication entre l'Océan et l'ancien lit de l'Adour, Bayonne obtint du roi le don, confirmé par un arrêt de la cour du Parlement (29 novembre 1604), des sables du rivage depuis Hausquete jusqu'au Vieux-Boucau ; elle les fit ensemencer de pins pour les fixer (18 novembre 1605).

Pour récompenser Louis de Foix, le roi lui accorda 20,000 écus à prendre sur les terres bonifiées par le moyen du havre et, si cette ressource était insuffisante, de prélever le complément sur les vins étrangers jusqu'à concurrence de 6,000 écus. Louis de Foix fit part au Conseil de ce don (13 octobre 1595), en lui rappelant qu'il avait déjà reçu de lui 200 écus à titre de prêt; les échevins ne s'opposèrent pas à l'arpentage des terrains et y envoyèrent deux délégués. Il est à présumer que l'ingénieur se paya avec des terres voisines du moulin de Balichon, mises à découvert par la baisse des eaux, car il y construisit plus tard un chemin en remblai qui fut visité par le Conseil. Pour compléter le don du roi, le Corps de ville, après avoir admis une imposition sur les vins (23 novembre 1597), préféra ensuite s'accorder avec Louis de Foix en lui payant une somme convenue.

CHAPITRE XVII

HENRI III ET LE ROI DE NAVARRE. — LA LIGUE. — MEURTRE D'HENRI III. — L'ÉVÊQUE MAURY ET LES PROTESTANTS (1579-1589).

Conférence de Nérac. — Précautions à Bayonne. — Places d'échevins peu enviées. — Discussion au sujet des morte-payes. — Le roi de Navarre engage les hostilités. — Bayonne se garde. — Mort de Philibert de Gramont au siège de la Fère. — Secours envoyés à Peyrehorade et à Tartas. — Prise de Mont-de-Marsan par Poyanne. — Nouvelle menace et précautions. — Traité de Fleix, lettre morte — Précautions reprises. — Tentative déjouée de fortifier le Château-Neuf contre la ville. — Vains efforts d'Henri III pour convertir Navarre. — Reprise de Mont-de-Marsan par le roi de Navarre. — Vente de la justice de St-Esprit et de St-Etienne à la ville. — Visite inopinée du Béarnais à Bayonne. — Grand fossé creusé à la porte Mousserolles. — Alertes causées par le roi de Navarre. — Alliance de la ligue avec l'Espagne. — Henri III pactise avec la ligue. — Emotion provoquée par les Espagnols. — Le Béarnais traqué en Gascogne. — Danger de la peste. — L'évêque Maury forcé de rentrer à Bayonne. — Les ligueurs appuyés par l'évêque. — Il dénonce les menées des protestants et est menacé de mort. — Bataille de Coutras. — La ville menacée par Turenne et Castelnau. — Précautions contre les troupes béarnaises voisines. — Guise assassiné par ordre du roi. — Réconciliation des deux rois. — Henri III assassiné.

Depuis cinq ans qu'Henri III était monté sur le trône, la France ne cessait d'être agitée par les partis qui se disputaient le pouvoir; les troubles fréquents qui ont signalé le règne de Charles IX se sont reproduits au début de celui de son frère et vont durer pendant les dix années qui nous séparent de l'assassinat du dernier monarque Valois et de l'avènement d'Henri IV.

Nous avons laissé Bayonne sous la menace d'un attroupement de gens de guerre sur la frontière espagnole. De nouveaux avis lui parviennent de la reine-mère, tandis que le gouverneur en reçoit d'Espagne; des navires français ont été arrêtés par les Espagnols en vue de St-Jean-de-Luz et des côtes voisines. Les précautions prescrites par le lieutenant Sorhaindo dans les derniers mois de 1578 pour parer à la menace n'ayant pu être appliquées en raison de la désobéissance aux officiers du guet et du relâchement de la garde, le gouverneur intervient de nouveau en février 1579 et réclame que l'on mette 100 hommes chaque nuit sur les remparts.

Conférence de Nérac. — Précautions à Bayonne. Le Conseil envoie des espions aux environs de la ville, fait tenir les armes prêtes, ordonne la visite des maisons une fois par semaine et fait arrêter les gens suspects, mais il recommande de garder le secret sur ces mesures afin de ne pas troubler la conférence ouverte entre la reine-mère et les princes (Navarre et Condé) et de ne pas fournir à ceux-ci un motif de rupture (13 février 1579). On informe, par ordre de Catherine, contre un individu nommé Soccoa, qui aurait enlevé de la ville des piques, hallebardes et autres armes (23 février) ; deux capitaines, venus de La Rochelle et établis à Cambo sous prétexte de prendre les eaux, sont étroitement surveillés (11 mai).

Le service du guet est toujours mal assuré ; les capitaines du guet et des gardes sont accusés de malverser dans leurs charges et d'établir l'assiette du guet en s'écartant des règles adoptées. Des défaillances et des actes de rébellion se produisent au sujet de ce service, malgré les punitions infligées et la publication hebdomadaire de l'ordonnance qui le concerne. Cette situation décide le gouverneur à faire lever par son lieutenant, dans le pays de son commandement, 100 arquebusiers ordonnés par le roi à la place des 63 morte-payes. Le Conseil ne proteste pas et se borne à désirer que ces soldats soient recrutés en Labourd.

Les négociations de Nérac s'étaient terminées en février 1579 ; leur résultat n'avait pas répondu aux intentions d'Henri III, qui aurait voulu obtenir des protestants la restitution des places de sûreté. Le roi ratifia cependant le traité conclu ; les ligueurs ne l'approuvèrent pas et prirent la résolution de ne pas l'observer. Henri de Navarre, accompagné de sa femme Marguerite, quitte Nérac une fois le traité signé et va séjourner à Pau ; les échevins de Bayonne lui envoient des députés pour le féliciter, en considération du rang qu'il tient dans le royaume et de la parenté étroite qui unit son épouse à Henri III. Marguerite se trouve gênée dans l'exercice de la religion catholique et abandonne le château de Pau pour rentrer à Nérac (10 juillet). Son époux, prévoyant que la guerre va renaître, institue la princesse sa sœur régente de la Navarre et nomme St-Geniés son lieutenant général en ce pays.

Lorsque Henri III, poussé par la ligue, fit réclamer à Henri de Navarre (août) la remise des places de sûreté, ce dernier, encouragé secrètement à la résistance par le frère du roi et la reine-mère, refusa cette restitution et se prépara à la guerre. Mais, tout en affectant de vouloir la paix, il tint ses garnisons en haleine ; il envoya à Navarrenx, sur les limites du Béarn, une troupe de 1,200 hommes, de l'artillerie, des approvisionnements et des subsides, afin d'être prêt à entrer en campagne. Ces préparatifs étaient dirigés contre Bayonne, Dax ou St-Sever ; la nouvelle en est envoyée au gouverneur La Hillière par le président Lavie, avec cette précision que l'attaque était fixée au 20 août.

18

Le maréchal de Biron avait été informé à Bordeaux du mauvais état de l'artillerie de la ville de Bayonne et avait décidé de lui envoyer, par le premier navire en partance, 2 couleuvrines et 30 quintaux de poudre ; il avait aussi ordonné d'y établir une fonderie de canons. Ces faibles secours furent sur le point d'être utilisés, car des mouvements de troupes de cavalerie et d'artillerie se produisirent, le 27 août, aux environs de Sordes, de Bidache, d'Hastingues et de Labatut ; des gens de pied étaient arrivés au Vieux-Boucau et des vignerons avaient même entendu, durant la nuit précédente, le bruit d'un grand nombre de chevaux du côté de Mousserolles. C'étaient évidemment les troupes du roi de Navarre qui opéraient pour surprendre l'une des trois villes. Bayonne avait renforcé, la nuit, le guet ordinaire ; en prescrivant aux capitaines de quartier de fournir chacun un supplément de 25 arquebusiers et de redoubler de vigilance, elle évita une surprise.

Places d'échevins peu enviées. Dans ces circonstances difficiles, les places d'échevins n'étaient guère ambitionnées : plusieurs des élus ne se décident à prêter le serment accoutumé que sous menace de l'amende. Deux d'entre eux, Pierre de Lalande et Pierre de Deytins, anciens protestants, obtiennent du Conseil la dispense d'assister aux cérémonies religieuses qui accompagnent la prestation de serment et se bornent à jurer, en présence du lieutenant de maire, sur le missel et la croix déposés dans la chapelle de saint Pierre. Les relations avec le gouverneur commençaient aussi à devenir tendues ; le Conseil avait cru nécessaire de se plaindre à La Hillière du mauvais traitement qu'il avait infligé au sergent de ville Diturbide, en lui tirant la barbe à l'occasion d'un exploit fait sur un habitant du Labourd ; à cette remontrance, les échevins joignent la menace de porter plainte au roi, s'ils constatent le renouvellement de ces procédés brutaux (19 octobre).

Discussion au sujet des morte-payes. La question du remplacement des 63 morte-payes était une autre cause de discussion ; le Conseil, circonvenu par ces derniers, dont plusieurs étaient des Bayonnais et qui avaient été cassés de leur charge par le roi, voit d'un mauvais œil leur suppression ; il regrette d'avoir demandé, au moment des troubles, leur remplacement par 100 soldats ; il prétend que ces étrangers ne lui donnent pas grande confiance et que d'ailleurs le guet est mieux assuré qu'alors. La Hillière, soldat avant tout, veut exécuter les ordres du roi, tout en protestant de son désir d'être agréable à la ville ; les 100 arquebusiers du Labourd sont arrivés au Château-Vieux, où ils ne peuvent être casernés faute de literie ; le gouverneur demande pour eux un logement en ville et reçoit du Conseil un refus déguisé. Il mande au Château-Vieux Jean du Tronq, commissaire des morte-payes, et Fleur de Lys, leur contrôleur, et les requiert de faire la revue (monstre) de ces 100 soldats ; du Tronq, qui était de connivence avec le Conseil, déclare ne vouloir les considérer que comme des morte-payes. Le gouverneur s'emporte, l'injurie et le retient en prison avec le contrôleur (26 novembre).

Cette situation ne pouvait être dénouée que par le roi. La Hillière se rend à cet effet auprès de lui dans le but d'en obtenir un règlement qui permette d'éviter toute nouvelle contestation avec la ville (14 décembre). Il laisse le commandement à son lieutenant, le sieur de Maurens ; les échevins encouragent les capitaines des rondes à bien exécuter leur devoir pour enlever au gouverneur tout motif d'introduire en ville une garnison de 100 soldats. Ils écrivent à Treignan, capitaine du Château-Neuf, de venir remplir lui-même sa charge, afin de ne pas laisser cette forteresse sans commandant ; ils lui font observer que son suppléant, le capitaine La Feugère, est absent depuis un an. Cet officier avait dû se rendre à la cour pour se disculper des accusations portées contre lui par les échevins et prouver qu'il n'avait pas trempé dans la conspiration de Lasse ; il ne revint que le 12 août 1580 reprendre sa charge, après avoir obtenu d'Henri III et de sa mère des lettres par lesquelles son innocence était reconnue.

La réponse du roi, rapportée par La Hillière, fut conforme au désir de la ville ; on conserva les morte-payes, qui furent pris à Bayonne ou dans les localités voisines. La charge de les loger et de leur fournir le matériel de couchage fut épargnée à la ville ; ils s'installèrent dans les châteaux et usèrent des paillasses accordées par le roi. Le gouverneur avait, en outre, reçu mission de complimenter les habitants de Bayonne sur leur fidélité et de les assurer que le roi s'efforcerait de leur être agréable.

Henri de Navarre n'a pas commencé les hostilités et semble hésiter encore. La prise de Figeac, l'une de ses places de sûreté dont le gouverneur, dépourvu de subsides et par suite de garnison, ne peut disputer la possession aux catholiques des environs, ne le décide pas encore à agir (16 septembre). Le roi de Navarre veut tenter d'assurer par la voie de la conciliation l'exécution de l'édit et il écrit de Nérac à Montmorency pour se plaindre des excès des catholiques sur divers points (7 octobre). Ces deux seigneurs se donnent rendez-vous à Mazères, dans le comté de Foix, le 10 décembre, mais ne peuvent réussir à se mettre d'accord.

Navarre avait beaucoup de sujets de plainte : Biron, qui commandait à Bordeaux pour le roi, ne cessait de le tracasser et le
privait des émoluments de sa charge de lieutenant général en
Guyenne, qui auraient facilité sa résistance. Les ligueurs lui
ont tendu une embuscade de 200 chevaux sur la route de Castres
(fin janvier 1580) et le Béarnais ne peut échapper à ce guet-
apens que grâce aux avertissements de quelques amis. Il adresse
au roi de vives remontrances, protestant de son respect pour
l'autorité royale, mais l'informant que les iniquités dont il est
accablé le forcent à mettre les armes à la main (20 avril); il
lance un manifeste à la noblesse de France, se plaignant des
préparatifs faits contre lui et les protestants, et du déportement
de ses ennemis ; il écrit enfin au Parlement de Toulouse que la
guerre qui commence ne sera pas de sa faute.

Mais, à ce moment, Biron allait entrer en Gascogne et Mayenne
avait commencé ses opérations en Dauphiné contre Lesdiguières
et les protestants. Un premier avis avait été adressé à Bayonne,
le 25 janvier, par l'amiral de Savoie, de se tenir sur ses gardes,
car des hostilités s'étaient déjà produites en Picardie et en
Champagne. Le lieutenant de Maurens est informé, en l'absence
du gouverneur, que des ennemis complotent de surprendre la
ville (14 février) ; il envoie des espions aux champs, avertit les
habitants, porte tous ses soins à assurer la défense des chaînes
de la Nive, qui constituent la partie faible de l'enceinte. A cet
effet, il met près d'elles une galupe, dispose quelques pièces de
campagne sur le boulevard du Nard pour les flanquer et les fait
surveiller par huit arquebusiers postés dans les tours St-Esprit
et de Sault. Le mauvais état des estacades de la Nive permettait
de passer en dessous à basse mer et de les franchir en bateaux à
marée haute ; c'était donc le principal danger à redouter et
Maurens avait voulu se précautionner contre lui. Il se prémunit
également contre une surprise par le pont St-Esprit, en réorga-
nisant le pont-levis ou comporte double ménagée en son milieu
pour le passage des bateaux, en faisant charger à l'avance les
mousquets déposés à la tour St-Esprit et en bouchant, par des
volets fermés à clef, les embrasures à canon ou canonnières
récemment construites dans le flanc de la porte St-Esprit, du
côté de Mousserolles.

Les traîtres que la ville pouvait renfermer ne sont pas ména-
gés. L'un des principaux, le sieur de Combes, vice-sénéchal des
Lannes à Bayonne, est suspecté par Maurens de vouloir livrer
la ville ; le Conseil est du même avis, mais il se borne à prendre
acte des protestations du sénéchal, qui n'en est pas moins

renvoyé de la ville par ordre du roi (19 février 1580). La visite
des étrangers a appelé l'attention du lieutenant de maire sur
deux garnements, Jehan de Gimont et Jehan d'Artigues, qui
vivent opulemment « comme pois en pot », et, dépourvus de
bien, sont fournis d'argent, vont et viennent avec leurs complices ; l'un d'eux a même acheté un corps de cuirasse, quoiqu'il
en soit déjà pourvu. On présume qu'ils ont quelque projet sur
la ville et, comme il y a déjà contr'eux plusieurs décrets de
prise de corps, on les incarcère à Floripés et on les traduit pour
crime de lèse-majesté devant un tribunal royal présidé par le
gouverneur (18 avril). Ce dernier rentre d'un second voyage à la
cour ; il annonce que les hostilités ont commencé en Guyenne
et que la ville de Tartas (1) vient de tomber au pouvoir du roi
de Navarre, qui y a laissé une garnison de 200 soldats.

Après ce début, Henri se porte vers le Quercy, pays compris
dans la dot de sa femme Marguerite, et reprend Cahors sur les
catholiques après une énergique guerre de rues (31 mai). Il
repasse à Montauban, où il avait préparé cette expédition, rentre
à Nérac en traversant la Lomagne et l'Armagnac, prenant au
passage Beaumont, Vic-Fezensac et Monségur, puis il s'apprête
à lutter contre Biron, qui avait levé une armée contre lui.

Ce général quitta Bordeaux le 20 juin et prit en Armagnac une
quarantaine de places ou bicoques, parmi lesquelles : Valence
d'Agen, Tonneins, Vic-Fezensac, Astafort et Fleurance ; il fit sur
Nérac, où la reine résidait, une simple tentative ; puis, ayant eu
une jambe cassée par une chute de cheval, il laissa le commandement des troupes à son jeune fils. Durant ces événements,
Mayenne opérait contre Lesdiguières en Dauphiné et Matignon
assiégeait La Fère, défendue par le prince de Condé.

Philibert de Gramont, qui avait été détaché du roi de Navarre Mort de Philibert de Gramont au siège de la Fère.
par les intrigues de Catherine, s'était joint à Matignon ; il fut
tué durant ce siège, qui se termina, le 31 août, par la prise de la
ville et une perte de 2,000 catholiques. Aussitôt que la nouvelle
de la mort de Gramont fut parvenue à Bayonne, les échevins
députèrent deux d'entr'eux (26 septembre) vers Diane Dain-
doings, son épouse, pour lui porter leurs condoléances ; cette
dame, connue sous le nom de Corysande, va adopter le parti
du Béarnais et se rendra célèbre par ses relations avec ce prince.
Les obsèques du comte eurent lieu à Bidache six mois après ; le
Corps de ville y fut représenté par le lieutenant, 3 échevins et
4 jurats, porteurs de torches ornées des armoiries de la ville.

(1) La ville haute de Tartas.

Le roi de Navarre s'efforçait de défendre les places de Gascogne, que les catholiques voulaient lui prendre, et effectuait entr'elles des mouvements de troupe suivant la nécessité des opérations. Ses soldats s'étaient présentés à Peyrehorade, le 26 juillet 1580, et avaient tenté de passer le Gave ; le vicomte d'Orthe, fils de l'ancien gouverneur de Bayonne, annonce qu'il a empêché le passage des ennemis et qu'il leur a refusé la permission de traverser les terres de sa vicomté.

Secours envoyés à Peyrehorade et à Tartas. Il demande à la ville un quintal ou deux de poudre et plomb pour protéger son pays et environs ; sa requête reçoit bon accueil des échevins qui le reconnaissent bon et fidèle sujet du roi. Le sieur de Bédorède, voisin d'Orthe, fait une démarche analogue, demandant à la ville deux galions équipés ; mais le Conseil ne peut se démunir de ceux de la ville et s'offre à lui en procurer, pourvu qu'il donne l'assurance de les rendre. Les menaces des protestants portent le gouverneur à se tenir en éveil, à faire des rondes de nuit et à constater l'insuffisance du guet ; il se plaint au Conseil que, le 17 juin, à 3 heures du matin, il a trouvé trois corps de garde abandonnés, et il renouvelle la menace d'introduire 40 soldats des environs dans la ville, puisque ses habitants ne peuvent suffire à garder un si grand développement de remparts. Il fait alternativement fermer les portes St-Léon et Lachepaillet, et ajoute à la garde des chaînes de Sault les hommes qui devaient garder ces portes. Pour tenir les habitants en haleine, La Hillière se propose de donner une alarme à la ville, en simulant une attaque avec l'aide du capitaine Larralde et de 27 soldats ; le lieutenant Sorhaindo a eu vent de ce projet et le révèle au Conseil avec grand mystère, proposant, par mesure de vengeance, d'inviter les capitaines des quartiers à tirer des coups d'arquebuse contre les exécuteurs de l'alarme, sans ménager personne. Le gouverneur ne manqua pas d'être averti et se tint tranquille ; son but était d'ailleurs atteint (29 juillet).

Le baron de Poyanne, gouverneur de Dax, homme entreprenant, avait formé le dessein de secourir le bas Tartas assailli par les protestants. Ceux-ci, renforcés de 200 Béarnais, font fabriquer beaucoup d'échelles dans le but de les employer à Tartas (13 septembre). Mais on redoute qu'elles leur servent à surprendre quelqu'autre ville. Aussi Poyanne, tirant parti de la crainte causée à Bayonne par ces préparatifs, obtient d'elle un cadeau de un quintal de poudre d'arquebuse, de deux quintaux de plomb et d'une certaine quantité de mèches. Toutes les précautions usitées en cas de menace sont prises par le Conseil :

guet extraordinaire, fermeture des portes, visite des étrangers, prêts d'armes aux voisins, etc. ; on pria en même temps le vicomte d'Orthe de prévenir la ville de tout mouvement insolite.

Les préparatifs que le gouverneur de Dax faisait ostensiblement pour secourir le bas Tartas avaient un autre objet ; le roi de Navarre en eut l'explication lorsqu'il apprit (23 septembre) que Poyanne venait de lui prendre Mont-de-Marsan par surprise et escalade. Les Bayonnais envoient aussitôt une députation à Biron, qui avait coopéré à cette opération, pour le féliciter ; ils ne sont pas indifférents à la reprise de cette ville, à laquelle ils achetaient précédemment le blé qui leur était nécessaire et dont ils ont cessé d'être les clients lorsque l'ennemi s'y est établi, faisant venir depuis lors cette denrée par mer. Dans l'espoir d'obtenir du roi l'autorisation de rétablir le commerce avec Mont-de-Marsan, le Conseil s'est ménagé un ami, M. de Villeroy, dans le Conseil privé, et lui envoie un cadeau de quatre bas de chausse en soie (17 octobre), en le priant d'empêcher que des décisions intéressant la ville soient prises sans qu'elle ait été consultée. Cette recommandation visait le gouverneur dont les voyages à la cour et l'insistance à obtenir une garnison inquiétaient le Corps de ville.

La Hillière affectait de la défiance à l'égard des hommes d'armes bourgeois de Bayonne préposés à la garde des châteaux ; il ne veut pas les admettre à faire la faction, ce qui excite leur susceptibilité, car ils ne souffrent pas d'être suspectés. L'un d'entre eux, le fils de Sorhaindo, homme d'armes au Château-Vieux, vient même d'être cassé de sa charge par le gouverneur dans la dernière monstre (21 novembre ; la cause de cette disgrâce est l'animosité existant entre La Hillière et le lieutenant de maire. Cette tension des rapports entre les deux autorités de la ville était nuisible à la bonne exécution des divers services; les intérêts matériels de Sorhaindo en souffraient également, le gouverneur saisissant tous les prétextes pour entraver les projets du lieutenant.

Une lettre envoyée au gouverneur de Bayonne par celui de Bordeaux annonce que le roi de Navarre complote une entreprise sur Bayonne et sur Dax ; certains personnages de son parti ont poussé la jactance jusqu'à affirmer qu'il aurait ces villes et que, pour cela, il n'avait qu'à commander (11 novembre). Le Conseil de ville émet judicieusement l'avis que l'inimitié entre le gouverneur et le lieutenant Sorhaindo ne saurait empêcher de prendre des précautions. Il envoie un galion, monté par un corps de garde, surveiller l'Adour du côté de Peyrehorade. On ferme la porte de Mousserolles et on place 6 arquebusiers dans chaque tour des autres portes. Les châteaux et les ouvrages protégeant les chaînes de la Nive sont pourvus de toutes les munitions nécessaires ; diverses réparations sont faites à la plate-forme de St-Esprit, à la brèche du Château-Neuf, à la palissade des chaînes des Menons. Les capitaines de quartier reçoivent l'ordre de faire des patrouilles à l'intérieur de la ville et de diriger tous leurs hommes, à la première alerte, vers la place publique pour s'y joindre au gouverneur et à la compagnie du maire, à l'exception toutefois de 50 hommes choisis dans chaque quartier, qui doivent se porter sur les remparts. Enfin, on expulse les étrangers douteux et on défend encore une fois de circuler la nuit, masqué, armé et sans lumière.

Il faut reconnaître que la plupart de ces dispositions étaient dirigées contre l'ennemi intérieur, ce qui prouve l'état de division des esprits et le peu de confiance que s'accordaient les habitants de la ville. Au milieu de ces préparatifs de guerre, des bruits de paix se font entendre. Monsieur, duc d'Anjou, sollicité par sa sœur Marguerite, s'est posé en médiateur ; il vient de traiter avec les Pays-Bas qui lui ont offert la souveraineté ; il a besoin de troupes pour chasser les Espagnols des Flandres, et son intérêt le pousse à ramener la paix pour prendre à son service les soldats inoccupés.

Traité de Fleix qui reste lettre morte. Ce prince vient en Guyenne, accompagné de Bellièvre et de Villeroy, entamer des pourparlers à Libourne, les poursuivre et les terminer à Fleix, en Périgord, avec Henri de Navarre, son épouse, sa sœur, le prince de Condé et les députés protestants. Le traité, conclu le 26 novembre et ratifié par Henri III, le 26 janvier 1581, était favorable au Béarnais, en complétant et amplifiant à son avantage les conditions des traités antérieurs ; il lui accordait de garder les villes, objet de la guerre. Ce traité ne devait valoir que selon la manière dont il allait être appliqué, et les événements postérieurs démontreront que personne ne se soucia de l'exécuter. Après avoir apposé sa signature sur le traité, le duc d'Anjou se rend à Bordeaux, où il est reçu en grande pompe ; le roi et la reine de Navarre sont venus l'y joindre (13 janvier 1581) et prennent part aux fêtes données en réjouissance de la paix.

Le Corps de ville de Bayonne a envoyé des députés à Bordeaux saluer le frère du roi ; il s'attend à recevoir l'ordre de supprimer le guet extraordinaire, puisque la paix a été faite et publiée. Mais Biron écrit qu'il est plus que jamais nécessaire de pourvoir à la sûreté de la ville, et le gouverneur explique qu'il faut se garder du côté de l'Espagne sans donner d'alarme ; c'est aussi l'opinion de Monsieur, frère du roi. Ce prince n'ose pas exiger du roi de Navarre la restitution immédiate de l'artillerie de Bayonne, qui est à Navarrenx, avant que les autres points de l'édit de pacification n'aient reçu exécution et, pour faire patienter la ville, Biron lui expédie une bastarde et l'autorise à réparer un vieux canon dans sa fonderie. Le maréchal voudrait que la ville possédât des pics et des pelles pour les travaux de terrassement ; on lui répond que ces outils sont possédés par les vignerons et les laboureurs, et qu'on les emploie à creuser, derrière les Cordeliers et en avant de Mousserolles, les fossés destinés à recevoir l'eau des rivières.

Un avis pressant, reçu par le gouverneur, le 16 mai, et annonçant que la ville sera surprise, le 21 mai, du côté des chaînes de St-Esprit, vient stimuler le zèle des échevins. Les étrangers sans aveu sont recherchés maison par maison et expulsés ; la rivière est parcourue, pendant la nuit, par un corps de garde monté sur un galion ; deux navires pourvus de huit arquebusiers et de deux mousquets sont placés contre les chaînes menacées. Au besoin, on enverra des espions, et le boulevard de la tour du Nard sera muni de pièces de campagne pour flanquer les chaînes de St-Esprit (16 mai). Le jour indiqué, aucun ennemi ne se montre ; aussitôt, les Bayonnais abandonnent toute vigilance, et la garde des portes se fait si mal que sept ou huit capitaines, cachés sous un déguisement, ont pu, le 19 juin, entrer en ville, la visiter et épier ce qui se passait. Le gouverneur, dédaignant de s'adresser à Sorhaindo, charge deux échevins d'en faire la remontrance au Conseil de ville. Il a d'ailleurs été averti de bonne part que les rois de Navarre et d'Espagne sont d'intelligence entr'eux pour faire la guerre en Guyenne et empêcher ainsi l'armée du duc d'Anjou de se rendre en Flandres ; les protestants doivent prendre les armes le jour de la saint Jean prochaine (24 juin) et s'emparer de quelques villes. Le gouverneur ajoute que le mauvais état des chaînes lui inspire des craintes ; le Conseil le rassure sur ce point en faisant activer les travaux de réparation.

Mais l'accord ne peut s'établir entr'eux au sujet du Château-Neuf ; La Hillière trouve que cette forteresse peut être facilement surprise du côté de la ville et, pour rendre la communication moins aisée, il voudrait établir un fossé avec pont-levis autour du ravelin qui couvre la porte regardant le Bourgneuf. L'assemblée des bourgeois, consultée par les échevins, proteste contre ce projet, alléguant que cette fortification serait dirigée

(marginal notes:)

Précautions reprises.

Tentative déjouée de fortifier le Château-Neuf contre la ville.

contre la ville et que cependant leur fidélité n'a jamais été en
défaut ; ils estiment que si le Château-Neuf n'offre pas assez de
sûreté, le gouverneur, qui dispose d'hommes d'armes, d'archers
et de morte-payes, n'a qu'à les obliger à loger dans le château.
La Hillière dut renoncer à son projet et dit aux députés du
Conseil, par dépit, qu'il serait content si le roi faisait démanteler
le château.

La date de l'entrée en campagne des protestants avait été exactement indiquée au gouverneur ; des gens de guerre furent
signalés, sortant de Casteljaloux, le 23 juin. Cette nouvelle arrive
la nuit ; le lieutenant Sorhaindo donne aussitôt l'ordre de faire
garde extraordinaire, mais il constate que la plus grande partie
des soldats ne se sont pas rendus à leurs postes, et il se borne à
les admonester avant de les punir ; ceux-ci protestent, disant
qu'il n'y a pas de guerre. On recommande aux habitants de
placer, en cas d'alarme ou d'incendie de la ville, des lanternes
aux fenêtres pour guider ceux qui se rendront aux remparts.

Le roi Henri III voulait cependant la paix, il avait même
donné satisfaction au roi de Navarre en nommant Matignon
lieutenant général en Guyenne à la place de Biron, dont le
Béarnais se plaignait. On ne doit pas douter que la paix ne se
fût définitivement établie si la ligue n'y avait pas fait obstacle.
L'intention des deux rois était connue des Bayonnais, ce qui
faisait dire à ceux-ci, avec quelque raison, qu'il n'y avait pas
de guerre. Et, en effet, la ville comme la Gascogne restèrent en
repos durant quelque temps. Les ligueurs avaient réussi à
prendre Périgueux, mais en compensation le roi fit livrer
Puymirol à Henri de Navarre par Matignon (26 juillet). Des
réunions de réformés eurent lieu à Béziers, où les délégués des
deux rois s'efforcèrent d'amener la pacification (22 septembre).
Le Béarnais ne se ménage pas pour atteindre ce résultat ; il
accompagne jusqu'à St-Jean d'Angély la reine Marguerite, qui
se rend à la cour de France et confère dans cette ville avec le
prince de Condé (15 mars 1582) ; puis, il pousse jusqu'à St-
Maixent, où il a une entrevue avec Catherine de Médicis. Après
une tournée en Béarn, il se rend de nouveau à St-Jean d'Angély
assister à une assemblée de protestants réunie pour assurer la
paix par l'exécution de l'édit ; un cahier des délibérations fut
rédigé et adressé au roi Henri III (11 mai).

Vains efforts de Henri III pour convertir Navarre.

Ce monarque tente de supprimer le prétexte invoqué par la
ligue pour repousser la paix avec le parti protestant et dépêche
secrètement au Béarnais un cousin-germain, Charles de Bourbon,
coadjuteur de l'archevêque de Rouen, afin de le faire revenir à

la religion catholique. Mais Henri, qui sentait que son abjuration ferait de Condé l'unique chef de son parti, répondit évasivement qu'il s'en remettait à Dieu de la décision à prendre ; il venait d'ailleurs de rompre un projet de mariage entre sa sœur Catherine et Emmanuel de Savoie, parce que ce dernier exigeait que sa fiancée abjurât le protestantisme. La réponse d'Henri ne découragea pas le roi de France, qui renouvela plus tard sa tentative ; mais l'insuccès de sa démarche donna aux ligueurs plus de force dans leur opposition aux édits de pacification. Aussi, des levées et des armements sont exécutés en Guyenne, en Rouergue et en Quercy par les deux partis, et des constructions militaires s'y élèvent. Le roi de Navarre, en les signalant à Matignon, les désapprouve comme inutiles et susceptibles de donner l'alarme (avril). Le maréchal est invité par Henri III à se rendre sur les lieux, avec le roi de Navarre, afin de pacifier ; mais Matignon, en temporisant, se conforme au mot d'ordre donné par la cour et dicté par la ligue. Il tire argument, pour ajourner les revendications du Béarnais, des fortifications élevées dans la ville de Bazas par un routier nommé Casse ; pour complaire au maréchal, le roi de Navarre, qui ne peut se faire obéir de cet aventurier, se décide à prendre de force cette fortification et à la faire raser (19 juillet).

Le roi d'Espagne, dans l'intention de mettre des entraves à la conquête des Flandres, fait au Béarnais des ouvertures d'alliance contre Henri III ; comme le nerf de la guerre faisait totalement défaut au roi de Navarre, il lui offre une première somme de 300,000 écus et 100,000 fr. par mois tant que la guerre durera. Ces propositions sont discutées à la cour de Navarre par une grande assemblée de noblesse (1er avril) ; un de ces gentilshommes, passant à Bayonne, annonce que le roi d'Espagne fait construire en divers lieux plusieurs grands navires et galions de guerre pour se jeter comme on présume sur la ville et détruire ses chaînes à coups de canon. En conséquence de cette menace, le guet extraordinaire est établi pendant quelques jours, les étrangers sans aveu expulsés et deux quintaux de poudre achetés. Mais Henri rejeta les offres de l'Espagne et se borna à demander un prêt de 500,000 écus, sans conditions politiques, qui lui fut refusé (mai). Sa conduite avait été correcte, mais elle le fut plus encore lorsqu'il informa Henri III des tentatives de corruption dont il venait d'être l'objet (décembre). Cette dernière communication s'était cependant produite à la suite d'un différend survenu entre les deux rois au sujet de la reine de Navarre. Marguerite s'était liée à la cour avec son frère, le duc d'Anjou, et se livrait avec lui à toutes sortes d'intrigues qui déplaisaient à Henri III, d'autant plus que ce roi, voyant un rival dans son frère, l'avait pris en grande aversion ; aussi, chassa-t-il sa sœur de Paris et lui fit-il l'affront de la priver de ses suivantes. Le roi de Navarre entama une négociation à ce sujet, refusant de recevoir sa femme, qu'il ne voulait plus avoir près de lui à cause de sa conduite.

Reprise de Mont-de-Marsan par le roi de Navarre. Sur ces entrefaites, Henri, qui réclamait depuis trois ans la restitution de Mont-de-Marsan, conformément aux termes du traité de Fleix, voyant que Matignon, suivant les instructions de la cour, se bornait à lui fournir des excuses et prétextait que les consuls de cette ville ne se souciaient pas de recevoir ses officiers, prit la décision de s'en emparer par surprise. Après avoir fait diriger par St-Geniés, son lieutenant en Béarn, 600 arquebusiers sur cette place, il réunit ses gardes à ceux de Condé et, le 19 novembre, à la pointe du jour, une partie de ces troupes pénétra à Mont de-Marsan à l'aide d'une échelle. A 8 heures du matin, la ville avait ouvert ses portes sans apparence d'hostilité, et les deux princes y faisaient leur entrée. Matignon riposte à cette entreprise hardie par la prise de Bazas. Le roi de Navarre proteste et réclame le paiement de sa pension. Les négociations entreprises au sujet de Marguerite continuent, les deux rois se mettent d'accord ; Navarre consent à reprendre sa femme et Henri III lui abandonne les places de Condom, Agen et Bazas, situées à dix lieues de Nérac.

Vente de la justice de Saint-Esprit et de Saint-Etienne à la ville par Henri de Navarre. Le manque de ressources obligeait le roi de Navarre à n'entreprendre que de petites opérations. Pour se procurer des fonds, il négocia avec la ville de Bayonne la vente de la justice du faubourg St-Esprit et de la paroisse de St-Etienne d'Arribe-Labourd. Les pourparlers commencent le 14 avril 1581 et l'accord semble établi sur le chiffre de 12,000 livres ; quelques mois après, le roi de Navarre abandonne son projet pour le reprendre en décembre 1583 ; les députés de la ville viennent le trouver à Mont de Marsan. Il se plaint à eux de ce que les échevins n'aient pas été le saluer lorsqu'il s'est dernièrement approché de Bayonne ; il se rendait alors à Vieux-Boucau, où il se proposait de faire construire un fort. C'est pour ne pas sembler approuver un tel projet nuisible aux intérêts du roi et de la ville, que les Bayonnais ne l'avaient pas été saluer ; ils écrivent même au roi et à Matignon et demandent, en annonçant la nouvelle, s'ils doivent s'opposer à cette construction. En même temps, afin de ne pas indisposer le roi de Navarre, ils l'envoient saluer par un échevin et un jurat.

Il est probable qu'Henri de Navarre cherchait à établir sur la côte de l'Océan un point de débarquement pour les secours qu'il espérait de l'Angleterre. Il négociait depuis décembre 1583 avec cette puissance et les princes protestants d'Allemagne, sous le prétexte de former une confédération de réformés, mais en réalité pour en avoir des secours en hommes. Dans l'espoir de reprendre la Haute-Navarre à l'Espagne, il proposa à Henri III de porter la guerre au cœur de l'Espagne, tandis que Monsieur poursuivrait la conquête des Pays-Bas ; il lui demandait seulement un prêt de 500,000 écus, gagés sur ses comtés de Rouergue et de l'Isle ; mais le roi de France, en haine de son frère et déjà enveloppé par les intrigues espagnoles, ne voulut rien entendre.

Un événement important et imprévu amena le Béarnais à abandonner ses projets de conquête sur la Navarre espagnole et à diriger ses visées vers le trône de France. Le frère du roi, duc d'Anjou et d'Alençon, duc souverain nominal du Brabant, vint à mourir à Château-Thierry, le 10 juin 1584 ; Henri III, miné par la maladie, ne pouvait avoir d'héritiers directs et la mort de son unique frère porta brusquement Henri de Navarre sur la première marche du trône, en compétition avec le candidat de la ligue. Le roi de France tenta de nouveau de se rapprocher du Béarnais et essaya, mais vainement, de le ramener au catholicisme, car un changement de religion aurait privé Navarre de l'appui des protestants et placé Condé à leur tête. De leur côté, les ligueurs vont s'efforcer de détruire l'autorité du dernier Valois et les chances de succession du Navarrais. La situation d'Henri de Navarre était donc bien modifiée quand il se rendit de nouveau, le 5 novembre 1584, sur les côtes de l'Océan ; le gouverneur et une députation du Conseil allèrent le saluer à Cap-Breton, où il poursuivait l'exécution de ses plans. Il les exhorta à garder envers le roi de France la fidélité et l'obéissance dont ils ont fait preuve jusqu'alors ; il leur promit d'être bon ami de la ville et de s'employer pour elle de tout son pouvoir. Dans une conversation avec le gouverneur, le 7 novembre, le roi de Navarre lui fait connaître qu'il avait l'intention de venir à Bayonne avec 7 à 8 personnes ; La Hillière, craignant encore pour la sécurité de la ville, fit tout ce qu'il put pour l'en dissuader. Mais le Béarnais lui répondit qu'il s'y rendrait et qu'il verrait bien qui voudrait l'empêcher d'entrer dans la ville de son gouvernement.

Le roi de Navarre se présenta, en effet, le 8 novembre, à Bayonne, accompagné seulement de 12 gentilshommes ; la ville

Visite inopinée du Béarnais à Bayonne.

le reçut amicalement, mais sans aucune démonstration, s'excusant du peu de temps dont elle avait disposé pour se préparer.

La relation de cette visite est adressée au roi et à Matignon, en les priant de prescrire l'ordre qui devra être tenu si une nouvelle occasion se présente de recevoir le roi de Navarre, afin d'éviter tout reproche. La réponse était embarrassante, et nous croyons qu'elle ne fut pas faite. Les quelques obstacles qui empêchaient l'achat de la juridiction de St-Esprit et de St-Etienne furent dès lors facilement aplanis, l'acte d'acquisition fut signé le 29 novembre et les fonds versés au roi de Navarre le 4 janvier 1585.

Grand fossé creusé à la porte Mousserolles.

La paix relative dont jouit la Gascogne est mise à profit par les Bayonnais, qui poursuivent, à l'aide de manœuvres, le creusement du grand fossé le long des remparts de Mousserolles et des Cordeliers, entre l'Adour et la Nive. On peut attribuer l'idée de ce projet à Louis de Foix, qui réside à Bayonne ; on devait creuser le terrain assez profondément, afin que les eaux des rivières puissent pénétrer dans le fossé. L'obstacle formé par le fossé serait alors bien augmenté et la brèche du Château-Neuf se trouverait moins accessible. Le travail est placé sous la haute direction du gouverneur, mais les échevins contrôlent la liste des ouvriers. D'autres soucis ont préoccupé La Hillière ; la ville est dépourvue d'eau de source et en serait privée en cas de siège. Il fait organiser à la source St-Léon une fontaine et un abreuvoir ; il demande en outre l'adduction de l'eau des Agots en ville et l'installation d'un abreuvoir au Lague (1). La source des Cordeliers constitue aussi une ressource précieuse dont on tire parti en donnant aux religieux le produit d'une collecte pour dresser une fontaine hors du couvent. L'absence de moulins à bras attire également l'attention ; elle peut être une cause de famine à laquelle il faudrait remédier en achetant ces accessoires indispensables en cas de siège.

Une crue de la Nive, survenue le 27 juillet 1581, a emporté plusieurs parties des chaînes et affûts de Sault et de St-Esprit. La ville se trouve dès lors ouverte et en grand danger ; on les répare si diligemment que, onze jours après, le gouverneur trouve le travail presque terminé et se déclare rassuré. Cependant, le mode de construction des chaînes est vicieux, puisqu'une dégradation se produit à chaque crue ; Louis de Foix a été prié d'en fournir un bon modèle ; en attendant, on se contente de celui imaginé par du Hau. L'ingénieur du havre est occupé à établir

(1) Ruisseau formé par un écoulement d'eau près la porte Lachepaillet.

le modèle (projet) de la fortification de Bayonne et des grands travaux à faire dans la ville ; il voudrait reconstruire le pont Mayou en pierre et modifier le pont St-Esprit. Dès le 5 août 1583, il se dispose à aller à la cour et à montrer ses projets. A son retour, il fait connaître que l'intention du roi est de refaire les chaînes suivant le modèle qu'il a dessiné et de faire le pont Mayou ; ces travaux coûteux seront payés par l'établissement d'un bureau de traite foraine et d'un impôt sur le bétail et les marchandises dirigés vers l'Espagne. Louis de Foix annonce qu'il a été chargé de construire la tour de Cordouan, qui va absorber tout son temps ; il devra donc laisser à d'autres la conduite des travaux de Bayonne (6 avril 1584). Le Corps de ville ne voit pas son départ avec plaisir et fait part au roi de sa déconvenue. L'exécution des travaux subit de ce fait un grand retard, car la réfection des chaînes ne fut mise en adjudication que le 13 mars 1587.

La venue du maréchal de Matignon à Bayonne aurait été très utile au moment de décider la réalisation des projets de Louis de Foix. Il a vu à Bordeaux, au moment de son arrivée, le 9 février 1582, le lieutenant Sorhaindo venu pour le saluer et pour le prier de retarder l'application d'une ordonnance royale prescrivant le reculement des maisons, à cause de la pauvreté des habitants. Mais il a formé le projet d'aller à Bayonne et le communique aux échevins en leur recommandant de bien veiller à la garde de la ville pendant la Fête-Dieu. Les obligations de sa charge le forcent à renvoyer son voyage en juin 1583 et puis à l'abandonner. Il finit par mander près de lui, à Bordeaux, le lieutenant de maire et un échevin (2 septembre) ; il traite avec eux les affaires de la ville et en reçoit un cadeau d'ambre gris et de chausses en soie fine.

Malgré la paix, Bayonne n'est pas sans alertes. Une lettre reçue par le gouverneur, le 31 août 1582, annonce qu'une entreprise sera tentée sur la ville le 16 septembre ; aussitôt, les mesures habituelles sont prises ; des étrangers se rendant à Cambo passent près de la ville et sont étroitement surveillés de peur qu'ils ne fassent une reconnaissance des défenses et ne se rendent compte de la manière dont la garde se fait. Le 19 décembre de l'année suivante, une nouvelle alerte se produit ; on apprend que le roi de Navarre fait faire des échelles en divers lieux et qu'il fait assembler des gens auprès de lui en cette basse Guyenne et, ne sachant à quoi tendent ses desseins, on prend des précautions pour éviter toute surprise. Les grands bateaux pouvant servir à transporter des troupes sont retenus à

Alertes causées par le roi de Navarre.

Bayonne et la garde extraordinaire est établie, car on craint que des individus qui ont passé et repassé de nuit au port de Sault ne soient des espions.

Au milieu de ces préoccupations, les habitants ne veulent pas tolérer des capitaines de quartier appartenant à la religion protestante. Ils refusent pour ce motif l'obéissance à l'échevin de Lalande ; celui-ci accuse le sergent de bande, Naguille, d'avoir ameuté contre lui les gens de son quartier. La plainte est portée devant le Conseil et, après avoir entendu de Lalande et Naguille, qui offre de faire déposer les habitants du quartier, le Conseil décide que, eu égard à la nécessité du temps, de Lalande, tout en continuant la charge d'échevin, cessera de commander son quartier et sera remplacé par son lieutenant tant qu'il ne sera pas revenu à la religion catholique (26 mars 1584).

Alliance de la ligue avec l'Espagne. L'année 1584 se termina par un traité formel d'alliance entre les ligueurs et l'Espagne. Par le pacte de Joinville (31 décembre), il fut convenu que le cardinal de Bourbon sera installé roi de France à la mort d'Henri III, à l'exclusion de tous les princes de France hérétiques et relaps. Le roi d'Espagne devra fournir par mois 50,000 pistoles, dont le cardinal lui tiendra compte s'il parvient à la couronne. Les ligueurs s'engagèrent de leur côté à aider l'Espagne à soumettre Cambrai et les autres villes rebelles et à ne jamais permettre que les villes des Pays-Bas soient remises entre les mains des Français. Dès lors, Guise, disposant de l'or espagnol, lève une armée et se fait remettre des places en achetant la conscience de quelques capitaines ou gouverneurs. Presque au même moment (février 1585), les villes des Pays-Bas, appuyées par Elisabeth, reine d'Angleterre, viennent offrir la couronne à Henri III.

Cette démarche force la ligue à se démasquer et avance l'heure de la bataille. Elle fait répandre dans toute la France ses premières déclarations ; le vieux cardinal de Bourbon, oncle du roi de Navarre, y prend au sérieux le rôle d'héritier royal que les Guise lui font jouer. Les ligueurs prennent les armes, s'emparent de Lyon, Châlons-sur-Saône, Verdun, Toul et quelques autres places. Le roi de Navarre s'efforce en même temps de retenir ses amis dans son parti ; il a une entrevue à Castres avec Montmorency (27 mars) et confère avec lui en présence de Condé et de Turenne. Le roi Henri III lui écrit dans cette ville et signale les mauvais desseins de Guise, en lui recommandant de se tenir sur ses gardes ; le Béarnais répond au roi, le suppliant de l'employer pour la défense de sa couronne.

A la nouvelle de la prise d'armes, le gouverneur et le Conseil de Bayonne établissent le guet extraordinaire, mais ils insistent auprès du roi pour la réfection des chaînes de la Nive, sinon la ville restera ouverte aux ennemis. Ils reçoivent des lettres des deux rois, leur apprenant le mouvement qui se fait en France et l'échec des ligueurs sur Marseille ; on porte le contenu de ces missives à la connaissance des bourgeois et du peuple (6 mai) et on les avertit que Bayonne pourrait aussi être menacé. Cette indication est précisée par une lettre du maréchal Matignon (20 juin) ; le gouverneur ordonne de fermer la porte de Mousserolles et d'ouvrir alternativement celles de St-Léon et de Lachepaillet. En même temps, André de la Serre, lieutenant au siège de Bayonne, s'oppose, par ordre du roi, à toute levée de gens faite contre son autorité, et mande à la noblesse du ban et de l'arrière-ban d'aller trouver Sa Majesté.

Les protestants, réunis en assemblée à Bergerac, décident de combattre les ligueurs sous le commandement de leurs chefs et non, comme le demande Henri III, sous la conduite de capitaines à son choix (30 mai). Condé alla guerroyer en Saintonge et en Poitou. Le roi de Navarre se réserva encore, poursuivant des négociations avec l'Angleterre et les princes allemands ; il tenta de vider sa querelle avec Guise par un combat singulier et lui en fit la proposition dans une déclaration adressée à Henri III et à tous les Parlements ; mais le prince lorrain se récusa, prétextant qu'il soutenait la religion et non ses intérêts particuliers (10 juin).

Les soldats du roi de Navarre avaient pressenti l'embûche que la ligue leur avait tendue par l'intermédiaire d'Henri III, et ils durent se féliciter de leur prudence quand ils virent le roi de France, en juillet 1585, faire bon accueil aux propositions des ligueurs, d'après les conseils de sa mère Catherine. Par le traité de Nemours, il leur accordait toutes les places qu'ils demandaient et une somme de 400,000 écus pour les frais de la guerre ; en même temps, il supprimait toutes les libertés accordées aux protestants et bannissait leurs ministres. C'était un revirement complet dans ses relations avec Henri de Navarre ; cependant, Henri III n'était pas obligé par ce traité de faire la guerre au Béarnais, mais il donnait les moyens de l'exécuter. *(Henri III pactise avec la ligue.)*

A cette nouvelle, une grande émotion se transmet en Guyenne. La ville de Bourg, à la jonction de la Garonne et de la Dordogne, est prise par Lansac, ligueur bordelais ; elle ne peut être reprise par Matignon, qui se borne à détruire le Bec-d'Ambez, construit par ce même ligueur pour appuyer sa conquête. Marguerite de Navarre, brouillée avec son mari, quitte Nérac et, voulant faire sa petite révolte, va se fortifier à Agen ; mais Henri bat les troupes de sa femme à Tonneins et à Villeneuve, tandis que Matignon, aidé par le soulèvement des habitants d'Agen, reprend cette ville. L'Espagne fait de son côté des préparatifs pour appuyer la ligue ; elle rassemble à Santander et à la Texede 27 navires et 10 galupes.

**Emotion provo-
quée par les
Espagnols.** Ces apprêts portent l'émoi à Bayonne et un Conseil d'Etat est aussitôt réuni afin d'aviser à protéger la ville (25 juillet). L'artillerie du roi est mise au boulevard du Nard et celle de la ville placée derrière une gabionnade que l'on dispose près des chaînes pour les défendre. On distribue aux voisins de la poudre achetée aux canonniers Gaspard de la Rue et Jehan de Gestas, sous condition de remboursement de sa valeur ; on ordonne aux étrangers de vider la ville dans les 24 heures, mais cette mesure se fait mal, puisqu'il sera nécessaire de la renouveler le 23 septembre, à la nouvelle que Dax a failli être prise. Le Conseil empêche que certains pratiquants chargés de recruter des troupes ne tirent hors de la ville des soldats avec leurs armes. Le gouverneur a appelé près de lui, pour aider à la défense, des gentilshommes et des hommes de Gosse, de Seignanx et du pays basque ; puis, estimant que le danger avait diminué et que la dépense était trop forte, il congédie les soldats basques (9 octobre 1585).

Le roi Henri III, tombé entre les mains des ligueurs, se voit bientôt en butte aux injonctions des Seize, qui ont pris le gouvernement de Paris avec l'agrément des Guise. Ils veulent le forcer à combattre lui-même le roi de Navarre ; un reste d'affection et de pudeur pousse Henri III à écrire au Béarnais (25 août) et à lui envoyer des députés avec mission de le décider à se convertir, de rendre les places de sûreté et de révoquer la levée qu'il avait commandée en Allemagne. Navarre, dans sa réponse, fait allusion aux ennemis dont le roi est entouré, proteste de son dévouement à la couronne et déclare que les circonstances ne lui permettent pas de souscrire aux conditions proposées ; il est prêt, quant à la religion, à se soumettre à la décision d'un concile libre. Pour complaire à la ligue, le pape Sixte V lance contre Navarre et Condé une bulle d'excommunication et d'exclusion à la succession de la couronne de France (9 septembre). Le roi de Navarre, fort de l'appui secret d'Henri III et des Parlements, répond à cet anathème par une protestation qu'il fait afficher à Rome aux portes du Vatican et par une lettre aux docteurs de la Sorbonne, datée de Mont-de-Marsan (11 octobre).

Les hostilités ont déjà commencé en Poitou, où Condé se porte au secours d'Angers menacé par la ligue ; il est refoulé vers la Normandie et puis ramené à La Rochelle sur des vaisseaux anglais. Le ligueur Mayenne traverse le Limousin, bouscule Turenne et se dirige vers le Midi pour rejoindre Matignon qui, à la tête d'une armée royale, manœuvrait en Poitou. Vers l'Est, Lesdiguières, vainqueur en Dauphiné, s'apprête à résister au duc d'Epernon, envoyé contre lui. Ces premiers engagements contribuent à augmenter l'animosité des partis ; Henri III n'ose plus résister aux ligueurs, qui le pressent d'expulser les protestants et de confisquer leurs biens. Il leur donne satisfaction et, tout aussitôt, Navarre adopte les mêmes mesures contre les catholiques dans les pays où il est le maître. Il ne lui reste plus qu'à tirer l'épée, non sans avertir le roi et la reine-mère (1er décembre 1585).

Le roi de Navarre n'avait ni armée, ni subsides et ne pouvait livrer des batailles. Il parcourt l'Albret et l'Armagnac à travers des détachements ennemis, afin de pourvoir à la sûreté des places de ces pays. La veuve de Philibert de Gramont, Diane d'Andouins, plus connue sous le surnom de Corysande, avec laquelle il s'est lié, lui rend des services signalés et lui fournit quelques troupes. Manquant de soldats pour combattre, il laisse un moment le glaive pour la plume et adresse de Montauban (1er janvier 1586), des manifestes au clergé, à la noblesse, au Tiers-Etat, à la ville de Paris. Matignon et Mayenne le menacent avec une armée de 20,000 hommes : heureusement pour Henri, ils se séparent après une entrevue, faute de vouloir s'entendre et lui laissent un peu de répit. Navarre se rend à Pau (25 février) et décide les Etats de Béarn à lui délivrer des subsides, sous la menace que la ligue veut céder la Basse-Navarre à Philippe II. Puis, il quitte cette ville (10 mars), passe successivement à Eauze, Nogaro, Hagetmau, résidence de Corysande, essayant par sa mobilité de dépister ses ennemis. Mais Matignon est allé se saisir des villes le long des bords de la Garonne et garde tous les passages de ce fleuve ; le cercle des ennemis se resserre autour d'Henri, des détachements parcourent le pays depuis Bayonne jusqu'à Condom, et Poyanne, gouverneur de Dax, marche sur Nérac, à travers l'Armagnac, la Chalosse et l'Albret. Malgré ces dangers, le roi de Navarre ne craint pas de se rendre à Nérac, où il a donné rendez-vous à ses fidèles, quoique cette ville soit entourée d'ennemis, et réussit à gagner Caumont, sur la Garonne, échappant à Poyanne ; il put ensuite atteindre, le 16 mars, Ste-Foy, à la grande fureur de Mayenne, qui se retira

Le Béarnais traqué en Gascogne.

à Bordeaux pour soigner ses blessures. Ce général tenta vainement de convertir la capitale de la Guyenne à la dévotion de la ligue, car il ne fut appuyé ni par le Parlement, ni par Matignon (20 avril).

Après avoir franchi la Garonne, le roi de Navarre va se joindre à l'armée de Condé qui opère en Saintonge et Poitou. Biron, qui commandait les troupes royales, ne partageait pas l'animosité de la ligue contre le Béarnais et conclut avec lui une trève de six mois (juin). Ce répit fut utilisé par Henri III, et de nouveaux pourparlers s'engagèrent près de Cognac entre lui et le roi de Navarre ; les efforts de Biron, aidé de Catherine et du duc de Montpensier, n'amenèrent pas cependant une entente avec les délégués du parti protestant, Henri, Condé et Turenne. Pendant ce temps, la peste était venue au secours du Béarnais ; Matignon et Mayenne s'étaient remis en campagne, continuant à prendre les villes bordant la Garonne (10 juillet). Castillon tombe en leur pouvoir ; mais, durant ce siège, la peste avait tellement décimé l'armée de Mayenne, qu'il ne resta au général ligueur (31 août) que quatre compagnies intactes. La cour ne voulut pas reformer son armée, et Mayenne se retira de cette contrée.

Danger de la peste. Le fléau de la peste avait fait son apparition en Guyenne à la fin de 1584. La ville de Bayonne, qui l'avait déjà subi autrefois, ne tarda pas à prendre, pour s'en défendre, des mesures préventives. Dès le 12 novembre 1584, on interdit de passer par la rivière les pèlerins mendiants et on les fait retourner en arrière ; le Conseil de ville désigne un médecin pour soigner les pestiférés, le cas échéant (7 décembre).

A la nouvelle que Bordeaux et ses environs sont atteints, les précautions redoublent (20 juin 1585) : ordre de ne puiser de l'eau qu'aux fontaines des Agots, de St-Esprit et St-Léon ; nettoyage de la Poissonnerie ; suppression des marchés pendant le mois d'août ; entrée de la ville prohibée aux gens et aux marchandises venant de Bordeaux ; expulsion des juifs portugais, véhicules de la contagion ; défense d'abattre des bœufs étrangers ; ordre au chevaucheur de la poste de tenir son écurie hors la ville ; ordonnance prescrivant à tous les chefs de famille de contribuer aux feux qui seront allumés dans les rues tous les soirs à 6 heures.

Insensiblement le danger se rapproche. Il est signalé à Salies-de-Béarn en même temps qu'à Bordeaux ; la mortalité est très grande, le 25 octobre, à Tartas, à Léon, au Boucau-Vieux. Puis, la contagion augmente à Bordeaux et à La Rochelle (10 février 1586) et il importe essentiellement de ne recevoir aucune marchandise de ces villes. Les bateliers (tilholiers), poussés par l'appât du gain, font cependant passer l'Adour et la Nive aux pèlerins qui se rendent à St-Jacques de Compostelle ; le Conseil les menace de la peine de mort et fait placer, pour les maintenir dans le devoir, des potences au boulevard St-Esprit et au port de Sault (10 février 1586). On signale ce mal, le 8 août, à St-Macaire, Langon, La Réole et Marmande. Aux mesures déjà prises, on ajoute le curage du canal du Port-Neuf, rempli de détritus (13 mars 1587).

Grâce à ces diverses précautions, Bayonne put échapper aux atteintes du fléau, resté menaçant jusqu'à la fin de 1589, visitant Arcachon et Bucs (17 juin 1587), Bigorre et le Béarn (10 octobre 1588), Cap-Breton (17 avril 1589), enfin La Rochelle (11 septembre 1589). Le Corps de ville se préoccupait de l'état sanitaire de ce dernier port, quoiqu'il fût éloigné, à cause des relations commerciales fréquentes qui unissaient les commerçants des deux cités ; cette assemblée ne permettait pas que, durant ces temps calamiteux, les habitants se livrassent au plaisir de la danse, dans les rues de la ville, afin, nous apprennent ses registres, « d'apaiser la colère de Dieu. »

Certes, le corps des échevins s'efforçait, par toutes sortes de mesures, d'assurer les bonnes mœurs et de se rendre le ciel favorable. Les comptes rendus de leurs délibérations signalent le soin qu'ils apportèrent à prohiber les jeux qui retiennent les habitants pendant les offices religieux, à empêcher les blasphèmes (octobre 1583) et à recommander aux chefs de famille d'assister assidûment aux sermons (novembre 1588) ; mais, gardant une sage modération, ils se refusent à exercer des poursuites contre un habitant de la ville, Bertrand du Cassou, pour avoir tenu, étant à La Rochelle, des propos insolents contre la messe et avoir ajouté qu'il pratiquait le catholicisme à Bayonne, parce qu'il y était forcé (juillet 1589). Ils rappellent fréquemment les habitants à l'observation des dimanches et fêtes, en leur interdisant de travailler ces jours-là.

Ces bonnes dispositions auraient dû ramener bénévolement à Bayonne l'évêque Jacques Maury, nommé à ce siège depuis 1579 et qui s'en était depuis longtemps éloigné. Le Corps de ville et les habitants souffraient de son absence, préjudiciable aux intérêts de la religion et à la solution de certaines questions ; ils voyaient aussi avec peine le revenu de l'évêché se dépenser au loin. Il fallait donc ramener l'évêque de force à Bayonne, puisque les admonestations et les plaintes faites au roi restaient sans effet. Le Parlement de Bordeaux intervient dans la dispute et

L'évêque Maury forcé de rentrer à Bayonne.

rend un arrêt obligeant le prélat à résider à son siège ; celui-ci n'en tenant aucun compte (31 mai 1585), la ville demande et obtient du même tribunal une commission pour saisir les fruits de l'évêché. Ce moyen semble décider l'évêque, car, le 18 novembre, les échevins ordonnent de surseoir à la saisie autorisée jusqu'à la fête des rois. Sans attendre cette date, le prélat arrive, le 29 novembre ; il est reçu par les membres du Conseil, félicité de sa venue et gratifié d'un beau saumon.

Les pourparlers déjà engagés entre l'évêché et le Conseil de ville depuis 1581, au sujet de la fondation d'un collège, sont repris ; on proposait de lui donner pour maîtres un principal et trois régents. Mais la dépense, évaluée à 600 livres par an, devait être répartie par tiers entre l'évêque, le chapitre et le Conseil ; cette combinaison échoua par suite du refus opposé par le chapitre. La négociation reprend le 17 avril 1589, et l'évêque se charge seul d'établir un collège de séminaire, moyennant un don de 400 écus et la concession du terrain environnant l'église St-Thomas ; le Conseil accepte et se met en mesure de faire délivrer le terrain au prélat.

Les ligueurs appuyés par l'évêque. — Le Corps de ville se plaint encore à l'évêque que plusieurs prêtres ne sont ni capables, ni dignes de confesser les fidèles ; il lui en fournit la liste en le priant de faire les changements nécessaires (10 janvier 1586). Mais dans toute réunion d'hommes il se trouve des rigoristes qui veulent pousser les réformes au delà de la limite raisonnable ; ils allaient trouver à Bayonne l'occasion de donner libre cours à leurs tendances. La nouvelle puissance de la ligue et la présence de l'évêque donnent de l'audace à quelques catholiques bayonnais du parti de la ligue ; au risque de provoquer une sédition, ils composent une liste de 50 à 60 habitants, qualifiés de huguenots, et la remettent à l'évêque. La chose s'ébruite, provoque de l'émotion ; le Conseil, appelé à en délibérer, trouve que la liste ne contient que des vrais catholiques et ouvre une enquête contre ceux qui l'ont établie (10 février 1586).

C'était le moment où l'on venait de publier un nouvel édit du roi, appuyant les intentions de la ligue et ordonnant de chasser de Bayonne les protestants qui ne se seraient pas soumis à l'exercice de la religion catholique (3 janvier 1586). Le lieutenant de maire, peu désireux d'assurer l'exécution de l'édit, interroge les échevins en feignant de leur demander appui ; ceux-ci se bornent à répondre qu'il y a huit sergents royaux à sa disposition et, s'il n'est pas satisfait de ces agents ou si une rébellion se produit, les échevins lui prêteront main forte ; toutefois, ils l'invitent à exécuter l'édit. Il fallut bien alors obéir au roi ; l'un des expulsés, Martin Petit, retiré en Béarn, écrit à son père, à Bayonne (8 octobre 1586), pour donner des nouvelles de sa famille ; il ajoute que ceux de son parti sont plus recherchés à Bayonne que par le passé, témoins : Solie, Mathieu Dollins et Dibarsoro, qui ont dû déloger sans trompette, et que cette situation ne changera pas tant que la guerre durera.

Afin de se conformer aux édits, une visite des livres censurés est faite, sur l'initiative de l'évêque, par une commission comprenant un vicaire général, le procureur du roi et un jurat (21 mars 1586).

L'expulsion des protestants est attribuée par le public au prélat et fait naître des incidents regrettables. Des propos outrageants sont proférés contre lui par Johan du Verger, dit Caulonque, et le Conseil, saisi par la plainte de l'évêque, ouvre une information (17 mars). Ces procédés ne pouvaient qu'aigrir les esprits contre l'évêque ; d'ailleurs, il tient sur Bayonne des propos discourtois que le Conseil attribue au mécontentement qu'il éprouve de son retour forcé et, pour les faire cesser, le roi, averti par le gouverneur, lui en fait exprimer son mécontentement par cet officier (8 août). Une petite difficulté s'était produite au sujet d'une cloche de la cathédrale que l'évêque avait fait placer dans sa demeure ; elle appartenait à la ville et elle était nécessaire pour signaler, du haut du clocher, l'arrivée de l'ennemi ; le prélat résiste pendant plusieurs jours et finit par consentir au déplacement de la cloche, eu égard aux menaces des Espagnols (1er août 1586).

Philippe II, comptant sur la promesse de la ligue, se mettait en effet en mesure de conquérir la Basse-Navarre. Cette menace fait prendre des mesures préservatrices ; on chasse les étrangers de Bayonne et on fait le recensement par quartier des habitants susceptibles de porter les armes ; défense est faite d'aller vers les ennemis, quels qu'ils soient, de leur porter des lettres et de leur fournir de l'avoine. Les hommes de garde de la porte Mousserolles se sont esquivés la nuit du 2 mai, et se voient pour cette faute condamnés à la prison et à l'amende. Les nouvelles d'Espagne deviennent plus alarmantes ; le gouverneur est averti qu'il se fait de grandes assemblées de gens de guerre dans les villes de Passages, St-Sébastien, Laredo, Portugalette et autres localités voisines et, si l'ennemi a des intentions sur Bayonne, il faut lui montrer que ses habitants sont prêts à le recevoir. Les armes sont recensées, nettoyées, leurs proprié taires fournis de plomb, poudre et mèche, l'artillerie mise en

Menaces de l'Espagne.

place, la garde extraordinaire et les rondes rétablies, le parapet en maçonnerie de la plate-forme St-Esprit exhaussé afin d'écarter tout danger d'escalade, le sonneur de la cloche d'alarme désigné. Enfin, comme les troupes pourront arriver par mer, La Hillière prévient les habitants de St-Jean-de-Luz, Ciboure, Urrugne, Bidart et Biarritz, de l'aviser promptement dès qu'une flotte se présentera ; dans ce cas, les marques du havre devront être enlevées afin que l'ennemi ne puisse découvrir l'entrée de l'Adour, et les navires des ports seront retirés derrière les chaînes pour les défendre.

Ce danger n'est pas pour préoccuper l'évêque de Bayonne, qui tient pour la ligue et ses alliés ; il se borne à dénoncer le péril protestant. Un de ses prédicateurs se plaint, au prône, qu'un certain Huet, ministre de la religion réformée et frère d'un échevin de La Rochelle, a pu, sans opposition du Conseil de ville, venir à Bayonne trois mois auparavant, y séjourner grâce aux secours fournis par quelques habitants et recevoir la visite d'un fourrier du roi de Navarre, accompagné de plusieurs hérétiques (4 octobre). Les échevins, dont la tolérance se trouve démasquée, estiment que ces discours ne peuvent que désunir les habitants et provoquer une sédition ; comme une délation est possible, ils députent vers le roi, pour lui exposer le cas, accusant le prélat de vouloir se venger en excitant la ville.

L'évêque Maury possède cependant des renseignements assez précis sur la situation du parti protestant et les transmet au Conseil (17 octobre). La présence du baron de Castelnau à Navarrenx et ses projets sur Bayonne, déjà signalés au gouverneur (22 septembre), sont confirmés par lui ; il annonce qu'à ce chef religionnaire se sont joints trois capitaines, le comte de Meye, le sieur de Curson, son frère, et La Roque Benat, lesquels tiennent la campagne dans les Landes. Ces ennemis comptent s'approcher de Bayonne en occupant Gosse, Seignanx et Maremnes. Le baron de Poyanne, gouverneur de Dax, opère contre eux ; il attend un secours de 300 salades arrivant de Bordeaux et a pris ses dispositions pour entourer l'ennemi et le mettre en pièces, s'il s'approche en réalité de Bayonne. Le roi de Navarre, à la suite des pourparlers infructueux de Cognac, s'est retiré à La Rochelle ; mais les habitants de ce bourg pourri du protestantisme le tiennent en suspicion, parce qu'il n'avait pas voulu leur révéler le motif de la négociation durant laquelle il avait eu une entrevue à Luçon avec l'abbé de Gadague et les dames abbesses de Fontevrault et de Soissons, ses tantes, et parce qu'ils croient deviner qu'il s'agissait de sa conversion. Aussi,

Henri affirme qu'il est à La Rochelle comme en une prison dont les geôliers sont les habitants de cette ville. Mais il a utilisé son séjour dans ce port en faisant fabriquer six galions armés de deux pièces à la proue et munis d'un pont qui peut s'abattre subitement contre le rivage et livrer passage à un grand nombre d'hommes. Dès que ces navires seront armés et ravitaillés, c'est-à-dire dans peu de jours, le roi de Navarre s'embarquera pour descendre au Boucau-Vieux, exécuter une entreprise aux environs et de là gagner le Béarn. Bayonne, Dax et St-Sever se trouvent donc menacées, mais le roi de France compte sur la vigilance des gouverneurs et le redoublement des gardes pour garantir ces villes. Tous ces dangers s'évanouirent heureusement, aucune place ne fut attaquée et Navarre resta en Saintonge, occupé à préparer la campagne prochaine.

A ces renseignements généraux, l'évêque en ajoutait de particuliers, touchant certains habitants de la ville. Il prétendait que d'anciens protestants, devenus nouvellement catholiques, trahissaient Bayonne en tirant des armes chaque jour de la ville et en les envoyant dans leurs maisons de campagne, aux environs de Cambo, où ils les tenaient à la disposition des ennemis ; ils achetaient en outre des chevaux de service. L'évêque est sommé de nommer ceux qu'il accuse ; ces derniers déclarent qu'ils se sont rendus à Cambo boire les eaux ; ils s'étaient armés par mesure de sécurité, mais en rentrant ils ont rapporté leurs armes. Ces propos, que l'on peut taxer de légers, indisposent les échevins contre l'évêque Maury et les décident à faire part au maréchal de Matignon de ses actes et de ses « déportements. » Ils l'accusent d'avoir sollicité du roi l'ordonnance toute récente qui défend à Bayonne de trafiquer avec Mont-de-Marsan et Tartas, villes au pouvoir du Béarnais. Ils obtiennent par Villeroy le retrait de cette mesure et lui envoient en même temps un cadeau d'ambre gris.

Tous ces procédés vexatoires ont attiré sur l'évêque de nombreuses inimitiés, qui se traduisent quelquefois par des menaces ; il se plaint au Conseil qu'on a tenté de l'assassiner, le matin de Noël, lorsqu'il se rendait à la messe (20 décembre 1586), mais il ne peut fournir aucune preuve de son allégation. Pour se garantir contre de nouvelles attaques, il se rend parfois à l'église armé de pedrinats ; les échevins s'émeuvent et protestent contre ces précautions, le priant de prouver les soupçons qu'il pourrait avoir sur certains habitants (4 décembre 1589). Tel était le triste résultat de la guerre civile : délations, suspicions et défaut de sécurité, conséquences redoutables de l'état de trouble dans

L'évêque dénonce les menées des protestants. Il est menacé de mort

lequel se débattait la France et qui devaient durer aussi longtemps que lui.

La trêve accordée par Biron au roi de Navarre expirait le
6 janvier 1587 ; il fallait encore reprendre le harnais de guerre
et continuer les opérations interrompues en Saintonge et Poitou.
Henri, plus heureux cette fois, prend 20 villes ou châteaux, en
avril et juin ; il est un instant arrêté par Joyeuse qui, pressé de
retourner en cour, laisse son lieutenant manœuvrer contre les
protestants. Le roi de Navarre, après avoir fait une nouvelle
recrue dans le comte de Soissons, inflige des pertes à son adversaire.

Un concert s'établit dans les opérations jusqu'alors désordon-
nées des troupes de la ligue (août). Trois armées sont mises sur
pied ; Guise doit marcher contre les reîtres, Joyeuse combattra
Navarre et le roi Henri III opèrera sur la Loire. Montmorency,
qui formait un parti à lui seul, allait combattre en Languedoc,
tantôt les ligueurs, tantôt les troupes royales. Le roi de Navarre
projette de se retirer de la Saintonge et d'aller joindre les troupes
allemandes en se repliant vers le Midi et s'ouvrant un chemin
par la Guyenne et le Languedoc. Il a déjà commencé son mouvement de retraite, lorsque Joyeuse accourt, appuyé par Matignon, l'arrête à Coutras et lui livre un combat dans lequel il
trouve la mort.

Bataille de
Coutras.

La victoire a enfin souri au Béarnais, qui va déposer aux
pieds [de Corysande un trophée de drapeaux ennemis ; mais,
abandonné par le gros de ses troupes qui, après ces succès,
considèrent la campagne comme terminée, il ne peut gagner, à
travers deux armées opposées, la haute Loire, pour donner la
main aux reîtres, et se contente de rester sur la défensive en
Guyenne (24 octobre 1587). Le duc de Guise inflige une défaite
aux Allemands, les force à retourner dans leur pays et, par cette
victoire, accroît encore la célébrité dont il jouit. La jalousie
d'Henri III en est d'autant plus excitée et le pousse à combler
d'honneurs son mignon d'Epernon, pour rabaisser la maison de
Lorraine. Les ligueurs ripostent par de nouvelles prétentions,
concertées à Nancy entre le cardinal de Bourbon et les Lorrains ;
elles sont repoussées par le roi.

L'armée calviniste, engagée pour quelques mois, s'étant dis-
soute, Henri de Navarre se borne à reprendre sa petite guerre
de places. Il s'empare d'Aire (7 décembre 1587), pendant que ses
lieutenants reprennent Vic - Fezensac et Nogaro. Il entre à
Domazan (20 février 1588), au Mas d'Agenais (23 février) ; il a
une légère escarmouche à Nérac avec les troupes de Matignon

et du grand prieur, frère de Joyeuse (1er mars). Au même moment, Condé meurt subitement à St-Jean d'Angély et laisse Navarre chef incontesté du parti huguenot.

Le roi Henri III, irrité contre les Seize, qui bravaient son autorité, les mande et se dit décidé à faire bonne et prompte justice (avril). Guise est appelé par eux à Paris, descend chez la reine-mère, intrigue auprès du roi, mais il ne réussit pas à en obtenir tout ce qu'il demande (9 mai). Les ligueurs, pour vaincre cette résistance, organisent à Paris une insurrection, lèvent des barricades, menacent d'enlever Henri III, l'obligent à quitter sa capitale en fugitif et à se retirer à Chartres (12 avril). Ayant pris alors le temps de réfléchir, le roi, effrayé de la puissance de la ligue, fait volte face, compose avec elle et signe un traité reproduisant la convention concertée à Nancy.

Quinze jours après, Guise fut nommé généralissime des armées royales, et d'autres ligueurs se trouvaient appelés à divers commandements. Henri III consentit à reconnaître le cardinal de Bourbon comme son héritier présomptif ; Mayenne et Nevers furent chargés de réduire les huguenots en Dauphiné et en Poitou, et la ligue fit célébrer un *Te Deum* en actions de grâce d'un succès si complet. On décida que les Etats généraux devaient sanctionner le nouveau traité ; leur réunion à Blois fut annoncée par Henri III dès le mois de juillet, mais elle ne devait avoir lieu que le 16 octobre.

Durant les opérations du roi de Navarre en Saintonge jusqu'à la bataille de Coutras, le baron de Castelnau et le vicomte de Turenne ne quittèrent pas la Gascogne. La ville de Bayonne, quoique toujours sur le qui-vive, ne fut pas directement menacée ; ses commerçants continuaient leurs échanges avec Mont-de-Marsan, malgré les efforts de Poyanne, qui cherche à les en détourner en s'appuyant sur un propos du baron de Castelnau prétendant que tout ce qui serait dirigé sur les villes soumises au roi de France ou qui en sortirait serait de bonne prise pour lui. Cependant, comme l'on a appris (29 juin 1587) que les régiments et compagnies qui suivent Castelnau sont sortis de leurs garnisons et courent la campagne et que, d'autre part, le vicomte de Turenne vient de se montrer (27 juillet) avec une bonne troupe de gens de guerre sur les frontières du Béarn, à une journée de marche de Bayonne, les échevins se décident à prendre des précautions pour défendre la ville. Ils ordonnent aux habitants de chaque quartier de se fournir de vivres, d'arquebuses et autres armes ; ils font dresser par le canonnier de Gestas un inventaire des poudres, munitions, mousquets et

Ville menacée par Turenne et Castelnau.

canons appartenant à la ville, afin de savoir si les magasins en contiennent suffisamment ; ils s'opposent à la sortie des armes et font emprisonner Martin de la Borde et Arnault de Sarremon, qui ont fait passer aux rebelles de Béarn 36 barres de plomb en violant la fermeture des chaînes. Le mauvais état de ces dernières offrait un facile passage et, depuis le 13 mars que leur réparation avait été mise à l'enchère, les travaux avaient été entrepris et avaient nécessité l'enlèvement de toute clôture ; c'est pourquoi le gouverneur prescrit à la garde de St-Esprit de tirer des coups d'arquebuse contre tous les contrevenants qui passeront en bateau avant l'ouverture des portes, même contre sa propre personne, à l'exception toutefois des courriers de la poste.

Le Conseil se gardait aussi des gens suspects, faisant tenir à St-Esprit le marché de la ville, priant le vicomte d'Orthe d'empêcher ses administrés de se faire conduire à Bayonne soit pour aller au marché, soit pour assister aux fêtes, et nommant des commissaires pour visiter les navires étrangers. Le bruit s'est répandu (29 juin) que plusieurs navires de guerre courent le long de la côte ; on ignore s'ils appartiennent au roi de Navarre et s'ils font partie de l'invincible *armada* que Philippe II préparait contre l'Angleterre et qu'une tempête devait détruire misérablement l'année suivante. Dans les deux cas, c'est pour la ville une menace dont elle se garantit en faisant enlever par les gardiens du havre les marques et enseignes désignant l'entrée de l'Adour, afin de la dissimuler à l'ennemi. Mais la précaution la plus essentielle consiste dans une entière exécution du service des rondes ; pour les faciliter, on fait paver deux mauvaises parties du chemin qu'elles suivent : l'une entre la tour du Nard et le Piedmont, la seconde entre la porte St-Esprit et l'escalier voisin des Jacobins.

Nous avons dit plus haut que le roi de Navarre, après le succès de Coutras, avait recommencé la guerre de places en Gascogne, débutant par la prise d'Aire (7 décembre 1587). Les préparatifs de ce siège causent des alertes à Bayonne ; le gouverneur reçoit avis (2 novembre) qu'Henri, bien accompagné de troupes, se propose de surprendre la ville de St-Sever ou quelque autre place de la Basse Guyenne. Il passe à Bidache, le 9 novembre, avec toute sa troupe ; un tel voisinage inquiète La Hillière, qui réunit un conseil de guerre, décide d'envoyer la nuit sur l'Adour un galion armé tant que le roi de Navarre restera aux environs. Le guet est renforcé chaque nuit de 12 arquebusiers, et les soldats des rondes sont exhortés à bien faire leur devoir.

Mais on apprend, le 14 novembre, que le Béarnais s'est éloigné et a pris une autre direction que celle de Bayonne, et on envoie à Peyrehorade le corau barbotan, monté par neuf matelots, au vicomte d'Orthe, qui se trouve menacé d'un siège (23 novembre). Sa rivalité avec les Gramont le désigne aux coups du roi de Navarre, toujours épris des charmes de la belle comtesse ; il fut plusieurs fois menacé et put cependant, grâce à ses dispositions, faire l'économie d'un siège. Malabers, lieutenant de Navarre, vint à Soustons avec un régiment de mille hommes (1er février 1588) provoquer le soulèvement des ennemis du roi de France ; le gouverneur est informé qu'ils s'assemblent en armes (8 février). Il ordonne les mesures habituelles en y ajoutant la défense pour les vignerons de se faire remplacer au service du guet par des serviteurs béarnais et par suite suspects.

Ces rassemblements cachaient de nouveaux projets sur la ville de Peyrehorade que les protestants faillirent surprendre en se servant de galupes provenant de Bayonne. Ils avaient réussi à les prendre en location sous le prétexte d'aller charger à Hastingues des balles de pastel et de les apporter à Bayonne (9 mai). Heureusement cette entreprise put être découverte et déjouée , mais si l'on n'y prenait garde, elle pourrait se produire à Bayonne ; aussi, les possesseurs de galupes reçoivent à cet égard des défenses sévères. Les troupes protestantes, après avoir apparu sur les limites de la paroisse de Hasparren (13 mai), se sont retirées aux environs de Peyrehorade. Elles menacent de surprendre les villes catholiques de la région et particulièrement Bayonne, Dax, St-Sever, qui sont entourées de leurs compagnies. Or, l'artillerie qui est au boulevard de la tour du Nard se trouve démontée et hors d'état de défendre les chaînes ; le Conseil obtient du gouverneur qu'elle soit réorganisée et que les remparts soient armés. Pour bien assurer le service du guet, on décide que tous les habitants monteront la garde, même s'ils en sont exempts, et on leur défend de s'éloigner de la ville lorsqu'arrive leur tour de service. Les gens suspects de servir le Béarnais sont l'objet de mesures de rigueur ; deux de ses sujets, restés en ville quoique expulsés, sont incarcérés ; une semblable mesure est sollicitée du gouverneur contre Fabreau, qui a porté les armes contre le roi durant les troubles ; de même contre les deux fils de Gaspard de la Rue, chargé de la garde de la tour St-Esprit.

L'adoption de ces diverses mesures, si souvent renouvelées, n'apporte plus cependant d'entraves à la continuation des travaux de longue durée que réclame la fortification de la ville ; la

Précautions contre les troupes béarnaises voisines.

fouille des fossés de Mousserolles se poursuit sous la surveillance des jurats, aux frais du roi, tandis que la guérite du Piedmont, commencée près des chaînes, se termine sur les fonds de la ville. Le pontier (1) rend compte que la porte de St-Esprit pourrait être forcée par des pétards et obtient du Conseil un crédit de 50 livres pour prévenir ce danger à l'aide d'un petit travail de maçonnerie.

Le sieur de Luxe, lieutenant pour le roi de France au pays de Soule, a été expulsé avec sa famille de sa maison ; il vient demander asile à la ville et lui offre ses services jusqu'à ce que le roi ait autrement disposé de lui. Le Conseil lui fait bon accueil, mais lui recommande, à cause de la difficulté des temps, de n'avoir d'autre train que celui de sa seule maison, autrement dit de n'être suivi d'aucun compagnon d'armes (19 août). Les expulsés pour cause de suspicion faisaient un chassé-croisé d'une ville à l'autre ; Bayonne, qui reçoit Luxe, avait rejeté le vice-sénéchal Combes, partisan du roi de Navarre. Ce dernier s'était alors réfugié à La Rochelle, où il avait eu des relations avec le Béarnais ; il se présente, le 10 octobre, à la porte de St-Esprit, et veut entrer en ville. Empêché par l'échevin de garde, Combes en appelle au gouverneur ; l'évêque intervient, dénonce ses rapports secrets avec le roi de Navarre à La Rochelle et fait connaître que l'entrée de St-Sever et de Dax vient de lui être refusée. Le vice-sénéchal combat les assertions du prélat, affirme qu'il s'est adressé à Henri de Navarre pour le prier seulement de recommander son gendre à la cour et qu'il a pu circuler librement à St-Sever et à Dax. La Hillière, satisfait de ses réponses, laisse pénétrer le sieur de Combes en ville.

En vue de la réunion prochaine des Etats généraux, la ville a délégué le syndic Moisset aux Etats de Guyenne, convoqués à Moissac par Matignon, en l'autorisant à consentir des deniers au roi pour satisfaire aux frais de la guerre ; une réunion préparatoire des délégués de la province avait eu lieu à Dax (18 juillet), afin d'y arrêter une solution commune.

Aux approches de la réunion des Etats généraux à Blois, l'étoile des Guise sembla pâlir. La destruction de l'*armada* les privait d'un puissant appui ; les ligueurs virent se tourner contre eux le duc d'Epernon, gouverneur d'Angoulème, qui ne voulut pas se dessaisir de sa charge en faveur des Guise, malgré le consentement du roi. Lavalette, lieutenant général en Dauphiné, frère d'Epernon, soutint le parti de ce dernier et réduisit

(1) Officier municipal chargé de l'entretien des ponts et fortifications.

Mayenne à l'impuissance en s'alliant à Lesdiguières. C'est sous ces auspices qu'Henri III ouvrit à Blois, le 16 octobre 1588, l'assemblée des Etats. Parallèlement et comme pour narguer la ligue, le roi de Navarre tenait à La Rochelle l'assemblée de ses Etats. Sous la pression des Guise, la déchéance d'Henri de Navarre au trône de France est proclamée ; mais le roi de France, dont le vœu était contraire à celui de l'assemblée, profitant des embarras de la ligue, se déclare prêt à signer l'édit d'union, à condition que toute levée d'hommes et d'argent faite sans son agrément serait considérée comme crime de lèse-majesté. Il opposait ainsi une clause inacceptable à celle non moins admissible pour lui de faire publier les décisions du Concile de Trente, dans lesquelles il était représenté comme incapable de gouverner.

Pour mettre un terme à cette situation déshonorante, Henri III, révolté par tant d'audace, fait assassiner Guise le balafré, son frère le cardinal de Guise et emprisonner le cardinal de Bourbon (23 décembre). *Guise assassiné par ordre du roi.* En agissant vivement, il aurait pu mâter les révoltés, mais il perdit dans l'inaction un temps précieux et laissa la ligue reformer ses cadres. Mayenne, le troisième des Guise, alors à Lyon, avait pu échapper à la colère du roi ; il est proclamé lieutenant général du royaume par la ligue et les Seize. Bientôt, un entraînement se produit vers son parti ; la plupart des régiments du roi se débandent et passent à la ligue. Henri III, presque abandonné, ne se trouve plus en sûreté à Blois et se retire à Tours avec les débris de ses troupes (mars 1589). Sa mère Catherine venait de mourir deux mois auparavant, lui conseillant la réconciliation avec Navarre. Ce dernier opérait en Saintonge depuis le commencement de l'hiver, prenant Niort, St-Maixent, Maillezais, Châtellerault, Lisle-Bouchard et diverses autres places et se tenait prêt à tout événement.

Il put alors récolter le fruit de son dévouement constant à la couronne de France. *Réconciliation des deux rois.* Au premier appel d'Henri III, il signe avec lui une trève (3 avril), passe la Loire à Saumur (21 avril), adresse un manifeste à la nation et décide, dans une entrevue avec son souverain, d'unir leurs deux armées pour assiéger Paris.

Depuis que nous avons laissé les Bayonnais fort préoccupés par des mouvements de troupes protestantes vers Bidache et Peyrehorade, les événements ont marché d'un pas rapide dans l'entourage du roi. Le gouverneur, qui ne prévoyait pas de si violentes secousses, se préoccupe toujours de protéger la ville de Bayonne ; il réunit, le jour même de l'assassinat des Guise, les officiers du roi et le Conseil de ville en assemblée (23 décembre) et leur expose l'avantage d'occuper par des garnisons les châteaux de Guiche et d'Espelette. La première de ces forteresses a de bonnes défenses, elle commande l'Adour, la Bidouze et les divers gaves du Béarn ; si l'ennemi venait à la faire tomber en son pouvoir, il pourrait couper les vivres de Bayonne et tenir ses habitants « en serre. » Du côté du Labourd, le château d'Espelette, quoique bien fortifié, peut être surpris et servir d'asile à l'ennemi qui, de ce point, ruinerait la Basse-Navarre et empêcherait la ville de se ravitailler dans ce pays. Les membres du Conseil admettent l'utilité de ces garnisons, mais ils déclinent pour la ville l'honneur de les fournir, car les habitants de Bayonne sont surchargés par les guets ordinaire et extraordinaire. La mort du duc de Guise est annoncée très laconiquement par La Hillière (3 janvier 1589) et les échevins sont d'avis que, sur un « tel remuement d'affaires », il faut prendre garde à soi, conserver la ville au roi, vivre en amitié et union, malgré quelques différends.

Le Parlement de Bordeaux, toujours fidèle à la couronne, écrit à la ville de ne point prêter l'oreille aux propos de certains séducteurs (ligueurs), qui veulent soustraire les cités à l'obéissance du roi ; les échevins répondent que Bayonne ne reconnaît que le roi sacré et oint, auquel elle a promis d'obéir et qu'il n'est en la puissance de personne de la détourner de sa fidélité envers lui (17 février). La recommandation du Parlement est publiée avec obligation de l'observer sous peine de mort, et une protestation de fidélité au roi est signée par tous les magistrats du Conseil et tous les habitants sachant écrire. Des avertissements sont en même temps adressés par Poyanne, qui redoute l'attaque des régiments du parti contraire au roi ; on recommande aux habitants de faire les guet et garde extraordinaires en propre personne, sous peine de privation de droit de bourgeoisie pour les bourgeois et d'expulsion de la ville pour le populaire ; on prie en outre le gouverneur de faire garder par ses soldats morte-payes le Château-Neuf, éloigné de tout secours et quasi abandonné par son lieutenant La Feugère, qui s'en tient absent la plus grande partie de la journée ; les échevins ne pardonnent pas à ce capitaine d'avoir eu raison de leur hostilité et de leurs accusations ; ils lui reprochent de tenir taverne au Château-Neuf et d'y recevoir en garnison toutes sortes d'étrangers, même un certain Sabarots, ancien soldat du baron de Castelnau, qui pourrait trahir en livrant le mot. Par ordre du roi, l'évêque fait célébrer un service solennel à l'église cathédrale pour la feue reine-mère, en présence des échevins en robe de justice et de tout le peuple.

Depuis qu'Henri III et Navarre se sont réconciliés, le Corps de ville se montre plus tolérant envers les protestants de Bayonne. Plusieurs d'entr'eux chantent les psaumes traduits par Marot et Théodore Bèze à l'intérieur des boutiques et des maisons ; la faculté qu'on leur laisse de chanter ainsi et l'arrivée en ville de huguenots, taxés de gens de sac et de corde, est signalée au prône par ordre de l'évêque. Le Conseil fait demander au prélat les preuves des faits allégués, car « si on lui lâchait la bride, il ferait continuer de tels propos et provoquerait la division ; » l'évêque reconnaît qu'il ne peut rien prouver et promet aux échevins de les prévenir à l'avenir avant de ne rien faire alléguer en chaire.

Au mois de juin, l'armée royale, renforcée par 10,000 Suisses. se dirige vers Paris avec Navarre à l'avant-garde. Arrivé à Etampes, Henri III est avisé de l'excommunication qui le menace si, dans l'espace de dix jours, il n'a pas remis en liberté le cardinal de Bourbon et l'archevêque de Lyon. C'était une manœuvre de la ligue, mais Navarre réconforte Henri III par de viriles paroles, l'engage à marcher au plus vite sur Paris, l'assurant que c'était le meilleur moyen d'échapper à la menace. Le 24 juillet, Pontoise est pris ; le 30, les ligueurs évacuent St-Cloud et Meudon.

L'armée royale, forte de 40,000 hommes aguerris, allait avoir bientôt raison de Paris, lorsqu'un moine fanatique, Jacques Clément, dont le bras est armé par la ligue, vient assassiner Henri III à St-Cloud (1er août). Dès ce moment, la succession du roi est ouverte et Henri de Navarre va être obligé, pour la recueillir, de déployer les ressources de son génie, de sa diplomatie et de son cœur.

Henri III assassiné.

CHAPITRE XVIII

HENRI IV AUX PRISES AVEC LA LIGUE ET SES ALLIÉS. — CONSPIRATION DE CHATEAU - MARTIN CONTRE BAYONNE. — GRAMONT GOUVERNEUR MALGRÉ LA VILLE (1589-1597).

Batailles d'Arques et d'Ivry. — Premières menaces des Espagnols et des ligueurs contre Bayonne. — Mesures de défense. — Souscription des habitants pour la défense. — Précautions contre les étrangers. — Venue de la sœur du roi. — Espelette pacifié par les échevins — Menace de navires espagnols. — Labourd pillé par des compagnies de ligueurs. — Les Espagnols pénètrent en Comminges et Couserans. — Le roi retarde l'examen des projets de Louis de Foix. — Menaces de l'Espagne. — Danses prohibées.— Projet de garnison à Bayonne. — Abjuration du roi. — Armée espagnole à Passages.— Soumission de Paris. — Démarches pour conserver le gouverneur La Hillière. — Précautions contre l'Espagne. — Bayonne menacé par les ligueurs. — Conspiration de Château-Martin. — Son supplice. — Nouvelles démarches pour garder La Hillière. — Gramont nommé gouverneur. — Question de la garnison agitée de nouveau. — Paix de Vervins. — Edit de Nantes.

Le dernier des Valois avait désigné le roi de Navarre pour lui succéder ; ce choix ne fut pas ratifié par les principaux seigneurs catholiques qui formaient le gros de l'armée royale. Ceux-ci, refusant de marcher sous la bannière d'un roi huguenot, s'éloignèrent de lui ; quelques uns passèrent à la ligue, d'autres se fortifièrent dans leur gouvernement, tentant ainsi un retour vers le système féodal.

Henri IV ne resta pas inactif. Sûr des Suisses et d'un bon noyau d'armée, il leva le siège de Paris et se retira avec 9,000 fantassins et 800 cavaliers vers Dieppe dont il avait gagné le gouverneur et où il espérait recevoir un secours de la reine d'Angleterre. La ligue avait proclamé roi de France, sous le nom de Charles X, l'oncle paternel du Béarnais, le cardinal Antoine de Bourbon, et lui avait donné Mayenne pour lieutenant général. Ce monarque d'occasion, vieux et infirme, ne contestait pas les droits de son neveu ; il se souciait peu de sa royauté et laissait les ligueurs agir à leur guise.

Bataille d'Arques. Le départ précipité du roi de Navarre avait ressemblé à une fuite et avait augmenté l'audace de ses ennemis. Mayenne s'efforça de le surprendre et se dirigea vers lui à la tête de 30,000 hommes. Il l'attaqua dans les plaines d'Arques, mais il y fut honteusement battu et obligé de se retirer (21 septembre 1589). L'armée victorieuse du Béarnais, renforcée de 4,000 Anglais, se dirigea vers la Loire, après avoir inutilement tenté un coup de main sur Paris ; elle traversa ensuite le Maine et gagna la Normandie, qu'elle soumit entièrement. Henri IV est alors reconnu roi en Bourgogne, Berry, Bourbonnais, Marche, Limousin et Dauphiné ; mais il n'en est pas de même dans le reste du royaume, qu'il va être forcé de conquérir pied à pied.

Avant d'atteindre ce résultat, il aura à réduire de puissants adversaires ; la ligue est, en effet, appuyée par Philippe II, qui voudrait ajouter la France à ses immenses possessions et par le pape, dont Henri IV ne se reconnaît pas le serviteur dévoué. L'ambassadeur d'Espagne et le légat poussèrent Mayenne à tenter de nouveau le sort des armes contre le prétendant. L'armée des ligueurs, ayant été rejointe en Picardie par les lances espagnoles du comte d'Egmont, se trouvait forte de 19,000 hommes, dont 4,000 cavaliers. Conduite par Mayenne, Egmont et Brunswick, elle marcha contre Henri IV, qui assiégeait Dreux ; la rencontre eut lieu près d'Ivry et le sort fut encore défavorable aux ligueurs dont 3,000 perdirent la vie (14 mars 1590). La route de Paris était libre et le roi de Navarre parut devant la capitale (25 avril). Les fortifications de cette place ou plutôt son enceinte extérieure, commencée en 1589, se composaient d'un parapet en terre, maintenu par des sacs à terre et des tonneaux ; cet ouvrage était accompagné d'un fossé et d'un glacis débarrassé des maisons qui pouvaient gêner la défense.

Le Béarnais tenait toutes les voies de communications aboutissant à Paris et empêchait la capitale de s'approvisionner. La famine régnait dans la cité et le peuple, quoique terrorisé par la faction des Seize, demandait la soumission de la place au nouveau roi. Le 27 juillet, dix faubourgs sont déjà au pouvoir de ce dernier ; des émeutes éclatent dans Paris et semblent favoriser ses desseins. Le gouverneur est disposé à capituler (20 août 1590), lorsque Mayenne s'avance, appuyé par Farnèse, duc de Parme, qui conduisait l'armée espagnole des Pays-Bas ; les deux généraux font alors lever le blocus de la capitale et assurent son ravitaillement. Le soulèvement des Hollandais rappelle bientôt Farnèse en Flandres, tandis que Mayenne, rentré dans Paris avec les Espagnols et suivi d'un convoi de vivres, le remet en état de résister.

Les événements de guerre qui ont signalé le commencement du règne d'Henri IV se sont passés au Nord de la Loire et n'auraient pas troublé la région qui nous intéresse, si les démonstrations espagnoles sur les Pyrénées et les menées du parti ligueur n'étaient venues l'agiter. Pendant que le roi de

Bataille d'Ivry.

France luttait victorieusement à Arques et à Ivry contre les troupes de Mayenne et de Philippe II, la ville de Bayonne se gardait avec soin des entreprises ennemies. Redoutant tout d'abord les surprises des protestants, elle avait expulsé de ses murs un certain de la Forcade et quelques autres hérétiques qui cherchaient à s'y loger (3 juillet 1589) ; elle avait agi de même contre les étrangers sans aveu et fait recenser les autres dans chaque quartier. Les habitants furent avisés de tenir leurs armes prêtes et de se munir de poudre, corde, plomb et farine. La ville s'efforça de faire rentrer dans ses magasins la poudre confiée à du Verger, de Gestas et autres canonniers chargés de la raffiner (23 août) ; elle en fit acheter 17 quintaux à Navarrenx à 16 sols la livre et la fit distribuer par les capitaines de quartiers à condition de la rembourser dans six mois.

Par mesure de prudence, les navires arrivant dans le port furent forcés de livrer leur artillerie et les armes offensives et défensives, mais ils les retirèrent au moment du départ (2 octobre) ; les tilholiers furent empêchés de faire passer la Nive aux étrangers, de la tour des Menons vers le port de Sault, où la surveillance n'avait pas été assurée. Les huguenots de Bayonne, la plupart étrangers, ne semblaient pas offusqués par ces précautions ; ils travaillaient et jouaient les jours de dimanches et fêtes, chantaient les psaumes traduits par Marot et Théodore de Bèze, que les édits du royaume avaient cependant prohibés. Les magistrats leur rappelèrent les anciens arrêtés et défendirent aux hôteliers de les laisser chanter ; ils ouvrirent une information contre certains d'entr'eux qui avaient osé prétendre qu'ils réduiraient les catholiques comme ceux-ci avaient réduit les protestants (13 octobre).

Le danger redouté par la ville ne devait cependant pas venir des protestants ; le bruit se répand bientôt que les Espagnols ont sondé le gué de la Bidassoa, à Béhobie. Les échevins, ne croyant pas aisément à une menace venant de ce côté, font une enquête au sujet de cette nouvelle (11 décembre 1589) ; ils n'étaient pas portés à s'en émouvoir car, cinq mois auparavant, ayant accueilli en ville l'ambassadeur de France, le sieur de Fresne, qui venait d'Espagne, ils n'avaient appris de lui aucune nouvelle menaçante. Aussi, tous leurs soins se portent vers la réception qu'ils préparent pour honorer la venue de Madame, sœur du roi, laquelle doit traverser la ville, allant à la cour ; ils chargent le sieur de Lespès de lever, pour cette circonstance, une compagnie de 150 hommes et s'informent auprès de M. de Roubignon du moment où la princesse arrivera. Néanmoins,

par une mesure de sécurité, on recensa les étrangers et on assura
le guet au boulevard St-Jacques, dont le relâchement avait été
signalé (22 janvier 1590).

L'Espagne, dont les soldats viennent d'être battus à Ivry, ne
dissimule plus son hostilité sur la frontière. Philippe II y fait
réunir une grande armée, des galères et des navires dans le but
de menacer Bayonne. En même temps, quelques troupes de
ligueurs se présentent aux environs du nouveau havre de
l'Adour pour tâcher de passer en Labourd et donner la main
aux Espagnols (21 avril 1590) ; cette tentative fut déjouée grâce
à la précaution prise par la ville de Bayonne de faire retirer du
havre tous les bateaux et d'inviter les capitaines des navires qui
s'y trouvaient à s'opposer à la traversée du fleuve. Mais les
compagnies de ligueurs n'ont pas renoncé à leur projet et se
réunissent à d'autres compagnies pour le réaliser. Le gouverneur
de Bayonne est décidé à les en empêcher avec l'aide des habitants de la ville et des troupes dont il dispose.

Premières menaces des Espagnols et des ligueurs contre Bayonne.

Comme cet officier tient pour certain que les Espagnols veulent tenter une entreprise sur la ville, il a averti les gentilshommes de son gouvernement de se tenir prêts et a dressé un état
de ceux qui peuvent répondre à son appel ; il a invité la ville à
faire de même pour les bourgeois et les voisins. Ceux des habitants qui en ont le moyen doivent faire provision de vivres et de
farine pour un mois : l'artillerie sera dressée, les munitions
publiques et les armes des voisins visitées. On ne put songer à
remédier à la faiblesse des chaînes et affûts qui barraient la
Nive, car les finances faisaient défaut ; le gouverneur, cependant,
vu l'insistance de la ville, écrivit au roi et au maréchal Matignon
pour leur demander de prendre sur les fonds de la traite foraine
la somme nécessaire à ce travail. En attendant, une gabionnade
est faite au boulevard de la tour du Nard pour protéger les canons
destinés à battre la rivière ; quelques navires sont mis en rang
derrière les chaînes de St-Esprit, prêts à être coulés en cas de
péril imminent, afin d'opposer un obstacle à l'entrée des navires
ennemis qui entreraient par le nouveau havre. Cinq cents brasses
de corde à mèche sont fabriquées à la hâte et distribuées aux
miliciens.

Mesures de défense.

Les habitants qui sont Espagnols sont recherchés et expulsés
de la ville ; le gouverneur prescrit à ses soldats d'amener devant
lui tous les étrangers qui entreront à Bayonne et menace les
hôteliers, qu'il a fait appeler devant lui, de les réprimer sévèrement, s'ils n'exécutent pas ses ordres. Enfin, la garde est
renforcée et le service de guet extraordinaire rétabli. Cette

mesure fut prise afin d'éviter l'établissement d'une garnison que le Corps de ville ne voulait consentir à accepter qu'en cas d'extrême nécessité, à cause des inconvénients qu'elle devait entraîner.

Le passage à Bayonne de M. de Langle, ambassadeur de France, revenant d'Espagne, sembla indiquer qu'une détente était sur le point de se produire dans les rapports entre les deux pays (21 mai 1590) ; en effet, la ville ne fut plus sous la menace d'une attaque subite, mais elle n'en resta pas moins sur la défensive.

Incertains sur le résultat définitif de la lutte engagée entre le roi de Navarre et les ligueurs, les échevins ont voulu faire leur cour au cardinal de Bourbon, roi de la ligue, en lui répondant, le 8 juin, pour le remercier de ses offres honnêtes et le supplier de continuer à la ville sa bonne volonté. Cette démarche resta sans effet, le cardinal étant mort un mois auparavant. Mais, en même temps, ils ont défendu de tenir sur Henri IV des paroles malsonnantes et de prononcer des propos séditieux au sujet de l'autorité royale. Ces excès de langage étaient surtout reprochés aux vignerons qui fréquentaient les tavernes et ne craignaient pas de tenir des discours licencieux, de jouer et de blasphémer.

Le clerc de ville s'en plaignit amèrement, disant « que d'exécrables paillardises se commettaient journellement et que, par suite de l'impiété des habitants, il semblait que toute espèce de vice était vertu et les actes vertueux des crimes manifestes. » Les anciennes interdictions concernant la fréquentation des tavernes furent renouvelées, mais cette mesure ne put produire le résultat espéré, car la ville était pleine de désordres au sujet du nouvel impôt sur le pastel.

L'épuisement du Trésor royal avait occasionné cette émotion. Henri de Navarre ne disposait plus d'une armée suffisante pour continuer le siège de Paris depuis que la noblesse volontaire, qui en formait le corps principal, avait dû regagner ses foyers par suite du manque de ressources (20 août 1590). Il avait dû, comme nous venons de le voir, reculer devant Mayenne et Farnèse et lever le blocus de la capitale ; mais il avait entrepris de réduire d'autres places. La bonne marche de ces opérations exigea la création de nouvelles ressources qui furent demandées à l'impôt sur le pastel. Les habitants de Bayonne se mutinèrent, refusant de payer ce nouveau droit au sieur de Lalande, qui en était receveur et persistait à faire son devoir malgré les menaces dont il était l'objet (19 novembre 1590). Le gouverneur, voyant que le peuple commençait à se mettre en armes, se décida à en écrire au roi et à sa sœur ; cette démarche calma les esprits et permit de faire face aux dangers du dehors.

Tandis qu'Henri IV était occupé à prendre des villes aux environs de Paris, le duc de Savoie avait envahi la Provence avec l'aide des troupes espagnoles et milanaises et avait fait à Aix une entrée solennelle (17 novembre 1590). D'un autre côté, l'armée espagnole était signalée s'approchant de la frontière des Pyrénées voisine du Labourd. Comme ce mouvement pourrait être dirigé contre Bayonne, le gouverneur de cette ville, utilisant les quelques fonds contenus dans les caisses publiques, fait acheter des munitions, poudre, corde à mèche, plomb, blé et farine. Mais les coffres de l'Etat sont dans le plus grand dénûment et leurs maigres ressources sont loin de suffire aux dépenses urgentes. Le gouverneur, qui veut à tout prix assurer la sécurité de Bayonne, s'adresse alors aux bourgeois, fait appel à leur patriotisme et les invite à opérer des versements volontaires (3 décembre 1590). Une souscription fut ouverte aussitôt et produisit 1,100 écus (1) : les claviers des offices, après en avoir référé à leurs compagnons de travail, s'inscrivirent aussi pour 100 écus : une souscription complémentaire fournit 92 écus.

Souscription des habitants pour la défense de la ville.

Il resta toutefois convenu que le gouverneur devait tout d'abord employer les fonds provenant de la traite foraine. Un tiers du blé constituant la munition du roi fut converti en farine et délivré contre paiement aux habitants.

En même temps que sont formés des approvisionnements pour le cas d'un siège, le lieutenant de maire, Jehan de Sorhaindo, s'attache à assurer la sécurité de Bayonne. Voilà déjà 21 ans qu'il remplit sa fonction et ce long exercice lui a appris comment

Précautions contre les étrangers.

---

(1) Le lieutenant particulier, 20 écus ; le procureur du roi, 50 ; le lieutenant Sorhaindo, 50 ; de Barsoro, 100 ; de Crutchette, premier échevin, 30 ; Monballor, échevin, 10 ; de Compaigne, 20 ; Pierre Dibarboro, échevin, 40 ; Pierre de Crutchette, jurat, 10 ; Dutast, jurat, 10 ; Jacques de Lalande, jurat, 30 ; Pierre Dollins, jurat, 10 ; Dolluns, jurat, 40 ; Dominique de la Serre, 10 ; Pierre de Naguille, 20 conques de farine et un quintal de poudre ; du Vergier, 40 écus ; Auger Dibarboro, 20 ; Pierre de Lalande, conseiller, 20 ; Bernard de Barsoro, 30 ; de Lespès, 50 ; Bertrand de la Garde, 4 ; Jehan de Lalande, 6 ; David de Naguille, 30 ; de Sarrémont, 10 ; Dibusty, 20 ; Duret, 20 ; Pierre de Viges, 10 ; de Garites, 20 ; Pierre Dibusty, 12 ; David de Laclau, 12 ; Pierre d'Iparre, 25 ; du Clerc, 10 ; Jehan de Ste-Croix, 20 ; du Cassia, 10 ; St-Jehan, 4 ; Jean le bon Dolluns, 10 ; Guillaume de Cazalis, 10 ; Pierre de Lalande, trésorier, 20 ; Mathieu de Lalande, 30 ; Mathieu de Diaz, 10 ; de Mendive, 10 ; Dehoby, 6 ; Goubert, 6 ; Guillaume Dibusty, 10 ; Mathieu Petit, 6 ; de Haramboro, 4 ; Jehan de Villeneuve, 5 ; Pierre Duhalde, 6 ; Martin du Vergier, 15 ; Bernard de Crutchette, 10 ; Jehan de Maures, 20 ; Martinet d'Arassen, 10 ; de Monho, 10 ; Adrien Cheppon, 10 ; de Porche Vigne, 10 ; Jean le bon d'Etcheverry, 10 ; de la Cabane, 2 ; de Gestas, 4 ; de Peyrelongue, 5 ; de Capparose, 2 ; revenant toutes les sommes à 1,100 écus. (*Registre des délibérations*, 3 décembre 1590).

la ville peut être mise à l'abri d'une surprise. Il prie le gouverneur de débarrasser son gouvernement et la ville de Bayonne des bohémiens qui s'y trouvent en grand nombre, gens débauchés, la plupart armés et bien montés. De son côté, il rappelle les hôteliers à leurs obligations et fait visiter les étrangers (24 décembre); il se renseigne auprès des marchands anglais habitant la ville sur l'équipage d'un navire anglais que l'on croit composé de pirates et d'écumeurs de mer. Le Château-Neuf lui causait des inquiétudes, parce que son commandant y maintenait une taverne dans laquelle sont reçus des Espagnols; il fit part de ses craintes au gouverneur et lui offrit de le faire garder par des bourgeois, afin d'éviter d'y mettre des étrangers, jusqu'à ce que les ennemis aient délogé des environs de la ville. Les échevins, gens du Conseil et principaux bourgeois, se placèrent aux portes, à tour de rôle, et s'opposèrent à l'entrée des suspects; on ferma alternativement l'une des portes pour rendre ce service moins lourd.

Il avait été depuis longtemps reconnu nécessaire de consolider les tours des Menous, de Sault et l'une de celles du Château-Neuf; l'état de ruine de leur toiture, déjà signalé au gouverneur (5 octobre), s'était aggravé, car cet officier, ne voulant pas toucher aux fonds de la traite foraine sans l'autorisation du roi ou du maréchal, s'était abstenu d'y faire travailler; il se décida cependant à mander près de lui Bernard de Milhet, maître charpentier, ingénieur de la ville, et se borna à lui faire étayer les couvertures en attendant la décision du roi (7 janvier 1591).

Venue de la sœur du roi. Henri IV, occupé à faire face à ses nombreux ennemis, n'avait pas le loisir de s'occuper de ces menus détails. Néanmoins, comme la menace des Espagnols mettait en danger les places de la frontière pyrénéenne, il chargea sa sœur de visiter les défenses de Bayonne. Le Conseil de ville, averti de la venue de la princesse, s'apprêta à la recevoir avec honneur. Le lieutenant, deux échevins et deux jurats allèrent la prendre à Bidache avec quatre galions équipés et armés, montés chacun par un conseiller, dix hommes, des trompettes et un porte-enseigne, ces derniers vêtus aux couleurs de la princesse. Ces bateaux firent escorte à la galupe qui portait la sœur du roi; l'embarcation était garnie de velours à l'intérieur; elle possédait une cabine peinte aux couleurs de Madame et revêtue intérieurement de la plus riche tapisserie que la ville avait pu se procurer. Sept rameurs, habillés comme les trompettes, conduisirent cette galupe et celle qui portait les bagages.

La princesse est reçue à son arrivée par une compagnie de

jeunesse, pourvue d'un capitaine, d'un lieutenant et d'un enseigne ; puis, abritée sous un poêle en damas de couleur, elle se dirige vers son logis à travers des rues superbement tapissées. Douze jeunes gens, choisis dans la bande parmi les plus qualifiés, sont placés à la porte de sa demeure et vingt-quatre autres des mieux équipés se tiennent prêts à l'accompagner à cheval dans le cas où elle voudrait aller aux champs. La princesse est l'objet de nombreuses prévenances et reçoit un beau cadeau de 50 barils de confiture. Comme les échevins redoutent que la ville soit surprise au milieu des fêtes et des assemblées qui ont lieu à cette occasion, ils renforcent la garde des portes et prient le gouverneur de permettre que le sieur de Larralde se retire au Château-Neuf pour le garder avec le nombre d'hommes qu'il jugera nécessaire (22 février 1591).

Les cajoleries dont la princesse fut l'objet tendaient à obtenir son appui pour faire abolir à Bayonne un nouvel impôt mis par le roi sur toutes les marchandises ; mais les échevins, qui avaient protesté auprès d'elle au moment où il allait être établi (26 avril 1591), ne furent pas plus heureux dans leurs démarches près du roi (7 juin). Le passage de Madame n'avait pas arrêté les incursions des partisans de la ligue ; aussi, le Conseil signala au gouverneur la nécessité de châtier les gens de son gouvernement qui donnaient asile et refuge aux ligueurs, facilitant ainsi les courses qui désolaient le pays et le prièrent d'écrire sur ce sujet au maréchal, au sieur de Poyanne et au vicomte d'Orthe (24 avril). Pour se garder de toute surprise, des barrières furent placées au bout du pont des trois portes St-Esprit, St-Léon et Mousserolles ; elles étaient maintenues constamment fermées et ne s'ouvraient que pour le passage des personnes connues. Le service extraordinaire de garde fut rétabli et les patrouilles circulèrent jour et nuit.

Ce surcroît de précautions se justifiait en outre par l'affluence à Bayonne de commerçants portugais (1) qui se disaient bannis d'Espagne, mais qui pourraient espionner pour le compte des Espagnols ; ceux-ci, d'ailleurs, continuèrent à faire sur la frontière voisine grand amas de gens de guerre sans révéler leurs desseins. Le gouverneur, sur la demande du Conseil, expulsa les Portugais et envoya des espions au delà de la frontière ; l'entrée du havre fut en même temps surveillée par Lindau (11 mai). Des navires furent rangés le long des chaînes, tandis que l'on gabionnait les lieux propres à recevoir de l'artillerie,

(1) Juifs.

Les habitants de Bayonne ont oublié un moment leurs appréhensions pour se réjouir de la reddition de Chartres, annoncée au gouverneur par une lettre close du roi, écrite le 19 avril 1591 du camp devant cette place. La prise de cette ville avait été précédée de celles de Noyon, Château-Thierry, Meaux, Corbie, Lagny et Provins. Dans sa missive, Henri IV exhortait les Bayonnais à se mettre en dévotions et prières pour remercier Dieu et implorer son appui ; cette invitation fut transmise à l'évêque Jacques de Maury, qui n'osa ordonner des prières publiques sans consulter ses chanoines et son clergé ; le roi était en effet hérétique et combattu par le pape, ce qui rendait la réponse délicate.

Le roi de France avait cependant grand besoin de la protection divine pour triompher de ses ennemis, car Philippe II poursuivait sans relâche ses visées ambitieuses. Outre l'armée de Farnèse, il avait envoyé en Languedoc un corps peu important qui s'était rendu maître de quelques petites places ; de plus, il avait dirigé sur la Bretagne une troupe de 5,000 hommes à la demande du duc de Mercœur, qui voulait s'y rendre indépendant. Cette petite armée, conduite par Don Juan d'Avila, avait débarqué à Blavet (Port-Louis) et s'était emparée d'Hennebont ; elle garda le fort de Blavet comme place de sûreté jusqu'en 1598. La frontière de l'Est était également franchie par le duc de Lorraine ; celui-ci prétendait, comme son voisin le duc de Savoie, à une large part dans la curée et avait envahi la Champagne.

L'entrée en ligne de ces armées ennemies ne put abattre le courage d'Henri IV, qui mit résolument le siège devant Rouen, place occupée par les Espagnols. Pour réunir les troupes nécessaires à cette opération, il s'était saigné aux quatre veines, vendant les domaines de la couronne en Normandie et les siens en Navarre. Il se trouva bientôt à la tête de 30,000 hommes et, aidé par Biron, poussa activement le siège de Rouen.

Durant ces événements importants, les échevins de Bayonne se sont efforcés de ramener la paix dans le Labourd, en réclamant le châtiment des ligueurs et en s'interposant dans les querelles étrangères à la ville. Apprenant que les habitants d'Espelette s'étaient soulevés en armes et en grande compagnie contre leur seigneur qu'ils tenaient assiégé, et voulant éviter la répression sanglante que La Hillière préparait en amassant des gens de guerre et des amis du voisinage, le Conseil, d'accord avec le gouverneur, s'entremit, obtint que les armes seraient déposées et le différend soumis à un arbitrage (27 juin). Cette intervention venait à point, car le Labourd commençait à se

Espelette pacifié par les échevins.

soulever sans qu'on puisse savoir à quelle fin ni pour quel parti.

Les partisans de la ligue continuèrent leurs courses aux environs de la ville et dans le territoire soumis au gouverneur ; celui-ci recevait constamment des plaintes au sujet des pilleries, extorsions et mauvais traitements dont ils étaient accusés et se montrait bien décidé à user de son autorité pour faire cesser ces déprédations (9 août 1591). Mais La Hillière ne pouvait que menacer, car les ligueurs tiraient leur force du voisinage de l'armée espagnole et de l'obligation où se trouvaient les royaux de réserver leurs moyens pour résister à l'étranger.

Quatre navires espagnols sont signalés courant le long de la côte française ; un plus grand nombre de vaisseaux armés stationnent sur la côte d'Espagne ; les Espagnols ne révèlent pas encore leurs desseins et, bien que la rumeur se répande qu'ils vont se diriger vers la Bretagne, appelés par Mercœur, ce bruit pourrait n'être qu'un stratagème cachant le projet de se saisir de l'embouchure de l'Adour et de descendre à terre. C'est l'avis du Conseil, qui estime que l'on doit veiller à la garde de la ville, aux provisions et aux vivres, car si les Espagnols arrivent, ils barreront, de concert avec les ligueurs, les avenues de Bayonne par terre et par mer et empêcheront la ville de recevoir des vivres (16 août 1591).

Menace de navires espagnols.

Cette alarme stimule le zèle des échevins et des principaux bourgeois ; ils se partagent le commandement des quatre portes, font le recensement des hommes, des armes, des vivres et défendent aux voisins de vendre ou prêter leurs armes, principalement les arquebuses. Un grand magasin est constitué pour renfermer les approvisionnements. Le Conseil empêche le blé de sortir de la ville et prie le vicomte d'Orthe d'y faire transporter les vins et grains de ses sujets, afin que l'ennemi ne s'en empare dès son arrivée (24 août). Quoique les préparatifs de l'Espagne fussent tournés vers la conquête de la Bretagne, la création de magasins sur la frontière maintenait l'inquiétude à Bayonne ; aussi, la ville demanda à l'assemblée du bailliage de Labourd, pour sa défense, la convocation des mille hommes dus pour le service du roi. Le Conseil veilla sur les étrangers espagnols, fit acheter de la poudre et de la corde, chargea le jurat Dollins de confectionner des gabions et de les mettre en place (11 octobre) ; les magistrats de la ville, non contents de faire les rondes de jour, poussèrent le zèle jusqu'à les conduire la nuit (2 décembre 1591).

Mais Philippe II songeait plutôt à secourir Rouen qu'à atta-

quer Bayonne; il comprit que la perte de la première place
porterait une grave atteinte à son influence et l'empêcherait de
tirer le fruit qu'il espérait du mariage projeté entre l'infante sa
fille et le duc de Guise, dont il voulait faire un roi de France
depuis la mort du cardinal de Bourbon : il ordonna donc au duc
de Parme de se joindre à Mayenne avec 25,000 hommes et de
faire lever le siège de cette ville. L'opération, bien conduite,
réussit au gré du monarque catholique et jeta la consternation
dans toute la France.

**Labourd
pillé par les com-
pagnies de
ligueurs.**

Profitant de la frayeur causée par les menaces de l'Espagne,
les ligueurs opèrent librement en Labourd : trois de leurs compagnies de guerre, conduites par les sieurs de Pangeas, de
Balier et de Mauriel, commettent journellement aux environs
de Bayonne toutes sortes d'excès, voleries et cruautés. Le lieutenant Sorhaindo s'en plaint et, sachant l'impuissance du gouverneur, il s'adresse directement au roi, à sa sœur, au maréchal
Matignon, leur demandant d'assurer la tranquillité dans le pays
(3 janvier 1592).

Mais Henri IV, après s'être éloigné de Rouen, a rassemblé des
troupes et s'est élancé à la poursuite de l'armée espagnole qui
s'acheminait vers les Flandres ; il réussit à l'atteindre et à la
mettre en fuite (avril 1592); dès lors, les Bayonnais se préoccupèrent moins des troupes espagnoles de la frontière. De fréquents
avertissements leur parvenaient encore cependant et leur appre-
naient que l'ennemi était proche. Le Conseil d'Etat de Bayonne,
réuni chaque mercredi, veillait à la garde du Château-Neuf,
confiée à un officier nécessiteux ; il s'efforçait en outre de calmer
l'émotion produite dans la ville par la levée d'une cotisation
pour le magasin et par la pose de placards menaçant les commerçants portugais. Ces juifs, bannis d'Espagne et même du
Portugal, depuis que ce dernier pays était passé sous la domination espagnole, arrivaient en ville par grandes troupes et
retournaient ensuite dans leur contrée d'origine pour trafiquer ;
on les força à vider la ville et on leur défendit d'y séjourner de
nouveau, sinon comme passagers et durant une nuit seulement
(13 avril 1592).

La lutte avec l'Espagne était loin de cesser ; Philippe II, tenace
dans ses projets de conquête, gardait les places de France
tombées en son pouvoir et s'efforçait d'en prendre de nouvelles.
Aussi, les attroupements de la frontière ne se dissipaient pas et
se livraient parfois à des démonstrations hostiles qui provo-
quaient de nouvelles alarmes. Le 21 juin 1592, un avertissement
fait connaître que les Espagnols et les ligueurs s'amassent aux

environs de la ville ; les bourgeois de Bayonne se tiennent sur
la défensive et offrent au gouverneur de remplacer les étrangers
chargés de garder le Château-Neuf, en le priant de prendre lui-
même le commandement de cette forteresse. Des gabions sont
placés au boulevard du Nard pour protéger l'artillerie ; 1,200
conques de blé, changées en farine, produisent 400 quintaux de
biscuit. On se débarrasse des nombreux étrangers qui tiennent
en ville des propos séditieux, discutant les affaires d'Etat et
prenant parti, les uns pour les ligueurs, les autres pour les protestants ; on invite en outre les habitants à vivre en paix sans
s'injurier ni se reprocher la qualité de ligueur ou celle de huguenot (8 juin). Ces discussions se produisaient jusque dans la chaire
de la cathédrale, où un prédicateur avait pris pour texte de son
sermon : « Si la paix doit se faire et si elle peut se faire. » La
manière dont le sujet avait été développé fut jugée susceptible
de provoquer des divisions parmi le peuple ; aussi, sur la prière
du gouverneur, l'évêque gourmanda le prédicateur en présence
d'une délégation d'officiers et d'échevins, et l'invita à ne pas
transgresser les édits royaux (13 juillet).

De fréquents avertissements annoncent une nouvelle menace
de l'Espagne (7 août 1592) ; quelques-uns viennent de la cour de
Philippe II et sont adressés par un espion qui déclare ne pas
oser tout écrire ; aussitôt, le Conseil lui envoie un messager
chargé de rapporter verbalement les renseignements que l'on ne
peut confier au papier. Des actes de piraterie, commis aux
portes de Bayonne, démontrent l'audace des ennemis ; des
navires espagnols, armés en guerre, ont saisi à l'embouchure
du Boucau et ont amené deux barques françaises portant du sel
à la ville. Le bruit court que les Espagnols, appuyés par la
ligue, doivent surprendre Bayonne par le quartier du Château-
Neuf, lequel est éloigné de tout secours et mal défendu. Il faut
donc assurer la défense du Château-Neuf, dont le commandant,
M. de Treignan, serait décédé et, en attendant que le roi ait
pourvu à son remplacement par un personnage sûr et dévoué,
le Conseil propose au gouverneur d'y placer le sieur de Larralde,
seigneur de la maison de Garat, habitant de Villefranque, et
affectionné au service du roi (3 août).

Le danger appelait l'attention sur les parties faibles de la fortification ; le Conseil se plaignit que les fonds affectés par feu
Henri III à les améliorer eussent été détournés de leur desti-
nation. Le gouverneur fit parvenir par un exprès au maréchal
Matignon une requête par laquelle il lui demanda d'envoyer en
toute diligence Louis de Foix ou tout autre ingénieur, afin de

visiter les fortifications de la ville et dresser le devis des réparations les plus pressées. Louis de Foix était à Bordeaux, où il s'apprêtait à agrandir la tour de Cordouan. Quelques mois auparavant, il avait écrit aux échevins, leur proposant un projet de reconstruction complète des chaînes de la Nive : ceux-ci avaient répondu à sa proposition en le priant de présenter le projet au roi et lui envoyant 200 écus pour les frais de son voyage ; ils avaient en même temps écrit au cardinal de Bourbon, au chancelier et à M. de Forget, secrétaire d'Etat, pour démontrer la nécessité de fortifier la ville du côté des rivières en reconstruisant les chaînes (4 mai). Ils avaient appuyé leur requête par un cadeau à M. de Forget, de passage à Pau (12 juin), consistant dans une pièce d'ambre gris et douze bas de soie des plus beaux que l'on ait pu trouver.

Les Espagnols pénètrent en Comminges et Couserans. Les amas de troupes constitués à la frontière ne devaient pas avoir Bayonne pour objectif. La sœur du roi annonce, le 20 août 1592, au gouverneur, que les Espagnols sont entrés en grand nombre en France, du côté du Couserans et Comminges, avec l'intention de pénétrer plus avant dans le royaume et de surprendre Bordeaux ; ils sont pleins de menaces contre Matignon, qu'ils veulent mettre à mort. Pour opérer sur Bordeaux et sur d'autres villes, ils ont fait des préparatifs considérables et amassé beaucoup de soldats ; aussi est-il à craindre qu'ils ne se détournent de leur chemin pour venir prendre Bayonne à revers et faire mourir le gouverneur de La Hillière, comme ils en font courir le bruit. Devant ce danger, La Hillière fait pourvoir la ville de vivres et de munitions et manifeste l'intention d'introduire promptement en ville un certain nombre de gens de guerre et soldats des environs. La perspective d'une garnison ne sourit pas aux échevins, qui prétendirent que sa présence aurait pour résultat d'épuiser les vivres approvisionnés et de fouler le peuple ; aussi, furent-ils d'avis d'y recourir quand le danger serait encore plus pressant. Leur opinion prévalut et, fort heureusement pour la ville, les Espagnols ne réalisèrent pas les projets qu'ils avaient sur elle.

Cette alerte une fois passée, le calme ne se rétablit pas en Labourd. Des ribleurs armés parcourent Bayonne la nuit et enlèvent toute sécurité. Le commerce était entravé sur terre comme sur mer ; d'une part, des navires appartenant à des marchands de la contrée et portant des laines vers le pays de Brouage étaient capturés par des pirates espagnols, conduits au port de Laredo avec leurs équipages, traités d'hérétiques et durement malmenés ; d'autre part, les commerçants étrangers étaient volés et pillés en Labourd, mais surtout durant le trajet par eau de Dax à Bayonne. Le procureur de l'amirauté, saisi de plaintes nombreuses, fut impuissant à empêcher ces désordres (23 novembre 1592).

Il était cependant grand temps de mettre un terme à de pareilles dévastations, et nul plus que le roi de France ne désirait ramener le calme dans le royaume. Les bruits de paix prenaient plus de consistance ; une trève semblait se préparer et Bayonne était désireuse de s'y voir comprise. Cependant, la trève ramènera-t-elle la tranquillité ? Cela est douteux, à cause des menaces de l'Espagne, qui ne cesseront pas. Aussi, est-il nécessaire de poursuivre auprès du roi la rentrée de l'artillerie prêtée par la ville. Celle-ci est maintenant dans l'arsenal de Navarrenx, et elle sera enfin rendue si M. de la Force exécute l'ordre que le roi vient de lui donner (22 mars 1593). Le Conseil demande qu'on la conduise seulement à Sordes ou à Peyrehorade, d'où il la ferait ramener à Bayonne.

Henri IV avait reçu les projets de Louis de Foix sur la fortification de la ville, mais il se réserva de les examiner lorsqu'il passerait à Chartres et d'étudier alors les moyens de les réaliser. Il s'agissait, non seulement de faire à neuf les chaines de la Nive, suivant un modèle fourni à la ville par Laurent Grief et dont l'exécution pouvait être assurée avec les 2,000 écus que le trésorier Marchand a recueillis, mais encore de renforcer par un terrassement la courtine en maçonnerie comprise entre la tour des Menons et le boulevard St-Jacques, car le Conseil « vu l'état piteux des affaires de France », estimait que cette muraille était vide, dégarnie de terre, ce qui permettrait à l'ennemi de forcer la ville dans cette partie. Ce dernier travail fut donné à forfait, le 7 mai 1593, et commencé à l'aide des manœuvres des environs.

Le roi retarde l'examen des projets de Louis de Foix.

Il n'était pas possible aux habitants de se maintenir constamment sur le qui-vive ; non seulement les services de garde et du guet furent négligés, mais les magistrats du Conseil ne firent plus la ronde en propre personne. Le relâchement devint pour certains une négligence coupable, puisqu'ils se permirent de vendre des arquebuses prêtées par la ville. Quelques-unes de ces armes furent retrouvées, mais on combla les vides de l'arsenal en achetant cent piques, des mousquets et trois milliers de poudre à La Rochelle. Les échevins usèrent même, pour accroître l'armement de la ville, d'un moyen radical consistant à désigner cent bourgeois qui furent invités, sous peine de prison, à acheter une cuirasse et un mousquet. Toujours animés de bonnes intentions, ils veulent encourager la jeunesse à l'exercice du tir ; ils font dresser dans ce but une cible, représentée par un coq d'acier ou de cuivre, placé au sommet d'une perche, et ils instituent, à partir du 1er mai 1593, un concours ouvert aux enfants, en promettant, à celui qui touchera le premier le but, un mousquet avec sa fourchette, mis en vue pendant la séance de tir, pour exciter l'émulation. Le nouveau maire, le sieur de Gramont, fut témoin du zèle des échevins ; il avait fait son entrée le 27 février, conduit dans les galions de la ville. Il ouvrit solennellement la séance du Conseil et déclara consentir à la demande qui lui avait été faite de retirer la charge de lieutenant à Jehan de Sorhaindo qui en était titulaire depuis 24 ans et se permettait d'en abuser parfois dans son intérêt personnel ; il choisit pour cette fonction Pierre de Lespès.

Les négociations du Béarnais en vue d'une trève avec les ligueurs ne sont pas du goût de Philippe II, qui fait de nouveau rassembler des troupes sur la frontière des Pyrénées (10 mai 1593).

Menaces de l'Espagne.

A la première menace, le Conseil se préoccupe de purger la ville des étrangers qui l'infestent ; il leur défend, sous peine de mort, de s'approcher des remparts, boulevards et fossés. Les Portugais, soupçonnés de transmettre des avis à l'ennemi, sont expulsés. L'un d'eux, nommé Silves, fut spécialement signalé ; il habitait le Château-Vieux, où il pouvait entendre les délibérations secrètes du Conseil d'État et les communiquer aux Espagnols par les Portugais de passage. Le nouveau lieutenant est chargé d'envoyer des espions reconnaître la situation des ennemis et découvrir leurs projets.

Les armes et les farines sont recensées ; chaque habitant ou voisin est sommé de se pourvoir de poudre et munitions de guerre, de se fournir de blé pour deux mois et de le convertir en farine. Pour faciliter l'exécution de cet ordre, la ville envoya à Navarrenx un échevin et à La Rochelle un jurat acheter de la poudre et des balles pour 2,000 livres ; elle recommanda au gouverneur de la première ville de presser le départ du maître qui devait forger les cent cuirasses ordonnées aux bourgeois ; elle défendit d'autre part d'emporter du blé de la ville par bateau et se plaignit, vainement d'ailleurs, aux gouverneurs de Fontarabie et de St-Sébastien, que des pirates espagnols avaient capturé au havre deux navires bretons apportant du blé en ville. Comme le danger pouvait se produire du côté de la mer, le pilote Lindau fut placé en observation au havre avec son galion armé, afin d'avertir le corps de garde de la tour du Nard, si l'ennemi se présentait. Un semblable avis fut demandé aux abbés des paroisses de Labourd limitrophes de la mer, dans le cas où ils verraient passer l'armée navale d'Espagne. La garde des rivières fut assurée par un nouveau bateau, dont Bernard de Millet avait fait le dessin et le devis, le Conseil trouvant que celui dont disposait la ville était insuffisant comme dimension et comme moyens de défense. Les chaînes de la Nive furent protégées par les navires qui se trouvaient dans la rivière et qui furent rangés en arrière de ce barrage.

Il faut croire que les habitants avaient fini par ne plus s'émouvoir de ces préparatifs qui se répétaient à chaque alerte, car le clerc de ville fait la remarque qu' « au lieu de s'attrister « comme les autres Français sur la situation navrante du « royaume, ils ne font que danser et sauter au son du tambou- « rin, les jours de fêtes et dimanches. » Ces exercices choré- graphiques étaient non seulement déplacés, mais ils faisaient naître un véritable danger, car ils avaient lieu aux lices, point très rapproché du Château-Neuf, de la brèche et des remparts, en présence d'un grand nombre d'étrangers ; ces derniers, tout en regardant les danses, pouvaient jeter un coup d'œil sur la fortification voisine et en noter les parties faibles. Par mesure de précaution, le Conseil interdit les danses tant que « les troubles ne seront pas apaisés et les défiances levées ; » il demanda en même temps que le sieur de Larralde vînt com- pléter, avec quelques bourgeois, la garde du Château-Neuf, isolé et mal surveillé.

Danses prohibées

Le gouverneur a fait la sourde oreille à cette proposition, craignant que les bourgeois n'empiètent sur les attributions des militaires ; il veut assurer la sécurité de la ville par un moyen qui n'est pas goûté par les habitants. Il propose de nouveau d'appeler à Bayonne deux cents hommes des pays de Labourd, Gosse, Maremne et Seignanx et de les y maintenir tant que le danger durera. Celui-ci n'était d'ailleurs pas négligeable, car les Espagnols faisaient des préparatifs au port de Passages et, d'après les nouvelles parvenues, l'armée navale qui s'y trouvait pourrait arriver à Bayonne quatre heures après avoir embarqué (16 août 1593). La proposition fut discutée par une grande assemblée de bourgeois devant laquelle le lieutenant exposa que la garnison était demandée pour s'opposer à l'effort de l'ennemi contre les chaînes. La majorité fut d'avis d'accepter la garnison, puisque la ville n'avait pas d'autre moyen de se défendre, et elle décida de répartir les soldats chez les habitants.

Projet de garni-
son à Bayonne.

Henri IV, fatigué de sa vie nomade et aventureuse, compre- nant que son changement de religion était une condition indis-

Abjuration du
roi.

pensable au rétablissement de la paix publique, parce qu'il pouvait seul enlever aux catholiques tout motif d'opposition, s'était décidé à abjurer (22 juillet 1593). Il avait en même temps conclu avec les ligueurs une trève de six mois qui expirait le 1er janvier 1594 ; il devait profiter de ce délai pour se rendre à St-Denis, s'y faire instruire sur la religion catholique et prononcer enfin son abjuration dans la basilique royale. La conversion du roi et la trève furent annoncées à la ville le 20 août. A l'exemple de Bordeaux, qui célébra cet événement par des prières publiques, des feux de joie et autres témoignages d'allégresse, Bayonne rendit grâces à Dieu par le chant d'un *Te Deum* à la cathédrale et par une procession à laquelle assistèrent tous les chefs de famille, le dimanche 22 août ; le soir de ce même jour, des feux de joie furent allumés dans les carrefours, et tous les canons de la ville ébranlèrent les airs par leurs détonations.

Armée espagnole à Passages. Ces démonstrations officielles s'accordaient mal avec le danger éventuel dont Bayonne était menacé. Les échevins rappelèrent au maréchal Matignon que l'armée espagnole était prête à s'embarquer à Passages et le supplièrent de porter secours à la ville si elle venait à être attaquée ; ils reçurent en même temps (23 août 1593) la petite garnison et assurèrent le logis des soldats. Le lieutenant de maire, informé que l'armée espagnole était réunie à St-Sébastien, se fit adjoindre les sieurs du Luc et de Montaut pour découvrir les desseins de l'ennemi et écrivit dans ce but à l'espion qu'il s'était ménagé à la cour de Castille. La réponse ne se fit pas attendre (11 février 1594) : « Philippe II avait toujours des intentions hostiles et amassait des gens de guerre pour marcher contre Bayonne. » Aussi, la manœuvre des fortifications se continua sans arrêt ; le gouverneur ne voulant y employer l'argent de la traite foraine sans ordre du roi et ce dernier déclarant qu'il n'avait pas de fonds pour la fortification de Bayonne, le jurat Dibusty avança la somme nécessaire au renforcement de la courtine des Menons ; les entrepreneurs Aritsague et Bernard de Milhet furent dès lors en mesure de continuer ce travail.

La ville négocia l'achat de trois pièces d'artillerie et poursuivit toujours la restitution de celles retirées à Navarrenx. Le Conseil fit rappeler, à son de trompe, les obligations du guet et obtint du gouverneur l'autorisation d'établir un corps de garde au Château-Neuf. La garde de cette forteresse, dont la charge de capitaine passa en plusieurs mains, n'était assurée que par un officier subalterne et causait encore des inquiétudes à la ville. Après le décès de Treignan, la capitainerie du château passa au sieur de Cachat ; elle venait d'être donnée par Henri IV au vicomte d'Uza, un de ses chambellans (4 mars 1594), qui ne devait jamais résider à Bayonne.

Ce seigneur se présenta cependant, avec une suite de trente chevaux, pour prendre possession de sa charge (27 mai 1594), et institua pour son lieutenant le sieur de Ste-Croix, auquel la ville accorda, pour son installation, 900 livres de deniers patrimoniaux.

La trève conclue entre le roi de France et les ligueurs devait prendre fin au commencement de 1594, mais la conversion du roi avait amenée un certain apaisement, à cause de la division qu'elle avait produit parmi les adeptes de la ligue. Tandis que le parti français, de beaucoup le plus important, inclinait insensiblement vers Henri IV, l'autre fraction tenait encore pour l'Espagne. Dès ce moment, Mayenne vit son crédit diminuer ; il quitta Paris, dont il laissa le gouvernement à Cossé-Brissac. Le Parlement avait demandé que les troupes étrangères sortissent de la capitale ; il fut dès lors facile au roi de Navarre de gagner le gouverneur et de se faire livrer les portes Neuve et St-Denis. L'armée royale entra à Paris, à 4 heures du matin, et le roi alla entendre le *Te Deum* à Notre-Dame, escorté de la milice bourgeoise (18 mars 1594).

Soumission de Paris et des autres villes rebelles.

Cet heureux événement permit à Henri IV d'accorder une prolongation de trève durant laquelle un grand nombre de villes : Lyon, Aix, Orléans, Bourges, Meaux se soumirent au roi. Rouen lui fut livré par Villars, moyennant le titre d'amiral et une jolie somme. Amiens, Riom, Rodez, Agen, Périgueux firent successivement leur soumission. Cependant, les succès du Béarnais ne désarmèrent pas Philippe II qui, malgré la défection de Guise à sa cause, n'abandonnait pas son projet de placer l'infante sur le trône de France ; il la proclama duchesse de Bretagne et insista en même temps auprès du Pape pour l'empêcher d'accorder son absolution à Henri IV.

La nouvelle de la soumission de Lyon parvint à Bayonne, le 11 mars 1594 ; elle y fut célébrée par un *Te Deum* et des feux de joie. Quoique le curé majeur et M. du Faur, prêcheur en théologie, aient participé à la cérémonie religieuse, ils se sont abstenus de prier pour le roi. Les échevins, qui ont été avisés de cette omission volontaire, en font la remarque aux deux ecclésiastiques, en leur rappelant qu'Henri IV était catholique : l'abjuration du roi était de date bien récente et le clergé était excusable de ne pas croire le roi entièrement détaché de son ancienne croyance. L'entrée d'Henri IV à Paris (18 mars), marquée par le chant du *Te Deum* sous les voûtes de Notre-Dame, dut cependant lever les dernières hésitations des prêtres bayonnais.

Si les échevins étaient favorables à la religion catholique, ils usaient aussi de ménagements envers les protestants. Des plaintes fréquentes leur sont faites au sujet du pasteur Romatet, qui provoque l'émotion du peuple en baptisant les enfants à la mode huguenote et en faisant à La Bastide les mariages et les enterrements de certains habitants de Bayonne selon le rite de son culte. Le Conseil se borne à prier Romatet d'exercer moins ouvertement sa religion et transmet les plaintes au gouverneur avec les arrêts du Parlement qui les concernent. L'état de surexcitation des esprits ne permit pas au pasteur de faire cas des avis du Conseil, car, peu de temps après, ses domestiques furent accusés d'avoir tenu des propos contre le Saint-Sacrement.

Démarches pour conserver le gouverneur La Hillière. Les procédés bienveillants du gouverneur La Hillière lui avaient concilié l'affection des habitants de Bayonne. Aussi, la ville avait-elle appris avec déplaisir les démarches de Gramont pour se faire donner sa charge. A la première nouvelle de ces agissements, deux échevins et un jurat ont été députés vers le roi et lui ont fait savoir que le Conseil s'opposerait à la réception de Gramont comme gouverneur ; ils se sont aussi rendus à Bidache, le 4 octobre de l'année précédente, pour dissuader Mme Gramont de poursuivre ce projet avec l'intention de faire la même démarche près de son mari, en venant le saluer dès qu'il rentrerait chez lui. Ce seigneur vient à Bayonne (15 avril 1594) et préside la séance du Conseil en sa qualité de maire ; il fait ses offres de service, car il va aller en cour, et veut bien consentir à dire au roi que les bourgeois le supplient de ne pas changer le gouverneur.

Néanmoins, les échevins n'ont pas grande confiance dans l'appui de Gramont. La nouvelle se répand que le gouvernement de Bayonne aurait été vendu au maréchal de Biron, qui serait prêt à en venir prendre possession ; ce seigneur l'aurait annoncé à quelques habitants de la ville en les chargeant de convertir le peuple à sa dévotion. Le Conseil s'émeut et se rend en corps chez La Hillière, le prie de se rappeler de la promesse qu'il lui a faite de ne pas abandonner son poste et de ne pas s'engager ailleurs. Le gouverneur répond qu'il se conformera en tout aux ordres du roi, mais il espère vivre et mourir dans sa charge (20 mai). Une assemblée générale de gens du roi et de bourgeois prit une résolution qui fut aussitôt transmise au roi (4 juillet 1594). Cette démonstration fut appuyée par une délégation qui se rendit à la cour, munie de lettres de faveur pour le roi, délivrées par le maréchal de Matignon ; après de nombreuses démarches auprès de Biron et de Gramont, les députés obtinrent gain de cause et Henri IV renonça momentanément à son projet. Ce n'était qu'un retard dans l'exécution des intentions royales, et nous verrons bientôt Gramont gouverneur de Bayonne.

Si les Bayonnais tenaient tant à conserver La Hillière, c'est parce qu'il avait su, par son énergie, maîtriser les éléments de discorde qui les agitaient et empêcher toute tentative des Espagnols contre la ville. Sa vigilance ne se démentit pas lorsque le maréchal de Matignon lui écrivit, par ordre du roi, de veiller soigneusement sur Bayonne et de prendre garde à l'ennemi espagnol qui tramait de nouveaux projets (7 novembre). Il semblait cependant que Philippe II aurait dû céder au découragement produit par l'insuccès de ses armes. Tandis que Rouen avait été rendu au roi de France par Villars, avec quelques autres places, les Espagnols, qui s'étaient fortifiés en vain en Picardie, en Franche-Comté, en Bretagne, furent forcés d'abandonner Laon, Quimper et Amiens (20 octobre 1594). Le roi Henri avait fait part de ses succès à Bayonne, en recommandant de rendre grâces à Dieu (12 septembre) ; les désirs du monarque furent réalisés par le chant d'un *Te Deum* et une procession générale.

Pour faire obstacle aux projets de l'Espagne, la manœuvre des fortifications est conduite avec plus de zèle, et chaque échevin va la surveiller à tour de rôle. On renforça les chaînes de St-Esprit en plaçant de bons pilots en dedans, et on décida de faire une écluse près de la tour des Menons pour amener l'eau dans les fossés des remparts. Le gouverneur fut prié de hâter la réunion du vilsar (1) de Labourd qui devait arrêter le nombre des manœuvres fournis par chaque paroisse. Les travaux de terrassement projetés étaient importants ; ils comprenaient l'exécution de grands fossés et la démolition d'une terrasse derrière la Boucherie, pour renforcer la courtine voisine du bastion de Sault.

Précautions contre l'Espagne.

Les échevins prennent leurs dispositions pour expulser étrangers et portugais, assurer le service des patrouilles, faire ranger les navires derrière les chaînes. Le lieutenant et un conseiller sont spécialement chargés de faire épier l'ennemi et de découvrir ses projets. Les actes de pirateries se répètent sur mer et les marchands de Bayonne, qui voient les Espagnols capturer leurs

(1) Grande assemblée des délégués (jurats ou abbés) des 32 paroisses du Labourd, qui délibérait sous la présidence du syndic du Labourd, assisté des officiers du bailliage.

navires chargés de vins et retenir prisonniers les fils de deux d'entr'eux, veulent exercer des représailles en faisant emprisonner des Espagnols de St-Sébastien. Le Corps de ville s'y opposa, sous prétexte qu'il n'y avait pas guerre ouverte sur la frontière et se borna à faire procès à des écumeurs de mer. Cette mesure fut dictée par le désir de ne pas entraver le peu de commerce qui se faisait à la frontière. Une démonstration hostile n'échapperait pas aux habitants de St-Sébastien, très renseignés sur tout ce qui se passe à Bayonne ; « ils possèdent même des « copies de délibérations du Corps de ville, qui ont été montrées « à un Bayonnais de passage, ce qui prouve la nécessité de se « garder contre les traîtres » (3 mars 1595). A cette nouvelle, le Conseil redouble de vigilance, procède à l'expulsion des Portugais, envoie des bourgeois à tour de rôle aux portes, qu'il fait alternativement fermer, afin de rendre le service moins lourd. Le même Bayonnais recommande de se défier du sieur de Combes, ancien ennemi du roi, qui se propose d'aller vers le roi d'Espagne sous un prétexte futile.

Bayonne menacé par les ligueurs. Si la majeure partie des ligueurs avait consenti à déposer les armes à la suite de la conversion du roi, une fraction très importante de ce parti, favorable à l'Espagne, persistait dans sa révolte. Mayenne, appuyé par les troupes du connétable de Castille, tentait de se rendre indépendant en Bourgogne ; Henri IV opéra contre eux, s'empara successivement de Beaune, Auxonne, Autun, Dijon et ne tarda pas à les battre à Fontaine Française (5 juin 1595). Ces soulèvements avaient eu une répercussion en Guyenne et avaient déterminé le maréchal de Matignon à se précautionner contre les attroupements des révoltés (10 mars). Il ordonna à son lieutenant de prendre garde à la sûreté du château de Bordeaux et d'y établir des barricades. Il informa les échevins que les ligueurs du Labourd se sont donnés un chef, qu'ils ont décidé de prendre Bayonne et d'emprisonner quelques habitants de cette ville. Le Conseil commande aussitôt aux étrangers de vider Bayonne et St-Esprit dans les 24 heures ; il fait placer aux chaînes d'amont et d'aval deux galupes montées par quatre arquebusiers pour les empêcher d'entrer. Il prie le vicaire-général et le clergé de se mettre en dévotion afin de conjurer le danger. La situation est d'autant plus grave qu'il y a disette de blé ; la ville est pleine de pauvres qui meurent de faim et pourraient tenter un mauvais coup. Le Conseil fixe à 66 sols le prix maximum de la caque de blé et répartit les pauvres entre les bourgeois chargés de les nourrir ; il les occupe en même temps à redresser les gabions de la fortification. Ne

pouvant obtenir de Matignon un secours de quelques pièces
d'artillerie, le Corps de ville avait fait venir deux canons de La
Rochelle (19 mai). La garde du Château-Neuf réclamait du renfort ; le capitaine de Larralde s'y rendit, avec quelques soldats,
sur la prière du lieutenant, et fut défrayé par la ville de toute sa
dépense (12 juin 1595).

Malgré toutes les précautions prises par les échevins, la ville
ne put se débarrasser de tous les traîtres qui l'habitaient, et elle
fut même sur le point d'être livrée par eux aux Espagnols. Un
certain Château-Martin, dont le vrai nom était Pierre d'Or,
habitait Bayonne, où il s'était fixé en épousant Catherine de
Sorhaindo, qui appartenait à une des meilleures familles de la
ville. Ce personnage, d'origine française, né à Lyon, se livrait
au commerce, soit en Espagne, qu'il avait habité avant de venir
se fixer à Bayonne, soit dans cette ville, où il se trouvait depuis
cinq à six ans. Il était en relations avec le gouverneur de Fontarabie et, tenté par les promesses séduisantes de cet étranger,
il conspira contre Bayonne. Il employa, pour correspondre avec
le gouverneur espagnol, un médecin flamand, Ronieulx, dit
Blanc-Pignon, et un nommé Trie, tous deux habitants de la
ville ; pour écarter les soupçons, l'officier espagnol écrivait au
médecin, suivant un langage convenu, comme s'il était malade
et s'il lui demandait des conseils pour sa guérison.

Les conspirateurs étaient sur le point d'exécuter leur trahison
en mettant le feu, durant la nuit qui devait précéder la fête de
saint Jean-Baptiste, vers la fin de juin, sur trois points différents de la ville ; à la faveur du trouble provoqué par ces incendies, les troupes et la flotte espagnoles, tenues prêtes depuis
longtemps à St-Sébastien et vivement rapprochées des remparts
de Bayonne, devaient pénétrer à l'intérieur de la ville et se
rendre maîtresses de la place. Heureusement, le sieur La Hillière
surprit, à la porte St-Léon, un laquais mal instruit, portant à
Ronieulx une lettre du gouverneur de Fontarabie, laquelle le
mit dès lors sur la trace du complot.

Château-Martin fut aussitôt arrêté avec ses complices ; soumis
à la question, ils avouèrent leur forfait. Mais d'Or refusa, selon
l'affirmation de l'historien Mascin, l'offre qui lui fut faite d'avoir
la vie sauve s'il écrivait au gouverneur de Fontarabie que tout
était prêt et qu'il pouvait faire avancer la flotte. La Hillière
annonça la découverte de la trahison à la cour du Parlement de
Bordeaux (26 juin 1595) ; l'instruction du procès de Château-
Martin et de ses complices fut faite par le président de Cadilhac
et le conseiller Martin. Elle révéla la participation du duc

d'Epernon, ligueur, dont les intérêts étaient représentés par le sieur de Combes, et qui, escomptant l'assassinat de Henri IV, suivi du dépècement de la France, voulait s'adjuger Bayonne.

Le Conseil était impatient de voir terminer l'instruction contre les conspirateurs ; il adressa des réclamations au Parlement (18 août) et pensa stimuler le zèle des enquêteurs en leur envoyant en cadeau des bassins d'argent que les magistrats ne voulurent pas accepter (11 septembre).

Son supplice. La justice prononça enfin son arrêt et condamna les traîtres à la peine de mort. Château-Martin, Ronieulx et Trie furent roués vifs devant la population de Bayonne ; leurs corps demeurèrent sur les roues et leurs têtes, placées à l'extrémité de poteaux, restèrent exposées à la porte St-Léon, qui fait face à l'Espagne. La tête de Château-Martin fut ensuite renfermée dans une cage de fer suspendue au-dessus de la porte de Mousserolles, où elle se trouvait encore en 1600. En action de grâces de la découverte de cette conspiration, une procession générale fut faite chaque année, le dimanche qui suit la fête de saint Jean-Baptiste.

Cet événement entraînait l'adoption de nouvelles précautions. Une ordonnance imposa aux voisins et habitants l'obligation d'éclairer les rues chaque nuit en allumant des feux de trois en trois maisons. Le Conseil insista auprès du gouverneur pour que les mille hommes dus par le Labourd fournissent leur temps de service et adressa sa réclamation au sieur de Poyanne, gouverneur de Dax, au vicomte d'Orthe, aux seigneurs de Belsunce, de Gosse et de Seignanx. Il fit renfermer dans les magasins les piques distribuées imprudemment dans divers quartiers de la ville et traita avec des marchands anglais ou flamands de l'achat de canons et colombines commandés par le maréchal. Dès que les travaux exécutés à la courtine des Menons furent terminés, ceux de l'écluse voisine furent menés activement et l'on décida de border cette digue par deux galeries de fer. Le Conseil délibéra avec le gouverneur sur le pont-levis (comporte) qu'il était indispensable de faire au Château-Neuf pour sa sécurité. Une grosse partie des terrassements de défense ayant été terminée, la manœuvre fut reportée aux travaux de comblement du canal (ester) du Port-Neuf.

Les mesures concernant la population étrangère ne sont pas moins importantes que les précautions de défense. Les Portugais n'ont pas tenu compte de l'ordre qui leur a été donné d'évacuer la ville et, comme il est certain qu'ils avertissent le roi d'Espagne de ce qui se passe à Bayonne, les étrangers sont une fois encore passés en revue, afin de renvoyer les suspects. Les affaires les plus secrètes s'ébruitent trop facilement ; aussi, le lieutenant de Lespès obtient que le Conseil nomme une commission qui en connaîtra seule et s'occupera de découvrir les actions de l'ennemi. Le gouverneur, plus défiant encore, se refuse à laisser rédiger le procès-verbal des séances du Conseil d'Etat et tolère seulement, sur les instances du lieutenant, l'inscription des décisions prises par cette assemblée (16 octobre 1595).

Le moment approche où La Hillière sera relevé de ses fonctions ; il est mandé à la cour, et se présente au Conseil de ville pour annoncer qu'il se rend près du roi, son maître, qu'il n'a pas vu depuis dix-sept ans ; il offre ses bons offices à la ville et déclare laisser le commandement à Maurens, son lieutenant (27 octobre 1595).

Les échevins répondent que le moment est mal choisi pour quitter la ville, car l'Espagne a fait grand amas de gens de guerre qui se dirigent vers Santander et Passages ; ils lui demandent vainement de retarder son voyage ; MM. de Poyanne et d'Amou sont déjà en route vers la cour et, lui parti, la ville restera sans défenseur. Toutefois, le Conseil n'accepte pas cette défaite et députe en cour le lieutenant du maire.

Les démonstrations hostiles de l'Espagne sur la frontière voisine étaient la conséquence des victoires de Henri IV. Après avoir réduit la Bourgogne, le roi de France avait fait son entrée à Lyon (4 septembre 1595) et rangé sous son autorité le Lyonnais, le Beaujolais, l'Anjou, le Maine, le Languedoc, le Rouergue, le Comminges. Ces succès décidèrent le Pape à secouer le joug de l'Espagnol et à accorder à Henri IV son absolution définitive (17 septembre 1595) ; en retour, celui-ci avait rétabli en Béarn la religion catholique.

Le départ du gouverneur a été un signal de relâchement dans la manœuvre des fortifications ; les ouvriers se sont fait exempter de cette corvée moyennant un léger cadeau aux surveillants. Le Conseil prononça contre les défaillants une amende de cinq sols par jour ; il désigna, pour conduire le travail, de Lalande, Recart père et fils, et leur donna des gages, espérant ainsi éviter les tentatives de corruption (17 novembre). Ces mesures furent bientôt insuffisantes et l'amende, trop faible, fut portée à deux écus par un arrêté qui fixa les séances de travail : le matin, de 7 heures à 11 heures ; le soir, de 1 heure à 5 heures ; en raison de l'urgence, les vignerons furent forcés de travailler durant les fêtes.

Mais, de l'avis du lieutenant de Maurens, l'Espagnol s'apprêtait à courir sus à la ville ; cet officier se mit d'accord avec les échevins sur la nécessité de renforcer les parties faibles (1er décembre). L'ingénieur de Foix, venu en ville pour prendre possession des terres bonifiées par la construction du havre, prit les ordres de Maurens et se chargea de dresser un plan des fortifications de la ville où furent figurées les brèches et les modifications nécessaires. Il reçut à l'avance, pour sa peine, un cadeau de cinq demi-barriques de vin. De son côté, la ville envoya un exprès à Ustaritz prier M. d'Urtubie de se tenir prêt, et elle fit recenser les hommes des cinq quartiers de la ville et ceux de St-Esprit, pour savoir le nombre de gens disponibles pour sa défense.

Nouvelles démarches pour garder La Hillière.

Le maréchal de Matignon, sentant que la ville n'est pas commandée et voulant préparer ses habitants à accepter le nouveau gouverneur, Antoine II, comte de Gramont, qui avait reçu ses provisions le 14 décembre 1595, a annoncé sa prochaine venue à Bayonne, en compagnie de M. de La Roche, son fils, et de MM. de Cadilhac, des Aygues, de Bisousse, de la Bruyère. Le lieutenant et quelques échevins se disposent à l'aller prendre à Dax (27 décembre).

Mais les habitants ont appris le changement de gouverneur et ne peuvent admettre que cette charge, qu'ils trouvent incompatible avec celle du maire, soit donnée à Gramont. Ils envoient en diligence, à Bordeaux, un député chargé d'exposer leurs raisons à ce seigneur et de le prier de retarder la vérification de ses lettres de nomination jusqu'à ce que la ville ait pu présenter ses objections au roi, ou bien d'abandonner la fonction de maire. Gramont, que les députés trouvèrent à Hagetmau, déclara tenir grandement à son titre de maire de Bayonne, et s'écria qu'il préférait perdre la vie plutôt que de s'en dessaisir ; quant à la charge de gouverneur, il s'en rapporta à la volonté du roi et consentit d'attendre, selon le désir de la ville. Le comte avait fort adroitement répondu, car il avait flatté les Bayonnais en voulant rester leur maire et, sûr des intentions du roi que garantissaient ses relations avec la belle Corysandre, il ne pouvait douter du succès final de ses démarches (12 février 1596).

Cependant, une assemblée générale de bourgeois décida d'envoyer vers le roi le lieutenant général et les bourgeois Segure et Lespès, qui furent priés de se rendre à la cour le plus diligemment possible. Ce fut le dernier effort tenté par la ville : Gramont resta, dès ce moment, nanti des deux charges de maire et de gouverneur.

Gramont nommé gouverneur.

Il avait déjà remplacé Lespès par Adrien de Ste-Croix à la lieutenance de la mairie ; il se fit suppléer par le sieur de Censac dans le gouvernement de Bayonne. Il se trouvait dans cette ville, au commencement de mai 1596, après avoir été reçu par une compagnie de 300 hommes commandés par Dollins ; le capitaine du guet s'était rendu près de lui pour prendre chaque jour le mot du guet durant tout son séjour. Gramont s'occupa sérieusement de ses nouvelles fonctions, renseigna le roi et le maréchal sur les desseins de l'ennemi et décida les bourgeois à contracter un emprunt à Bordeaux, afin de parer au plus pressé. Des armes, des munitions et de la poudre furent achetées avec ces fonds, les travaux de la manœuvre poursuivis, mais les réparations du Château-Neuf furent laissées à la charge du roi. Larralde continua de veiller à la garde de cette forteresse, avec 24 hommes de la ville, et les bourgeois auraient été satisfaits du nouveau gouverneur s'il n'avait eu l'idée de mettre une garnison en ville. Ils n'osèrent cependant le contrarier, et voyant qu'ils n'avaient pu lui persuader de renoncer à ce projet, ils accordèrent de recevoir 50 soldats et de les loger ou de fournir leur solde fixée à 50 livres.

Quelques troubles sont annoncés du côté du Béarn et de la Navarre, où sont signalées des compagnies de huguenots ; les échevins, pour se renseigner sur leurs intentions, envoient des espions sur les frontières de ces pays ; on raconte aussi que les protestants ont failli prendre la ville de Marmande (30 août 1596). Un calme relatif paraît régner à Bayonne, dont les habitants sont absorbés par les travaux de fortification qui sont activement poussés ; cependant le châtiment de Château-Martin n'a pas abattu complètement l'audace des ligueurs, car l'un de ses anciens complices a tenté de dérober la tête de ce traître en pénétrant, à l'aide d'une fausse clef, dans la guérite qu'il fallait traverser pour commettre ce larcin.

Les rebelles de Bayonne sont encouragés dans leurs mauvais desseins par Philippe II. Ce monarque, après avoir institué comte de Provence le duc de Savoie, son allié, s'efforçait de faire diversion à l'agression dont celui-ci était l'objet de la part de Biron et dirigeait le comte de Fuentes sur Cambrai, avec une armée de 10,000 Espagnols, pour assiéger cette place (13 août 1596). Le roi de France accourut au secours de la ville, mais il ne put l'empêcher de tomber entre les mains de Philippe II (2 octobre 1596). Les efforts des deux monarques rivaux se concentrèrent autour de cette place. Pendant que Sa Majesté catholique faisait réunir à la frontière du Labourd une armée, en répandant le bruit qu'elle était destinée à marcher contre Bayonne (25 octobre 1596), mais avec laquelle il se préparait à appuyer dans le Nord de la France les opérations de Fuentes, le roi de France avait mis le siège devant Cambrai, que l'ingénieur Errard avait entouré de lignes d'attaque. Malgré l'arrivée de l'archiduc Albert, gouverneur des Pays Bas, suivi de 28,000 hommes, et les sanglants combats qu'ils livrèrent sous les murs de Cambrai pour chasser les Français de leurs retranchements, la ville dut capituler, et ce succès donna à Henri IV un grand prestige aux yeux de toute l'Europe (15 septembre 1596).

Durant l'année 1596, la lutte s'était poursuivie sur d'autres points avec des alternatives de succès et de revers. Les ligueurs avaient tenté une révolte avec l'appui des Espagnols ; pendant que les premiers essayaient vainement de s'emparer de Reims, Poitiers, Rouen, St-Quentin, leurs alliés espagnols, plus heureux qu'eux, faisaient tomber en leur pouvoir Calais, Ham, Guines et Ardres ; ils gardèrent, contre les efforts de Biron, la ville d'Amiens.

Philippe II nourrissait cependant des projets contre Bayonne et faisait des préparatifs pour s'en emparer. De nouveaux avis, parvenus le 2 mars 1597, décident la ville à se pourvoir de blé, qu'elle tire de Mont-de-Marsan, à faire confectionner des grenades avec de vieux canons de cuivre et à acheter à Bordeaux ou en Bigorre la poudre, le salpêtre, les boulets et toutes les autres munitions nécessaires à une bonne défense. On accélère le travail de la manœuvre en y employant, aux frais de la ville, 50 hommes et 50 filles payés respectivement 15 et 5 sols par jour. Le clerc et six bourgeois sont désignés pour surveiller le contrôleur de la manœuvre accusé d'accorder, moyennant finances, des dispenses de corvée ; ils vont à tour de rôle diriger ces chantiers, dont l'importance est connue du roi Philippe II, car un certain Espagnol, se disant capitaine, est venu épier les ouvriers et relever leur nombre.

Question de la garnison agitée de nouveau.

La nouvelle de la reprise d'Amiens par les Espagnols, parvenue à Gramont (30 mars 1597), par une lettre de la cour, fut un nouveau motif pour le gouverneur de réclamer une garnison. Il en fixa l'effectif à cent soldats qu'il se proposait de prendre dans ses terres et demanda seulement aux échevins de leur fournir le pain et le vin pour quelques jours ; le Conseil parut y consentir ; mais, afin de suspendre l'arrivée de ces soldats, il décida que les quartiers de la ville fourniraient tous une garde supplémentaire. Cette question de garnison fut le premier différend sérieux qui s'est élevé entre Gramont et la ville. Une deuxième cause de discussion fut amenée par des remplacements parmi les hommes d'armes du Château-Vieux ; Crutchette, qui avait été éliminé par le gouverneur et remplacé par Serres, adressa des réclamations au Conseil qui les transmit à Gramont en les appuyant. Ces deux affaires firent l'objet d'un rapport adressé au roi par Castelnau (28 mars) : le même échevin se transporta à la cour et rapporta une lettre d'Henri IV prescrivant à Matignon de régler le différend (2 juin 1597).

Le maréchal se décide à venir à Bayonne avec une nombreuse suite. Il se fait renseigner sur les moyens de résistance que possède la ville et passe un marché pour la fourniture du blé ; M. Maupeau, qui l'accompagnait, décide les échevins à s'accorder avec Gramont au sujet de la garnison, en concédant 20 lits pendant un an à 40 morte-payes étrangers ; il reçoit en récompense de son intervention un cadeau d'ambre gris. La fortification attire aussi l'attention de Matignon ; le capitaine Monis, ingénieur, avait été envoyé par lui à Bayonne pendant les mois de mai. juin et juillet, pour ordonner les travaux et avait été logé durant tout ce temps aux frais de la ville chez la demoiselle Jehane de Bellegarde. Toutes ces précautions étaient dictées au maréchal par la nécessité de s'opposer à une tentative de soulèvement faite par les ligueurs avec l'appui de l'Espagne ; les efforts des rebelles ont cependant échoué à Reims, St-Quentin, Rouen et Poitiers, tandis que les troupes espagnoles ont réussi à s'emparer de Calais, Ardres, Guines, Ham. La Bretagne, à la suite de la défaite du duc de Mercœur, venait de se soumettre (26 avril 1597).

Henri IV ne resta pas sous le coup des défaites que les Espagnols venaient de lui infliger et mit le siège devant Amiens. L'ingénieur Errard aida beaucoup, en traçant des lignes de circonvallation, à la prise de cette place que les efforts de l'archiduc ne purent empêcher (15 septembre 1597). Le roi Philippe II, voyant l'insuccès de ses généraux, voulut agir contre l'Angleterre, qui avait soutenu la révolte des Flandres et donné des secours à la France ; il fit donc préparer une flotte dans les ports de l'Espagne. La ville de Bayonne, redoutant le passage de cette armée navale, donna la mission à Pétrichon de la Borde, dit Lindau, gardien du havre, de signaler, dès leur apparition, l'arrivée des navires venant de l'Espagne et entrant au havre du Boucau (19 septembre 1597). Le roi catholique se chargea bientôt de rassurer les Bayonnais.

Démoralisé par la destruction de son invincible flotte *armada* et par la défaite de son allié le duc de Savoie, préoccupé de défendre les Pays-Bas contre l'invasion des Hollandais, Philippe II

Paix de Vervins.
Edit de Nantes.

s'empressa de signer avec la France, le 2 mai 1598, la paix de Vervins, à la suite de laquelle le roi d'Espagne et le duc de Savoie rendirent à la France les dernières places de ce pays restées entre leurs mains. Après avoir signé la paix avec l'étranger, Henri IV signa l'édit de Nantes, qui consacrait la tolérance des divers cultes, accordait 200 villes de sûreté aux protestants pendant huit ans et semblait devoir mettre fin aux discordes civiles. Le gouverneur Gramont, réconcilié avec les Bayonnais après le passage du maréchal et tranquillisé sur le sort de la ville confiée à sa garde, fit ses préparatifs pour se rendre à la cour ; il prit congé du Conseil de ville, venu en corps lui présenter un cadeau d'ambre gris, et il prit la route de Bordeaux, accompagné jusqu'à St-Vincent par plusieurs échevins et une vingtaine de bourgeois (23 novembre 1597).

CHAPITRE XIX

HENRI IV POURSUIT L'ABAISSEMENT DE LA MAISON D'AUTRICHE. — L'INGÉNIEUR ERRARD, DE BAR-LE-DUC, APPELÉ PAR LA VILLE. — SON GRAND PROJET DE FORTIFICATION (1597-1610).

Venue de l'ingénieur Errard, demandé par la ville. — Passage de l'ambassadeur Rochepot.— Brouille passagère entre Gramont et le Conseil. — Biron décapité. — Sully craint des détournements et fait contrôler les comptes de la ville. — Le roi modifie le règlement sur la garde de Bayonne. — Alarme à la nouvelle que la ville va être trahie et livrée. — Le roi projette d'abaisser la maison d'Autriche. — Menaces de l'Espagne. — Travaux au bastion Lachepaillet. — Ville exemptée du droit de foraine. — Passage des Morisques.— Commerce abâtardi par les juifs portugais. — Assassinat du roi. — Danger de peste. — Affaires de religion. — Travaux urbains. — Artillerie.

Après avoir clos, par la paix de Vervins et l'édit de Nantes, la guerre civile qui ruinait depuis longtemps son royaume, Henri IV consacra la deuxième partie de son règne à affermir son autorité, à assurer le bonheur de ses sujets et à mettre, avec l'aide de Sully, de l'ordre dans les finances. Il songea aussi à se donner une postérité : Marguerite de Valois, sa femme, retenue loin de lui par une vie désordonnée, n'avait pu, depuis quatorze ans de mariage, donner des enfants au roi. Elle consentit au divorce, que le Pape autorisa, sur la demande des deux époux. Une Florentine, Marie de Médicis, nièce du grand-duc de Toscane, fut la seconde épouse d'Henri IV ; les accordailles eurent lieu le 10 avril 1599 et le mariage le 10 décembre 1600.

Le duc de Savoie, ancien allié de l'Espagne, s'était emparé du marquisat de Saluces ; il vient à la cour de France pour simuler un accord avec Henri IV (décembre 1599). Mais, profitant de sa présence à Paris, il cherche à susciter des embarras au roi ; il se met dans ce but en relation avec Biron, qui vise à se rendre indépendant en Bourgogne, le pousse à la révolte, et tous les deux conspirent contre le monarque. Celui-ci, averti de la trame ourdie contre lui, rompt les négociations et prend les armes. Le duc de Savoie, sachant qu'il n'a aucun secours à espérer du jeune roi d'Espagne, Philippe III, n'offre aux troupes d'Henri IV qu'une faible résistance. Le 20 août 1600 la Savoie était conquise et, par le traité du 16 janvier 1601, le duc cédait à la France la Bresse, le Bugey et le pays de Gex.

Ces démêlés laissèrent Bayonne bien paisible. Le sieur de

Ste-Croix, qui a reçu la charge de lieutenant à la capitainerie du Château-Neuf, fait exécuter à ce château les modifications ordonnées par le roi. Un moment, les entrepreneurs de l'œuvre, ne recevant plus de fonds du trésorier des réparations et fortifications de Guyenne, abandonnent le travail et laissent la forteresse ouverte ; nous pensons qu'il s'agissait d'y construire un pont-levis. Ste-Croix veut dégager sa responsabilité et prie le Conseil d'user de son influence auprès du trésorier pour faire venir des fonds (27 février 1598). Le sieur de Lespès, choisi pour lieutenant de maire, ne voulut pas s'occuper de cette affaire, car il refusa longtemps le poste auquel Gramont l'avait appelé ; il finit enfin par céder aux instances des échevins (7 juin 1599).

Les difficultés opposées par le trésorier Marchand au paiement des travaux de la fortification proviennent du peu de rendement de la traite foraine, dont le produit est affecté à ces ouvrages. Le Conseil s'en préoccupe et trouve que les bureaux de cette traite, établis à Dax, St-Sever et Arzacq, ont été adjugés à vil prix, comme si l'état de guerre régnait encore ; mais on est en pleine paix, et ces prix ne sont pas admissibles. Les échevins s'informent du produit réel de ces bureaux et se proposent, à l'occasion du prochain affermage, qui doit avoir lieu le 1er janvier 1604, d'envoyer un délégué pour enchérir et relever les prix ; le résultat de l'adjudication, inférieur au prix de 45,000 livres auquel ils prétendaient, soulève les réclamations du Conseil.

Venue de l'ingénieur Errard, demandé par la ville. Il est d'autant plus essentiel de disposer de ressources plus importantes, que la ville, sur la proposition du trésorier Marchand, a demandé l'ingénieur Errard et a offert de payer son voyage (17 avril 1598) ; des lettres sont envoyées au gouverneur et à la comtesse pour hâter sa venue. Cependant, plus d'une année s'écoule sans nouvelles d'Errard. Les échevins écrivent de nouveau à Gramont, le priant de s'assurer si Errard refuse de venir à Bayonne, où il pourra toucher les fonds mis par eux à sa disposition et lui demandent, dans ce cas, d'obtenir du roi la faveur pour la ville de prendre à son service l'ingénieur occupé à fortifier La Rochelle (28 juin 1599).

Deux mois après, Errard était rendu à Bayonne et, après avoir inspecté, par ordre de Sa Majesté, l'état des murs et des fortifications, il indiquait quelques améliorations à réaliser. Il établit en outre le projet complet de transformation de l'enceinte de la place et le remit au Corps de ville avec les explications nécessaires ; nous dirons plus loin en quoi consistait ce projet, dont **le plan a été conservé dans les archives de la ville (28 avril 1599).**

Plan de Bayonne

et des bastions projetés par Errard de Bar-le-Duc
ingénieur d'Henri IV

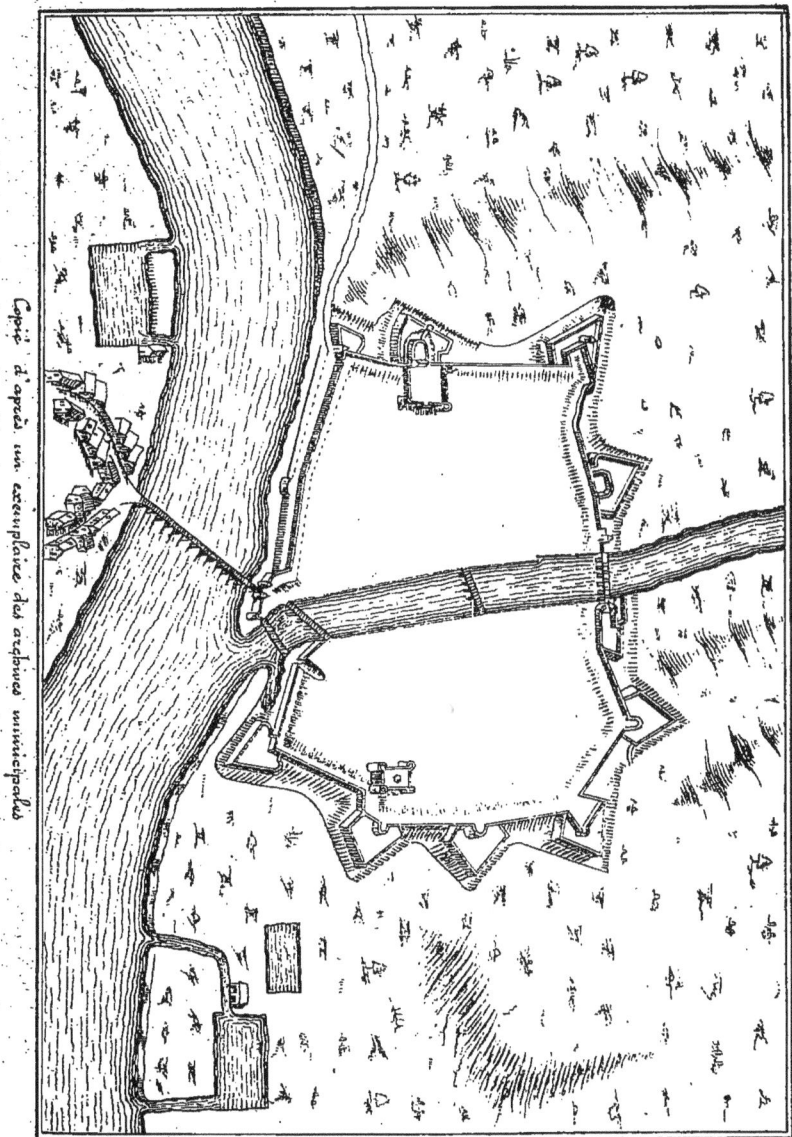

Copié d'après un exemplaire des archives municipales

Gravé à Paris vers 1599

Echelle $\left(\frac{1}{12670}\right)$

Mais les échevins ne veulent pas avoir dépensé inutilement 650 écus à faire venir Errard ; ils prient Gramont d'instruire le roi du résultat du voyage de l'ingénieur et le pressent d'obtenir que son projet soit mis à exécution. Ils envoient même un député à la cour, au moment où vont être répartis par le Conseil privé du roi les fonds levés sur le domaine et applicables aux fortifications, afin de faire comprendre dans cette répartition les travaux projetés par Errard (1er octobre).

Le zèle apporté par le Conseil à la question des fortifications l'incite à faire appuyer ses démarches par des personnages haut placés et assure un chaleureux accueil au comte de Rochepot, ambassadeur du roi, qui se rend en Espagne avec une suite de gentilshommes ; ce diplomate, pendant le séjour qu'il fit à Bayonne, du 26 mai au 3 juin 1600, fut logé chez Jehan de Sorhaindo, ancien lieutenant, et reçut toutes sortes de vivres pour lui et sa suite par les soins du Conseil de ville. Cette assemblée prit soin de rehausser, par la présence d'un si haut personnage, l'éclat de la procession de la Fête-Dieu, qui eut lieu, durant son séjour, le 31 mai ; M. de Rochepot y occupa la place d'honneur, tenant avec Sansac les pieds du poêle du côté droit, tandis que le lieutenant et le clerc occupaient le côté gauche. Il fut escorté, au moment de son départ, jusqu'au pas de Béhobie, par Sansac, le lieutenant, quatre échevins et huit bourgeois.

Passage de l'ambassadeur de Rochepot.

Le maréchal d'Ornano est venu remplacer Matignon à la lieutenance générale de Guyenne ; son influence sur le roi engage la ville à envoyer à Bordeaux une députation, afin de lui souhaiter la bienvenue (25 mai 1600). Les envoyés de Bayonne ont été présentés par Gramont et reçus avec bienveillance ; le maréchal les chargea de féliciter la ville de la bonne harmonie qui régnait entre elle et son gouverneur, et de sa fidélité envers le roi que les affaires de religion ou de ligue n'avaient jamais ébranlée. Il termina sa réponse en annonçant son intention de venir à Bayonne dans vingt jours. Les compliments faits par d'Ornano sur les bonnes relations de Gramont avec la ville allaient être démentis par les événements.

Malgré la bonne apparence de ces rapports, les bourgeois gardaient rancune à Gramont d'avoir eu raison de leurs résistances en obtenant, malgré eux, la place de gouverneur. Ils manifestèrent leur mauvaise humeur lors de l'élection des magistrats, à laquelle ils procédèrent en dehors de la présence de Gramont (13 septembre). Celui-ci proteste de n'avoir été pris au Château-Vieux par le capitaine du guet et de n'avoir pas

Brouille passagère entre le maire Gramont et le Conseil.

été conduit par lui à la mairie, afin d'y présider à l'élection. Les échevins répondent, en arguant de l'incompatibilité des fonctions de gouverneur et de maire et de l'accord intervenu, en 1596, entre le roi et la ville, établissant que, durant tout le temps que Gramont serait gouverneur, la fonction de maire serait accomplie par le lieutenant de maire, dont le renouvellement se fait tous les deux ans. Gramont déclare qu'il en référera au roi.

Le Conseil se plaint, à son tour, que le gouverneur fasse fermer de bonne heure les portes de l'enceinte et qu'il en ordonne l'ouverture, pendant la nuit, sans prévenir la ville, pour faire passer des personnes et des bateaux. Le gouverneur reçoit la réclamation avec hauteur et se refuse à modifier sa manière d'agir (20 décembre 1600). Les échevins s'offensent aussi de ce que les clefs de la ville ont été remises à un officier subalterne lorsque le gouverneur et son lieutenant se sont absentés en même temps, au lieu d'être confiées au lieutenant de maire. Le procédé est d'autant plus blessant que Gramont avait agi tout autrement lorsque, un an auparavant, étant sur le point de s'absenter, il chargea le premier échevin, Dibarboro, de recevoir chaque soir les clefs de la ville et qu'il lui donna le mot du guet pour chaque nuit.

La brouille entre le gouverneur et la ville ne dura pas longtemps, grâce à l'intervention du maréchal. Les échevins profitent de la venue de la comtesse de Gramont pour amadouer le gouverneur et rentrer en grâce auprès de lui (31 août 1601). Charles de Sorhaindo, lieutenant de maire, choisi par Gramont parmi les six candidats du Conseil, se fait accompagner de quelques échevins et va prendre la comtesse à Bidache dans deux galupes tendues d'étoffes et bien accommodées. Les embarcations descendent la Bidouze, puis arrivent à Urt, pour descendre l'Adour ; elles trouvent en ce point quatre galions portant chacun dix tireurs, huit arquebusiers, un tambour et un trompette, que commandait un enseigne colonel de la ville. Après un salut d'arquebusade, la flottille se dirige sur Bayonne et elle est reçue, à la porte de St-Esprit, au bruit du canon, par le Corps de ville en robes noires et chaperons rouges, suivi de nombreux bourgeois. La réconciliation est scellée par de nombreux cadeaux ; Gramont reçoit six barriques de vin et un lot de vaisselle d'argent prisé 250 écus ; la comtesse, sa femme, et Madame de Roquelaure, sa fille, douze paires de gants de senteur chacune ; son gendre, une pièce d'ambre gris valant 120 écus.

Les troubles de la ligue, un moment apaisés, semblent sur le point de renaître. Biron, qui avait trempé dans la conspiration du duc de Savoie pour arriver à se constituer en Bourgogne un fief indépendant, avait été pardonné par le roi. Son ingratitude le perdit ; il se préparait de nouveau à faire soulever les ligueurs lorsque Henri IV, qui faisait surveiller ses agissements, se rend à Blois, à Poitiers, parcourt le Midi, députe Sully à La Rochelle (mars 1602).

Les provinces se calment à la voix du monarque et Biron, appelé à la cour, est arrêté et décapité à Paris, sur la place de Grève (31 juillet). Des troupes espagnoles avaient été amassées à la frontière par ordre de Philippe III ; surprises par la rapidité des événements, elles n'osèrent la franchir. Biron décapité.

Quelques protestants avaient trempé dans la conspiration. Le duc de Bouillon, le principal d'entr'eux, parvient à s'échapper ; les calvinistes de son parti sont calmés par Sully, qui obtient la soumission de 150 nobles du Quercy (mars 1603). Béziers et Narbonne avaient failli être livrées aux Espagnols par les frères Lucquisses, tandis que le traître Meyragues agissait de même à Marseille.

Tous ces complots avaient été heureusement déjoués, mais non sans que le contre-coup de ces événements se soit fait sentir à Bayonne. Quelques Espagnols sont allés épier le château de St-Pé, appartenant à M. d'Amou, puis ils se sont enfuis devant les habitants du lieu, qui leur ont couru sus et qui, redoutant une surprise, ont mis garnison dans le château. Le Conseil envoie sur place deux échevins faire une enquête (14 août 1600) et écrit à M. de Rochepot pour savoir les intentions de l'Espagne ; l'ambassadeur répond de Valladolid, annonçant son prochain retour. Les rapports avec les voisins pyrénéens deviennent plus tendus, le maréchal d'Ornano transmet à toutes les localités de la frontière un ordre du roi défendant tout trafic avec l'Espagne (21 août 1601). C'était une représaille contre le roi d'Espagne et l'archiduc, gouverneur des Flandres, qui avaient établi un droit exorbitant sur les marchandises sortant de France.

Les échevins se décident à faire meilleure garde et enjoignent au capitaine du guet de fournir chaque nuit 70 hommes (1).

(1) Répartition du guet : 7 à Mousserolles, 3 derrière les Jacobins, 6 au St-Esprit, 4 au Piedmont, 4 à la tour du Nard, 3 aux Loms, derrière le jeu de paume de Niert, 5 à Lachepaillet, 3 derrière la Boucherie, 5 à St-Léon, 3 au Cul de Loup ou Pied de Mulet, 5 au port de Sault, 4 à la guérite des Isques ou des Menons, 4 au Fer à Cheval, 5 à St-Jacques, 5 à la Brèche, 4 à Notre-Dame.

Deux rondes sont ordonnées chaque nuit ; l'une avant minuit, l'autre après. Ces magistrats traitent de l'achat de quatre pièces de canon ; ils se procurent du salpêtre pour faire de la poudre et font poursuivre les travaux de fortification. M. d'Urtubie frète deux pataches armées en guerre pour donner la course aux bateaux espagnols ; mais il ne craint pas de faire de la piraterie en s'emparant indifféremment de tous les blés qui sont apportés par mer à Bayonne et à St-Jean-de-Luz, sans s'inquiéter de leur provenance. La ville signale ce sans-gêne à Gramont et lui demande de mettre un terme à ce qu'elle appelle un déportement (9 novembre).

La manœuvre des fortifications ne marche pas au gré des échevins. Cela tient d'abord à ce que beaucoup de travaux sont entrepris en même temps : comblement du grand fossé des Tanneries et terrassement de sa courtine voisine du Piedmont ; terrassement de la courtine du Cul de Loup, près la tour de Sault ; manœuvre à la tour du Nard (1) ; comblement de l'ester du Port-Neuf ; commencement du bastion Lachepaillet. La mauvaise volonté des paroisses de Labourd à fournir leur contingent de travailleurs occasionne aussi du retard ; les habitants du Labourd refusent non seulement de travailler à la manœuvre, mais ils menacent de châtiments ceux des voisins qui répondront à l'appel de la ville. Le Conseil députe l'échevin de Hody vers le roi, afin de l'informer de l'arrêt des travaux et de l'impérieuse nécessité d'obliger les Labourdins à fournir des aides pour les continuer. Sansac, qui s'est absenté de Bayonne après avoir, cette fois, remis les clefs au lieutenant de maire, reçoit un semblable avis et ne peut qu'en référer au maréchal. Celui-ci arrive, venant de St-Vincent, où les échevins sont allés le trouver à cheval (14 octobre 1602). Il ne fait que passer, se rendant à la frontière ; il est fort embarrassé de trancher le différend concernant la manœuvre, car le Labourd bat en brèche, devant le Parlement de Bordeaux, les privilèges de la ville ; il se réserve de soumettre cette affaire au roi et espère qu'elle sera tranchée le mois suivant ; en attendant, pour ne pas arrêter les travaux, il décide que le Labourd fournira la somme nécessaire à la continuation de la manœuvre durant un mois.

Son intervention est sollicitée sur une question de finances soulevée par M. de Rosny (Sully) ; ce ministre d'Henri IV, ayant eu vent que de grands détournements avaient été faits sur les fonds de la grande coutume donnés par le roi pour les répara-

Sully craint des détournements et fait contrôler les comptes de la ville.

(1) Probablement un bastion en terre autour de la tour.

tions et fortifications de Bayonne, et que la plupart des comptes
en étaient faits à plaisir, avait rédigé lui-même des mémoires
particuliers qu'il remit à Henri IV. Le monarque délégua aussitôt le sieur Martin, trésorier général de France, pour contrôler
les comptes de la ville et s'assurer en particulier, selon la
recommandation expresse du roi, de l'exactitude des pièces du
sieur de Roquelaure. Mais la ville ne peut lui présenter sa
comptabilité, car toute celle antérieure à 1601 est soumise à la
vérification de la Cour des comptes, et celle de 1601 et années
suivantes n'est pas encore prête, car elle est établie tous les
trois ans, période correspondante à l'afferme de la grande
coutume. Pour répondre au désir des échevins, le maréchal leur
promit de convaincre le roi de la bonne foi apportée par la ville
à l'emploi des fonds de la grande coutume.

Les Espagnols poursuivent cependant leurs attroupements à
la frontière ; quelques galions et un corps de 4 à 5,000 hommes
de guerre viennent d'arriver à Santander. Un espion est aussitôt
envoyé dans cette ville, tandis que le guet extraordinaire est
ordonné à Bayonne (9 septembre 1602). L'expulsion des juifs,
dits portugais, qui avait été réclamée de nouveau le 3 novembre
1600, sauf pour sept ou huit familles protégées par Matignon,
est reprise dans tout le territoire du gouvernement de Bayonne
(13 décembre 1602). L'éloignement de tous les étrangers s'impose
d'autant plus que Gramont a reçu une lettre de M. de la Force,
gouverneur du Béarn, dans laquelle il est averti qu'une conspiration se trame sur Bayonne et que les conspirateurs sont dans
cette ville (8 avril 1603). Deux semaines après, M. de la Force
renouvelle ses avis. Les échevins font sortir de Bayonne les
marchands anglais et flamands ; ils demandent aux officiers
royaux de débarrasser le Labourd des étrangers qui s'y trouvent
en nombre et de chercher, de leur côté, à découvrir les conspirateurs (21 avril). La nouvelle du complot a été confirmée par le
capitaine Clias, détenu à Bordeaux pour crime de lèse-majesté.

La présence en Labourd des étrangers est cause des vols *Le roi modifie*
nombreux dont on se plaint. D'ailleurs, les habitants du pays, *le règlement sur*
la garde de Ba-
profitant de ces troubles, donnent libre cours à leurs rancunes. *yonne.*
Plusieurs Bayonnais, chargés de saisir du blé que des habitants
de St-Jean-de-Luz ont soustrait aux percepteurs des droits de
Bayonne, ont été pétarder la maison de ces fraudeurs. Ceux-ci
se vengent sur deux marchands Bayonnais, de passage dans leur
ville, lesquels faillirent être tués (21 février 1603). Le roi a été
instruit de cette affaire par Gramont et mande près de lui, pour
s'éclairer, l'échevin de Larralde qui conduisait la sortie des

Bayonnais contre St-Jean de-Luz. Henri IV décida d'apporter des modifications au règlement concernant la garde de Bayonne, afin d'empêcher le renouvellement de cet acte violent. Les échevins protestent, déclarent qu'ils n'ont pas été entendus ; ils prient le maréchal d'Ornano de faire surseoir à l'exécution du nouveau règlement, et cherchent à gagner par un cadeau le secrétaire du maréchal (23 juillet 1603). Le roi ne parut pas pressé de revenir sur sa décision, car, le 19 octobre, le Conseil réclama encore au gouverneur l'application du règlement de Cognac sur la garde de la ville, ne voulant pas se contenter du droit de vérifier la garde que Gramont leur a reconnu et protestant contre la défense qu'il leur a faite d'assembler les habitants en armes à l'intérieur ou à l'extérieur de la ville.

Une alarme occasionnée par deux coups de canon tirés fortuitement, à 10 heures du soir, par un navire flamand, vient démontrer les vices du mode suivant lequel sont choisis les capitaines de quartier. Ces derniers, qui possédaient seuls le mot du guet, étaient pris parmi les échevins dont quelques-uns, nouvellement élus, n'étaient pas encore connus de leurs hommes. Aussi, lorsque les soldats de leurs quartiers voulurent se porter en armes sur la partie correspondante de l'enceinte, ne connaissant pas leurs capitaines, ils ne purent avoir le mot et par suite approcher des remparts, postes et corps de garde. Le Conseil décida aussitôt de nommer des capitaines de quartier perpétuels auxquels le mot du guet serait donné chaque soir par le capitaine de guet de semaine ; il choisit, dès lors, dans chaque quartier, un capitaine, un lieutenant et un enseigne (20 octobre).

De temps à autre parviennent des nouvelles d'Espagne ; tantôt, ce sont des armées qui se lèvent à Pampelune et dans d'autres lieux (7 mai 1604) ; tantôt, c'est le vice-roi de Navarre venu pour visiter le Bastan ; ce sont encore 7 galions et 2 pataches de guerre, partis de Passages, le 6 août 1605, pour aller se réunir aux armées navales espagnoles et anglaises qui doivent opérer ensemble. Ces menaces ne visent pas directement Bayonne et la laissent indifférente.

Alarme à la nouvelle que Bayonne va être trahie et livrée.

Mais une vive alarme lui est bientôt donnée par M. de Lauzun, annonçant (9 septembre 1605) qu'une rumeur de guerre s'étend en Gascogne et dans tout le haut pays ; la levée d'armes se fait en vue d'une entreprise sur Bayonne, dont la date a été fixée au 25 septembre 1605. Sansac est aussitôt rappelé, le maréchal avisé ; Poyanne, le vicomte d'Orthe et le sieur de St-Martin sont priés de porter secours à la ville si elle vient à être attaquée. Le Conseil avait eu vent de cette menace par les révélations d'un espagnol, arrêté à Pau pour une trahison en Béarn, mais il ne voulut point prendre de précautions avant le retour d'un piéton qu'il avait envoyé vérifier l'exactitude de ce bruit.

Maintenant, après la lettre de Lauzun, les mesures de défense se succèdent rapides : les armes des voisins sont visitées ; ceux-ci doivent se tenir prêts, à point, à toute heure, avec leurs munitions de guerre au complet ; la garde est doublée sans exemption pour personne ; des patrouilles de 24 hommes, conduites par un conseiller, circulent, la nuit, dans chaque quartier, avant et après minuit, et restent ensuite à la maison de ville ; la porte Mousserolles est fermée et bien gardée ; les magasins des châteaux sont garnis de blé ; les bateaux venant de Mont-de-Marsan et du haut pays sont visités aux chaînes de Gayon ; les moulins de la maison du roi et de la rue Pannecau sont vérifiés ; enfin, les conseillers commissaires des armes font apprêter et mettre en bonne place douze charges pour chaque pièce de canon.

Ces diverses mesures arrêtées par le Conseil de guerre et immédiatement exécutées, firent reculer les traîtres dans l'accomplissement de leur sinistre dessein. La date du 25 septembre fut franchie sans nouvelle alerte, et, dès le 30 de ce mois, Sansac, d'accord avec le Conseil, faisait cesser les patrouilles.

Une année s'est à peine écoulée, que de nouveaux préparatifs de guerre sont signalés à la frontière. Le port de Passages reçoit de l'intérieur de l'Espagne 200 canons et une grande troupe de gens de guerre ; Pampelune voit en même temps arriver deux compagnies de gendarmes à cheval ; tous ces indices de guerre sont transmis au maréchal d'Ornano, qui a demandé aux échevins de le renseigner sur les événements de la frontière (6 février 1607), et qui se propose de venir si les menaces s'accentuent. Selon toute probabilité, l'Espagne prenait ses précautions contre la réalisation d'un projet grandiose dressé par le roi de France. Ce vaillant monarque avait trouvé la main de l'Espagne dans toutes les conspirations de ses sujets ; mis dans l'obligation de prendre les armes contre le duc de Bouillon, de l'assiéger dans Sedan et de le forcer à capituler, il avait rencontré dans cette dernière révolte l'action de son éternelle ennemie (1606).

Dès lors, Henri IV, délivré à l'intérieur de son royaume de tout sujet de crainte, résolut de réduire la puissance de la maison d'Autriche, en laissant seulement à l'Espagne la Sardaigne et ses colonies. Il imagina, pour accomplir son dessein, le projet d'une grande confédération d'Etats, dont le but serait d'assurer la paix universelle, après avoir écrasé la maison d'Autriche et s'être partagé ses dépouilles.

Le roi projette d'abaisser la maison d'Autriche.

La ville de Bayonne tente de tirer parti du danger auquel elle se dit exposée, pour demander au roi de faire poursuivre les travaux du bastion commencé à Lachepaillet, qui laissent ses remparts ouverts sur ce point (30 juin 1606). Elle presse les ouvriers de la monnaie de faire la garde jour et nuit, malgré les exemptions dont ils se prévalent. Cependant, le Conseil estime qu'il y a peu de danger, puisqu'il fait cesser le service de guet extraordinaire jusqu'au moment où les avis de l'étranger seront plus pressants. La tranquillité paraît même assurée pour longtemps, car les Bayonnais célèbrent par des réjouissances la naissance du duc d'Orléans, deuxième fils du roi (30 avril 1607) et, un an après, celle de son frère, le duc d'Anjou (12 mai 1608). Dans ces cérémonies figurent le capitaine du Sacre (1) et une compagnie en armes des habitants : le roi, sur les instances d'un député de la ville, avait consenti à conserver aux marchands la faveur d'élire un capitaine pour le jour du Sacre et d'armer les habitants pour cette fête ; mais, comme nous l'avons vu, il avait restreint le droit de prendre les armes en toute autre circonstance. L'édit sur les duels, qui tendait aussi à assurer la tranquillité, fut appliqué à Bayonne et porté à la connaissance des habitants par un jurat.

Les relations avec l'Espagne prennent différentes tournures selon l'état des négociations en cours. Parfois, l'horizon politique s'assombrit ; la ville s'empresse alors (1er octobre 1607), sur l'ordre de Gramont, de renforcer la garde et d'établir le guet extraordinaire ; elle fait placer six canons au boulevard de St-Esprit et arme de même les remparts. Profitant du trouble occasionné par ces armements, des troupes de bohémiens armés sillonnent le Labourd et y commettent de nombreuses rapines ; ils constituent une grande gène pour le commerce de la ville, qui demande au gouverneur de chasser ces perturbateurs. A d'autres moments, le calme semble renaître et permet l'ouverture de négociations. Le passage à Bayonne de Pedro de Tolède, ambassadeur d'Espagne, annonce une détente entre les rapports des deux gouvernements ; le maréchal d'Ornano a donné ordre de le bien recevoir, car il se rend vers le roi de France, à Paris. Le sieur Dibusty est allé au devant de lui avec 70 cavaliers et lui fait grandes politesses (2 juillet 1608. Trois mois après, l'échevin de Naguille se porte, avec 20 hommes à cheval, au devant de M. de Barrau, ambassadeur de France, arrivant d'Espagne.

(1) Fête-Dieu.

Ces allées et venues de diplomates n'ont cependant pas amené la conclusion d'aucun traité ; Philippe III a même trouvé de nouveaux auxiliaires de sa politique parmi certains protestants de France qu'il tente de soulever contre son ennemi. Ses émissaires s'agitent à Bayonne (17 octobre 1608) et font des assemblées secrètes de huguenots ; le Conseil de ville, qui a été renseigné sur la présence de ces agents étrangers, les considère comme des perturbateurs du repos public ; il défend, sous peine corporelle et de dix mille livres d'amende, toute assemblée secrète tenue sans son autorisation, et il permet de procéder contr'eux par censures ecclésiastiques afin, ajoute le clerc, « d'arrêter les premières étincelles avant que le feu n'ait con- » sumé les choses les plus saintes et les plus sacrées, qui sem- » blaient jusqu'alors hors d'atteinte. » Le monarque espagnol, pour appuyer ses agissements, fait réunir une grande troupe de gens d'armes en haute Navarre et dans toute l'Espagne (3 juillet 1609). A cette nouvelle, les échevins recensent les armes des voisins et leur accordent trois jours pour se fournir de munitions ; ils expulsent les vagabonds, visitent les chaînes de la Nive et font réparer l'écluse de cette rivière, afin de conserver l'eau dans le fossé situé derrière le couvent des Menons. Les magistrats du conseil prennent eux-mêmes le commandement des patrouilles de nuit et se distribuent les quartiers. Quinze capitaines du guet sont désignés pour la garde des portes St-Léon et Lachepaillet ; le même nombre est attribué aux portes Mousserolles et St-Esprit ; enfin, le guet assis ordinaire, comprenant 66 hommes, est de nouveau réparti entre les divers postes.

Il n'est pas nécessaire de munir les magasins de grains, car les échevins avaient profité du blé apporté à Bayonne par mer en mai 1607, pour l'acheter à vil prix (45 sols la conque), et remplir leurs greniers. Le blé était arrivé en si grande abondance, que les navires qui le transportaient furent obligés d'aborder au grand pont St-Esprit pour étaler les grains et les offrir en vente ; le port fut bordé de navires sur plus de la moitié de sa longueur, chose qui ne s'était jamais produite. Ravis d'une pareille aubaine, les Bayonnais s'étaient empressés de demander procession et sermon pour remercier Dieu de cette abondance.

Les Espagnols de Pampelune redoutent aussi une attaque de la France ; une lettre, envoyée aux échevins de Bayonne par un espion, annonce que mille soldats sont arrivés dans la capitale de la Navarre (1er septembre 1609). Tous les prisonniers de Castille sont concentrés dans cette place, y sont employés à fortifier

Menaces de l'Espagne.

la citadelle et à démolir le vieux château. La garnison est sur le qui-vive, fait grand'garde, tous les canons sont sur les remparts ; des montagnards veillent chaque nuit dans la région comprise entre Maya et Roncevaux, et doivent prévenir les autorités espagnoles de tout mouvement suspect. L'espion affirme que l'Aragon et la Castille sont calmes et que rien n'est à craindre de ce côté.

Travaux au bastion Lachepaillet. — Ville exemptée du droit de foraine. Ainsi, l'Espagne ne prenait que des mesures défensives et laissait tout loisir pour travailler aux fortifications de Bayonne. Il fallait faire avancer le bastion Lachepaillet. Tandis qu'à Bayonne les échevins font demander à son de trompe qui voudra terminer au moindre prix le bastion commencé et convoquent les concurrents au parquet de la maison du roi, malgré l'opposition de Sansac qui voudrait tenir l'adjudication au Château-Vieux (9 janvier 1609), le roi traite pour le même objet à Paris avec le bourgeois de Nyers (7 novembre 1609). On a songé à augmenter les revenus de la foraine applicables aux fortifications de la ville, pour permettre l'exécution du grand travail commencé, en grevant Bayonne de cet impôt ; Gramont a déclaré aux habitants qu'il s'opposerait de toutes ses forces à cette aggravation de charges dût-il, pour y réussir, dépenser tout son bien. Un député de la ville est envoyé en cour dans ce but et le roi, circonvenu par Gramont, se laisse fléchir et fait prononcer par son Conseil privé un arrêt exemptant Bayonne de la contribution de la foraine. Les échevins font enregistrer cette décision par le greffier du Parlement de Bordeaux et se rendent à Bidache féliciter et remercier Gramont, qui revient de la cour (2 octobre 1609).

Passage des Morisques, alliés d'Henri IV. Le roi Henri IV, prêt à entrer en campagne contre l'Espagne, entre en relation avec les Morisques (Maures), qui habitent en grand nombre la péninsule, et organise une révolte parmi eux ; quatre navires et un corps de 4,000 hommes, commandés par la Force, gouverneur du Béarn, allaient venir à leur aide, lorsque le complot fut découvert Le roi d'Espagne fit aussitôt chasser les Morisques de son royaume ; plus de cent mille périrent de privations, attendant dans les ports les bateaux qui devaient les amener. Un grand nombre d'entr'eux se présentent sur la frontière et obtiennent d'Henri IV la faculté de traverser la France. Le roi a écrit à la ville (15 mars 1610) à leur sujet ; il les autorise à habiter la France au delà de la Garonne, à la condition de faire, devant l'évêque de Bayonne, profession de vivre dans la religion catholique. Il ordonne de conduire dans les ports de mer du Levant (Méditerranée) ceux qui le demanderont et de les laisser s'embarquer à leur volonté vers la contrée de leur choix ; il recommande enfin de les, traiter avec humanité.

Philippe III s'apprêtait à la résistance et faisait diriger des troupes vers Passages et St-Sébastien. Il fomentait en même temps des troubles en Saintonge, Poitou et Limousin, en provoquant, par des émissaires, les protestants de ces contrées. Ces derniers avaient tenté de s'emparer, la nuit de Noël (25 décembre 1609), des villes de Saintes, Poitiers et de quelques autres places ; l'entreprise n'eut aucun succès et se termina par l'emprisonnement de plusieurs des révoltés.

Le monarque espagnol tirait des juifs, dits Portugais, un parti avantageux pour son service d'espionnage ; les commerçants bayonnais les redoutaient en outre comme concurrents commerciaux dangereux par leur déloyauté. Le clerc de ville expose au Conseil, dans l'assemblée du 8 janvier 1610, que « beaucoup d'entr'eux se sont jetés, depuis quelques années, « aux environs de cette ville, à St-Jean-de-Luz, Ciboure, Bidart, « Biarritz, en telle quantité qu'ils dépassent en nombre les « habitants originaires de ces localités. Le roi a ordonné, sur « la demande du Corps de ville, que ces Portugais soient chassés « du territoire formant le gouvernement de Bayonne ; son ordre « a été exécuté par Sorhaindo, lieutenant général. Mais, depuis « ce moment, ils se sont glissés dans le territoire du gouver- « nement en plus grand nombre qu'avant et continuent chaque « jour à s'y introduire, feignant d'être chassés des Espagnes, où « on les soupçonne d'être juifs. Néanmoins, ils négocient avec « les Espagnols, les avisent de ce qui se passe dans la province, « servent d'espions en France et pourraient causer la ruine de « la ville.

Commerce abâtardi par les juifs portugais.

« Ils causent en outre un grand scandale dans les paroisses, « en exerçant leur judaïsme. Mais, chose tout aussi grave, « ils ont corrompu et abâtardi le commerce, en faussant et « altérant, par des procédés de leur invention, des marchan- « dises, telles que l'épicerie, safran, laines et autres denrées, « se comportant comme des personnes sans scrupule de cons- « cience, sans foi en leur parole, sans honte en leurs actions. « Ces agissements sont en partie la cause que le commerce est « perdu en ce pays et que les marchands étrangers vont négocier « ailleurs. »

Gramont, auquel la plainte fut transmise par le premier échevin, ne se montra pas disposé à agir contre les Portugais et répondit que Sa Majesté lui avait ordonné de les tenir sous sa sauvegarde. Peut-être remplissaient-ils en même temps l'office d'espions en Espagne. Le Conseil fait une nouvelle démarche dans le même but auprès du gouverneur (2 avril 1610), s'appuyant sur l'expulsion des Portugais des villes et prévôté de Dax, que les officiers royaux venaient d'exécuter trois jours après la sommation faite et qui était motivée par la découverte d'une conspiration en cette ville. Ne pouvant décider Gramont, les échevins expulsent de la ville les vagabonds ; ils congédient, en outre, M. Castro (Louis), médecin ordinaire de la ville, Portugais, qui s'était rendu en Espagne sous prétexte de soins à donner et le remplacent par M. Blanc Pignon (5 avril).

Assassinat du roi   Avant d'entrer en campagne, Henri IV institua régente Marie de Médicis, sa femme. Il s'apprêtait à partir lorsqu'il mourut, assassiné par Ravaillac (14 mai). Le gouverneur accourt aussitôt de Bidache et réunit à la maison commune les conseillers et les officiers du roi pour leur annoncer la nouvelle de ce déplorable attentat (19 mai). En même temps, un gentilhomme du roi, le sieur Nadalis, arrive de la cour pour maintenir Bayonne dans l'obéissance du roi Louis XIII, fils aîné et légitime successeur du défunt. Les échevins et les bourgeois sont réunis à la maison commune et, après avoir entendu les exhortations du gouverneur, ils lèvent tous ensemble leur main droite et, d'une commune voix, font serment de reconnaître pour leur roi Louis XIII, fils aîné d'Henri IV.

Il fallait aussi se garder des ennemis ; à cet effet, les échevins doublent la garde, font marcher les patrouilles et envoient des espions en Biscaye, Haute-Navarre, Aragon et Castille, afin de s'assurer que rien ne s'y prépare contre la France. Ainsi fut faite, sans aucun incident, la transmission du pouvoir royal dans la ville de Bayonne.

Danger de peste.   Durant tout le règne qui vient de se terminer d'une façon si soudaine, la peste ne cessa de menacer Bayonne. Elle est successivement signalée à Toulouse, à St-Gaudens, mais elle sévit plus violemment en Espagne, et particulièrement à St-Sébastien. Toutes les précautions nécessaires sont prises pour l'empêcher d'arriver jusqu'à la ville : incinération de marchandises provenant de lieux contaminés, relais de la poste placé hors de la ville, pèlerins empêchés de voyager, entrée de Bayonne interdite aux Portugais de St-Esprit. En même temps, lorsque le danger devient plus menaçant, les échevins font allumer des feux dans les rues dont la propreté laisse à désirer, visitent avec le médecin ordinaire les boutiques des apothicaires et font compléter les provisions des remèdes, tels que thiriaque, mitridat et autres préservatifs dont la ville s'était précédemment pourvue. Des processions générales sont faites fréquemment pour écarter le danger et apaiser la colère de Dieu.

A partir de l'année 1600, la contagion s'étend considérablement et gagne Pampelune, Bordeaux, le Poitou et la Saintonge, Angers, Nantes, La Rochelle ; elle se répand hors de France, dans les Flandres et à Londres. Il n'a pas été possible d'interrompre la circulation des pèlerins, mais on se gare d'eux en leur faisant passer l'Adour sur des galupes établies à Tarride et à Liposse. Les navires venant des ports suspects sont arrêtés devant la digue du Boucau par Lindau ou les autres pilotes et soumis à une inspection minutieuse ; l'équipage de l'un de ces bateaux, arrivant de Londres (15 septembre 1603), est forcé de déposer ses marchandises sur les sables de l'île St-Bernard et de déplier les étoffes durant l'espace de vingt jours « afin que le venin de la contagion se puisse évaporer s'il s'y trouve. » L'année suivante, Sorhaindo est tenu de faire battre les haillons ou lambeaux d'étoffe qu'il fait amasser et transformer en papier dans la banlieue de la ville.

Un moment, la maladie ayant augmenté à Bordeaux, le bruit se répandit qu'elle avait gagné les Landes et qu'elle se montrait à Ciboure et Urrugne (1608). Elle s'arrêta cette fois aux portes de la ville et, grâce au départ des Morisques, le danger se trouva conjuré pour longtemps.

Les rapports entre le clergé et les échevins étaient généralement restés empreints de bienveillance depuis que le Béarnais était monté sur le trône ; si des discussions s'étaient parfois élevées entre le Conseil et l'évêque, au sujet du choix des prédicateurs que la ville payait et qu'elle prétendait désigner ; si un désaccord au sujet de la prébende préceptorale, dont le revenu devait s'appliquer au collège, avait mis aux prises les échevins et le chapitre et devait rester en suspens jusqu'au prononcé du jugement pendant devant le Parlement de Bordeaux, ces nuages passagers n'avaient pas altéré la bonne harmonie que les autorités ecclésiastique et municipale s'efforçaient de maintenir entr'elles dans leurs rapports quotidiens. Tout en s'efforçant d'appliquer les édits royaux aux protestants, le Conseil avait apporté quelque tempérament à l'exécution de ce devoir ; il s'est borné à demander au pasteur Romatet, sous forme de prière, de pratiquer sa religion moins publiquement ; il a invité, sur la plainte de deux chanoines, la femme Dubosc à ne plus enseigner les filles à la façon huguenote, et il a prié les parents qui lui envoyaient leurs enfants de les faire instruire ailleurs. Les prescriptions concernant l'interdiction de blasphémer, de jouer,

Affaires de religion.

de vendre des marchandises les jours de dimanches et de fêtes, sous peine du collier, sont fréquemment rappelées. Mais la menace est surtout mise à exécution contre les étrangers et spécialement contre les mariniers anglais, qui provoquent des attroupements et des séditions parmi le peuple en blasphémant et médisant de la sainte messe.

La construction d'un collège, précédemment arrêtée avec l'évêque, se poursuit à Bourgneuf 1594) ; cet établissement, d'abord augmenté en 1596 de la maison de M. de la Rivière, dont l'acquisition est faite par la ville, est enfin achevée en 1598 (1). Les échevins, peu satisfaits de la manière dont les études sont conduites par les régents du collège, songent à remplacer ces derniers par des jésuites et confèrent à ce sujet avec l'évêque et le chapitre (janvier 1610).

Le Conseil de ville assure la conservation des diverses églises en contribuant à leur réparation. Il donne dans ce but 50 livres aux religieux Augustins. L'église St-Thomas, propriété des Dominicains, n'est plus utilisée pour le service du culte et sert de magasin à l'artillerie ; le Corps de ville s'entend avec le prieur pour y rétablir le service religieux et en faire une paroisse ; il la fait réparer à ses frais et place les canons sous un appentis adossé à l'église (janvier 1606).

La cathédrale n'a pas encore été dotée d'une cloche digne du plus beau monument de la ville ; les échevins décident de combler cette lacune et font venir de Rouen une grande et belle cloche qui doit être placée dans le grand clocher. Ce dernier, recouvert d'une toiture basse, ne se prête pas à l'installation projetée. Bernard de Millet passe avec le Corps de ville un traité pour l'exécution d'une couverture plus élégante, composée d'une pyramide centrale et de quatre tourelles décorant les angles. Cet embellissement fut terminé en 1616 ; la cérémonie de la bénédiction de la grande cloche eut lieu le 18 avril de cette même année et fut présidée par l'évêque de Lescar.

Malgré l'attention apportée par les échevins aux choses religieuses, malgré le bon accueil fait par eux à une demande de quatre bourgeois de la ville qui, au retour d'un pèlerinage à

---

(1) Une plaque en marbre, placée à cette date au-dessus de la porte d'entrée du collège et reportée plus tard sur la façade de l'école municipale de la rue Vainsot, où elle existe encore, porte l'inscription suivante :

O Dieu, l'heureux succès ! pour nos trois bastimens,
L'escole, l'arsenal, le rempart de la France.
Je bannis, je détruis, je chasse à mesme tems
L'ennemi loin de moi, la faim et l'ignorance !

St-Jacques de Compostelle, ont sollicité l'autorisation d'instituer une confrérie de Saint-Jacques et une procession annuelle à Bayonne, les relations se sont tendues entre l'évêque et le Conseil de ville à l'occasion d'un *Te Deum* chanté le 30 avril pour la naissance du prince de Navarre, duc d'Orléans, et la discussion a dégénéré en procès. L'évêque s'était rendu en cour pour défendre sa cause et, à son retour, les échevins décident qu'ils n'iront pas le saluer. Le différend se termina et le Conseil, voulant effacer les traces du désaccord, offrit en présent à l'évêque quatre paires de gants ; mais le prélat, peu enclin à la réconciliation, répondit qu'il n'accepterait le cadeau qu'à la condition de le payer. Néanmoins, la démarche des échevins ne tarda pas à rétablir l'accord temporairement troublé, et ces magistrats s'empressèrent, le 12 février 1610, d'appuyer près du gouverneur une demande de l'évêque, qui voulait améliorer son palais épiscopal ; le prélat fut autorisé alors à construire un corps de logis le long du rempart romain et à ouvrir dans ce dernier une porte, afin de faire communiquer son jardin avec le terre-plein du rempart Lachepaillet, complanté d'ormeaux, que l'on appelait Allée de Madame.

Le Conseil des échevins ne s'est pas borné, durant les vingt dernières années, à veiller à la conservation des édifices du culte, mais il a entrepris de notables améliorations dans les rues de la ville. L'alimentation en eau des habitants est son principal souci ; plusieurs tentatives sont faites pour amener sur la place des Cinq-Cantons l'eau de sources situées hors des murailles. La fontaine d'Anglade, pour l'aménagement de laquelle le gouverneur dépense 250 écus donnés par le Conseil, ne produit aucun résultat ; celle des Agots, dont les travaux de conduite sont donnés au moins offrant, sur l'avis de Louis de Foix et de Laurent Geref, se tarit semblablement. Enfin, la source de Ste-Croix semble n'avoir donné aucun mécompte, car elle permet d'organiser la fontaine projetée aux Cinq-Cantons (16 juin 1594). Il fallait aussi un abreuvoir, que Bernard de Millet installe près de la source St-Léon (13 septembre 1603). Le Bourgneuf, jaloux de la ville haute, veut aussi une fontaine ; il existe de ce côté la source d'Aurouse, dont la ville prend possession, malgré les revendications des Franciscains qui avaient jadis lutté contre les Jacobins pour s'en assurer la conservation, et il faut attendre l'issue du procès engagé pour mettre l'eau de la fontaine à la disposition des habitants du quartier.

Le danger de la peste a porté l'attention sur le nettoyage des

Travaux urbains : fontaines, pavages, comblement des ports, magasins, moulins.

rues, qu'il ne sera possible d'effectuer complètement tant que leur sol n'aura pas été pavé. Les travaux de pavage, déjà commencés, sont poursuivis aux frais des propriétaires riverains (1600) ; toutefois, cette amélioration est faite aux endroits où elle est le plus nécessaire, qui sont, en avril 1602, les abords des Jacobins et des Carmes. Après les quartiers de la ville, le pavage se poursuit dans celui des Tanneries, situé extra muros (3 mars 1608).

Le port de ce quartier est arrangé afin que les vins puissent aisément y être chargés et déchargés ; un port a été aussi organisé au Bourgneuf. Ces derniers travaux sont la conséquence d'une mesure arrêtée en principe par le Conseil, qui consistait à supprimer les ports en forme de canaux, autrement dits esters, du Port-Neuf, de Pannecau, des ports de Castets et de Suzée. Ces divers canaux ne possédaient plus, depuis l'ouverture du Boucau, qui avait abaissé le niveau moyen de l'Adour, une profondeur d'eau suffisante pour la circulation des bateaux ; ils étaient en outre une cause d'insalubrité à l'intérieur de la ville. Il ne restait donc plus qu'à les combler. La question fut d'abord agitée pour le Port-Neuf ; les propriétaires des maisons qui le bordent furent appelés en séance du Conseil, le 5 mars 1594, où il leur fut démontré le peu de profit qu'ils tiraient de cet ester, mais ils se retirèrent sans avoir consenti à son comblement. Une nouvelle consultation, faite le 14 mai 1601, amène un résultat favorable ; dès lors, les travaux peuvent être commencés, mais ils durèrent longtemps, puisqu'ils se poursuivaient encore en 1613, en même temps que la suppression du canal de Pannecau.

En attendant que le Port-Neuf soit comblé, la ville fait reconstruire le pont, appelé pontic, qui sert à le passer en suivant la rue Lormand ; elle fait également refaire, moyennant une dépense de 7,200 livres, le grand pont de St-Esprit et l'abaisse de 2 aunes afin de le rendre plus solide (1589).

Le matériel et les approvisionnements nécessaires à la défense de Bayonne se sont considérablement accrus et nécessitent l'augmentation des magasins. En attendant d'acheter la tour de Naguille, touchant le couvent des Augustins, au sieur du Luc, le Conseil de ville la prend en location (août 1606), l'utilise pour renfermer les poudres et en devient bientôt propriétaire (1608). Il avait entrepris, en 1597, la construction d'un magasin joignant le couvent des Carmes et avait fait placer au-dessus de l'entrée les armoiries de la ville. Les échevins avaient aussi projeté de faire un nouveau magasin derrière le chœur de la Cathédrale, en face de l'Hôtel de Ville ; mais ils renoncèrent alors à réaliser ce projet (1611) et se bornèrent à construire, avec le concours du chapitre, des loges entre les contreforts, le long de la place, pour accroître les revenus de la fabrique.

Ces magistrats prennent soin de ne pas laisser dépérir le domaine communal et entretiennent les tours, en particulier celle de la rue Tour de Sault, occupée par le bourreau ; ils font rechercher les détenteurs des anciennes tours et exigent d'eux le paiement de la rente habituelle. Pour faciliter la communication entre la rue des Faures et le rempart du Sud, ils font agrandir la porte percée en 1585 au bout de cette rue dans le mur romain, contre la tour de la Boucherie, afin de permettre le passage des cavaliers (juin 1601).

Le gouverneur La Hillière avait fait des démarches auprès d'Henri IV pour obtenir l'autorisation d'établir des moulins à l'intérieur de la ville et permettre en cas de siège de convertir le blé en farine sans avoir recours aux moulins à bras et à cheval, d'un modèle trop primitif. Le roi accorda son placet à cette demande, le 26 juin 1595, et permit de faire un moulin à blé sur la rivière de la ville. Après bien des hésitations, le Conseil de ville se décida à le construire près du bastion du Piedmont, au bout de la rue Port-Neuf ; les travaux furent faits par Bernard de Millet, en 1603 ; les deux années suivantes, on creusa le bassin de retenue dans lequel l'eau devait être emmagasinée à marée haute et les orifices d'entrée et de sortie de l'eau ; une enceinte en maçonnerie limita ce réservoir du côté de la Nive et reçut des portes d'écluse au point d'arrivée de l'eau. Ce moulin a subsisté fort longtemps et a fourni un revenu assuré à la ville, qui l'affermait aux meuniers du pays. Le succès de cette opération poussa les échevins à projeter un deuxième moulin dans la tour des Menons, en utilisant la digue faite dans la rive droite de la Nive pour retenir l'eau dans les fossés de la fortification. Louis de Foix était consulté par le Corps de ville au sujet de ces divers travaux ; la concession de terres que le roi lui avait faite l'obligeait à résider en ville, car il exécutait des digues pour protéger son terrain contre les crues de l'Adour. Il fit ainsi exhausser le chemin de Balichon (août 1610) et protégea en même temps ses champs et ceux des voisins, ce dont la ville lui fut reconnaissante.

Les moulins à bras ou à cheval, qui faisaient partie du matériel de guerre, étaient conservés démontés et n'étaient dressés qu'en cas d'urgence. Ils étaient gardés dans un local de la rue Pannecau ou dans les couvents des Carmes et des Jacobins. Les deux derniers moulins furent exécutés en 1592, par Bernard de

Millet, et placés dans une loge de la fabrique ; depuis cette date, ils furent peu à peu délaissés et remplacés par les moulins à eau.

Artillerie.   Le matériel d'artillerie et les diverses munitions de guerre dont la garde est confiée à deux membres du Corps de ville sont entretenus en bon état par les canonniers. Ces derniers raffinent les poudres avariées et en fabriquent de nouvelles avec du salpêtre acheté ou extrait de décombres ; deux d'entr'eux, Peyroton du Portau et de Gestas procèdent à ces opérations, en 1590, dans la maison d'Anglade, mais ils sont forcés de changer de local pour donner satisfaction aux voisins qui redoutent l'incendie. Les boulets sont achetés par le Conseil ou fabriqués par les canonniers avec du plomb fourni par la ville. Ils fondent des grenades en employant des morceaux de canon de cuivre ; ils font venir de Bordeaux et mettent en dépôt aux Cordeliers un approvisionnement de flasques et de bois nécessaires à l'habillage des canons. Les places de canonnier sont très disputées et données à l'élection du Conseil ; Jacques Flamain est choisi en 1596, à la suite d'un décès, et la mort de Lartigue, en 1613, occasionne une nouvelle nomination.

Nous avons déjà relaté les nombreuses démarches faites par les échevins dans le but de rentrer en possession des canons de la ville retirés à Navarrenx. Ces magistrats usent de toutes sortes de moyens pour augmenter leur artillerie ; après mille supplications auprès du roi et de Matignon, ils ont obtenu quatre canons. Devant ce maigre résultat, le Conseil se décide à se fournir lui-même ; il fait venir de La Rochelle deux pièces de canon en fonte verte (21 avril 1595), achète à Poyanne 2 pierriers de fonte verte pour 132 écus, et au bailli de Cibourc 2 canons de cuivre provenant d'un bateau échoué (1596), obtient des sieurs Dibusty le don d'une pièce semblable en échange de l'autorisation d'avancer la façade postérieure de leur maison (avril 1602). Un arrêt du Parlement oblige le sieur d'Amou à en restituer deux à la ville (mars 1596), mais il n'est exécuté que le 1er juillet 1605. Les inventaires de l'artillerie de Bayonne, faits par Jehan de Mesmes, lieutenant général du grand maître de l'artillerie, depuis 1597 à 1609, montrent que les efforts des échevins n'amenèrent pas un accroissement sensible dans le nombre des pièces. L'approvisionnement atteignit, en 1604, son maximum de 18 pièces en fonte verte, parmi lesquelles se trouvaient 2 pierriers de fonte verte, 2 couleuvrines bastardes, 2 canons courts sur roues, 4 petits fauconneaux.

Les mousquets des magasins sont prêtés libéralement à tout venant ; les voisins les conservent dans leur demeure ; les sieurs de Gramont et d'Urtubie en ont emprunté pour armer leurs pataches de course et ne se pressent pas de les rendre. Il n'est pas étonnant que ces armes se perdent ; pour les remplacer, le Conseil fait transformer en mousquets, par un fondeur de la ville, quelques vieilles pièces d'artillerie rompues ; il en fait également acheter à La Rochelle. Lorsque l'usage des piques, des armures, des rondaches, des coutelas s'est propagé en Guyenne, la ville s'est procurée une certaine quantité de ces armes ; elle a même fait venir, à titre d'essai, un mantelet de La Rochelle, afin d'examiner si elle ne doit pas en faire provision pour sa défense. Le dernier inventaire (3 décembre 1609), complété par les achats du 28 mai suivant, montre que la ville possède 25 mousquets de fonte verte, 450 piques, 86 paires d'armures complètes (1), 50 rondaches, 50 casques, 50 coutelas, 100 mousquets avec bandoulière montés à la wallonne, 55 arquebuses à mèche et 500 grenades en métal. Toutes ces armes sont renfermées dans le grand parquet de la maison de ville ; les canons sont en grande partie dans l'arsenal, à l'exception des pièces abritées sous le hangar fait entre la tour St-Esprit et la porte ou sous celui de la tour du Nard.

(1) Composées de 1 cuirasse, 1 casque, 2 brassards, 2 gantelets, 2 cuissards, 2 genouillères. -

TRANSFORMATION DE LA FORTIFICATION DE BAYONNE DEPUIS LE DÉPART DES ANGLAIS JUSQU'A LA MORT D'HENRI IV.

Enceinte anglaise. — Influence de l'artillerie sur la fortification. — Persistance des hautes murailles. — Apparition des boulevards, des bastions. — Système d'Errard, de Bar-le-Duc. — Château Neuf. — Nouvelle enceinte St-Léon. — Boulevards St-Léon, de Sault, Notre-Dame, du Château-Vieux, Lachepaillet, Mousserolles, St-Jacques, du Nard. — Brèche près du Château-Neuf. — Boulevard St-Esprit. — Ecluse des Menons. — Portes du Château-Neuf déplacées. — Courtine des Menons remparée. — Projet d'Errard. — Bastion Lachepaillet fait par Niert. — Soins des échevins à dégager les abords des remparts.

Depuis le jour où le héraut de France avait abattu la bannière anglaise qui flottait depuis plus de trois cents ans au sommet du donjon de Floripès et lui avait substitué celle de son maître, les fortifications de Bayonne ont été l'objet de transformations successives que nous avons mentionnées dans le courant de ce récit. Afin de bien juger de leur importance et de leur utilité, il paraît nécessaire de les grouper et de les présenter dans leur ordre chronologique ; il sera ainsi plus aisé de vérifier si les changements furent opérés pour parer à une menace subite ou sous l'influence de méthodes nouvelles.

Enceinte anglaise. Lorsque l'enceinte de Bayonne fut livrée à Charles VII par les Anglais, elle se composait de deux parties. Celle de la ville haute comprenait l'ancienne enceinte romaine avec ses deux portes de Tarride et de St-Léon : la première protégée par le torrate, sorte de tambour fortifié appuyé au rempart et garni de quatre tours ; la seconde masquée par une barbacane en forme de demi-lune, détachée de la fortification. L'ancienne enceinte avait été reliée à la Nive par deux remparts du moyen âge. Celui d'amont était percé d'une porte, dite de St-Simon, que flanquaient deux petites tours carrées et que protégeait la tour de Sault ; entre cette tour extérieure et le rempart se trouvait le petit port de la Pusterle, entouré d'une palissade. La liaison se faisait vers le confluent de la Nive par un petit rempart longeant la rue de la Goasque, en avant duquel se trouvaient le port du Verger et les maisons qui le bordaient, entourés d'une palissade en bois et probablement aussi d'un fossé. Une porte existait de ce côté, au bout de la rue Orbe. La tour du Nard et les marais qui l'entou-

raient rendaient tout accès impossible à l'ennemi sur les terrains bas, marécageux, entrecoupés de canaux qui faisaient
suite au port du Verger.

L'enceinte de la ville basse ou Bourgneuf était composée de
l'ancien rempart de Raymond de Martres, côtoyant les rues des
Lisses et des Cordeliers, et pour ainsi dire abandonnée. La
défense de cette partie était reportée sur les hauteurs de Mocoron ;
elle était jalonnée par une ligne d'ouvrages extérieurs : les tours
carrées de Mousserolles, de Mocoron, de St-Jacques et des
Menons, qui reliaient l'Adour à la Nive. La continuité de cette
ligne devait, selon toute apparence, être assurée par des retranchements en terre, garnis de palissades, car rien n'indique qu'il
existât sur ce tracé des parties de rempart maçonné en dehors
des ouvrages cités. Une courtine en maçonnerie, de forme irrégulière, régnait le long de l'Adour entre les portes St-Esprit et
Mousserolles et arrivait jusqu'à la pointe extrême du confluent,
où elle s'appuyait à la vieille tour St-Esprit.

Le cours de la Nive, entre les deux quartiers, était fermé par
des estacades, communément appelées chaines.

Avant d'examiner comment ces défenses ont été modifiées, il
convient de rappeler les causes qui ont amené des changements
dans la fortification des places de cette époque et les principes
qui ont guidé les ingénieurs. *Influence de l'artillerie sur la fortification.*

L'apparition des armes à feu, au xive siècle, a entraîné la
suppression des hourds en bois régnant sur tout le pourtour de
l'enceinte et leur a fait substituer des machicoulis en pierre.
Cette disposition, complétée par des créneaux et embrasures
dans les étages inférieurs des tours, a eu pour but d'abriter les
tireurs. La découverte de l'artillerie occasionna une nouvelle
transformation : les gros canons furent placés à l'air libre, au
sommet des tours, avec les trébuchets, mangonneaux et autres
machines de jet. Il fallut donc y établir des plate-formes assez
résistantes pour les supporter ; on utilisa pour cela les hourds
en bois qui permettaient d'élargir les plate-formes des tours
dont le diamètre trop restreint ne convenait guère à l'installation des machines. Lorsque l'épaisseur des murs de ces
ouvrages était considérable, leur plate-forme fut constituée par
un remblai de terre remplissant le vide supérieur de la tour.
Les étages inférieurs, recouverts par des voûtes, furent conservés et, comme ils étaient munis de créneaux, ils servirent de
galeries basses de flanquement.

Toutefois, l'apparition du canon dans les sièges n'a pas
produit tout d'abord la suppression des hautes murailles de la *Persistance des hautes murailles.*

fortification à cause de la faible puissance balistique des boulets de plomb primitivement employés. L'assiégé, du haut de ses remparts, conserve l'avantage sur l'ennemi et détruit, par les projectiles de ses trébuchets et de ses canons, les bastilles ou bastillons (1) en bois dressés contre la place. L'emploi de boulets de fer lancés par les grosses bombardes de l'assiégeant n'est venu modifier cet état de choses que longtemps après. En effet, les gros canons étaient lourds à manier, d'un transport difficile à la suite des armées ; ils furent de préférence employés à la défense des places. D'autre part, les ingénieurs, ne voulant pas renoncer à l'avantage du commandement que donnent les hautes murailles, s'attachèrent à les conserver en les rendant autant que possible invulnérables au canon. Dans ce but, ils épaissirent les murs de rempart, adoucirent considérablement les talus des escarpes et leur donnèrent des formes rondes ou gauches qui faisaient ricocher les boulets et empêchaient la désagrégation des parements. Tels sont les motifs qui ont fait conserver si longtemps les remparts élevés.

Une autre cause est venue, d'une façon indirecte, obliger les ingénieurs à surépaissir les remparts : tant que les courtines de muraille n'avaient que peu d'épaisseur, le chemin de ronde qui régnait au-dessus d'elles n'offrait pas une largeur suffisante pour recevoir des canons. Il fallut donc songer à l'élargir ; on eut recours au moyen le plus économique, qui consista dans la cons-titution d'un parapet en terre adossé à ces courtines et arrêté au niveau de la plate-forme. Ce terrassement était limité, du côté de la place, par un talus naturel, ou, si l'espace manquait, par un mur vertical. La poussée des terres, en provoquant la chute de plusieurs remparts, vint compliquer le problème ; le remède qui fut employé consista à surépaissir les murs ou à les soutenir par des contreforts intérieurs ; et même, lorsque le temps ou l'argent firent défaut, on empêcha la poussée de se produire en mélangeant à la terre des fascines et des bois de charpente.

Apparition des boulevards. Si les bastilles en bois de l'assiégeant, fortement contrebattues par la place, durent être abandonnées et remplacées par des massifs de terre et fascines que les Français employèrent au siège d'Orléans, en 1417, et qu'ils nommèrent boulevards, celles que l'assiégé avait coutume d'établir le long de son enceinte, pour placer l'artillerie, subirent les mêmes transformations et reçurent la même dénomination. Les anciennes tours furent presque toujours utilisées et aménagées pour cet usage ; parfois

(1) D'où est venu le nom de bastion.

les ingénieurs préférèrent les conserver intactes et établir à leur pied des plate-formes à canon s'avançant vers la campagne. Celles-ci reposaient sur de simples massifs de terre, revêtus de gabions, entremêlés de fascines et maintenus par des charpentes; lorsque l'ingénieur pouvait les édifier à loisir, il les entourait d'un mur et construisait sous la plate-forme une casemate munie d'embrasures à canon. Cette solution assurait l'avantage du commandement par les canons légers placés au sommet de la tour et celui de la puissance balistique par les grosses pièces des plate-formes basses.

Ces ouvrages de combat, dont la forme varia longtemps suivant la fantaisie du constructeur, furent appelés boulevards; ils prirent ensuite le nom de bastions que leur avaient donné les ingénieurs italiens. Dès la fin du xve siècle, on leur donne souvent la forme barlongue ou celle demi-circulaire, comme les demi-lunes du château de Salces, et on augmente leur espacement le long des courtines, ce qui facilite le flanquement de ces dernières.

L'usage se répandit aussi, au commencement du xve siècle, d'un petit ouvrage bas crénelé et couvert, appelé moineau, employé à couvrir les portes contre les boulets; il était parfois placé dans le fossé, appuyé à l'escarpe, et il agissait contre l'ennemi soit que celui-ci veuille escalader, miner ou se précipiter sur les portes: primitivement en bois, ensuite en maçonnerie et voûté. Les ouvrages de flanquement ont reçu divers autres noms bizarres, tels que: pied de mulet, fer à cheval, cul de loup, tous inspirés par leur forme arrondie. Des appellations analogues étaient en usage pour désigner les pièces d'artillerie: couleuvrine, ribaudequin, émerillon, etc.; elles rappelaient les noms des animaux dont les têtes étaient représentées par la gueule du canon.

Bastions.

Les boulevards restèrent de forme variée jusqu'au commencement du xvie siècle; les Italiens furent les premiers à fortifier méthodiquement; ils adoptèrent le bastion, sorte de quadrilatère dont un angle fiche vers la campagne, tandis que l'angle opposé est remplacé par un pan coupé venant s'appuyer contre l'enceinte. Une fois le principe du bastion admis, la plupart des villes d'Italie en furent munies; l'Espagne fit de même. En France, l'un des premiers se montre à Troyes, en 1530. Les bastions à orillon sont très en honneur en Italie, à la fin du xvie siècle; les ingénieurs de ce pays, employés par les rois de France, en construisent à Landrecies et dans d'autres places. L'orillon est un prolongement des deux faces extérieures du bastion, et abrite les canons qui servent à la défense du fossé. Les flancs, nom que l'on donne aux deux faces rentrantes, sont alors organisés à deux étages qui reçoivent chacun de l'artillerie. Vigenère, ingénieur français, mort en 1592, est partisan de ces orillons et d'un mur d'escarpé incliné au 1/6 sur une hauteur de 18 pieds et surmonté ensuite d'un mur vertical ; il recommande les ravelins devant les portes et préconise les chemins couverts au delà du fossé.

Système d'Errard, de Bar-le-Duc. Errard de Bar-le-Duc, ingénieur préféré d'Henri IV, a écrit un traité sur la fortification, en 1594, par ordre du roi ; il a également prôné l'orillon derrière lequel il place un flanc à deux étages en retraite l'un sur l'autre ; ce dispositif avait été introduit en France par Bellici et Melloni, deux ingénieurs italiens au service de François Ier et d'Henri II.

Le système d'Errard est caractérisé par un bastion dont l'angle saillant est presque droit, légèrement aigu, et dont les deux angles latéraux sont droits. Il constituait un progrès sur les systèmes précédents, à cause des plus grandes dimensions du bastion qui pouvait alors recevoir plus de pièces, mais il était vicieux pour divers motifs et ne tarda pas à être abandonné. Ses principaux défauts étaient les suivants : 1º les coups tirés normalement des flancs allaient ficher dans la partie de courtine voisine ; 2º les faces du bastion n'étaient flanquées que très obliquement par la courtine ; 3º l'entrée du bastion, déjà fort étroite, était considérablement gênée par la présence d'un cavalier de terre.

Les indications qui précèdent seront suffisantes pour apprécier les modifications qui furent apportées à l'enceinte de Bayonne jusqu'à la fin du règne d'Henri IV ; elles seront d'ailleurs continuées quand le moment sera venu de s'occuper des changements correspondant à la période suivante.

Les méthodes de construction que nous venons d'énumérer ont reçu leur application à Bayonne. Les machicoulis en maçonnerie furent organisés au sommet des tours principales : donjon de Floripès, tours du Château-Vieux, tours de Sault, des Menons, de St-Esprit, du Nard et des quatre portes.

Château-Neuf. Les deux grosses tours du Château-Neuf, édifiées par Mathieu de Fortune sur l'ordre de Charles VII, dans le but de maintenir la ville sous son autorité, furent commencées en 1460, continuées sous Louis XI et terminées par Charles VIII, en 1489 ; une couronne de machicoulis, reposant sur des consoles, terminait ces puissants édifices. L'une des tours, entièrement ronde, enfile la rue Pannecau ; sa largeur mesure 14 mètres et sa hauteur

Bayonne en 1600

Echelle $\left(\frac{1}{9000}\right)$

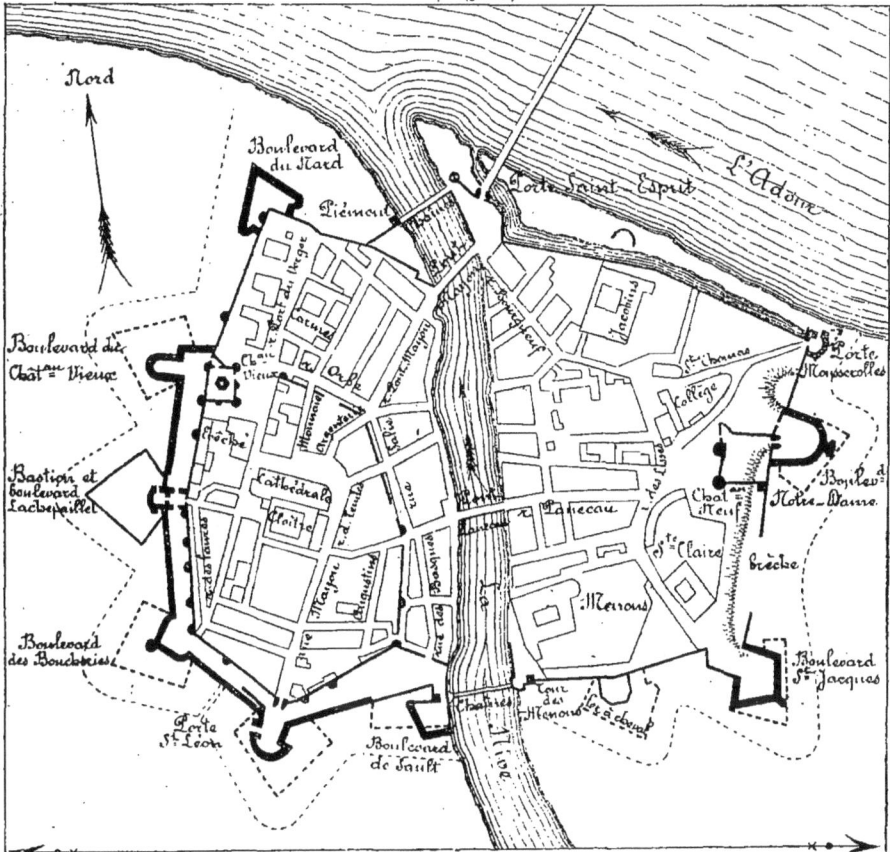

Nord

Boulevard du Nord

Piémont

Porte Saint-Esprit

L'Adour

Boulevard du Chât=au Vieux

Boulevard du Château Vieux

Porte de Mousserolles

Bastion et boulevard Lachepaillet

Cathédrale

Cloître

Château Neuf

Boulevard Notre-Dame

Ste Claire

brèche

Panecau

Merous

Boulevard des Boucheries

Boulevard St Jacques

Porte St Léon

Boulevard de Sault

Tour des Menous les à bout

Château-Vieux
et son boulevard

Château-Neuf
et boulevard Notre-Dame

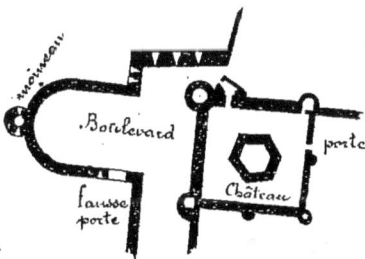

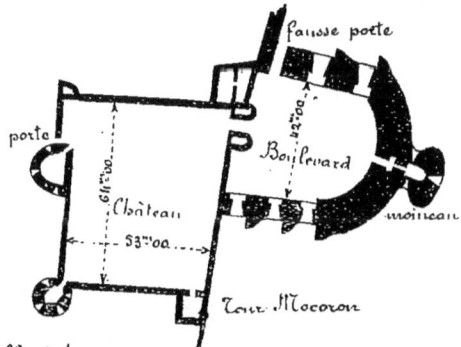

moineau

Boulevard

porte

fausse porte

Château

fausse porte

porte

Château

Boulevard

moineau

Tour Mocoron

Echelle $\left(\frac{1}{2640}\right)$

10 5 0   10 20 30 40 50 60 70 80 90 100

— Les bastions projetés par Errard sont marqués en pointillé —

18 mètres. L'épaisseur des murs varie entre 3 et 4 mètres ; des voûtes ogivales supportent le carrelage des premier et deuxième étages ; le plancher du troisième étage, qui formait la plate-forme supérieure, est supporté par de fortes poutres. Quatre embrasures larges de 1 mètre ont été ménagées aux étages inférieurs ; celles de la plate-forme, percées dans le mur peu épais qui couronna le machicoulis, étaient plus nombreuses. L'autre grosse tour a une forme barlongue ; elle a 16 mètres de diamètre. Ses murs sont épais de 3 mètres dans la partie ronde faisant face à l'extérieur et de 1 mètre 20 dans le mur de gorge ; ils sont percés de quatre embrasures à chacun des quatre étages. Le plancher de ceux-ci et celui de la plate-forme sont supportés par des poutres. La position des embrasures ménagées au ras des murs d'enceinte aboutissant aux tours démontre que le système du flanquement fut mis en pratique au Château-Neuf.

Ces deux tours étaient réunies par un mur de courtine, épais de 2 mètres et haut de 15 mètres ; elles constituaient avec lui la face Ouest du château. Le quadrilatère formé par l'enceinte de cette forteresse mesurait 64 mètres du Nord au Sud et 53 mètres de l'Est à l'Ouest. La tour ronde en occupait l'angle Sud-Ouest, l'ancienne tour carrée de Mocoron l'angle Sud-Est et une autre tour carrée l'angle Nord-Est. Ces deux dernières ne faisaient pas saillie sur la courtine Est, dont le flanquement n'était pas assuré ; on y remédia plus tard en construisant contre la tour Nord-Est une cinquième tour à deux corps entre lesquels fut ménagée une porte donnant accès vers l'extérieur de la ville. Enfin, le côté Nord du château, déjà bien protégé par la hauteur de son escarpe, qui n'a pas moins de 20 mètres, était défendu par une tourelle placée à son extrémité Ouest et dont la section est un quart de cercle. Une petite entrée, donnant communication avec la ville, était disposée au pied Nord de la grosse tour semi-circulaire ; la raideur de la rampe qui lui donnait accès et un petit tambour, dit ravelin, constituaient son unique défense.

Nous ne pensons pas que les autres tours de l'enceinte de la ville furent l'objet de travaux en vue d'y faciliter l'installation de l'artillerie. Cependant, la tour de Sault, qui se terminait par une terrasse reposant sur une voûte maçonnée, a longtemps été armée de canons ; il en fut de même des tours du Nard, des Menons et de St-Esprit, que l'on arma de canons légers. Le donjon de Floripès, au Château-Vieux, n'avait pas même été remanié ; sa toiture et ses machicoulis, quasi-ruinés, faisaient pleuvoir dans la cour intérieure des tuiles et des pierres, ce qui permettait au vicomte d'Orthe de dire que personne n'osait y habiter (1559). Aussi, la ville fit proposer à Charles IX, en 1566, de raser les étages supérieurs du donjon qui étaient fort délabrés et ne pouvaient supporter un terrassement, de limiter la démolition à une toise au-dessus de l'enceinte du Château-Vieux et de remplir de terre la partie conservée. Cette proposition n'eut pas de suite, parce que l'on préférait dépenser les fonds à organiser des batteries basses.

Le premier boulevard de Bayonne, cité dans le registre des délibérations des échevins, fut établi sur le bord de la Nive, à l'entrée du Port-Neuf ; il fut construit en bois, à l'emplacement que devait occuper plus tard le bastion du Piedmont. Il existait en 1484, date de sa réparation par Martin du Noyer, maître charpentier. Cet ouvrage avait été substitué à la tour que le roi Charles VII voulait faire construire au même emplacement et pour laquelle il avait donné à la ville une somme de 3,000 livres en 1460. Le gaspillage de ces fonds par Jacques Derm avait fait renoncer à la tour à laquelle fut substitué le boulevard en bois dominant les rivières et abritant la manœuvre de la chaîne inférieure ; cet ouvrage était plutôt un coffre de manœuvre qu'un véritable boulevard.

Sous les règnes de Louis XII et de François Ier, la France, constamment en guerre avec l'Espagne à l'occasion du royaume de Navarre et du Milanais, entreprit d'améliorer les places de la frontière pyrénéenne. Le trésorier du Poncher et Jean de Cologue sont venus inspecter minutieusement les fortifications de Bayonne et forcer les échevins de cette ville à dépenser aux travaux de l'enceinte la moitié de la recette de la grande coutume, octroyée à cette intention (1510). En même temps, le duc de Longueville et Lautrec font activement travailler à l'exécution du grand projet d'amélioration de l'enceinte.

Nouvelle enceinte St-Léon. Le côté Sud de la place, limité par l'enceinte romaine, ne pouvait être défendu contre l'artillerie ennemie, car les remparts romains ne présentaient pas de plate-forme pour le canon. On ne pouvait songer à fortifier cette enceinte en l'épaississant par un parapet de terre appuyé contre son parement intérieur, car elle était garnie de maisons construites au moyen âge dans la rue du Rempart, le long des rues des Faures, Vieille-Boucherie et Passemillon ; les tours romaines, dont les murs épais de 1 mètre 20 n'étaient pas capables de résister à la charge de terre dont il aurait fallu les remplir, ne pouvaient pas non plus fournir de plate-forme au canon. Il fallut donc renoncer à utiliser cette partie de vieille enceinte et se décider à la remplacer par une nouvelle.

La menace constante de l'ennemi et le peu de prospérité de la ville empêchèrent de songer à un agrandissement du côté du camp St-Léon. On se borna à tracer un nouveau rempart parallèle à l'enceinte romaine, et situé à 25 mètres de celle-ci vers l'extérieur. Les murs des courtines furent édifiés avec toute la hâte possible ; les moellons calcaires employés dans la maçonnerie étaient de forme irrégulière et de qualité médiocre. Le tracé du nouveau mur correspondait au pied des pentes couronnées par l'enceinte romaine. Le travail de construction dut être commencé par la partie située derrière l'Évêché, entre le Château-Vieux et la porte Lachepaillet ; le rempart, en ce point, avait reçu une hauteur de 10 mètres et une épaisseur de 3 mètres. Mais, soit que les fondations en eussent été mal établies sur un sol marécageux, voisin du ruisseau Lague, soit que le remblai destiné à constituer un terre-plein entre les deux murs eût été placé trop tôt, le rempart se renversa, le 16 décembre 1513, sur plus de 80 mètres de longueur. Il fut aussitôt relevé, mais son épaisseur fut doublée. Instruits par cet événement, les conducteurs de l'œuvre renoncèrent à économiser sur le volume des murs ; ils fixèrent à 9 mètres l'épaisseur du mur de la courtine comprise entre la porte Lachepaillet et la tour Vieille-Boucherie et donnèrent la même dimension au rempart qui va de la porte St-Léon vers la Nive. La courtine descendant des Vieilles-Boucheries vers St-Léon, qui était moins chargée de terre, n'eut que 6 mètres d'épaisseur. Le bas du parement extérieur du mur d'escarpe fut établi avec un fruit de 1/6 sur une hauteur de 3 à 4 mètres ; au-dessus, le parement fut dirigé verticalement.

Pendant que ces travaux se continuaient, Longueville et Lautrec dégageaient les abords de la fortification en commençant par la démolition des couvents des Carmes, des Augustins et des Clarisses, et ils comblaient de terre les fossés (barraulx), dans lesquels l'ennemi pouvait s'embusquer. Lorsque le danger auquel répondaient ces travaux de nivellement fut passé, on y procéda avec une hâte moins grande ; nous pensons même qu'ils furent interrompus pour être repris au moment de l'algarade de 1523.

Les ingénieurs ne se bornèrent pas à construire de nouvelles courtines ; ils y ajoutèrent des organes de flanquement. La forme de ces derniers n'était pas encore entièrement établie sous le règne de Louis XII ; aussi les boulevards de Bayonne, commencés pour la plupart à cette époque, présentent des aspects très variés. Celui qui prit date le premier fut certainement le boulevard St-Léon, établi au-dessus de la barbacane demi-

Boulevard St-Léon.

circulaire, en exhaussant ses murailles jusqu'à la hauteur de 20 mètres et en leur donnant une épaisseur de 9 mètres. Il constituait comme un donjon de 50 mètres de largeur, dominant la campagne et formant le point principal de résistance de la nouvelle enceinte. Aucune casemate ne fut logée dans l'épaisseur de ses gros murs, mais le flanquement bas des fossés fut assuré par des casemates de flanc construites contre les murs du couloir, large de 18 mètres, qui établissait une communication abritée entre la ville et la barbacane. Les étages inférieurs de ces casemates flanquantes communiquaient entr'eux par une galerie souterraine que la ville fit reconstruire en 1526.

Il y a apparence que tous les boulevards furent commencés successivement. L'inspection de Jean de Cologne, faite en 1510, montre qu'il n'existait alors que le boulevard St-Léon. Deux autres étaient amorcés ; l'un, de petite dimension, placé sur une motte derrière les Boucheries, était le commencement du boulevard des Vieilles-Boucheries ; l'autre, celui de St-Esprit, à peine ébauché, près de la tour de St-Esprit. Cologne demandait que ce dernier soit complété par un rempart reliant la tour au bout du pont St-Esprit et par un *moineau* couvrant la porte et commandant le pont. Il demandait en outre un boulevard devant le portail Lachepaillet.

Sous François Ier, monté sur le trône en 1515, l'œuvre des fortifications se poursuivit résolument. De nombreux ouvriers étrangers furent appelés en ville par le maire Jacques de Ste-Colome et employés aux travaux importants de terrassements. Leur présence occasionna et entretint la peste de 1519. Ils organisèrent une large terrasse entre le Château-Vieux et la Nive, par Lachepaillet et St-Léon, en remblayant l'espace compris entre le mur ancien et le nouveau. Un retranchement avancé fut amorcé en avant de l'enceinte de Bourgneuf, au moment de l'alerte occasionnée par le siège de Fontarabie, mais bientôt après abandonné, lorsque parvint la nouvelle que les Français avaient pris cette place.

On se borna alors à continuer le dégagement des fronts de Mousserolles et de St-Léon. Les difficultés opposées par les possesseurs des immeubles rendaient cette opération lente et délicate. Beaucoup de maisons se trouvaient encore debout lorsque Bayonne fut subitement menacée par les Espagnols. Sans plus hésiter, Lautrec met le feu à tout ce qui subsiste dans la zone des remparts, abat les pans de mur à coups de pioches et de marteaux et emploie la mine et le canon pour renverser le clocher des Augustins. Ce maréchal fait construire un grand retranchement en terre, dans le camp St-Léon, pour couvrir l'hôpital St-Nicolas et la nouvelle fortification incomplète ; il protège par un autre ouvrage le port du Verger. Il put ainsi recevoir fièrement l'algarade des Espagnols et repousser victorieusement leurs assauts (1523).

Les précautions prises par Lautrec étaient nécessitées par la faiblesse de certaines parties de rempart. Une brèche s'était produite, en 1520, dans la muraille, derrière la Boucherie ; elle ne put être parfaitement bouchée, car le Corps de ville construisit tout auprès une guérite pour la faire garder. Une autre s'était faite entre le Château-Neuf et la tour ou boulevard St-Jacques ; elle fut semblablement réparée et surveillée.

La plate-forme du Puy de Perret avait été établie, vers 1513, au pied de la tour de Sault et entourée de murs peu soignés ; elle deviendra le boulevard des Tanneries, puis successivement le boulevard et le bastion de Sault ; quarante ans plus tard, ses murailles presque ruinées nécessitèrent une réfection complète. Un flanc, profondement retiré, fut ménagé à la gorge de cet ouvrage, dans le but de concourir, avec la tour de Sault, au flanquement de la courtine descendant vers la Nive. Une autre plate-forme fut organisée en avant de cette courtine ; nous pensons qu'elle a été entourée d'un mur, car cet ouvrage était relié à la courtine vers le port de Sault par une muraille que le Conseil de ville demande à Charles IX (1566) de renforcer par un parapet de terre. Cette plate-forme fut d'abord appelée *Cul de loup* ; plus tard, elle prit le nom de *Demi-lune de queue de loup* ; c'est aujourd'hui une demi-lune en terre, détachée de la fortification.

Boulevard de Sault.

Le boulevard ou plate-forme du Château-Vieux fut construit vers 1520, en même temps que celui de la porte Lachepaillet. Ces travaux se poursuivirent en 1522 et en 1524. D'après les indications d'un plan dressé par Errard, il est certain que les boulevards de Mousserolles et de Notre-Dame, à Bourgneuf, furent édifiés à cette même époque et que celui des Boucheries fut terminé.

Les boulevards du Château-Vieux et de Notre-Dame (sous le Château-Neuf), ont la même forme barlongue, représentée par un rectangle suivi d'un demi-cercle. La seule différence entre ces deux ouvrages résulte de leurs dimensions ; celui de Notre-Dame, le plus grand des deux, mesure 55 mètres en longueur et largeur, tandis que les dimensions du premier sont 40 mètres et 25 mètres. Leurs murs étaient peu élevés et percés d'embrasures à l'étage supérieur sur tout le pourtour de l'ouvrage et à l'étage

Boulevard Notre-Dame.

Boulevards et Portes en 1600

Boulevard du Nard

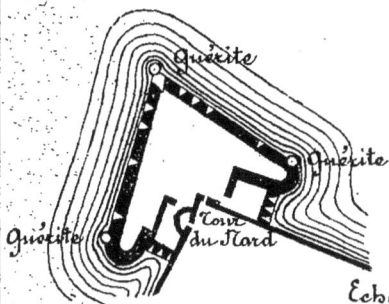

guérite

guérite

guérite

Tour
du Nard

Boulevard Lachepaillet
(et bastion d'Errard)

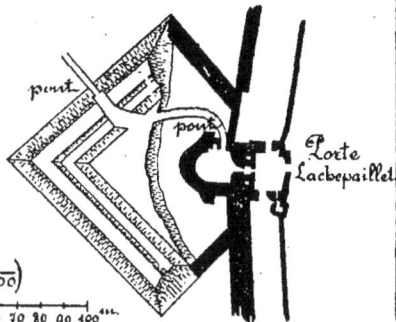

pont

pont

Porte
Lachepaillet

Echelle ($\frac{1}{3000}$)

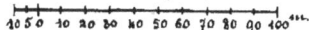

10 5 0   10 20 30 40 50 60 70 80 90 100 m

Boulevard des Boucheries

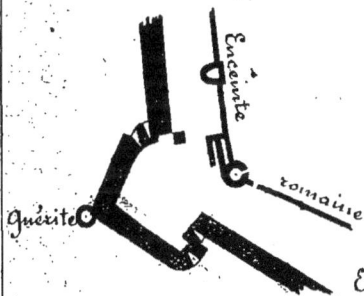

Enceinte

romaine

guérite

Porte et boulevard Saint-Léon

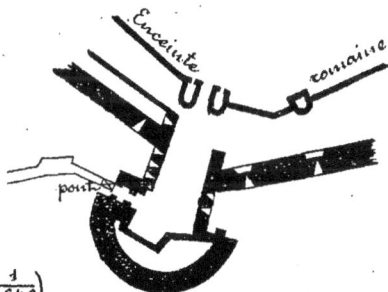

Enceinte

romaine

pont

Echelle ($\frac{1}{2640}$)

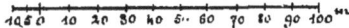

10 5 0 10 20 30 40 5   60 70 80 90 100 m

Boulevard de Sault

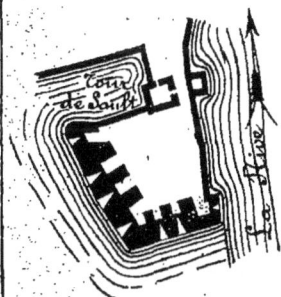

Tour
de Sault

Boulevard St. Jacques

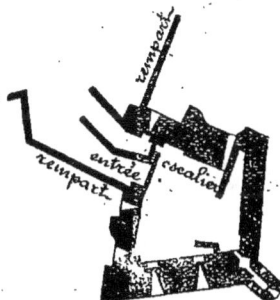

rempart

entrée escalier

rempart

Porte et boulevard
de Mousserolles

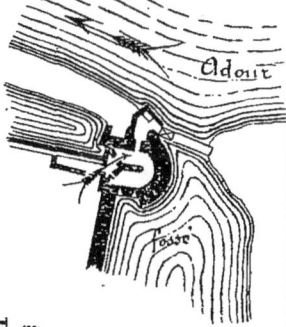

Adour

fossé

Echelle ($\frac{1}{2640}$)

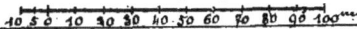

10 5 0 10 20 30 40 50 60 70 80 90 100 m

inférieur dans les flancs seulement. Les murailles du boulevard Notre-Dame avaient 10 mètres d'épaisseur ; chaque flanc possédait deux embrasures à canon ; chacune d'elles était protégée contre les coups extérieurs par des sortes d'orillons ou contreforts formant une saillie de 4 mètres et terminés par des parements courbes contre lesquels les boulets ricochaient sans entamer la surface. En tête du boulevard Notre-Dame, un moineau assez bas, en forme de verrue, avait été fait dans le fossé, dans le but de battre la face courbe du boulevard. Nous pensons que le vide intérieur de ce boulevard est longtemps resté creux. Il constituait comme un grand tambour protégeant la porte extérieure du Château-Neuf, de laquelle on descendait dans le creux du boulevard, pour gagner la campagne, par une porte basse ménagée dans le flanc gauche, contre la courtine. Plus tard, on dut construire la galerie de service conduisant aux embrasures et au moineau et remplir de terre le vide restant.

Le boulevard du Château-Vieux a rempli également le rôle de tambour devant la porte extérieure du château. Seulement, comme cette sortie était placée à l'Est de la tour Nord, on prolongea le côté Nord du boulevard jusqu'au pied de la tour, après l'avoir éloigné du château par un coude. Toute cette enceinte fut garnie d'embrasures ; l'arceau de la porte basse par laquelle on sortait du boulevard vers la campagne est encore apparent dans le flanc gauche (1). Un petit moineau exista au sommet du boulevard pour garantir la partie ronde de cet ouvrage ; il a formé plus tard l'extrémité d'un batardeau barrant le fossé. La transformation, à une date postérieure, de la courbe du boulevard en une face rectiligne, a fait disparaître moineau et batardeau. De même que les boulevards annexés aux deux châteaux ont été conçus suivant le même modèle, ceux placés en avant des portes Lachepaillet et Mousserolles sont presque entièrement semblables. Ils ont tous les deux une forme barlongue, à laquelle l'addition d'orillons donne l'aspect d'un chapeau de gendarme.

Boulevard du Château-Vieux.

Le boulevard Lachepaillet est de même hauteur que le rempart voisin ; ses murs ont 6 mètres d'épaisseur. Il fait une saillie de 19 mètres en avant de l'enceinte et possède une largeur de 29 mètres, orillons compris. C'est un grand coffre flanquant couvert d'une voûte en forme de tore (2), reposant vers le centre sur un pied-droit rectangulaire en maçonnerie. Dans les flancs

Boulevard Lachepaillet.

(1) On le voit facilement en sortant de la poterne du Château-Vieux.
(2) Que l'on peut se représenter par la moitié de la face interne d'un anneau creux.

de cette casemate, placés en retrait des orillons, s'abritent quatre embrasures flanquant les courtines voisines. L'étage supérieur à ciel ouvert est entouré d'un parapet de maçonnerie, supporté par une voûte au-dessus des flancs retirés et susceptible de recevoir du canon ; la porte Lachepaillet fut conservée, à l'exception des murs latéraux du tambour moyen âge, abattus pour donner accès aux nouveaux terre-pleins des remparts. Une interruption dans le parapet du flanc droit supérieur fait communiquer la porte avec un pont de bois conduisant aux Glacis à travers le fossé. Le parement des escarpes du boulevard est incliné au 1/7.

Boulevard Mousserolles. Le boulevard de Mousserolles est conforme au précédent comme épaisseur, hauteur et inclinaison de murs ; il a la même largeur et 4 mètres de plus en longueur. Il est pourvu de deux étages de casemates, voûtés en tore avec pilier central long de 8 mètres. Ses flancs sont en retrait, derrière des orillons arrondis ; toutefois, le flanc gauche, qui fait face à l'Adour, porte trois orillons qui apparaissent encore aujourd'hui comme d'énormes contreforts et qui abritaient contre les coups d'aval et d'amont les deux pièces de chaque étage de ce flanc. La sortie de la porte s'effectuait par l'étage bas, auquel on accédait de la ville par une descente voûtée qui prenait son origine près du pavillon de la porte. De cette casemate on passait vers Mousserolles par une porte ouverte dans l'escarpe de tête, du côté de l'Adour, et par le pont qui faisait suite. Le passage à travers la casemate basse était entravé par un mur en V aboutissant au pilier et percé de deux portes. Une terrasse, entourée d'un parapet, portait un 3e étage de feux. L'ensemble de cette construction présente encore aujourd'hui un aspect imposant.

Boulevard des Vieilles-Boucheries. Les deux derniers boulevards qui restent à décrire sont ceux des Vieilles-Boucheries et de St-Jacques. Le premier, déjà commencé en 1510 et demeuré inachevé, fut pourvu de deux faces inégales et de deux flancs convexes, dont l'un, celui de droite, était en retrait de la face voisine. Chacun des flancs possédait deux embrasures basses, battant les fossés. Le saillant de l'ouvrage était garni d'un moineau ou tour ronde, ayant 7 mètres de diamètre. Il y a apparence que le vide de ce boulevard a été rempli de terre, sauf l'espace occupé par les galeries conduisant aux casemates des flancs.

Boulevard St-Jacques. Le boulevard St-Jacques est d'une forme plus bizarre que le précédent ; il paraît avoir été jeté en avant de l'enceinte de Bourgneuf pour occuper une éminence dont on aurait suivi les contours. Ses faces et ses flancs, inégaux entr'eux, constituent un quadrilatère qui est détaché de l'enceinte. Pour l'y rattacher, un couloir long de 40 mètres et large de 20 mètres a été établi entre deux murailles. Ce boulevard a remplacé une tour carrée qui occupait ce point sous la domination anglaise. Ses murs ont 11 mètres d'épaisseur ; deux embrasures sont placées dans la face de droite et dans chacun des flancs ; quatre contreforts extérieurs abritent chacune des quatre pièces de flanc. Ce boulevard était pourvu d'un moineau (1) à son saillant ; il paraît avoir été terrassé après la construction des galeries desservant les embrasures basses.

Il est nécessaire de décrire ici le boulevard du Nard ; bien qu'il soit d'une époque postérieure aux précédents, car s'il n'est pas du règne de François Ier, ainsi que semble l'avoir indiqué Errard, il appartient assurément à celui de son fils, Charles IX. La forme régulière de cet ouvrage diffère considérablement de ceux que nous venons de décrire ; ses deux faces égales font au saillant un angle aigu de 70 degrés, au lieu de 100 ou 105 trouvés dans les boulevards précédents ; ses orillons, très réguliers, en forme de demi-cercle, de larges dimensions, couvrent deux flancs bien retirés et percés de deux embrasures casematées. Nous croyons devoir fixer sa construction vers l'année 1569, à laquelle correspondent d'importants travaux aux boulevards du Nard et St-Jacques. Pés de Casenave exécuta une muraille à ce dernier ouvrage ; mais il ne paraît pas, d'après les registres municipaux, que la maçonnerie du boulevard du Nard fut faite alors. La ville était sous la panique occasionnée par la déroute des catholiques à Orthez ; elle alla au plus pressé en faisant constituer, par des terrassiers et bouviers du Labourd, le massif de terre devant former le noyau de ce boulevard. Le revêtement des terres fut fait avec des gabions que des brassiers (2) exécutèrent à la hâte et qu'ils recouvrirent de langues de bois, afin d'en empêcher l'escalade. L'emplacement choisi pour le boulevard, près la tour du Nard, c'est-à-dire en terrain marécageux, rendait dangereuse la construction de murailles, et la prudence conseillait de ne les établir que sur des fondations en pilotis. Il n'est pas douteux que ce travail fut exécuté dans une période de calme.

On se borna alors à dresser des plate-formes de bois pour l'artillerie aux boulevards du Nard, St-Jacques et Piedmont, et

Boulevard du Nard.

---

(1) L'existence de ce moineau et de celui du boulevard Notre-Dame est révélée par leurs fondations et par les traces que leurs murs ont laissées sur les murs d'escarpe.

(2) Ouvriers travaillant de leurs bras, terrassiers.

à faire quelques terrassements indispensables, notamment ceux nécessités par la mise en état des parapets aboutissant à la tour du Nard. La démolition de l'hôpital St-Nicolas, en 1557, avait achevé de dégager la zone St-Léon. Charles IX venait d'ordonner la suppression de toute maison distante de moins de 200 pas du bord des fossés (1567) ; ses officiers firent exécuter l'ordonnance royale et occupèrent des ouvriers à égaliser les glacis en esplanadant et comblant les douves (fossés) aux abords du chemin de St-Jean-de-Luz (1568).

Les échevins de Bayonne ne sont pas complètement satisfaits par les grands travaux en cours ; ils trouvent que les deux extrémités de la chaîne de St-Esprit ne sont pas défendues et que les vieilles courtines conservées entre les boulevards de Bourgneuf ne présentent pas des garanties suffisantes. Ils demandent à Charles IX (1566) d'entourer la tour de St-Esprit d'un cavalier ou muraille terrassée ; c'était demander un boulevard que le roi ne pouvait exécuter faute de fonds ; il fallait se borner à surélever le mur de quai de la Nive entre la tour et la tête du pont Mayou (1569) et se contenter du ravelin dont les deux branches étaient constituées par ce mur et par celui anciennement construit, qui réunissait la tour et la porte St-Esprit. La même cause de pénurie ne permit pas la construction d'un boulevard à l'extrémité gauche de la chaîne, comme le désirait la ville ; la loge ou guérite de Piedmont fut conservée en ce point et mise en communication par un parapet de terre avec l'ancien rempart réunissant la tour du Nard au pont Mayou. Ce parapet était maintenu entre deux murailles ; il longeait la berge de la partie du Port-Neuf extérieure à la ville et il était protégé du côté Ouest par un fossé dont les terres servirent à masser le parapet. Ce rempart, qui fut appelé muraille de Piedmont, pouvait recevoir sur son terre-plein de l'artillerie et des combattants.

La protection des vieilles courtines de Bourgneuf est réalisée en disposant les fossés à un niveau assez bas pour recevoir l'eau des rivières. Quant à la grande courtine de l'Adour, allant de Mousserolles à St-Esprit, elle se prête facilement à l'escalade au moment de la haute mer ; en attendant des travaux de surélévation de ce rempart, la ville s'apprête à couler à son pied, au premier danger, des bateaux pleins de pierres, afin d'empêcher les navires d'accoster.

Brèche près du Château-Neuf. Le creusement du fossé entre le Château-Neuf et St-Jacques, au pied de l'ancienne courtine, a porté atteinte aux fondations de celle-ci et un pan de 90 mètres de long s'écroule dans le fossé. Un débordement de la Nive a déterminé cette catastrophe en déchaussant le pied du mur et en ramollissant la terre qui le supportait (15 décembre 1570). La ville se hâte de boucher la brèche avec un grand retranchement en terre établi en arrière et pourvu de deux flancs qui rejoignent les parties de rempart restées debout. Ce parapet est revêtu de gazons et fortifié par une double palissade de pieux ; il existe encore aujourd'hui et forme le cavalier de terre qui est placé au fond de la cour d'entrée. L'ancienne tour Mocoron avait été ébranlée par la chute du mur et présentait de menaçantes crevasses.

Le chevalier Orloge, envoyé par le roi, constate l'état de la brèche ; il fait substituer des barriques aux gabions avariés du boulevard du Nard et laisse à Louis de Foix la charge de remédier à la brèche. Cet ingénieur essaye de la fermer par un mur ; mais la partie basse est à peine exécutée, que les fonds sont épuisés, et le rempart se termine par un revêtement de gabions et de fascines (janvier 1571).

L'exhaussement de la courtine entre St-Esprit et Mousserolles est effectué sous le règne d'Henri III par les soins de Treignan (1577). Cet officier trouve que les travaux ne marchent pas activement et réclame à la ville un plus grand nombre de maçons. Il fait en même temps exécuter, vers le milieu de la courtine, au bord de son large fossé, une sorte de barbacane maçonnée, ayant la forme de demi-lune, posée sur la langue de terre qui sépare la courtine de l'Adour. La construction de cet ouvrage de flanquement fut contrôlée par Bernard de Sabalse. Malgré ces améliorations, la ville s'attache à faire retirer les échafaudages employés à la construction des navires, qui pourraient faciliter l'escalade de ce rempart.

Les travaux faits à la pointe St-Esprit (1 ont eu pour but de clôturer la place Bourgeoise et d'assurer la tête des chaînes, mais ils laissent toujours la porte de St-Esprit exposée à l'incendie et aux pétards de l'ennemi. Le Conseil de ville décide de faire devant la porte un ravelin, sorte de petit tambour en maçonnerie, recouvert d'un toit et entouré d'un fossé. Lorsque cet ouvrage est terminé, les échevins observent que sa toiture forme un gradin conduisant aux fenêtres des tours jumelles de la porte ; ils remédient à cet inconvénient en barreaudant les ouvertures. Après ce début, ils continuent l'exécution de leur projet et entourent la tour St-Esprit d'une enceinte maçonnée

Boulevard de St-Esprit.

(1) Le boulevard et la porte St-Esprit sont situés sur l'emplacement du Réduit actuel, sur la langue de terre séparant l'Adour et la Nive à leur confluent.

de très belle hauteur, qui devait épouser le contour de la pointe St-Esprit. L'ouvrage formait un mur de quai, dont ils garnissent l'intérieur avec le lest des navires et qu'ils décorent du nom de plate-forme (1574). Ce terre-plein est sujet à escalade et réclame un parapet surélevé ; le travail n'est cependant fait que douze ans plus tard (1586). La ville de Bayonne possédait enfin à la pointe de St-Esprit le boulevard qu'elle réclamait depuis 1513.

Le gouverneur La Hillière voudrait mettre la porte du Château-Neuf qui regarde le Bourgneuf à l'abri de toute attaque par un moyen semblable à celui qui a été appliqué à la porte St Esprit ; il faudrait restaurer le ravelin de protection qui tombe en ruine, l'entourer d'un fossé et jeter au-dessus un pont-levis. Mais il abandonne son projet devant l'hostilité des bourgeois, qui trouvent cette fortification tournée contre la ville (1581). Toutefois, il prend ses précautions pour éviter au Château-Vieux une surprise possible par la fausse porte du boulevard et par le pont qui lui fait suite à travers le fossé.

L'excavation des grands fossés derrière les remparts des Cordeliers et de Mousserolles se continue avec les manœuvres du pays jusqu'à la profondeur nécessaire à l'arrivée des eaux des rivières ; de la sorte, l'obstacle est augmenté au pied de la brèche, et celle-ci devient d'un accès difficile. Ce travail se poursuit ainsi jusqu'à la fin du règne de Henri III (1589), sans entraîner d'autre peine pour la ville que celle de la surveillance des chantiers par des échevins et des jurats ; elle ne possède ni pics ni pelles dans ses magasins et laisse à chaque manœuvre la charge d'apporter son outil.

La première partie du règne de Henri IV, remplie par des alertes continuelles, ne correspond pas à l'exécution de grands travaux ; il fallait à tout moment armer la fortification, confectionner des gabions et en former des parapets pour abriter les pièces, boucher avec des planches les ouvertures que présentaient les palissades des chaînes de Sault par suite de leur vétusté, placer des barrières au bout des ponts des portes, sur la contrescarpe. Les gabions sont généralement confectionnés à prix fait, sous la surveillance d'un jurat et payés 4 livres 10 sols chaque.

Cependant, durant cette période, quelques améliorations sont réalisées. Les abords de la guérite du Piedmont sont remblayés jusqu'à un mur de quai construit le long de la Nive ; une plate-forme carrée clôturée par un mur y est établie; ces travaux, commencés en 1589, ne furent terminés qu'en 1600. Le boulevard de Sault, plus communément appelé alors fer à cheval,

dont les murs sont en mauvais état depuis 1573, est réparé et
exhaussé (1592), puis rempli de terre (1596).

La ville a fortifié à ses frais les deux points d'appui de la
chaîne aval de la Nive ; mais elle ne veut faire de même pour
l'estacade d'amont. Ses représentants insistent auprès du roi
afin que les tours des Menons et de Sault soient renforcées par
des ouvrages établis à leur pied ; ils demandent en même temps
qu'une écluse soit établie à hauteur des Menons pour retenir
l'eau dans les fossés (1589).

Le Conseil examine, avec Bernard de Millet, les conditions
suivant lesquelles ce travail peut être réalisé (1593) et le fait commencer. L'œuvre allait être interrompue, parce que les fonds du
roi manquaient, lorsque Matignon alloue une provision de 1,000
écus (12 septembre 1594) ; dès lors, l'écluse des Menons (1) se
termine et le travail s'achève par la pose de deux galeries de fer
de chaque côté de la digue aboutissant à l'écluse. Les deux
chaînes de la Nive ont été également refaites sur un projet
rédigé par Louis de Foix et accepté par le roi (1592). Ces estacades sont abattues et faites suivant le nouveau modèle ; néanmoins, le Conseil les jugeant incomplètes, fait ajouter un bon
rang de pilots en arrière de chacune d'elles.

Ecluse des Menons.

La Hillière est revenu sur son projet d'améliorer les entrées
du Château Neuf et de les garantir contre les surprises. Il veut
supprimer la petite porte vers le Bourgneuf, mal protégée par
un petit tambour et d'accès difficile. Il se propose de la remplacer par un portail placé au milieu de la face Sud du château,
entre la tour Mocoron et la tour ronde, et livrant passage aux
chars ; une douve serait creusée en avant du mur de courtine,
entre les deux tours, et serait pourvue d'un pont conduisant au
portail. Le gouverneur veut en outre assurer l'indépendance du
château dans le cas où la ville se révolterait ou bien tomberait
au pouvoir de l'ennemi ; pour permettre à la garnison du
Château-Neuf de recevoir des secours de l'extérieur, il projette
de créer une porte fortifiée sur la face Est, près la tour carrée
Nord-Est. Cette sortie débouchera dans le boulevard Notre-
Dame, d'où l'on gagnera la campagne par la poterne du flanc
droit ; elle sera défendue par une cinquième tour à double
corps, laquelle, devant être placée en saillie de la façade Est,
procurera à cette dernière un flanquement dont elle est entièrement dépourvue. Après s'être concerté avec les habitants au

Portes du Château-Neuf déplacées.

(1) C'était une digue barrant le débouché du fossé des Menons sur la Nive ; elle fut
munie d'une écluse pour l'entrée de l'eau de la rivière.

sujet de ce projet, La Hillière obtient du roi l'autorisation de le faire exécuter. Les travaux sont mis en adjudication, puis commencés en 1596 ; Sansac les dirige en l'absence du gouverneur et se plaint des interruptions, toujours occasionnées par le manque de fonds.

Courtine des Menons remparée. Les grands mouvements de terre effectués durant le règne d'Henri IV ne sont pas encore terminés. La ville a appelé l'attention du roi sur la nécessité de renforcer par un parapet de terre la faible muraille réunissant la tour des Menons et le boulevard St-Jacques, et elle a accompli la part qui lui incombe dans les mesures de sécurité intéressant Bayonne, en faisant construire sur cette muraille une guérite pour surveiller ce point dangereux (1593). Le roi donne son approbation aux demandes de la ville et autorise l'emploi des manœuvres du Labourd ; ceux-ci sont répartis par paroisses (1) dans une assemblée de gentilshommes et d'abbés, pendant que les échevins font acheter des pelles ferrées et une centaine de hottes : puis, les travaux commencent (1594). En même temps que s'épaissit et s'élève le parapet des Menons, les fossés (ou douves) voisins sont élargis et creusés, afin de fournir la terre nécessaire (1595). L'élan donné se transmet à d'autres chantiers urbains ; un massif de terre est transporté de la Boucherie à la tour de Sault pour égaliser le terreplein ; une autre partie est employée à combler les fossés voisins de la tour du Nard que des débris de tanneries ont changé en foyer pestilentiel (1597).

Le capitaine Monis, ingénieur, qui est venu inspecter et diriger durant trois mois les travaux de la ville, a fait connaître aux bourgeois les nouveaux systèmes de fortification introduits en France par les Italiens et préconisés par Errard, l'ingénieur préféré du roi. Les échevins, sur le conseil du trésorier Marchand, se décident à demander cet ingénieur ; ils envoient 650 écus pour payer son voyage et écrivent de tous côtés pour presser sa venue (17 avril 1598). Impatientés du peu de succès obtenu par leur requête, ils demandent au roi l'ingénieur de La Rochelle (28 juin 1599) ; cette démarche est suivie d'un plein succès et provoque l'arrivée d'Errard (août).

Projet d'Errard. Ce célèbre ingénieur se met à la besogne et dresse un plan des transformations qu'il propose à l'enceinte de Bayonne. Il modifie tous les boulevards, à l'exception de celui du Nard, de construc-

(1) Paroisses de Gosse, Seignanx, Maremne, Cap-Breton, Boucau-Vieux, Sordes, Vicomté-d'Orthe, Urt, Bardos et Guiche, que le roi a exempté de travailler aux fortifications de Dax.

tion récente, et les remplace par neuf bastions beaucoup plus grands et tracés d'après son système. Ceux du Château-Vieux, de Lachepaillet, des Boucheries et de St-Léon sont complétés avec des faces de 90 mètres et des flancs de 20 mètres ; au boulevard de Sault, il substitue un demi-bastion. Il supprime dans la ville haute les portes Lachepaillet et St-Léon et en ouvre une au milieu de la courtine St-Léon-Boucherie ; c'est une conséquence de son système qui veut que les portes, causes d'affaiblissement, soient percées dans les courtines, parties les plus fortes d'une enceinte. Dans le Bourgneuf, Errard modifie le fer à cheval des Menons, les boulevards St-Jacques et Notre-Dame, en utilisant les deux flancs de ces derniers ; il leur donne des faces inégales, un flanc très retiré et un second flanc normal à la face correspondante. Quant au petit boulevard de Mousserolles, il se borne à le coiffer d'une pointe inclinée vers l'Adour et à le débarrasser de sa porte, fort éloignée de toute protection et cachée aux vues de la place. Il transporte cette dernière dans le flanc gauche du bastion Notre-Dame.

Il recommande de creuser les fossés entourant les nouveaux bastions avec la largeur qu'il a figurée sur son plan et d'employer la terre qui en sera extraite à constituer, derrière les anciennes courtines qui pourront être conservées, un parapet en terre de 10 mètres de hauteur et 6 mètres au moins d'épaisseur à son pied ; le reste des terres servira à combler les fossés et canaux qui sont voisins de la fortification et qui pourraient servir de logement à l'ennemi. Le bastion du fer à cheval des Menons devra être pourvu d'une traverse qui garantira son terre-plein des coups partis du plateau de St Léon. Il craint que la défense du bastion Notre-Dame ne vienne à être gênée par les débris de maçonneries provenant de la démolition des tours et remparts du Château-Neuf par l'effet du canon, et il recommande de diminuer beaucoup la hauteur de ceux-ci. Enfin, sa dernière prescription concerne la courtine des Jacobins, entre les portes St-Esprit et Mousserolles, qui ne pourra recevoir l'artillerie nécessaire à sa défense sans une terrasse en terre, dont il demande l'exécution.

Errard avait laissé son plan entre les mains des échevins, le registre des délibérations du Conseil en fait mention. Ce document précieux, daté du 4 août 1599, signé par l'ingénieur et complété par une légende (1) dans laquelle figuraient les indica-

(1) Voici l'introduction de la légende : « La vieille et très ancienne muraille est tracée de noir, la nouvelle fortification faicte du temps du grand roy François, tracée en rouge, et les travaux à faire sont coloriés de jaulne, par moi soubz signé, ingénieur du très

tions qui précèdent, est resté dans les archives de la Mairie jusqu'au grand incendie survenu vers 1840. Il a disparu alors, mais un calque, relevé par un employé du génie militaire, a conservé la trace des dispositions projetées par Errard.

Une fois en possession du précieux projet, les échevins prient le gouverneur Gramont de se rendre à la cour avec un député de la ville pour faire entendre au roi que Bayonne n'a pas payé moins de 650 écus pour le voyage d'Errard et qu'elle ne voudrait pas que ce déplacement reste sans résultat. Ils insistent pour faire attribuer à la ville une partie des fonds du domaine. En attendant la décision d'Henri IV, le Conseil se conforme aux indications de l'ingénieur ; il fait combler de terre le grand fossé des Tanneries et terrasser la courtine voisine de Piedmont, en la débarrassant des maisons appuyées contre elle (juin 1601). Un semblable travail est exécuté à la courtine du Cul de Loup, près la tour de Sault, mais il porte beaucoup de gêne et oblige bien des maisons à reculer.

Les nouvelles de la cour paraissent favorables à l'exécution du bastion Lachepaillet ; les échevins se mettent en rapport avec Sansac pour préparer le commencement de cette œuvre. Il y a résistance de la part des manœuvres du Labourd, qui ne veulent faire des corvées à Bayonne ; l'affaire est portée devant le maréchal et le roi ; le Parlement, appelé à la trancher, rend son arrêt le 21 mai 1604. Les travaux de terrassement sont alors commencés.

La ville ne manque pas des outils nécessaires à l'exécution de ce grand travail ; les inventaires du matériel en magasin, faits par Jehan de Mesmes, commissaire de l'artillerie, nous montrent qu'elle possédait 2,000 pelles en bois, 200 pelles en fer, 180 foussoirs (1), 500 hottes et 2,000 paniers à charroyer la terre, 60 bayards (2). Tout ce matériel était nécessaire pour creuser le fossé du nouveau bastion et masser les parapets des anciennes courtines ; il servait également à la ville pour réparer ou construire de nouvelles guérites. Nous avons noté l'édification de l'une d'elles sur la courtine des Menons ; le même besoin de surveillance entraîne le Conseil à en bâtir une autre sur la

---

chrestien roy de France et de Navarre, venu en ceste ville pour ceste fin, par le commandement exprès de Sa Majesté. »

Le plan d'Errard avait 0m75 sur 0m55 ; il était fait à l'échelle de 1/1800e. Une réduction au 1/1267e a été gravée à cette époque à Paris et livrée au public. Elle est reproduite page 337.

(1) Instruments pour fossoyer, pioches.

(2) Civières servant au transport des pierres et autres matériaux lourds.

courtine réunissant le Château-Vieux au bastion du Nard. La guérite existante dans cette partie, située derrière le jeu de paume de Niert, entre ces deux ouvrages, ne fait pas saillie en avant du rempart et ne permet pas, par conséquent, de surveiller le pied de ce dernier ; le Conseil décide d'en bâtir une autre en saillie de la courtine et en même temps plus rapprochée du Château-Vieux, afin que le corps de garde qui y sera placé puisse s'opposer à l'évasion des prisonniers enfermés à Floripés et empêcher ainsi le renouvellement de ce fait regrettable. Cette guérite porta le nom de les Loms.

Certaines autres parties de l'enceinte demandent des travaux de réparation ou d'amélioration ; les échevins les visitent avec Sansac en attendant l'arrivée de Gramont sur qui l'on compte pour transmettre au roi un procès-verbal de l'état des fortifications. Ils reconnaissent ensemble qu'il faut relever la muraille du fer à cheval, ouvrage placé derrière les Menous, entre St-Jacques et la Nive ; ils sont d'accord pour hausser le mur du ravelin de St-Esprit près des chaînes et celui qui touche la guérite de Piedmont, afin d'éviter des surprises possibles ; mais le travail le plus important est celui du bastion Lachepaillet, non à cause de son indispensable nécessité, mais parce que le terrassement des fossés en a été commencé et que l'œuvre ne peut rester en suspens.

Le projet d'Errard était si considérable, qu'il n'avait pas été possible de l'entreprendre simultanément sur tout le périmètre de l'enceinte. Le choix s'était porté en premier lieu sur le bastion projeté devant la porte Lachepaillet, parce que le boulevard couvrant cette ouverture était le plus petit ouvrage de flanquement parmi ceux qui garnissaient l'enceinte de François Ier ; il était donc naturel de travailler d'abord en ce point.

Gramont est enfin venu (7 août 1606), a procédé à sa visite des fortifications, en a adressé le procès-verbal au roi, mais ce monarque projette la construction du fort Socoa à St-Jean-de-Luz et ne se presse pas de faire connaître ses intentions. Son silence inquiète les échevins et les engage à faire de nouvelles démarches auprès de Gramont par l'intermédiaire de Sansac, son lieutenant (12 décembre 1608). Henri IV consent alors à faire un traité pour terminer le bastion ; le Conseil fait publier un avis demandant qui veut se proposer pour parachever cet ouvrage au moindre prix. Les offres sont reçues par Sansac au Château-Vieux, malgré les protestations des échevins ; ceux-ci prétendent que le concours doit se faire au parquet de la maison du roi et, comme ils ne reçoivent pas satisfaction, ils

Bastion Lachepaillet fait par Niert.

délèguent des députés près de Sansac, afin de s'assurer que l'opération se fait sans léser l'intérêt du bien public (9 janvier 1609).

Les candidats se rendent à Paris pour s'entendre avec le roi et signer un traité ; le Conseil a aussi envoyé Lespès en cour pour surveiller leurs agissements. Il lui écrit, le 22 mai « de « tenir la main à ce que celui qui entreprendra de parachever « le bastion de Lachepaillet se charge de le faire construire fait « et parfait, en tout et partout, savoir est : par le dedans ter- « rassé jusqu'au bord, avec les guérites nécessaires et le fossé « de dehors. » Ceux qui ont offert de faire le bastion compa- raissent au Conseil privé. L'un d'eux, Pierre de Lane, n'est pas appuyé par les échevins, parce qu'il offre d'exécuter les travaux avec les fonds de la foraine. Cependant, ce moyen est adopté par le roi dans le traité qu'il a signé avec Denys de Niert (7 novembre 1609) ; ce dernier s'engage à terminer en six ans, à partir du 1er janvier 1610, le bastion Lachepaillet selon l'avis et dessin du sieur Errard, au moyen des fonds de la ferme de la foraine, établie dans ce but pendant seize ans à Bayonne et dans les bureaux dépendant de cette ville. Les travaux sont bientôt commencés par la construction des murs d'escarpe du bastion (1).

La mort tragique d'Henri IV apporte un arrêt dans les tra- vaux, mais Gramont veille à la continuation de la muraille commencée et, grâce à l'appui du prince de Condé, le bastion sera achevé. Ses flancs, qui avaient été projetés perpendiculaires aux faces, reçurent un commencement d'exécution ; ils furent ensuite modifiés et remplacés par des flancs bas, à deux étages, disposés en gradins et placés dans une direction normale à l'enceinte. L'ouvrage projeté par Errard se trouva ainsi changé en une sorte de demi-lune très rapprochée de la courtine à laquelle ses flancs bas la rattachaient. La porte Lachepaillet et son boulevard ne furent pas supprimés ; le passage faisant suite à la porte fut seulement déplacé afin de lui faire traverser le nouveau bastion. Une coupure dans la face droite et deux ponts en bois jetés sur les fossés extérieur et intérieur, ce dernier séparant l'ancien boulevard et le terre-plein du bastion, suffi- rent pour rétablir le passage. Nous ne pensons pas que le projet d'Errard fut suivi en d'autres points, sinon dans le déplacement de la porte de Mousserolles, qui fut réalisé 70 ans plus tard par

(1) Ces murs sont encore visibles, contre le pont jeté sur un fossé, après la sortie de la poterne du Château-Vieux.

Vauban ; mais, au lieu de la reporter dans le flanc droit du bastion Notre-Dame, l'illustre ingénieur la plaça dans la partie de courtine attenant au bastion.

L'attention apportée par le Conseil de ville à tout empiètement et à tout dégât concernant les terrains de la fortification est un fait digne de remarque. Cette assemblée prend grand soin d'empêcher que des constructions, nuisibles à la défense, soient édifiées, et elle fait démolir celles élevées à son insu. C'est pour ce motif qu'elle ordonne à Couchette d'enlever le chai fait contre la porte Mousserolles (1595), qu'elle exige la démolition d'une maison touchant au rempart de la ville et celle d'une logette construite par le notaire Detcheverry, près de la tour de Sault, au bord de la rivière (1603) ; à l'appui de ces mesures rigoureuses, le Conseil prétend que les constructions sont bâties sur le fonds commun et qu'elles sont préjudiciables à la défense de la ville. Les démolitions ne sont pas toujours exécutées avec empressement ; la maison bâtie par Pistolet, en avant de la porte St-Léon, tout près de l'hôpital St-Nicolas, signalée le 1er août 1603, n'est détruite que cinq ans après.

Soins des échevins à dégager les abords des remparts.

La résistance de Pistolet s'explique par l'autorisation accordée par le Conseil à Sancin de Maubec, bourgeois et notaire de Bayonne, lequel a demandé la faveur d'élever une petite chapelle en l'honneur de Saint Léon, à la place d'un autel existant au milieu d'un pré hors la porte St-Léon et d'y faire une fondation pour le repos de son âme. Sa demande a été accueillie par le Conseil, sous réserve de ne porter préjudice ni dommage à la ville ; l'exception faite en faveur de Maubec se justifie par le but pieux qu'il a poursuivi (avril 1600). Cependant, le Conseil de ville est conduit à adoucir la rigueur de ses premières prescriptions ; après avoir arrêté une construction commencée près du fossé, derrière la brèche du Château-Neuf, il consent à la laisser terminer à charge de la démolir à toute heure, lorsqu'il en donnera l'ordre (3 mai 1607). Il autorise semblablement Challa à construire une maison de bois et briques, en avant des remparts, pour son jardinier, parce qu'il juge cette bâtisse sans inconvénient pour le présent, mais il lui impose la condition de la démolir en temps de trouble, dès qu'il en recevra l'ordre du Conseil (22 août 1614).

Les échevins ont été en discussion avec le gouverneur au sujet de la guérite placée au bord de la contrescarpe, à l'extrémité du pont de la porte Lachepaillet, avant qu'il ne fût question d'y faire un nouveau bastion ; ils trouvaient que cette construction portait obstacle à la défense et demandaient à la démolir ou, tout au moins, à l'ouvrir sur deux faces opposées ; le gouverneur n'est pas du même avis et démontre l'utilité du poste (1590). La discussion ne prit fin qu'au moment de la construction du bastion, auquel la guérite dut faire place.

La conservation des escarpes et des contrescarpes des fossés nouvellement creusés est l'objet des préoccupations du Conseil. Les talus de celui situé derrière les Menons et St-Jacques présentent à découvert de beaux blocs de grès rouge que les carriers de la ville s'empressent d'exploiter (1) ; mais les échevins constatent que les éboulements produits par ces travaux déforment les talus, comblent le fossé et sont une menace pour les remparts du boulevard St-Jacques. Ils prohibent en conséquence cette exploitation de carrières et font seulement exception en faveur de Sorhaindo, Ducasse et Johannis, pourvu que la pierre soit prise dans le fond du fossé et aussitôt remplacée par de la terre. Leur soin à défendre les talus de contrescarpe est poussé à un degré tel qu'ils en viennent à contester aux tilholiers la valeur des lettres de faveur qui les autorisent à faire sécher et raccommoder leurs filets sur la partie de la contrescarpe située derrière les Menons et qu'ils manifestent l'intention d'en opérer le retrait.

ERRATUM

Page 79, ligne 28, *au lieu de* : « En effet, dès 1453, ils étaient battus à Castillon par le fameux Talbot, qui perdit la vie dans cette bataille, et expulsés », etc.,

Il faut lire : « En effet, dès 1453, ils étaient battus à Castillon, où le fameux Talbot perdit la vie, et expulsés », etc.

------

(1) Ces carrières sont encore apparentes aujourd'hui et contiennent des blocs de grès rouge numulitique de l'époque tertiaire.

TABLE DES MATIÈRES

— 388 —

PAGES

Bayonne, imprimerie et lithographie A. Lamaignère.